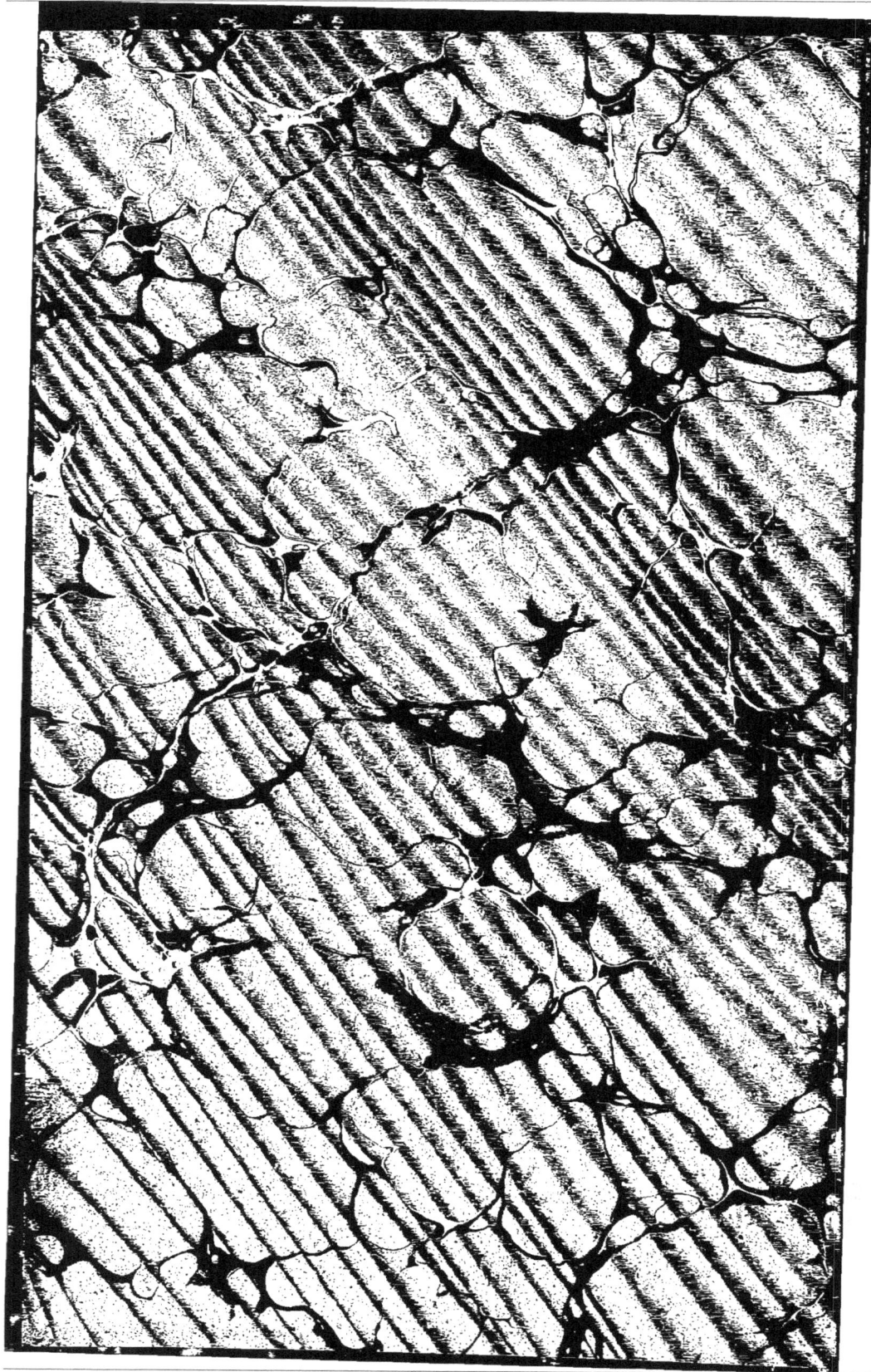

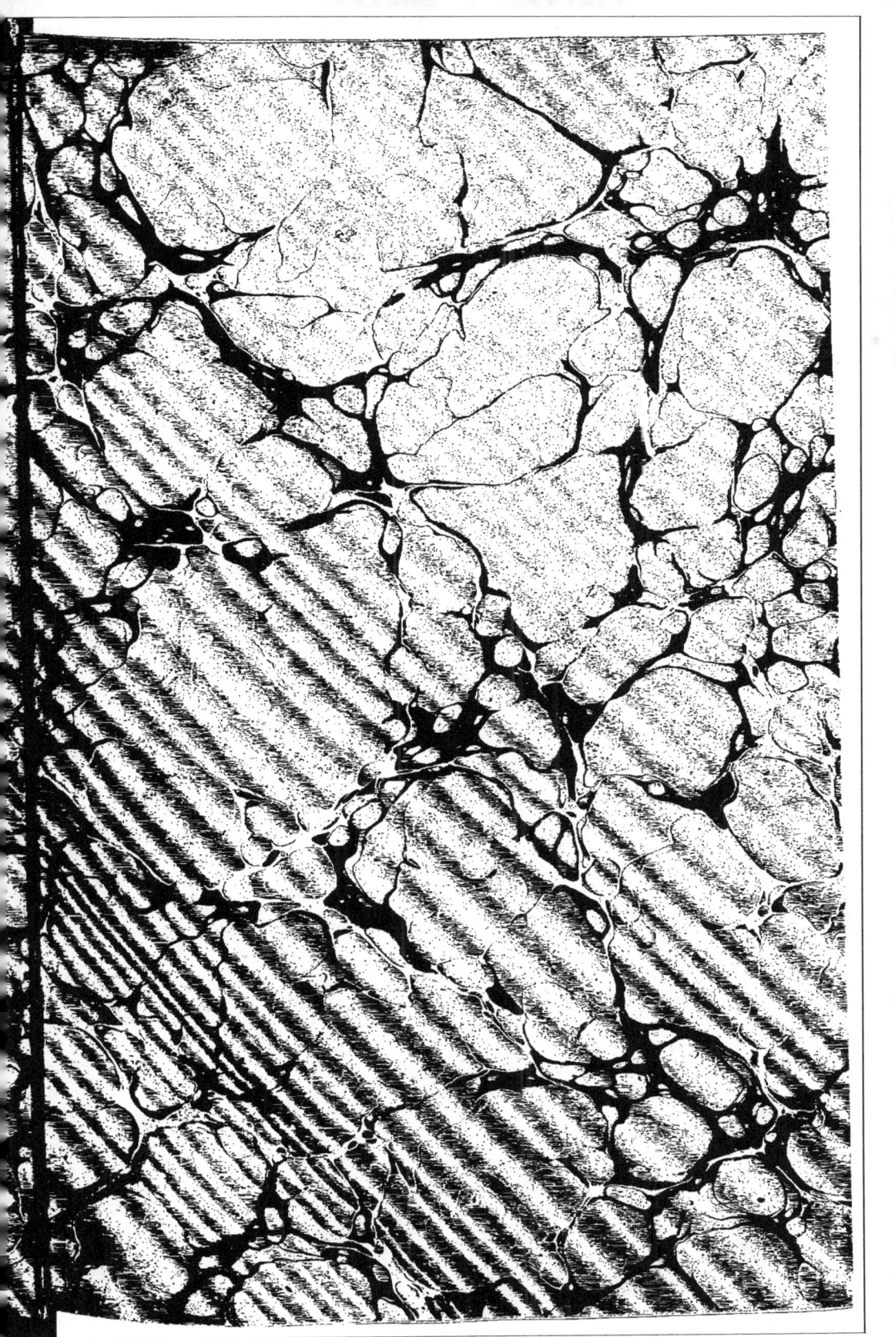

F 34283

TRAITÉ PRATIQUE

DE

LA JURISPRUDENCE DES MINES

MINIÈRES, FORGES ET CARRIÈRES.

Paris. — Typographie HENNUYER, rue du Boulevard, 7.

TRAITÉ PRATIQUE

DE LA

JURISPRUDENCE DES MINES

MINIÈRES, FORGES ET CARRIÈRES

A L'USAGE

DES EXPLOITANTS, MAITRES DE FORGES, INGÉNIEURS, ET DES FONCTIONNAIRES

RESSORTISSANT

**Aux ministères des travaux publics, de l'intérieur
et de la justice**

PAR

M. ÉTIENNE DUPONT

Ingénieur en chef au corps impérial des mines, Directeur de l'École des mineurs
de Saint-Étienne.

———

DEUXIÈME ÉDITION

Revue et mise au courant des dernières décisions
administratives et judiciaires.

———

TOME III.

———

PARIS

DUNOD, ÉDITEUR

SUCCESSEUR DE Vᵉʳ DALMONT

Précédemment Carilian-Gœury et Victor Dalmont,

LIBRAIRE DES CORPS IMPÉRIAUX DES PONTS ET CHAUSSÉES ET DES MINES,

Quai des Augustins, 49, à Paris.

1862

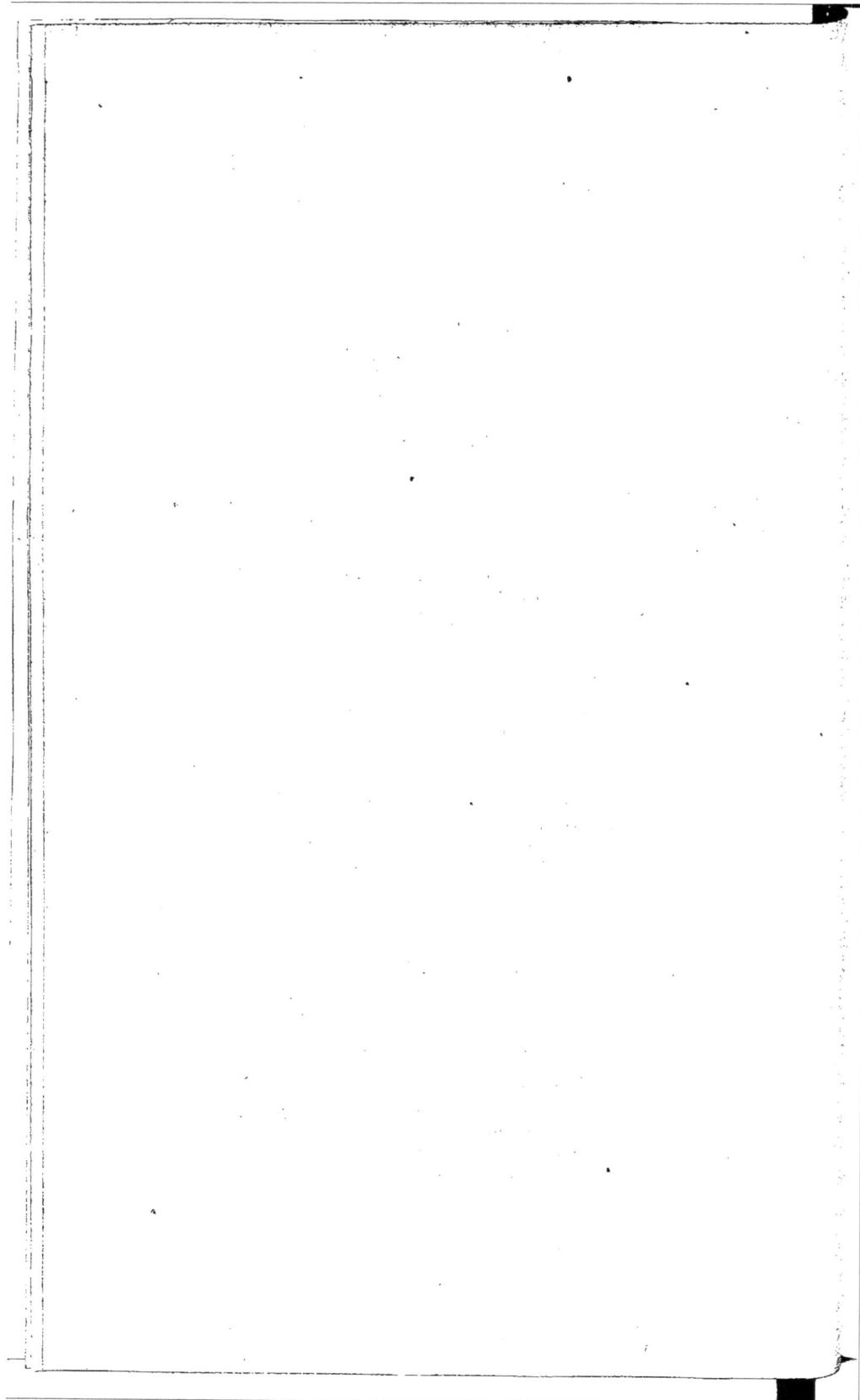

TRAITÉ PRATIQUE

DE

LA JURISPRUDENCE DES MINES

APPENDICE

LOIS, INSTRUCTIONS, RÈGLEMENTS ET CIRCULAIRES

RELATIFS

AUX MINES, MINIÈRES, FORGES ET CARRIÈRES.

Arrêt du Conseil d'Etat du roi portant règlement pour l'ouverture des carrières et chemins aux abords.

Du 5 avril 1772.

Le roi s'étant fait représenter, en son Conseil, le rapport fait par les sieurs commissaires du pavé de Paris et des ponts et chaussées : contenant que les routes royales se trouvent souvent endommagées, surtout aux abords de la ville de Paris, par les voitures de pierres qui sont employées à l'exploitation des carrières ouvertes au long desdites routes ; que ces voitures, qui sont très-pesantes, détruisent, en abordant au grand chemin, les berges, les fossés et les accotements; et que souvent elles cassent ou endommagent les arbres plantés aux dépens de Sa Majesté pour la commodité et l'embellissement desdites routes ; et que les dégradations se multiplient et s'étendent de jour en jour par les nouvelles charrières qu'ouvrent lesdites voitures, à mesure que les anciennes sont ruinées ; qu'il serait juste que les particuliers qui causent les dégradations fussent tenus de les réparer, et qu'on pourrait même les prévenir, en assujettissant les propriétaires ou entrepreneurs desdites carrières à faire arranger et entretenir, à leurs frais, des passages entre les arbres, sur les fossés et sur les accotements des grands chemins, pour faciliter l'abord de leursdites voitures, en pavé ; et à planter en même temps des bornes aux deux côtés de ces passages pour que les plantations ne soient plus endommagées ; que sans ces précautions l'entretien des grandes routes deviendrait dans la suite plus dispendieux et plus onéreux à Sa Majesté. A quoi voulant pourvoir : ouï le rapport du sieur abbé Terray, conseiller ordinaire au Conseil royal, contrôleur général des finances ; le roi étant en son Conseil, a ordonné et ordonne ce qui suit :

Art. 1er. — Les règlements précédemment faits, concernant l'ouverture des carrières, seront exécutés selon leur forme et teneur. Aucune carrière de pierre de taille, moellon, grès et autres fouilles pour tirer de la marne, glaise ou sable, ne pourra être ouverte qu'à trente toises de distance du pied des arbres plantés au long des grandes routes ; et ne pourront les entrepreneurs desdites carrières pousser aucune fouille ou galerie souterraine du côté desdites routes, à moins de trente toises de distance desdites plantations ou des bords extérieurs desdites routes, conformément aux dispositions de l'arrêt du Conseil du 14 mars 1741, et de l'ordonnance du bureau des finances du 29 mars 1754 [1] concernant la police générale des chemins.

Art. 2. — Les propriétaires ou entrepreneurs desdites carrières ne pourront ouvrir aucun passage entre les arbres et sur les fossés desdites routes royales, sans en avoir obtenu une permission expresse et par écrit du sieur commissaire du Conseil, chargé de veiller à l'entretien desdites routes ; et ladite permission ne pourra leur être accordée que sur la soumis-

---

[1] On a jugé inutile de donner le texte de ces actes, puisque leurs dispositions sont renouvelées et confirmées dans le présent article.

sion qu'ils donneront de se conformer aux articles suivants.

ART. 3. — Aux endroits qui auront été indiqués par lesdits sieurs commissaires pour former lesdits passages, le fossé sera comblé jusqu'à la hauteur des berges, dans la largeur de douze pieds seulement, et par-dessus il sera fait un bout de pavé partant de la bordure du pavé du grand chemin, et avançant dans la campagne, jusqu'à six pieds au delà des arbres; à l'extrémité dudit bout de pavé, il sera planté deux bornes de pierre; et sur le pavé, au milieu du fossé, il sera fait un cassis, ou une pierrée ou aqueduc au-dessous, suivant l'exigence des cas, pour l'écoulement des eaux.

ART. 4. — Lesdits ouvrages seront construits et entretenus par les entrepreneurs des routes royales, aux dépens des propriétaires et entrepreneurs des carrières voisines; et ce, tant que lesdites carrières continueront d'être exploitées.

ART. 5. — Lesdits ouvrages seront payés aux entrepreneurs des routes, par les propriétaires ou entrepreneurs desdites carrières, conformément aux devis et états de répartition qui auront été dressés pour lesdites constructions par les ingénieurs de Sa Majesté, et visés par lesdits sieurs commissaires; et lesdits payements seront faits dans le délai d'un mois après que la réception desdits ouvrages aura été donnée par lesdits sieurs commissaires et ingénieurs.

ART. 6. — Défend Sa Majesté à tous voituriers de pierres, moellons, grès et autres matériaux provenant des carrières, de se frayer d'autres passages, pour aborder les grands chemins, que ceux qui auront été ainsi disposés pour leur usage, à peine de cinq cents livres d'amende et de confiscation desdits matériaux, desquelles amendes ils seront tenus solidairement avec les propriétaires et entrepreneurs desdites carrières, comme aussi de toute dégradation arrivée par leur fait aux berges, fossés, plantations et accotements desdites routes. Enjoint Sa Majesté au bureau des finances, aux sieurs intendants et commissaires départis dans les généralités du royaume, et aux sieurs commissaires du pavé de Paris et des ponts et chaussées, chacun en droit soi, de faire publier et afficher le présent arrêt partout où besoin sera, et de tenir la main à l'exécution des règlements y contenus, nonobstant opposition ou appellation quelconques, pour lesquelles il ne sera différé ; et si aucunes interviennent, Sa Majesté s'en réserve la connaissance, et icelle interdit à toutes ses Cours et autres juges.

Lois relatives aux mines et usines.

Du 28 juillet 1791.

TITRE Ier. — *Des mines en général.*

ART. 1er. — Les mines et minières, tant métalliques que non métalliques, ainsi que les bitumes, charbons de terre ou de pierre, et pyrites, sont à la disposition de la nation, en ce sens seulement, que ces substances ne pourront être exploitées que de son consentement, et sous sa surveillance, à la charge d'indemniser, d'après les règles qui seront prescrites, les propriétaires de la surface, qui jouiront en outre de celles de ces mines qui pourront être exploitées, ou à tranchée ouverte, ou avec fosse et lumière, jusqu'à cent pieds de profondeur seulement.

ART. 2. — Il n'est rien innové à l'extraction des sables, craies, argiles, marnes, pierres à bâtir, marbres, ardoises, pierres à chaux et à plâtre, tourbes, terres vitrioliques, ni de celles connues sous le nom de *cendres,* et généralement de toutes substances, autres que celles exprimées dans l'article précédent, qui continueront d'être exploitées par les propriétaires, sans qu'il soit nécessaire d'obtenir aucune permission.

Mais à défaut d'exploitation, de la part des propriétaires des objets énoncés ci-dessus, et dans le cas seulement de nécessité pour les grandes routes, ou pour des travaux d'une utilité publique, tels que ponts, chaussées, canaux de navigation, monuments publics, ou tous autres établissements et manufactures d'utilité générale, lesdites substances pourront être exploitées, d'après la permission du directoire du département, donnée sur l'avis du directoire du district, par tous entrepreneurs ou propriétaires desdites manufactures, en indemnisant

Loi de 1791.

le propriétaire, tant du dommage fait à la surface, que de la valeur des matières extraites, le tout de gré à gré, ou à dire d'experts.

ART. 3. — Les propriétaires de la surface auront toujours la préférence et la liberté d'exploiter les mines qui pourraient se trouver dans leurs fonds, et la permission ne pourra leur être refusée, lorsqu'ils la demanderont.

ART. 4. — Les concessionnaires actuels, ou leurs cessionnaires qui ont découvert les mines qu'ils exploitent, seront maintenus jusqu'au terme de leur concession, qui ne pourra excéder cinquante années, à compter du jour de la publication du présent décret.

En conséquence, les propriétaires de la surface, sous prétexte d'aucune des dispositions contenues aux articles premier, second et troisième, ne pourront troubler les concessionnaires actuels dans la jouissance des concessions, lesquelles subsisteront dans toute leur étendue, si elles n'excèdent pas celle qui sera fixée par l'article suivant ; et dans le cas où elles excéderaient cette étendue, elles y seront réduites par les directoires des départements, en retranchant sur la désignation des concessionnaires les parties les moins essentielles aux exploitations.

ART. 5. — L'étendue de chaque concession sera réglée, suivant les localités et la nature des mines, par les départements, sur l'avis des directoires de district ; mais elle ne pourra excéder six lieues carrées. La lieue qui servira de mesure sera celle de vingt-cinq au degré de deux mille deux cent quatre-vingt-deux toises.

ART. 6. — Les concessionnaires dont la concession a eu pour objet des mines découvertes et exploitées par des propriétaires, seront déchus de leurs concessions, à moins qu'il n'y ait eu, de la part desdits propriétaires, consentement libre, légal, et par écrit formellement confirmatif de la concession ; sans quoi lesdites mines retourneront aux propriétaires qui les exploitaient avant lesdites concessions, à la charge, par ces derniers, de rembourser de gré à gré, ou à dire d'experts, aux concessionnaires actuels, la valeur des ouvrages et travaux dont ils profiteront. Quand le concessionnaire aura rétrocédé au propriétaire, le propriétaire ne sera tenu envers le concessionnaire qu'au remboursement des travaux faits par le cessionnaire, desquels le propriétaire pourra profiter.

Art. 7. — Les prorogations de concessions seront maintenues pour le terme fixé par l'article 4, ou annulées, selon que les mines qui en sont l'objet se trouveront de la nature de celles mentionnées aux articles 4 et 6 du présent décret.

Art. 8. — Toute concession ou permission d'exploiter une mine sera accordée par le département, sur l'avis du directoire du district dans l'étendue duquel elle se trouvera située, et ladite permission ou concession ne sera exécutée qu'après avoir été approuvée par le roi, conformément à l'article 5 de la section troisième du décret du 22 décembre 1789 sur les assemblées administratives.

Art. 9. — Tous demandeurs en concessions ou en permissions seront tenus de justifier de leurs facultés, des moyens qu'ils emploieront pour assurer l'exploitation, et de quels combustibles ils prétendront se servir, lorsqu'il s'agira de l'exploitation d'une mine métallique.

Art. 10. — Nulle concession ne pourra être accordée qu'auparavant le propriétaire de la surface n'ait été requis de s'expliquer, dans le délai de six mois, s'il entend ou non procéder à l'exploitation, aux mêmes clauses et conditions imposées aux concessionnaires. Cette réquisition sera faite à la diligence du procureur-syndic du département où se trouvera la mine à exploiter.

Dans le cas d'acceptation par le propriétaire de la surface, il aura la préférence, pourvu toutefois que sa propriété seule, ou réunie à celle de ses associés, soit d'une étendue propre à former une exploitation. Auront également la préférence sur tous autres, excepté les propriétaires, les entrepreneurs qui auront découvert des mines, en vertu de permission à eux accordée par l'ancienne administration, en se conformant aux dispositions contenues au présent décret.

Art. 11. — Toutes demandes en concessions ou permissions, qui seront faites par la suite, seront affichées dans le chef-lieu du département, proclamées et affichées dans le lieu du domicile du demandeur, ainsi que dans les municipalités que cette demande pourra intéresser ; et lesdites affiches et proclamations tiendront lieu d'interpellation à tous les propriétaires.

ART. 12. — Lorsque les concessions ou permissions auront été accordées, elles seront de même rendues publiques par affiches et proclamations, à la diligence du procureur-syndic du département.

ART. 13. — Les limites de chaque concession accordée seront tracées sur une carte ou plan levé aux frais du concessionnaire, et il en sera déposé deux exemplaires aux archives du département.

ART. 14. — Tout concessionnaire sera tenu de commencer son exploitation, au plus tard six mois après qu'il aura obtenu la concession, passé lequel temps elle sera regardée comme non avenue, et pourra être faite à un autre, à moins que ce retard n'ait une cause légitime, vérifiée par le directoire du district, et approuvée par celui du département.

ART. 15. — Une concession sera annulée par une cessation de travaux pendant un an, à moins que cette cessation n'ait eu des causes légitimes, et ne soit approuvée par le directoire du département, sur l'avis du directoire du district auquel le concessionnaire sera tenu d'en justifier. Il en sera de même des anciennes concessions maintenues, dont l'exploitation n'aura pas été suivie pendant un an sans cause légitime, également constatée.

ART. 16. — Pourront les concessionnaires renoncer à la concession qui leur aura été faite, en donnant, trois mois d'avance, avis de cette renonciation au directoire du département.

ART. 17. — A la fin de chaque concession, ou dans le cas d'abandon, le concessionnaire ne pourra détériorer ses travaux; en conséquence, il ne pourra vendre que les minéraux extraits, les machines, bâtiments et matériaux existant sur l'exploitation, mais jamais enlever les échelles, étais, charpentes, ou matériaux nécessaires à la visite et à l'existence des travaux intérieurs de la mine, dont alors il sera fait un état double, qui sera déposé aux archives du département.

ART. 18. — S'il se présente de nouveaux demandeurs en

concessions ou permissions, pour continuer l'exploitation d'une mine abandonnée, ils seront tenus de rembourser aux anciens concessionnaires la valeur des échelles, étais, charpentes, matériaux, et de toutes machines qui auront été reconnues nécessaires pour l'exploitation de la mine, suivant l'estimation qui en sera faite de gré à gré, sinon par experts, gens de l'art, qui auront été choisis par les parties ou nommés d'office.

ART. 19. — Le droit d'exploiter une mine, accordé pour cinquante ans ou moins, expirant, les mêmes entrepreneurs qui auront fait exploiter par eux-mêmes ou par ouvriers à forfait seront, sur leur demande, admis de préférence à tous autres, excepté cependant les propriétaires qui seront dans le cas prévu par l'article 10, au renouvellement de la concession, pourvu toutefois qu'il soit reconnu que lesdits concessionnaires ont bien fait valoir l'intérêt public qui leur était confié ; ce qui aura lieu tant pour les anciennes concessions maintenues que pour les nouvelles.

ART. 20. — Les concessionnaires actuels, ou leurs cessionnaires qui ont découvert les mines qu'ils exploitent, et qui sont maintenus aux termes de l'article 4, ainsi que ceux qui le seront conformément à l'article 6, seront obligés d'indemniser les propriétaires de la surface, si fait n'a été, et ce, dans le délai de six mois, à compter du jour de la publication du présent décret.

ART. 21. — L'indemnité dont il vient d'être parlé, ainsi que celle mentionnée dans l'article 1er du présent décret, s'entend seulement des non-jouissances et dégâts occasionnés dans les propriétés par l'exploitation des mines, tant à raison des chemins que des lavoirs, fuite des eaux, et tout autre établissement, de quelque nature qu'il soit, dépendant de l'exploitation, sans cependant que ladite indemnité puisse avoir lieu lorsque les eaux seront parvenues aux ruisseaux, fleuves et rivières.

ART. 22. — Cette indemnité aura pour base le double de la valeur intrinsèque de la surface du sol qui sera l'objet desdits dégâts et non-jouissances. L'estimation en sera faite de gré à gré, ou à dire d'experts, si mieux n'aiment les propriétaires recevoir en entier le prix de leur propriété, dans le cas où elle n'excéderait pas dix arpents, mesure de Paris, et ce, sur l'eslimation qui en sera faite à l'amiable ou à dire d'experts.

Art. 23. — Les concessionnaires ne pourront ouvrir leurs fouilles dans les enclos murés, ni dans les cours, jardins, prés, vergers et vignes attenant aux habitations dans la distance de deux cents toises, que du consentement des propriétaires de ces fonds, qui ne pourront, dans aucun cas, être forcés à le donner.

Art. 24. — Les concessionnaires demeureront civilement responsables des dégâts, dommages et désordres occasionnés par leurs ouvriers, conducteurs et employés.

Art. 25. — Lorsqu'il sera nécessaire à une exploitation d'ouvrir des travaux de secours dans un canton ou exploitation du voisinage, l'entrepreneur en demandera la permission au directoire du département, pourvu que ce ne soit pas pour extraire des minéraux provenant de ce nouveau canton, mais pour y étendre des travaux nécessaires, tels que galerie d'écoulement, chemins, prise d'eau, ou passage des eaux, et autres de ce genre, à la charge de ne point gêner les exploitations y existant, et d'indemniser les propriétaires de la surface.

Art. 26. — Seront tenus les anciens concessionnaires maintenus, et ceux qui obtiendront à l'avenir des concessions ou permissions, savoir : les premiers dans six mois pour tout délai, à compter du jour de la publication du présent décret ; et les derniers dans les trois premiers mois de l'année qui suivront celle où leur exploitation aura commencé, de remettre aux archives de leur département respectif un état double, détaillé et certifié véritable, contenant la désignation des lieux où sont situées les mines qu'ils font exploiter, la nature de la mine, le nombre d'ouvriers qu'ils emploient à l'exploitation ; les quantités de matières extraites, et si ce sont des charbons de terre, ce qu'ils en font tirer par mois, ensemble les lieux où s'en fait la principale consommation, et le prix desdits charbons ; et de continuer à faire ladite remise avant le 1er décembre de chaque année, et de joindre audit état un plan des ouvrages existants et des travaux faits dans l'année.

Art. 27. — Toutes contestations relatives aux mines, demandes en règlement d'indemnité, et toutes autres sur l'exécution du présent décret, seront portées par-devant les juges de paix ou les tribunaux de district, suivant l'ordre de compétence, et d'après les formalités prescrites par les décrets sur l'ordre judiciaire, sans que cependant il puisse être donné aucune suite aux procédures criminelles, commencées depuis le 14 juillet 1789, contre les auteurs des dégâts commis dans des concessions de mines, lesquelles procédures seront civilisées et les informations converties en enquêtes, à l'effet, par les entrepreneurs, de poursuivre, par la voie civile, la réparation des dommages faits à leur concession, et la réintégration en icelle, s'il y a lieu, aux termes des articles 4 et 6 du présent décret.

Titre II. — Des mines de fer.

Art. 1er. — Le droit accordé aux propriétaires par l'article 1er du titre Ier du présent décret, d'exploiter à tranchée ouverte, ou avec fosse et lumière, jusqu'à cent pieds de profondeur, les mines qui se trouveront dans l'étendue de leurs propriétés, devant être subordonné à l'utilité générale, ne pourra s'exercer pour les mines de fer que sous les modifications suivantes.

Art. 2. — Il ne pourra, à l'avenir, être établi aucune usine pour la fonte des minerais, qu'ensuite d'une permission qui sera accordée par le Corps législatif, sur l'avis du département dans l'étendue duquel cet établissement sera projeté.

Art. 3. — Toutes les formalités prescrites par les articles 12 et 13 du titre Ier, pour la concession des mines à exploiter, seront exécutées pour la permission d'établir de nouvelles usines.

Art. 4. — Tout demandeur en permission d'établir un ou plusieurs fourneaux ou usines sera tenu de désigner le lieu où il prétend former son établissement, les moyens qu'il a de se procurer les minerais, et l'espèce de combustible dont il prétend se servir pour alimenter ses fourneaux.

Art. 5. — S'il y a concurrence entre les demandeurs, la préférence sera accordée aux propriétaires ayant dans leurs possessions des minerais et des combustibles ; au défaut de ces propriétaires, et à moyens égaux d'ailleurs, la permission d'établir l'usine sera accordée au premier demandeur en date.

ART. 6. — La permission d'établir une usine pour la fonte des minerais emportera avec elle le droit d'en faire des recherches, soit avec des sondes à ce destinées, soit par tout autre moyen praticable, sauf dans les lieux exceptés par l'article 23 du titre Ier, ainsi que dans les champs et héritages ensemencés ou couverts de fruits.

ART. 7. — Les maîtres de forges ou usines avertiront un mois d'avance les propriétaires des terrains qu'ils voudront sonder, et leur payeront de gré à gré, ou à dire d'experts, les dommages que cette opération pourrait causer.

ART. 8. — D'après la connaissance acquise du minerai, les maîtres d'usines en donneront légalement avis aux propriétaires.

ART. 9. — Lorsque le maître de forge aura besoin, pour le service de ses usines, des minerais qu'il aura reconnus précédemment, il en préviendra les propriétaires, qui, dans le délai d'un mois, à compter du jour de la notification pour les terres incultes ou en jachère, et dans le même délai, à compter du jour de la récolte, pour celles qui seront ensemencées ou disposées à l'être dans l'année, seront tenus de faire eux-mêmes l'extraction desdits minerais.

ART. 10. — Si, après l'expiration de ce délai, les propriétaires ne font pas l'extraction dudit minerai, ou s'ils l'interrompent ou ne la suivent pas avec l'activité qu'elle exige, les maîtres d'usines se feront autoriser à y faire procéder eux-mêmes ; et à cet effet, ils se pourvoiront par-devant les tribunaux, ainsi qu'il est prescrit par l'article 26 du titre Ier.

ART. 11. — Lorsque les propriétaires feront l'extraction du minerai pour le vendre aux maîtres d'usines, le prix en sera réglé entre eux de gré à gré, ou par experts choisis ou nommés d'office, lesquels auront égard aux localités et aux frais d'extraction, ainsi qu'aux dégâts qu'elle a occasionnés.

ART. 12. — Lorsque, sur le refus des propriétaires, les maîtres d'usines auront fait extraire le minerai, le prix en sera déterminé, ainsi qu'il est annoncé en l'article précédent.

ART. 13. — Indépendamment du prix du minerai lavé, qui sera payé aux propriétaires par le maître de forge, celui-ci sera tenu d'indemniser lesdits propriétaires, soit à raison de la non-jouissance des terrains, soit pour les dégâts qui seront faits à la superficie, de gré à gré ou à dire d'experts.

ART. 14. — Le maître d'usine cessant de jouir de la faculté qui lui aura été accordée d'extraire du minerai sera tenu de remettre les terrains en état de culture, avec la charrue destinée au labourage ; et dans le cas où l'extraction se serait faite dans des vignes ou prés, il sera également tenu de les remettre en état de culture et de production, et l'indemnité en sera réglée en conséquence par les experts, si les parties ne l'ont déterminée entre elles.

ART. 15. — Ne pourront les maîtres de forges faire aucune exploitation ou fouilles dans les bois et forêts, sans avoir, indépendamment des formalités prescrites par les articles 7, 8 et 9 du présent titre, indemnisé préalablement les propriétaires de gré à gré, ou à dire d'experts choisis ou nommés d'office, lesquels experts seront obligés, dans leur estimation, d'avoir égard à la valeur superficielle desdits bois et forêts, et au retard qu'éprouvera le recru ; et lesdits maîtres de forges seront tenus de laisser au moins vingt arbres ou baliveaux de la meilleure venue, par arpent, et de ne leur causer aucun dommage ni dégradation, sous les peines portées par les ordonnances. Ne pourront, au surplus, lesdits maîtres de forges, faire des fouilles dans l'étendue de plus d'un arpent, par chaque année ; et l'exploitation finie, ils nivelleront le terrain, le plus que faire se pourra, et repiqueront de glands ou semis les places endommagées par l'extraction de la mine.

ART. 16. — S'il était reconnu par experts qu'il fût impossible de remettre en culture certaines places de terrain où les fouilles et extractions des minerais auraient été faites, l'entrepreneur dédommagera le propriétaire, à proportion de la moins-value de son terrain, occasionnée par l'extraction, soit de gré à gré, soit à dire d'experts.

ART. 17. — La mine extraite de la tête pourra être lavée et transportée en toute saison, à charge par les maîtres de forges de dédommager ceux sur la propriété desquels ils établiront des patouillets ou lavoirs, des chemins pour le transport ou charroi, ainsi qu'il est prescrit par l'article 20 du titre Ier, sans cependant que le transport puisse s'en faire à travers les héritages ensemencés.

Art. 18. — Les maîtres de forges se concerteront avec les propriétaires, le plus que faire se pourra, pour établir leurs patouillets et lavoirs de manière à ne causer aucun préjudice aux propriétés voisines ou inférieures ; et s'il résultait quelques dommages de ces établissements, les maîtres d'usines seront tenus d'indemniser les propriétaires, soit de gré à gré, soit à dire d'experts ; mais lesdits lavoirs ne pourront être établis dans des champs et héritages couverts de fruits.

Art. 19. — Les maîtres de forges actuellement existant seront tenus de se conformer, à compter du jour de la publication du présent décret, à toutes ses dispositions, en ce qui les concerne.

Art. 20. — Dans le cas où les propriétaires voudraient continuer les fouilles ou extractions de mines de fer, qui s'exploitent avec fosse et lumière jusqu'à cent pieds de profondeur, déjà commencées par les maîtres de forges, ils seront tenus de rembourser à ces derniers les dépenses qu'ils justifieront légalement avoir faites pour parvenir auxdites extractions.

Art. 21. — Sera le présent décret adressé incessamment aux départements, pour être exécuté comme loi du royaume.

Instruction sur les tourbières, l'extraction des tourbes, la conservation et l'usage de ce combustible.

Publiée par l'agence des mines, en 1795 (ventôse an III).

Quoique la tourbe et ses avantages soient connus en France depuis longtemps, cependant son usage a été borné, jusqu'à nos jours, aux départements de la Somme et du Pas-de-Calais, à quelques cantons de ceux de l'Oise, de l'Eure et d'un petit nombre d'autres ; il en est plusieurs, dans la France, où son nom n'est pas même connu, et cependant il existe à peine une vallée qui ne recèle ce précieux combustible. On le trouve aussi communément dans les plaines sablonneuses, connues

Tourbières.

sous le nom de *landes* et de *bruyères*, et même sur quelques montagnes, sous des forêts et des terres cultivées, où on ne le soupçonnerait pas.

Combien ne serait-il pas avantageux à la France de suppléer à la disette du bois, qui se fait sentir depuis plusieurs années, par une matière qu'on peut se procurer dans une infinité d'endroits, abondamment et à peu de frais, qui peut remplacer le bois dans presque tous les cas, et même dans plusieurs avec avantage?

Il est donc important de diriger l'attention et les efforts des Français vers une substance dont l'exploitation doit leur procurer un moyen de diminuer la consommation du bois ; et, si l'on joint à cet avantage celui de fournir un combustible à un prix de beaucoup inférieur à celui du premier, et d'offrir, dans sa cendre, non-seulement un engrais que ses propriétés font rechercher partout où il est connu, mais encore une quantité considérable de différents sels, on sentira tout le prix de ce genre d'exploitation.

Ce sont ces considérations qui ont déterminé l'agence des mines à faire rédiger la présente instruction.

1. — *Ce que c'est que la tourbe.*

Un amas de parties végétales, converties en masses noirâtres, plus ou moins compactes et compressibles, mêlées en diverses proportions avec de la terre, des sables ou des débris de coquilles et d'autres substances.

II. — *Ses propriétés.*

Elle brûle avec flamme, exhale une fumée épaisse et fétide lorsqu'elle s'allume : quand toutes ses parties huileuses et volatiles sont dissipées par la combustion ou par la carbonisation, alors elle ne répand plus d'odeur.

Elle s'incinère parfaitement et donne plus de cendres qu'aucun autre combustible : ses cendres sont très-recherchées pour l'agriculture. On peut en extraire plus ou moins de potasse, et souvent du sulfate de soude.

La tourbe et le charbon de tourbe peuvent être employés aux mêmes usages que le bois et le charbon de bois, et même avec plus d'avantage dans plusieurs arts.

On a trouvé, dans les bancs de tourbe, des arbres renversés, bien conservés, imprégnés d'eau ; des corps d'animaux, aussi bien conservés, et dont la peau paraissait avoir subi une sorte de tannage ; plusieurs autres observations prouvent que l'eau qui a pénétré des couches de tourbe a des propriétés antiseptiques.

III. — *Position des tourbières ou leur manière d'être dans la nature.*

On trouve ordinairement des couches de tourbe dans les lieux qui ont été ou qui sont encore submergés, mais plus particulièrement dans le fond des bassins, d'anciens lacs ou d'étangs, dans les marais ou vallées qui ont été couvertes d'eaux stagnantes, ou dont les courants n'étaient ni rapides ni tumultueux. On rencontre des tourbes, à de grandes hauteurs, sur des plateaux de montagnes, ou même sur leurs pentes, quand elles se trouvent dans une région ou dans une atmosphère souvent humide. On en trouve encore, à diverses hauteurs, dans les coteaux et dans les plaines, sous des atterrissements formés par des dépôts postérieurs à la formation de ces tourbes, ainsi que sur les rivages de la mer, au-dessous des sables dont ils sont couverts.

Les bancs de tourbe sont plus ou moins compactes et serrés : 1° suivant la nature du détritus des végétaux qui les composent, dont les tiges sont conservées entières ou très-divisées ; 2° suivant le plus ou moins d'épaisseur de la couche déposée, dont le fond se trouve comprimé et serré par son propre poids, quand elle est épaisse, et plus lâche, quand le dépôt n'a pas été considérable ; 3° enfin, suivant qu'il y a ou qu'il n'y a point de terres rapportées par les alluvions postérieures, sur les bancs de tourbe.

Les bancs de tourbe sont quelquefois entremêlés de dépôts sableux, argileux et coquilliers. Au-dessous des couches de tourbe, on trouve ordinairement une couche de marne ou argile crayeuse. Il est des pays où cette marne est très-recherchée pour l'agriculture.

Souvent, plusieurs bancs de tourbe sont les uns au-dessus des autres, séparés par des dépôts de sable, d'argile et de terre.

L'épaisseur des bancs de tourbe est très-variable. On en connaît qui ont depuis six pouces jusqu'à vingt pieds.

Les bancs de tourbe sont ordinairement parallèles aux dépôts, dans le fond des vallées, et leur direction suit aussi celle de la vallée, à moins qu'elle n'ait été dérangée, ou que la formation de la tourbe n'ait été même interrompue par un courant rapide traversant la vallée, ou par quelque autre cause qui a influé sur l'état des eaux de la vallée.

On peut voir, dans l'ouvrage de M. Duluc, intitulé : *Lettres sur les hommes et les montagnes*, des détails intéressants sur une marche progressive des tourbières, analogue à celle des glaciers dans certaines montagnes. On a rencontré, au-dessous de certaines couches, dans la vallée de la Somme, des chaussées anciennes, divers instruments à l'usage des hommes et des pièces de monnaie.

Il paraît certain que les tourbières se renouvellent, au moins dans les circonstances favorables à leur formation. Il est constant aussi que leur renouvellement n'a lieu que très-lentement.

IV. — *Moyens de reconnaître l'existence des tourbes.*

On peut espérer qu'une vallée renferme de la tourbe, lorsque son fond est large, évasé, uni et que les eaux y stagnent, ou y coulent doucement, en serpentant d'un côté à l'autre.

La nature des plantes qui croissent dans les marais ou vallées ne peut être un caractère pour reconnaître l'existence des tourbes, qu'autant que les vallées ne seraient pas recouvertes d'une couche de terre végétale, suffisante pour entretenir la végétation, car alors diverses plantes peuvent s'y trouver comme ailleurs.

La plupart des plantes ne végètent point dans la tourbe ;

mais, lorsqu'une épaisseur médiocre de bonne terre est super-posée sur des tourbes, une multitude de plantes, et surtout les légumes, y viennent avec une vigueur remarquable, sans doute à cause que leurs racines obtiennent continuellement du voisinage des tourbes toute l'humidité dont elles ont besoin.

Les arbres, excepté les aulnes, ne réussissent que jusqu'à ce que leurs racines aient atteint la tourbe.

On ne peut donc tirer d'inductions assez certaines, pour la présence des tourbes, de la nature ou de la végétation des plantes; on en tirerait mieux du dépérissement des arbres, quand leurs racines, à une certaine profondeur, atteignent la tourbe.

Un caractère plus certain, c'est le tremblement du terrain, lorsqu'on le frappe du pied : sa compressibilité, son affaisse-ment, lorsqu'on le charge d'un certain poids ; le travail des taupes, qui ramène, à la surface, des parcelles de tourbe, lorsqu'elle n'est pas profondément déposée, est encore souvent un indice. Mais tous ces moyens ne sont pas suffisants pour déterminer une fouille, et établir une dépense d'extraction ; car, outre la présence de la tourbe, il faut reconnaître sa pro-fondeur, son étendue, ses qualités ; et c'est ce que le sondage seul peut assez bien faire reconnaître.

V. — *Du sondage pour la tourbe.*

Les tourbiers se servent d'une sonde particulière, simple comme tous leurs outils : c'est une espèce de grande cuil-ler de onze pouces de longueur, dont les bords sont très-cou-pants, qui est terminée par une pointe acérée et tournée en vrille; elle est garnie d'un manche de quinze à dix-huit pieds de longueur, sur lequel on a marqué des divisions de onze pouces chaque, et que l'on appelle *pointes.*

La manière de s'en servir consiste à faire, d'abord, un trou carré, de deux à trois fers de bêche de profondeur, ou jusqu'à la tourbe ; deux hommes, appuyant fortement sur le manche de la sonde, la descendent perpendiculairement d'une pointe ; ils lui font ensuite faire un tour complet, et la remontent : le sondeur ratisse alors la surface interne de la cuiller, et découvre la tourbe, dont, avec un peu d'usage, il reconnaît la qualité avec certitude. On replace ensuite la sonde dans le trou, on l'enfonce d'une nouvelle pointe, on la retire et on l'examine comme ci-dessus, continuant cette manœuvre aussi longtemps qu'elle ramène de la tourbe.

Si la tourbe était toujours régulière, il suffirait de donner, de loin en loin, quelques coups de sonde, pour s'assurer seulement des points où elle commence, et de ceux où elle finit; mais, dans une même pièce de pré, il se trouve quelquefois d'excellente tourbe au milieu d'autre fort inférieure. Souvent les premières pointes sont bonnes ou mauvaises, et les dernières sont de qualité opposée. Il convient donc, lorsqu'on veut sonder un pré, d'introduire la sonde de trois en trois toises, lorsqu'on trouve le banc régulier, et de deux en deux, même de toise en toise, dans le cas contraire.

Nous observons que, lorsqu'une couche est connue dans toute son épaisseur, et qu'on a rencontré le dépôt sableux ou marneux, on peut encore sonder au delà, parce qu'il se trouve souvent plusieurs bancs de tourbe au-dessous de ces dépôts.

VI. — *Des diverses espèces de tourbes.*

La couleur, la pesanteur, le mélange de débris de plantes, de coquillages fluviatiles et de terre, sont les choses qui établissent les principales différences entre les diverses espèces de tourbes.

Ces accidents peuvent produire un grand nombre d'espèces de tourbes; mais on ne s'arrête, dans le commerce, qu'à ce qui établit des différences notables dans l'usage, et on y distingue trois espèces principales, savoir : 1° la tourbe légère; 2° la tourbe moyenne (tourbe brune, tourbe molle); 3° la tourbe dure.

1° La tourbe légère est d'un brun mêlé de blanc, poreuse, entremêlée d'une quantité plus ou moins grande de roseaux, de joncs, et d'autres plantes marécageuses. On y trouve assez ordinairement des coquillages fluviatiles ; elle brûle avec activité, jette beaucoup de flamme et se consume vite, exhale peu de fumée, et laisse une cendre blanchâtre et fort légère.

2° La tourbe moyenne est plus noire, moins poreuse et plus pesante que la précédente ; elle ne contient point de roseaux. On y retrouve seulement encore quelques filaments fort minces ; elle n'offre plus ou presque plus de coquillages ; elle s'allume plus difficilement que la première, brûle moins vivement d'abord, et jette moins de flamme, exhale une fumée plus considérable, plus épaisse et plus fétide ; donne plus de chaleur, se consume plus lentement, et laisse une cendre jaune fort pesante.

3° La tourbe dure est d'un noir plus intense encore que la tourbe moyenne, et plus pesante que les deux autres. On n'y retrouve plus aucun vestige de coquillages ; à peine y aperçoit-on quelques légères filandres, quelques vestiges méconnaissables de plantes. Elle s'allume encore plus difficilement que la précédente, jette une flamme moins élevée, mais plus vive ; exhale une fumée abondante, épaisse, noire et très-fétide, donne une chaleur très-pénétrante, se consume lentement et conserve le feu longtemps, laisse une cendre rougeâtre très-pesante.

On pourrait décrire plusieurs autres espèces de tourbes ; depuis la première jusqu'à la troisième, il y a des nuances presque sans nombre ; mais on ne distingue, dans le commerce, que les trois genres qui viennent d'être décrits, confondant dans chacun d'eux toutes les espèces qui leur sont analogues ; il en est cependant encore deux qui méritent d'être distinguées, à cause de leur peu de valeur.

L'une est blanche, pesante, pleine de coquillages, très-chargée de terre, et qu'on nomme *tourbe terreuse ;* l'autre, d'un brun clair, très-poreuse et légère, pleine de trous, et ressemblant plutôt à un paquet de mousse qu'à de la tourbe, d'où elle a pris le nom de *tourbe mousseuse.*

On fait si peu de cas de ces deux espèces, qu'on ne prend pas la peine de les extraire, à moins qu'on n'y soit contraint pour découvrir la bonne tourbe. On les rejette alors parmi les déblais, ou bien on les brûle sur place, pour vendre leurs cendres à bas prix.

VII. — *De l'exploitation des tourbières.*

Quand les bancs de tourbe ont été sondés et reconnus dans leurs dimensions et qualités, il s'agit d'obtenir les tourbes, de manière qu'elles puissent recevoir les manipulations qui les rendent propres au commerce.

Ces opérations consistent à diviser les masses, en les extrayant par petits parallélipipèdes, qui portent le nom de *tourbes*, et à les débarrasser par une dessiccation complète de la quantité d'eau dont elles sont pénétrées.

Afin d'avoir le temps suffisant pour la dessiccation, qui ne se fait bien que pendant le printemps et l'été, il faut commencer l'extraction des tourbes en germinal.

VIII. — *De l'extraction.*

L'extraction s'en fait à tranchée ouverte, parce que les lieux bas, dans lesquels se trouvent le plus ordinairement les tourbes, ne permettent pas d'y pratiquer des galeries pour attaquer les couches de tourbe, comme on l'a fait pour celles de houille.

Une des plus grandes difficultés, et même la seule à vaincre dans cette extraction, c'est de tenir les couches de tourbe suffisamment à sec, et de parvenir à extraire même sous l'eau, quand on ne peut plus faire autrement.

Il est donc important, pour tourber une vallée avec succès, de disposer l'extraction de manière à n'être pas gêné par l'affluence des eaux. Pour cela, il faudra commencer par les parties les plus basses, aller en remontant les pentes, et laissant derrière soi ou une pente suffisante pour écouler les eaux, ou des parties d'extraction faite qui les recevront. Si, au contraire, on commençait à extraire dans les parties plus hautes des vallées, on aurait à soutenir, par des digues et des batardeaux, des masses d'eaux considérables, qui occasionneraient de trop grandes dépenses, et des accidents desquels pourrait résulter la perte entière des travaux d'extraction.

Le moyen le plus régulier d'exploiter les tourbières est d'ouvrir, au bas de la vallée, une tranchée qu'on suit en remontant la vallée, et qui y forme un canal. Quand on a extrait de ce canal toutes les tourbes qu'on peut extraire au louchet, on enlève le reste à la drague. Cette extraction est la moins dispendieuse, la plus sûre, et celle qui laisse perdre le moins de tourbes.

Le canal pratiqué par cette exploitation sert à écouler les eaux, à transporter les tourbes sur des bateaux, à améliorer le terrain de la vallée, qui se trouve égoutté et raffermi. Ce canal peut se combler au moyen des alluvions, par les terres qui y sont entraînées et déposées à la suite des grandes pluies et des orages, et devenir lui-même un bon terrain pour l'agriculture.

Quand ce premier canal est épuisé de tourbes, on en pratique un autre disposé aussi de manière à écouler les eaux le mieux possible, et à une distance suffisante du premier, pour éviter l'affaissement des terrains, ou la communication latérale des eaux, qui pourrait avoir lieu, s'ils étaient trop voisins l'un de l'autre.

Ce genre d'exploitation régulière a lieu dans la Flandre, où le défaut de bois a fait sentir dès longtemps la nécessité d'exploiter les tourbières avec économie ; mais, dans la plupart des vallées, où l'on extrait des tourbes en France, on a suivi une méthode plus convenable, à la vérité, aux petites propriétés, en ne faisant que des extractions partielles ; mais cette méthode, au lieu d'améliorer le terrain des vallées, les crible de trous, les remplit d'eaux stagnantes qui infectent l'air, répandent des maladies dans les habitations voisines, et laissent une quantité considérable de tourbes enfouies. C'est une très-grande faute d'entailler un pré de çà et de là. Lorsqu'on a haché ainsi un terrain, il est impossible qu'on n'en perde pas une très-grande partie, à raison des massifs qu'on est obligé de laisser de tous côtés, et des communications d'eaux qui s'infiltrent partout rendent les travaux très-difficultueux, et forcent même quelquefois de les abandonner.

Il est donc indispensable de combiner l'extraction des tourbes dans une vallée, et de l'ordonner suivant les localités et les nivellements, qu'il sera bon d'avoir assez exacts pour assurer l'écoulement des eaux avec facilité.

Il est probable que le mode d'extraction en usage dans le département de la Somme n'est qu'une mauvaise imitation de la manière usitée en Hollande, où les localités ne permettent pas de donner des moyens d'écoulement.

Quelquefois la tourbe repose sur un fonds de sable, ou sur des pierres inclinées, fendillées, ou d'une nature poreuse, et propres à absorber l'eau. On peut mettre à profit ces circonstances locales, pour dessécher les marais à tourbes ; il suffit alors de creuser jusqu'à ce que l'on ait rencontré l'une de ces espèces de terrain. On pratique, par ce moyen, un puisard qui peut être suffisant pour opérer le desséchement de la tourbière.

Lorsque les tourbières sont voisines des étangs ou des lacs, on peut se débarrasser des eaux, en baissant momentanément celle de ces grands réservoirs.

Une précaution nécessaire encore, en disposant une exploitation de tourbes, c'est de s'arranger de manière à avoir, aussi près que possible du lieu de l'extraction, une surface suffisante pour étendre les tourbes extraites, afin d'obtenir leur dessiccation.

A Mennecy, où les tourbières s'extraient à sept pointes de profondeur, on calcule qu'il faut six arpents environ pour l'*étente* des tourbes extraites dans un arpent, d'où il suit qu'en général le nombre des arpents nécessaires pour l'étente est à peu près égal à celui des pointes d'épaisseur du banc de tourbes.

On sent que plus le lieu choisi pour l'étente sera sec, mieux il vaudra pour accélérer l'opération.

IX. — *Détails de l'extraction.*

Lorsque les dispositions générales sont bien assises pour l'exploitation d'une vallée à tourbes, des ouvriers que l'on nomme *déblayeurs,* placés dans la partie la plus basse, par laquelle on doit commencer, enlèvent le gazon et la terre végé-

tale, avec la bêche ordinaire, dans un espace d'environ neuf
pieds carrés. Ces déblais doivent être portés à cinq ou six pieds
des bords de l'entaille, pour éviter que leur poids, faisant affaisser les terres, n'occasionne des bavures qui rempliraient
l'excavation [1].

Après qu'on a découvert le banc de tourbe, sur cette étendue de neuf pieds carrés, des ouvriers, qui portent le nom de
tireurs, l'entament, en enlevant à un des angles de l'entaille
la largeur de deux bêchées, ce qui donne deux mottes de neuf
à dix pouces de hauteur, sur dix-sept à dix-huit de longueur,
qu'on nomme *chanteaux*, et qui équivalent chacune à deux
tourbes. L'entamure du banc ainsi faite, chaque tireur continue à la découper, l'un allant à droite et l'autre à gauche, au
moyen du louchet à aileron. La forme des tourbes est déterminée par cette manière de les extraire : elles offrent un parallélipipède de onze à douze pouces de hauteur, sur trois
pouces dans les autres dimensions; la hauteur du louchet
porte le nom de *pointe*. Ce parallélipipède éprouve plus ou
moins de retrait pendant la dessiccation des tourbes, suivant
leur nature et le degré de sécheresse qu'elles ont obtenu.

Pendant le travail de l'entaille, on observe de couper perpendiculairement ses faces ou tranches latérales. La couche
de tourbe ne peut s'écrouler, à cause de la liaison de ses parties entre elles; elle ne peut être sujette qu'aux affaissements
qui arrivent, comme nous l'avons dit, quand on la charge; ce
qu'il faut éviter sur le bord des entailles.

On continue à enfoncer le louchet verticalement le long des
tranches de la fosse, de manière que la tourbe à lever ne
tienne jamais que par les deux côtés que tranche le louchet,
et à sa partie inférieure où elle est facilement détachée du
reste de la masse, par le coup de main de l'ouvrier, qui consiste : 1° à enfoncer le louchet de la hauteur du fer; 2° à le
pousser, du haut du manche, un peu en avant; 3° à l'incliner
de même du côté opposé à l'aileron; 4° à le remettre vertical;
5° à enlever la tourbe. Quand on entaille sous l'eau, il faut un

---

[1] Ces déblais, composés de terre végétale, sont ordinairement très-propres à
la culture des plantes potagères et des légumes; on doit en tirer parti.

temps de plus, qui consiste : 6° à incliner assez le louchet en arrière pour assurer la tourbe dessus avant de la jeter hors de l'entaille, sans quoi la résistance de l'eau, qui tend à délaver le fer du louchet, entraînerait la tourbe.

Deux tireurs, tourbant ainsi une entaille, ayant commencé à un angle, vont l'un sur la droite et l'autre sur la gauche, reprenant à la tête de chaque tranche sur le travail l'un de l'autre, jusqu'à ce que, arrivés vers l'angle opposé, comme ils se gêneraient en continuant de travailler deux, un seul finit tout, et l'autre reprend un autre travail.

Toute cette opération doit se faire très-lestement, surtout quand on a à craindre d'être gagné et gêné par les eaux. Alors, pour aller plus vite, plusieurs tireurs se mettent dans une entaille, et on l'exploite par gradins ou banquettes ; deux tireurs pouvant être toujours, chacun d'un côté, sur le même plan du gradin ou de la banquette. Les tourbes extraites sont jetées à des ouvriers, sur le bord de l'entaille, qui les reçoivent et les rangent, ainsi que nous le dirons plus bas.

Comme il est intéressant d'exploiter tant qu'on peut au louchet, on se débarrasse des eaux, dans les entailles, au moyen de bascules, que quelques ouvriers font agir, en versant l'eau extraite, soit dans l'entaille voisine, soit dans un courant dont la pente l'entraîne. On emploie aussi la vis d'Archimède ou des pompes à bras.

Si on a besoin de laisser un batardeau d'un côté quelconque de l'entaille, on observe de le fortifier, en laissant depuis le niveau jusqu'à la base du batardeau, au fond de l'entaille, un renfort composé de plusieurs degrés d'épaisseur de tourbes, allant en croissant vers le bas.

Si on craint qu'un batardeau, ainsi construit, ne suffise pas pour soutenir l'eau, on laisse, en outre, au milieu du batardeau, un contre-fort de la largeur de trois ou quatre tourbes, et d'une longueur proportionnée à la poussée des eaux qu'on a à vaincre : on l'appelle *baudet*.

On sent qu'à mesure que les tireurs s'enfoncent, la difficulté augmente pour jeter la tourbe à celui qui doit la recevoir sur le bord de l'entaille. Le plus fort tireur ne peut la jeter à plus de quinze pointes de hauteur ; ainsi, pour extraire à vingt pointes de profondeur, il faut recevoir la tourbe à douze ou quinze pieds, .et la rejeter sur le bord de l'entaille.

Lorsque la tourbe est à une profondeur telle qu'on ne peut plus l'extraire au louchet, on l'exploite à la drague, au moyen d'un batelet, et on la moule ensuite.

La drague est l'instrument connu pour nettoyer les fossés ou les rivières ; par ce moyen, on évite la dépense des épuisements ; mais on a de plus celle du moulage.

Le moule dont on se sert est semblable à celui pour faire des briques, et la manipulation est aussi très-analogue. Dès que la tourbe est jetée du bateau sur le bord du canal ou de l'entaille, des ouvriers la foulent, la pressent dans les moules et la déposent ensuite sur le gazon, où elle reste, jusqu'à ce qu'elle soit assez affermie pour recevoir les manipulations propres à la sécher entièrement, comme nous le dirons par la suite.

En Hollande [1], on se sert, pour l'extraction des tourbes, d'un grand coffre sans fond qu'on enfonce sur le banc, et dans lequel se placent les tireurs ou coupeurs, pour être à l'abri des eaux. Dans quelques cantons de ce pays, en France, dans le département du Pas-de-Calais, on fouille la tourbe avec des filets garnis de cercles de fer, et, au lieu de la mouler après l'avoir bien foulée, on l'étend sur une aire préparée ; on en fait une couche de douze à dix-huit pouces d'épaisseur. Lorsqu'elle a pris assez de consistance, on la divise par tranches et par tourbes, on les retourne et on les fait sécher.

X. — De la dessiccation des tourbes [2].

Manipulations usitées pour la dessiccation des tourbes.

Nous avons dit que les tireurs jettent les tourbes extraites à

---

[1] Voir 1º le Mémoire publié dans le numéro 89, p. 337, du *Journal des mines*, sur l'extraction et la préparation de la tourbe des provinces de Hollande et d'Utrecht ; 2º la note sur un moyen de rendre la tourbe compacte p. 397 ; 3º l'extrait des Mémoires sur le charbonnage de la tourbe, numéro 2 du *Journal des mines*, p. 1.

[2] Pour obtenir une bonne dessiccation des tourbes extraites, on sent qu'il

des ouvriers, qui les reçoivent sur le bord de l'entaille. Ces ouvriers sont des brouetteurs (des femmes et des enfants peuvent faire ce travail). Ils reçoivent les tourbes et les rangent sur une brouette, ayant soin de ne pas les briser. Ils n'en doivent pas mettre plus de quinze à la fois sur leur brouette ; une plus grande quantité nuirait, en ce que celles inférieures seraient écrasées.

Les brouetteurs vont déposer les tourbes sur le lieu de l'étente. Il faut choisir la place la plus sèche, une surface suffisante, et qui ne soit pas trop loin de l'entaille : une distance de cent pas est beaucoup. Si on porte les tourbes plus loin, l'opération est trop lente, et les dépenses augmentent.

Première manipulation.

Il faut avoir attention que les brouetteurs ne renversent pas la brouette, ce qui briserait les tourbes. Ils doivent les prendre et les ranger sur le terrain par petits tas, qu'on appelle *pilets*, *rentelets*, de quinze, etc. Ces petits tas, pilets ou rentelets, doivent être assez espacés pour que l'air puisse circuler autour. Dans les terrains très-secs, on les sépare d'une demi-semelle ; dans ceux moins secs, d'une semelle entière.

On les laisse jusqu'à ce que les tourbes soient ce qu'on appelle bien *couannées*, c'est-à-dire qu'il se soit formé une couanne à la surface. Alors, on leur donne une seconde manipulation.

Seconde manipulation.

On pose, sur le terrain, les tourbes des rangs supérieurs, qui se trouvent les plus avancées pour la sécheresse, et on met celles qui étaient inférieures dans la partie supérieure. Dans cette opération, on augmente les tas jusqu'à vingt et une tourbes, et de manière qu'il y ait entre elles le plus de vide

---

faut les exposer successivement, sur toutes leurs faces, à l'action de l'air et du soleil. Le printemps et l'été sont les seules saisons propres à cette opération ; il faut donc commencer l'extraction dès le mois d'avril, et il ne faut plus avoir de tourbes à sécher passé le 1er septembre.

possible pour la circulation de l'air. Ces tas prennent le nom de *cantelets*, *catelets* ou *châtelets*.

Troisième manipulation.

Quand la tourbe des catelets est bien couannée, on lui donne une troisième manipulation, qui doit achever de la sécher au point auquel elle doit être. Il y a trois modes différents d'opérer cette manipulation. L'un consiste à mettre les tourbes en *lanternes*. Pour cela, on pose d'abord circulairement dix à onze tourbes sèches sur le sol, et on élève dessus, successivement en retraite, de nouveaux rangs de tourbes de plus en plus humides, jusqu'à ce qu'on ait formé une pyramide terminée par une seule tourbe. Pour donner plus de solidité aux lanternes, à mesure qu'on les élève, on amasse des tourbes sèches dans le centre. Lanternes.

On espace les lanternes, sur le pré, à un pied l'une de l'autre.

Les petites lanternes de sept tourbes de base sont préférables ; elles se soutiennent mieux : les tourbes inférieures sont moins sujettes à être brisées. Monts.

Le second mode consiste à mettre les tourbes en *monts*. On les pose les unes sur les autres, sans ordre, observant seulement de mettre les plus sèches en bas et au centre, et les plus humides à l'extérieur et en haut. On donne à ces monts environ deux pieds de largeur, et deux pieds et demi de hauteur, sur une longueur arbitraire.

Le troisième mode consiste à mettre les tourbes en *haies* ou *reules*. On pose d'abord sur le sol un double rang de tourbes les plus sèches, debout et adossées l'une contre l'autre ; on élève ensuite sur cette base une espèce de muraille d'une tourbe d'épaisseur ; on l'élève ainsi à deux ou trois pieds, sur autant de longueur que le terrain le permet, et pour que cette muraille se soutienne, malgré son peu d'épaisseur, on la dispose en zigzag. Haies ou reules.

Ce dernier mode est le plus avantageux, mais il est le plus difficile : peu d'ouvriers sont capables de bien établir les reules ou haies.

Les deux premiers modes sont d'une exécution plus facile ; mais ils sèchent moins bien, et on trouve plus de tourbes brisées, surtout quand on manipule des tourbes peu fibreuses.

En général les manipulations pour le desséchement des tourbes méritent toute l'attention de ceux qui s'occuperont de leur extraction. Il faut observer avec soin ce qui convient mieux à la nature de la tourbe qu'on extrait, et ce qui est plus ou moins avantageux, suivant le terrain qui sert à l'étente. Si les tourbes n'ont pas été bien manipulées, on perdra sur la quantité et la qualité.

XI. — *De l'empilage.*

Piles.

Lorsque les tourbes ont acquis à peu près le degré de sécheresse nécessaire, on les réunit en masses plus considérables, appelées *piles*.

L'empilage étant la dernière main-d'œuvre, celle qui décide irrévocablement de la qualité de la tourbe, est aussi celle qui exige le plus de connaissance et d'attention.

Si l'on empile trop tôt, la tourbe, encore mouillée, s'échauffe dans la pile, ne sèche jamais à fond, et l'on est contraint de la désempiler au printemps et de l'étendre de nouveau sur le pré pour la sécher, ce qui occasionne des frais et un déchet considérables.

Si l'on empile trop tard, la tourbe a déjà essuyé une perte immense ; elle se brise, se grésille, et une grande partie se réduit en boues, en grumeaux et en poussière.

Il faut donc connaître l'instant et le saisir, et chaque espèce de tourbe a le sien particulier, relatif à sa nature.

Tout ce qu'on peut établir de général à cet égard, c'est qu'il vaut mieux empiler la tourbe un peu trop tôt, ou, en terme de tourbier, un peu verte, que de l'empiler trop tard ; il ne peut résulter de cette méthode qu'une petite diminution dans les proportions de la pile ; la tourbe parviendra d'ailleurs à une sécheresse complète, et séchée ainsi lentement, elle deviendra compacte, elle sera comme de la corne, et on ne la rompra qu'avec effort.

Cette observation porte principalement sur les tourbes qui sont sujettes à se grésiller et sur les tourbes franches ; car pour celles qui sont entrelacées de beaucoup de roseaux, ou de fibres, elles soutiennent les alternatives de sécheresse et d'humidité, sans se désunir, et leur empilage demande moins de précautions ; on ne risque rien de les laisser sécher à fond avant que de les empiler.

La pile est, pour la tourbe, une mesure commerciale, comme la corde pour le bois. A l'égard des dimensions de cette mesure, il est à regretter qu'elles ne soient pas encore fixées par les mesures métriques.

La pile, mesure de Paris, contient 502 pieds cubes ; elle se divise en 4 coudées, et donne 90 voies chacune de 5 pieds 2/3.

La pile, mesure du département de la Somme, est de 320 pieds cubes.

La pile de Paris a 17 pieds de longueur à sa base, et 15 à son entablement, 9 pieds de largeur de base sur 7 d'entablement, 4 pieds de hauteur ; on la termine par un comble de 2 pieds de hauteur perpendiculaire.

Il faut choisir, pour l'emplacement qu'on veut élever, la partie la plus sèche au milieu des lanternes, monts ou reules. On en trace les dimensions sur le terrain au cordeau ; on y apporte les tourbes. On commence à placer les bases des murailles sur une tourbe d'épaisseur ; on charge le milieu de la pile à la main, à mesure qu'on continue d'élever le muraillement, lequel se fait en retraite de rang en rang, de sorte que, quand on est élevé à la hauteur convenable, la pile forme une pyramide à quatre faces tronquées. Aux quatre angles du muraillement, on a soin de lier et croiser les tourbes entre elles, comme les maçons, lorsqu'ils élèvent un mur de briques.

La pile s'achève par un comble formé de tourbes placées sans ordre, terminé par un rang d'une seule tourbe. On observe de mettre, dans le comble, les tourbes qui ont plus besoin d'être encore séchées.

Il n'y a pas d'inconvénient à faire les piles de forme plus longue, ou à en mettre plusieurs au bout les unes des autres ; mais il n'en est pas de même de la largeur ; il y aurait de l'inconvénient à l'augmenter, parce que les tourbes y conserveraient trop d'humidité, et parce que les ouvriers ne pourraient pas arranger aussi bien les piles plus larges. Il leur faudrait des échelles et d'autres moyens, d'où il résulterait beaucoup de tourbes brisées et de poussière.

Sur la fin de la campagne, lorsqu'on a été forcé d'empiler des tourbes encore trop humides, on réduit les dimensions des piles. On fait ce que les tourbiers appellent des *pilons*, de 6 pieds de largeur, 22 pieds de longueur, 3 pieds de hauteur, 18 pouces de comble.

XII. — *De la couverture des piles.*

Quand les piles de tourbes doivent rester sur le pré quelque temps, et surtout lorsqu'elles ont à y passer l'hiver, ou seulement même une partie de l'automne, il faut les couvrir, si on ne veut pas perdre les fruits de ses travaux.

La pluie ou les brouillards déposent de l'humidité dans les piles ; elles se tourmentent et finissent par s'écrouler. Les tourbes se délitent, se brisent, s'affaissent, et on n'a plus que des fragments, ou un monceau de poussière. L'effet des gelées, surtout, est ruineux pour ceux qui laissent les tourbes exposées ; il faut donc les couvrir pour éviter ces pertes.

On emploie de *grands roseaux* pour couvrir les muraillements tout autour, et de la *litière* ou du *chaume* pour le comble, qu'on recharge, en outre, de gazons placés de distance en distance, afin de l'assurer contre les vents. Cette opération est dispendieuse ; il faut, pour chaque pile, de dix à douze bottes de roseaux, et de vingt-huit à trente bottes de litière ; mais, lorsque l'opération est faite avec soin, et qu'on les ménage en découvrant les piles, les mêmes roseaux et la même litière peuvent servir pour deux ou trois campagnes, sans grand déchet.

C'est une fausse économie que de vouloir ménager la litière sur les piles, quand on en fait la couverture, parce que l'eau pénètre, et on perd alors les frais de la couverture de la tourbe.

Il faut avoir attention à ce que les piles soient placées à l'abri des inondations, et même à ce que leur pied ne soit pas humide.

XIII. — De l'enlèvement et du transport des tourbes.

Lorsqu'on veut enlever les tourbes, on commence par découvrir les piles, ce qui doit se faire avec précaution. On ne doit entamer des piles que celles qu'on enlèvera ; et si on s'apercevait que quelques parties de piles eussent reçu de l'humidité, il conviendrait de remettre ces tourbes en lanternes ou reules ; autrement elles se pulvériseraient en les transportant.

Le meilleur moyen de transport pour les tourbes, quand on ne peut pas les porter à la manne, de la pile à un bateau, c'est d'avoir des charrettes garnies en planches, et dont le fond s'ouvre en deux parties pour décharger les tourbes.

On les transporte aussi dans des sacs ; mais c'est une dépense assez considérable, et il est à observer que le moins de remuement possible est le mieux, pour éviter un trop grand déchet de tourbes réduites en poussier.

XIV. — De l'usage de la tourbe.

La tourbe peut, en général, remplacer le bois avec avantage, comme combustible. On peut rendre moins incommode l'odeur qui se répand pendant sa combustion, en pratiquant, pour les usages domestiques, des cheminées qui aspirent fortement, comme on le fait dans les pays où on se chauffe avec de la houille ; mais c'est surtout dans les manufactures, sous les chaudières, que l'économie produite par la tourbe sera très-sensible.

Il en sera de même pour ceux qui cuisent la brique, le plâtre, ou qui font la chaux.

Les cendres résultant de sa combustion sont très-recherchées pour l'agriculture ; elles se vendent fort cher.

Enfin, en carbonisant les tourbes, on leur enlève toute leur odeur désagréable, et on les rend utiles à tous les arts.

Arrêté du Directoire exécutif.

Du 5 nivôse an VI.

Le Directoire exécutif, vu le rapport du ministre de l'intérieur et la loi du 28 juillet 1791 sur les mines :

Considérant que les concessions et permissions d'exploiter les mines et salines et d'établir des usines ont pour objet d'empêcher les richesses minérales de la République de devenir la proie de l'ignorance et de la cupidité, et qu'en conséquence la loi a assujetti, entre autres choses, les demandeurs en concession et permission à justifier de leurs facultés et des moyens qu'ils emploient pour assurer l'exploitation ;

Considérant que cette justification doit être également faite par les cessionnaires, héritiers, donataires et légataires et autres ayants cause des citoyens pourvus de concessions et permissions d'exploiter des mines et salines et d'établir des usines, ainsi qu'il était ordonné par les articles 4 et 5 de la déclaration du 24 décembre 1762, qui n'a point été révoquée ;

Arrête ce qui suit :

ART. 1er. — Aucuns transports, cessions, ventes ou autres actes translatifs de l'exercice des droits accordés par les concessions et permissions d'exploiter les mines métalliques, des combustibles et salines, et d'établir des usines, ne pourront être exécutés, et les cessionnaires et autres jouir de l'effet desdits transports et actes équivalents, qu'après l'autorisation spéciale de l'administration centrale du département où sera situé le chef-lieu de l'exploitation, laquelle sera sujette à l'approbation du Directoire exécutif, conformément à l'article 8 du titre Ier de la loi du 28 juillet 1791.

ART. 2. — Tous les cessionnaires et porteurs d'actes énoncés en l'article précédent, ainsi que les héritiers, donataires, légataires et ayants cause des citoyens pourvus desdites concessions et permissions, ou de leurs cessionnaires, seront tenus, dans les six mois de la publication du présent arrêté, de se pourvoir à l'effet d'obtenir ladite autorisation. Ledit délai de six mois ne courra, pour les héritiers, donataires ou légataires dont les droits s'ouvriront à l'avenir, qu'à compter du jour où ils auront fait acte d'héritiers, ou de la date des donations et acte de délivrance de legs.

Art. 3. — Faute par les cessionnaires, héritiers, légataires, donataires et autres ayants cause, de s'être pourvus dans le délai fixé par l'article précédent, ils seront considérés comme exploitant sans concession et permission, et les défenses portées par la loi leur seront faites par les administrations centrales des départements, à la diligence des commissaires du Directoire exécutif.

Art. 4. — Les autorisations énoncées aux deux premiers articles ne seront accordées qu'après la justification des facultés et des moyens des concessionnaires, héritiers, légataires et donataires desdites concessions et permissions pour assurer l'exploitation, conformément à l'article 9 du titre Ier de ladite loi. Les cessionnaires par transport ou actes équivalents, les donataires et légataires seront en outre tenus de représenter l'original ou l'expédition authentique desdits transports, donations, testaments, actes de délivrance et autres.

Art. 5. — Les cessionnaires et autres successeurs auxdites concessions et permissions, qui auront été dûment autorisés à continuer l'exploitation, seront obligés à l'exécution de toutes les lois, arrêtés et règlements concernant les mines, salines et usines, et sujets aux peines et déchéances y portées, le cas y échéant.

Art. 6. — Le ministre de l'intérieur est chargé de l'exécution du présent arrêté, qui sera imprimé au *Bulletin des lois*.

Circulaire du ministre de l'intérieur sur les tourbières, à tous les préfets des départements.

Publiée en germinal an IX.

Les diverses espèces de combustibles que peut offrir le département dont l'administration vous est confiée auront été sans doute l'objet de votre attention.

Tourbières.

La nécessité de pourvoir aux besoins journaliers de vos administrés, la consommation indispensable et en grande masse de ces objets pour les arts les plus importants, l'influence très-marquée du prix des combustibles sur les produits de nos fabriques, et par conséquent sur la balance du commerce : toutes ces considérations vous auront déterminé à porter des vues d'économie et de conservation sur les combustibles de quelque nature qu'ils soient.

Vous aurez senti que les forêts et plantations méritaient déjà qu'on portât une surveillance active à leur conservation et à leur reproduction ; mais les combustibles minéraux, qui ne se reproduisent pas, et qui sont si précieux dans la pratique des arts, par la plus grande intensité de chaleur qu'ils fournissent, nécessitent au moins aussi impérieusement l'attention du gouvernement.

Les mines de houille, qui vous offrent le combustible le plus utile aux arts, sont, presque partout, mal exploitées ; des extractions voisines de la surface, et dirigées plutôt par une avidité inconsidérée que par une économie éclairée et sage, sont malheureusement les plus multipliées. On laisse ainsi dans les profondeurs des masses immenses de ces richesses englouties sous les eaux et enfouies sous les débris.

Le petit nombre d'exploitations qui sont entreprises et suivies d'après des vues plus régulières et infiniment plus utiles à la société, sont enviées et trop souvent entravées par des hommes qui prétendent jouir des fruits de ces travaux, sans avoir rien fait qui puisse légitimer ces prétentions.

Les extractions voisines de la surface, qui se font au moyen de puits multipliés, sont également nuisibles à l'agriculture, en bouleversant les terrains ; aux consommateurs, auxquels elles ne fournissent le plus souvent que de mauvaise houille, en rendant les travaux à approfondissement impraticables ou très-dispendieux, et aux ouvriers eux-mêmes, qui trop souvent sont enterrés dans leurs propres travaux.

Cependant il importe que la France jouisse convenablement des avantages que la nature a prodigués à son sol, et que notre industrie s'élève au haut degré d'activité que nos richesses en matières premières lui permettent d'atteindre.

Les mines de houille tenant le premier rang parmi ces substances, il convient de stimuler et d'encourager surtout l'application, à l'extraction de ce combustible minéral, des moyens
mécaniques proportionnés aux obstacles à vaincre pour les
aller chercher jusqu'aux plus grandes profondeurs auxquelles
on puisse parvenir, afin que la société jouisse complétement
et économiquement de ces ressources précieuses.

Il est une autre espèce de combustibles minéraux plus communément existant encore que les houilles, les tourbes, dont
l'embrasement fournit une moindre intensité de chaleur, mais
qui est encore plus active, cependant, que celle des bois et
charbons de bois.

L'emploi des tourbes est avantageux dans la plupart des
foyers de fabriques à chaudières, et pour les usages intérieurs,
quand on ne craint pas l'odeur désagréable qu'exhale d'abord
ce combustible, mais à laquelle on s'habitue, puisqu'il est
constamment d'usage dans plusieurs pays.

Si la tourbe paraît d'abord d'une extraction facile, parce que
les lits de cette substance se trouvent le plus ordinairement à
peu de profondeur dans les vallées qui en contiennent, l'exploitation des tourbières nécessiterait cependant une surveillance éclairée, d'abord pour en déterminer, autant qu'il est
possible, une extraction économique, et aussi pour obvier aux
inconvénients très-graves qui résultent des mauvaises exploitations de ce genre, indépendamment de la perte du combustible, tels que : 1° l'insalubrité des communes voisines des
exploitations, quand elles donnent lieu à la stagnation des
eaux et à la formation de cloaques infects ; 2° la privation des
pâturages ou des produits quelconques que les vallées à
tourbes pourraient offrir.

Je joins à cette lettre une instruction publiée par le Conseil
des mines, que je vous engage à répandre dans les cantons où
vous connaîtrez ou présumerez l'existence des tourbes [1].

Cette instruction décrit les moyens de sondage, de reconnaissance des tourbières, les divers modes d'extraction et d'é-

---

[1] Voir cette instruction, p. 13 de l'*Appendice*.

puisement des eaux qui peuvent être employés, les procédés de la dessiccation et de la conservation de ce combustible.

Mais, sous le point de vue de l'économie politique, il est une considération très-importante relativement aux tourbières : c'est la détermination de ces exploitations suivant un plan déterminé dans chaque vallée, de manière à assurer et faciliter, d'une part, l'extraction complète de toutes les tourbes, et de l'autre, l'écoulement des eaux, la salubrité du pays, l'atterrissage successif des canaux qui auraient servi à l'extraction, et l'amélioration des pâturages, ou autres pratiques agricoles dans ces vallées.

Il est difficile d'atteindre généralement ce but, parce que le droit de tourbage étant réservé comme une faculté inhérente à la propriété territoriale, d'après l'article 2 de la loi du 28 juillet 1791, on doit considérer comme impossible de déterminer chacun des propriétaires dans une vallée à coordonner ses travaux particuliers au plan qui aurait été adopté pour toute la vallée.

Mais il est un genre de propriété qui facilitera probablement l'application utile des moyens d'économie et de salubrité dont je viens de vous entretenir ; et nous devons espérer que ces exemples mêmes donneront lieu généralement à de meilleures exploitations, surtout sur les propriétés d'une certaine étendue.

Je veux vous parler des biens communaux ; la loi du 10 juin 1793 a réservé (art. 9, sect. 1re) ceux de ces biens dans lesquels se trouvent des mines, minières, carrières, ou autres productions minérales dont la valeur excéderait celle du sol, ou qui sont reconnues d'une utilité générale, soit pour la commune, soit pour la France.

Cette disposition, évidemment applicable aux tourbières, vous fournira un moyen d'en régulariser l'extraction dans ces sortes de propriétés. Il est peu de vallées qui n'en offrent même d'assez étendues, et il est urgent de s'occuper de cet objet avant que les dix années d'inaliénabilité, déterminées par l'article 13 de la section II de la même loi, soienté coulées.

Vous chargerez l'ingénieur du département de faire, dans ceux de ces terrains qui auront été reconnus propres au tourbage, les nivellements nécessaires pour assurer l'écoulement des eaux, et en déterminant l'extraction des tourbes par canaux, ou par tranches intermédiaires, suivant l'exigence des localités. Cet ingénieur aura soin de réserver les surfaces nécessaires à la dessiccation des tourbes extraites, et de ménager, autant qu'il sera possible, les moyens d'introduire, soit dans les canaux d'extraction, soit dans les excavations par tranches, les eaux venant des côtes et des plaines, et propres à effectuer le plus promptement possible le recomblement de ces canaux et excavations, ainsi que l'atterrissage et l'amélioration du sol.

Les opérations de l'ingénieur du département devront vous être soumises, et vous en arrêterez l'exécution après que vous vous serez assuré qu'elles peuvent avoir lieu sans inconvénients.

Alors le tourbage des vallées ou portions de vallées sera adjugé au plus offrant, par-devant vous ou tel fonctionnaire que vous aurez désigné, aux charges qui auront été reconnues nécessaires pour en assurer l'extraction la plus régulière, et les produits seront appliqués aux dépenses locales et au besoin des communes propriétaires.

Telles sont, monsieur le préfet, les considérations d'intérêt général dont j'ai cru devoir vous entretenir à l'égard des combustibles, et notamment des combustibles minéraux. Je n'ignore pas que des succès complets dans ce genre, et surtout pour les tourbages, présentent de nombreuses difficultés; mais vous savez, monsieur, que ce qui ne peut être tout à coup perfectionné est au moins sensiblement amélioré par un zèle soutenu, et je ne doute pas que le bien devant résulter, pour le département qui vous est confié, de l'emploi de ces divers moyens, ne vous détermine à porter une attention particulière à des objets aussi importants.

Loi qui prescrit les formalités pour les demandes en concession de mines.

Du 2 février 1801 (13 pluviôse an IX).

Mines. ART. 1er. — À l'avenir, lorsqu'une demande en concession de mines sera présentée au préfet du département, il pourra l'accorder deux mois après la réquisition faite au propriétaire de la surface de s'expliquer s'il entend ou non procéder à l'exploitation aux mêmes clauses et conditions imposées aux concessionnaires. Cette réquisition sera faite à la diligence du préfet du département.

ART. 2. — À cet effet, toutes demandes en concession seront publiées et affichées dans le chef-lieu du département, dans celui de l'arrondissement, dans le lieu du domicile du demandeur, et dans toutes les communes que la demande pourra intéresser.

ART. 3. — Les publications auront lieu devant la porte de la maison commune, un jour de dimanche ; elles seront, ainsi que l'affiche, répétées trois fois aux lieux indiqués, de dimanche en dimanche, dans le cours du mois qui suivra immédiatement la demande.

ART. 4. — Le préfet ne prononcera sur la demande en concession qu'un mois après les dernières affiches et publications.

ART. 5. — Il est dérogé, quant aux dispositions ci-dessus, aux articles 10 et 11 du titre Ier de la loi du 28 juillet 1791.

Exposé des motifs du projet de la loi des mines, par le comte Regnaud de Saint-Jean-d'Angely.

Du 13 avril 1810.

Mines et usines. Il est pour les empires des époques mémorables où le progrès des lumières, les besoins de la société, le changement des mœurs, la variation des rapports commerciaux, l'intérêt des manufactures et des arts, commandent une reconstruction entière de l'édifice des lois nationales.

Ainsi, le siècle de Louis XIV vit paraître les ordonnances nombreuses qui régularisèrent toutes les parties du droit civil, toutes les branches de l'administration, qui statuèrent sur tous les intérêts du monarque et des sujets, sur tous les droits de l'Etat et des citoyens.

Il appartenait à un règne plus glorieux encore que celui de Louis le Grand, à une époque où le temps, l'expérience et le malheur même, ont étendu les lumières, fortifié le jugement et mûri les grandes pensées, de voir préparer, rédiger, publier des Codes nouveaux, nécessaires après tant de changements, après la proclamation successive de tant de vérités et d'erreurs, des Codes nouveaux, trésors de législation, où sont renfermés les richesses de tous les siècles, les conceptions de tous les sages, les travaux de tous les peuples, et qui, appropriés à l'état actuel de la grande nation, sont les garants immortels de la propriété, de l'ordre, de la justice, de la paix publique, du perfectionnement des arts, de l'accroissement de l'industrie et bientôt de la prospérité du commerce.

En établissant les principes de la propriété, le Code civil (art. 552) avait, en quelque sorte, posé la première pierre d'un autre monument législatif, sur lequel devait reposer le grand intérêt de l'exploitation des mines, de ces richesses, sans cesse élaborées dans le sein de la terre, sans cesse recherchées par l'industrie, sans cesse versées dans la société pour satisfaire à ses besoins et accroître sa richesse.

C'est cette loi, devenue plus nécessaire, mais plus difficile par la multiplication, la diversité, l'étendue, l'importance des intérêts sur lesquels elle statue; c'est cette loi, messieurs, que nous vous apportons.

Elle a été préparée par de longues recherches sur les principes suivis, en pareille matière, dans les temps anciens et modernes, et par l'examen des inconvénients de la législation actuelle de la France et des pays réunis. Je vous présenterai d'abord le résultat de ce travail préparatoire.

Je vous exposerai ensuite comment, en respectant, avec le droit romain et le Code civil, le droit du propriétaire de la surface, le Conseil a été amené à consacrer le principe de la propriété incommutable des mines, dans les mains des concessionnaires, à leur imprimer le caractère de biens patrimoniaux pour garantir la conservation, l'activité, le succès des exploitations diverses.

Enfin, je vous montrerai comment l'action de l'administration générale, et d'une administration spéciale des mines, agira sur ces nouvelles propriétés, sans gêner le possesseur dans l'exercice de son droit et même de sa volonté, en usant de l'ascendant des lumières et non de l'influence de l'autorité, en persuadant sans contraindre.

Les détails de la loi se trouveront indiqués, expliqués, justifiés dans ces trois principales divisions que je vais reprendre successivement.

PREMIÈRE PARTIE. — *De la législation antérieure et actuelle en Europe et en France.*

Selon l'ancien droit romain, le propriétaire de la surface l'était de toutes les matières métalliques renfermées dans le sein de la terre.

Depuis, et sous les empereurs, on put exploiter des mines dans le fonds d'autrui, puisque la loi régla la redevance à payer dans ce cas. Elle était d'un dixième au profit du propriétaire, et d'un dixième au profit du fisc.

Dans la partie septentrionale de l'Europe, où se trouvent les mines les plus abondantes, la législation sur les mines a dû occuper davantage les gouvernements.

Le droit des propriétaires, la prétention des seigneurs féodaux, l'intérêt de l'exploitation, sont les mobiles divers qui ont dirigé la législation ; tantôt l'un des motifs l'emportant sur l'autre, tantôt se balançant pour satisfaire à tous les intérêts.

Mais le résultat auquel on est arrivé dans le dernier siècle est presque uniforme dans les Etats voisins.

En Prusse, l'ordonnance de 1772 réserve au domaine le droit d'exploiter ou de concéder toutes les mines. La concession réserve un droit au propriétaire du sol.

En Hongrie, l'ordonnance de Maximilien désigne toutes les mines *comme biens de la Chambre royale*, et défend d'en ouvrir sans l'autorisation du souverain.

En 1781, l'empereur Joseph, dans son règlement sur les mines [1], consacre formellement le même principe.

En Bohême, le droit régalien, également consacré, a été cédé aux états, à la charge d'accorder des concessions, ainsi qu'il est dit à l'article 1er de l'ordonnance de Joachimsthal.

En Autriche, l'ordonnance de Ferdinand établit le même principe qu'en Hongrie.

En Saxe, la loi distingue les mines de houille des autres mines. Celles-là ne sont pas sujettes au droit régalien qui est établi pour toutes les autres. Cependant, nulle exploitation, même des houillères, ne peut avoir lieu sans la *permission* et la *concession* du souverain.

En Hanovre, en Norwége, la loi dispose comme l'ordonnance de Joachimsthal que j'ai déjà citée pour la Bohême.

En Suède, pays que la nature semble avoir voulu consoler, par ses richesses minérales, d'être si mal traité sous d'autres rapports, toutes les mines appartiennent à la couronne.

En Angleterre, le droit d'entamer la surface du terrain, non-seulement pour exploiter les mines, mais encore les carrières, se nomme *royalti*, et appartient au souverain. Guillaume le céda à ses officiers sur les terres qu'il leur donna. Il a été l'objet de diverses transactions qui l'ont fait changer de main, mais il est toujours resté indépendant de la surface.

En Espagne, les mines sont considérées comme propriété publique.

En France, jusqu'en 1791, la législation n'a jamais été ni bien solennelle, ni bien régulière, parce que les tribunaux n'ont jamais pris connaissance des affaires de mines exclusivement traitées au Conseil du roi.

Là, les lois étaient modifiées par des décisions particulières ; le crédit, la faveur, l'intrigue faisaient obtenir et révoquer successivement les mêmes concessions, et l'Assemblée consti-

---

[1] Constitutiones circa exercitium regale metalli fodinarum.

tuante, quand elle s'occupa de cette partie de la législation, était convaincue que les mines étaient devenues la proie des courtisans se jouant également des droits du propriétaire de la surface et de ceux des inventeurs.

Toutefois, on tenait pour constant, avant 1791, que les mines en France étaient une propriété domaniale.

La loi de juillet 1791 fut le résultat d'une discussion solennelle, la dernière que Mirabeau ait éclairée de son savoir et influencée par son éloquence.

Vous connaissez, messieurs, ses dispositions principales : je n'en rappellerai que quelques-unes pour faire apercevoir qu'elles furent plutôt une transaction entre des avis opposés, qu'une décision franche, claire et précise sur des questions controversées.

En effet, l'article 1er met les mines, etc., *à la disposition de la nation*, ce qui suppose que le gouvernement en disposera selon l'intérêt de la société ; et l'article 3 attribue une préférence aux propriétaires de la surface, ce qui exclut pour le gouvernement la liberté de la disposition. Puis vient l'article 10, qui subordonne le droit des propriétaires à l'examen de leurs moyens d'exploitation, c'est-à-dire fait résulter l'exercice d'un droit positif, de la décision arbitraire d'un fait.

L'article 19 accorde la préférence aux concessionnaires anciens pour une concession nouvelle, après l'expiration de la leur ; et cependant le droit du propriétaire de la surface était menaçant sans cesse, prêt à le dépouiller, si on le reconnaissait, ou méconnu, si on respectait le droit du concessionnaire.

Aussi cette loi de 1791, dans les premières années de sa publication, avait été presque inexécutée, et les mines étaient dans toute la France sans surveillance, sans activité, pour ainsi dire, sans produits, lorsque le Comité de salut public, forcé, pour se défendre, de rassembler tous les moyens, toutes les ressources, de réunir tous les efforts, tous les talents, créa, en l'an II, une administration des mines.

Comme tous les établissements utiles de cette fameuse époque, l'institution du Conseil des mines fut l'ouvrage de quelques savants précieux, qui ne se sont distingués que par leurs services, et qui n'ont échappé à la proscription que par le besoin que l'on avait d'eux.

Il fut spécialement l'ouvrage de ce Fourcroy, que les sciences et les arts ont pleuré, qui fut également distingué par son éloquence et son savoir, et qui, si la mort ne l'eût enlevé à la patrie, aux conseils du prince, et à l'amitié, porterait aujourd'hui la parole devant vous, et traiterait bien mieux le sujet dont je vous entretiens.

Ce Conseil eut la plus heureuse influence sur la réunion de toutes les ressources qui pouvaient fournir aux armées françaises les moyens de défense et de succès. Les mines furent exploitées, les usines mises en activité, et de ce premier mouvement désordonné d'abord, comme tout ce qui s'opérait dans ces temps de troubles, résultèrent, quand la secousse eut cessé, des connaissances théoriques plus étendues, des connaissances pratiques plus positives, enfin le sentiment du besoin, de la nécessité d'une amélioration.

Le Conseil des mines profita des travaux de M. Sage, ce Nestor de la métallurgie, premier fondateur de l'Ecole des mines ; des sujets furent formés en assez grand nombre, et par leur moyen, l'administration porta les lumières et la surveillance sur cette partie trop longtemps négligée.

Mais l'imperfection de la législation de 1791 offrait tantôt des obstacles, tantôt des lacunes, plus sensibles encore depuis la réunion des départements voisins de l'Escaut et du Rhin.

Le ministre de l'intérieur essaya de remédier aux embarras sans cesse renaissants, en publiant, le 18 messidor an IX, une instruction fort détaillée, réglant un grand nombre de cas non prévus, et modifiant par de nombreuses interprétations les dispositions positives de la loi de 1791.

L'administration générale des mines a marché pendant quelque temps à l'aide de ces palliatifs, dont on n'a pas tardé à sentir l'insuffisance.

Le principal inconvénient était l'incertitude dans laquelle était chaque exploitant sur la permanence de sa jouissance, sur la nature de sa propriété.

Obligé d'agir administrativement, le ministère pouvait blesser des droits sur lesquels il n'était pas toujours assez éclairé, et les capitaux se dirigeaient avec hésitation vers des entreprises trop peu garanties par la loi.

D'un autre côté, les nombreuses exploitations des riches départements du Nord n'étaient pas régularisées ; les droits des Sociétés charbonnières qui n'avaient pas exécuté la loi de 1791 restaient incertains, attaqués par des voisins jaloux, par des intrigants avides, par des concurrences spécieuses.

Il fallait un terme à ces embarras de l'administration, à ces inquiétudes des propriétaires, à cette confusion de droits, à cette multitude de prétentions.

Une loi nouvelle était demandée par l'opinion générale, le ministre la fit rédiger, la section de l'intérieur l'examina et la refondit dans de longues conférences où elle appela les hommes les plus éclairés. Elle fut portée au Conseil, discutée et établie sur les bases que je vous ai indiquées en commençant, et que je vais développer dans la seconde partie.

SECONDE PARTIE. — *Premier but de la loi, concilier les principes de la propriété avec les garanties nécessaires aux exploitants des mines.*

Les mines sont-elles une propriété domaniale, ou sont-elles la propriété de celui auquel appartient la surface sous laquelle elles sont cachées ? Telle est la question depuis longtemps controversée et sur laquelle les meilleurs esprits sont partagés.

Sans entrer dans le détail des raisonnements à l'appui de chacun des systèmes, je vous ferai simplement connaître le résultat des longues discussions qui ont eu lieu.

On a reconnu, d'un côté, qu'attribuer les mines au domaine public, c'était blesser les principes consacrés par l'article 552 du Code civil, dépouiller les citoyens d'un droit consacré, porter atteinte à la grande charte civile, premier garant du pacte social.

On a reconnu, de l'autre, qu'attribuer la propriété de la mine à celui qui possède le dessus, c'était lui reconnaître.

d'après la définition de la loi, le droit d'user et d'abuser, droit destructif de tout moyen d'exploitation utile, productif, étendu ; droit opposé à l'intérêt de la société, qui est de multiplier les objets de consommation, de reproduction de richesse ; droit qui soumettrait au caprice d'un seul la disposition de toutes les propriétés environnantes de nature semblable ; droit qui paralyserait tout, autour de celui qui l'exercerait, qui frapperait de stérilité toutes les parties de mines qui seraient dans son voisinage.

De ces vérités, on a déduit tout naturellement cette conséquence, que les mines n'étaient pas une propriété ordinaire à laquelle pût s'appliquer la définition des autres biens et les principes généraux sur leur possession, tels qu'ils sont écrits dans le Code civil.

Et, cependant, pour que les mines soient bien exploitées, pour qu'elles soient l'objet de soins assidus de celui qui les occupe, pour qu'il multiplie les moyens d'extraction, pour qu'il ne sacrifie pas à l'intérêt du présent l'espoir de l'avenir, l'avantage de la société à ses spéculations personnelles ; il faut que les mines cessent d'être des propriétés précaires, incertaines, non définies, changeant de main au gré d'une législation équivoque, d'une administration abusive, d'une police arbitraire, de l'inquiétude habituelle de leurs possesseurs.

Il faut en faire des propriétés auxquelles toutes les définitions du Code civil puissent s'appliquer.

Il faut que ces masses de richesses, placées sous de nombreuses fractions de la superficie du territoire, au lieu de rester divisées comme cette superficie, même, deviennent, par l'intervention du gouvernement et en vertu d'un acte solennel, un ensemble dont l'étendue sera réglée, qui soit distinct du sol, qui soit en quelque sorte une création particulière.

Dans cette création, le droit du propriétaire de la surface ne doit pas être méconnu ni oublié ; il faut au contraire qu'il soit consacré pour être purgé, réglé, pour être acquitté, afin que la propriété que l'acte du gouvernement désigne, définit, limite et crée en vertu de la loi, soit d'autant plus invariable, plus sacrée, qu'elle aura plus strictement satisfait à tous les droits, désintéressé même toutes les prétentions.

Ainsi les mines seront désormais une propriété perpétuelle, disponible, transmissible, lorsqu'un acte du gouvernement aura consacré cette propriété par une concession qui réglera le droit de celui auquel appartient la surface.

Tout se concilie dans ce système : l'intérêt de l'Etat, l'intérêt des exploitants, l'intérêt des propriétaires du sol.

Les mines changent sur-le-champ de valeur dans l'opinion, comme dans les transactions sociales ; les capitaux s'y portent avec sécurité, et conséquemment avec abondance.

La vente, la donation, la succession de cette partie considérable de la richesse territoriale et commerciale à la fois, devient soumise à des règles communes à toutes les propriétés.

La loi sur les mines renvoyant au droit commun sur toutes les règles des intérêts particuliers, on est débarrassé, pour sa rédaction, de toutes les difficultés que présentaient les exceptions multipliées, et l'action de la juridiction administrative, tantôt trop active, tantôt trop lente, et jamais aussi parfaitement tranquillisante que celle des tribunaux ordinaires.

Ce principe une fois découvert et établi, les conséquences en découlent sans effort, et le système entier de la loi se présente avec clarté.

Pour reprendre tous les objets que cette loi sur les mines doit embrasser, celle que nous vous présentons traite de toutes les substances renfermées dans le sein de la terre, ou existantes à sa surface, sous trois grandes divisions : 1° les *mines ;* 2° les *minières ;* 3° les *carrières.*

Aux mines seules s'appliquent les principes nouveaux que je viens d'établir.

Des mines.

Concédées par un acte délibéré au Conseil, elles seront, comme je l'ai dit, des propriétés immobilières nouvelles, associées à toute l'inviolabilité, toute la sainteté des anciennes.

Tout ce qui sert à leur exploitation fera partie de l'immeuble même.

Toutefois, ces associations par actions pour exploiter les mines seront permises, et les actions seront meubles : détermination juste autant que prévoyante, et propre à réunir, pour faciliter les grands travaux, tous les intérêts et toutes les intentions.

Mais, avant que la concession puisse s'accorder, de nombreux préliminaires s'offrent à la pensée, et doivent être soumis à des règles.

Rechercher les mines est un travail qui doit être encouragé ; il le sera : qui doit être surveillé ; et, en le permettant, l'administration ne le perdra pas de vue ; elle écartera les recherches des maisons, des enclos, où le propriétaire doit trouver une liberté entière et le respect pour l'asile de ses jouissances domestiques.

Désintéressé par la redevance à laquelle il a droit, le propriétaire n'a plus à la concession ce droit de préférence, l'une des inconséquences les plus remarquables de la loi de 1791.

Juge entre les prétendants, estimateur impartial de leurs droits comme de leurs moyens, le gouvernement prononce entre tous les concurrents, et assure à l'inventeur, s'il ne l'emporte pas, l'indemnité qui lui est due.

L'acte de concession donne la propriété libre, et, si je puis ainsi parler, vierge au concessionnaire désigné, parce que tous les intéressés, inventeurs et propriétaires de la surface, sont appelés, et que leurs droits sont réglés par l'acte même.

Le système des hypothèques est adopté, comme pour les autres propriétés. Des priviléges qui auront aujourd'hui une base solide peuvent être établis, et faciliteront les grandes entreprises.

Les concessions devaient être demandées aux préfets, et l'ordre des demandes si important n'était pas constaté ; leur date n'était pas invariable ; les délais pour y statuer n'étaient pas fixés ; le mode d'opposition n'était pas solennel : de là des erreurs et même des abus.

Le titre IV remédie à tous les inconvénients révélés par l'expérience, et ne laisse plus rien ni à la faveur, ni à l'arbitraire.

Le *maximum* de l'étendue de la concession n'est pas fixé par la loi nouvelle, comme dans celle de 1791. Il sera réglé par les convenances ; et la jurisprudence actuelle du Conseil, qui est de multiplier les concessions, en ne les accordant pas trop vastes, sera sûrement maintenue.

Les limites des concessions seront, en règle générale, fixées verticalement.

Cette règle toutefois sera susceptible d'exception, *lorsque les circonstances et les localités l'exigeront.*

La dérogation au seul principe raisonnable, en matière d'exploitation et de limitation des mines, est une concession accordée aux demandes, ou plutôt aux préjugés et aux habitudes très-funestes d'un des départements de la France, celui de Jemmapes ; puissent ses sociétés charbonnières, éclairées par l'administration, instruites par l'expérience, revenir à de meilleurs usages, à une exploitation plus utile, concilier leurs intérêts, les confondre pour les améliorer, et surtout s'affranchir du tribut que l'intrigue, la chicane et les gens d'affaires lèvent depuis trop longtemps sur leur industrie !

Redevance sur les mines.

L'exploitation des mines, considérée jusqu'ici comme un commerce, était sujette au droit de patentes.

Aucune redevance n'était due à l'Etat, selon la loi de 1791.

Seulement quelques droits domaniaux étaient payés à la régie de l'enregistrement dans les pays réunis, et même elle avait donné à ferme, par adjudication ou de gré à gré, l'exploitation de plusieurs mines.

Toutes ces redevances, tous ces prix de ferme, cesseront désormais d'être acquittés.

Les mines seront soumises à deux redevances.

L'une, fixe, sera de 10 francs par kilomètre carré de l'étendue de la concession.

L'autre, proportionnelle, sera une redevance annuelle, juste tribut que la propriété doit à l'Etat ; mais tribut réduit au moindre taux, puisqu'au lieu de s'élever au cinquième, il ne pourra excéder le vingtième du produit net ; tribut qui ne sera jamais onéreux, puisque le gouvernement peut en exempter, dans les cas où il jugera convenable ; tribut qui pourra être payé par abonnement, et qui aura, comme les autres impositions, ses fonds de dégrèvement et de non-valeur.

A cette charge de la concession envers l'Etat se joignent : 1° la rétribution au propriétaire de la surface sous le terrain duquel on exploite ; 2° les indemnités à ceux dont on est obligé de prendre la propriété pour creuser les puits, faire l'extraction, déposer les matières.

Les règles de ces indemnités sont établies de manière à désintéresser les propriétaires, sans grever la condition des exploitants.

Ces règles pour les concessions nouvelles avaient paru d'abord ne pas devoir s'appliquer aux concessions anciennes. On avait conçu l'idée de les laisser jouir pendant la durée fixée par leur titre, et de remettre à son expiration pour les faire rentrer dans la règle commune.

Une pensée plus généreuse les appelle à jouir sur-le-champ du bienfait de la loi, leur en impose même l'heureuse obligation, et généralise ainsi, au grand avantage des intéressés, l'application de la loi: ce qui donnera ainsi plus de simplicité, de facilité et de force à l'action de l'administration.

La loi va plus loin : elle appelle aux mêmes prérogatives ceux qui n'ont pas exécuté encore la loi de 1791, qui n'ont que des exploitations et n'ont pas de concessions, à la charge de se mettre en règle et d'obtenir, par un décret de Sa Majesté en son Conseil, le titre régulier qui leur manque.

Les uns et les autres payeront à l'Etat, en devenant ainsi propriétaires, les nouvelles redevances dont nous venons de parler; mais ils ne payeront aucunes redevances aux particuliers propriétaires de la surface, parce que la jouissance, sans le payement de ce droit, est établie, et qu'il n'est pas juste de donner à la loi un effet rétroactif.

Vous voyez, messieurs, quel immense avantage la loi que nous vous apportons présente aux nombreux exploitants des mines répandues sur le territoire français.

C'est, j'ose le dire, un don généreux qui leur est fait, et vous pouvez le mesurer sur l'opinion commune qui porte à 40 millions le produit annuel des mines métalliques et houillères de France, dont le capital pourrait, d'après cela, s'évaluer à 800 millions.

Ce sont des propriétés d'une telle valeur précairement tenues, temporairement possédées, qui, à compter d'aujourd'hui, deviennent des biens patrimoniaux, héréditaires, protégés par la loi commune, et dont les tribunaux seuls peuvent prononcer l'expropriation.

Carrières et tourbières.

La troisième classe des substances désignées au titre Ier peut être exploitée sans concession ni permission.

Elle ne doit pas l'être sans surveillance ni sans déclaration.

On sait combien l'imprévoyance a occasionné d'accidents, de malheurs, dans l'exploitation des carrières.

Celle des tourbes a souvent porté l'insalubrité et la mort dans une étendue considérable de pays devenus et marécageux et indesséchables par des fodiations profondes où les eaux séjournent, et qui exhalent, pendant l'été, des miasmes putrides et mortifères.

Lorsque l'extraction de la tourbe aura lieu désormais, ce sera d'après un plan donné même aux propriétaires, et surtout aux communes, de manière à assurer l'écoulement des eaux et le dessèchement du terrain tourbeux.

Après avoir établi les règles de la propriété, de l'exploitation, de la jouissance, de l'usage de ces trois classes de richesses, dont la valeur va s'augmenter par une législation meilleure, il restait à parler de l'action de l'administration sur leur ensemble; c'est l'objet de la troisième partie.

C'est surtout aux départements réunis au nord de la France que cette législation procurera des avantages immenses, dont les habitants payeront sûrement le souverain et la patrie par le bon usage du bienfait, par la prompte régularisation de tout ce qu'il y a d'illégal dans l'état actuel de leurs exploitations, et par un sentiment plus vif de reconnaissance et de dévouement.

Minières.

J'ai peu de chose à dire sur cette partie de la loi.

Elle embrasse les substances qui se trouvent à la superficie de la terre ; et quant au minerai de fer, dit *d'alluvion*, elle ne contient que les dispositions perfectionnées de la loi de 1791.

Elle règle, en outre, les cas de concurrence où la taxe de la répartition du minerai est nécessaire, consacrant ainsi la jurisprudence que le besoin avait fait adopter au Conseil.

L'exploitation des terres pyriteuses ou alumineuses a donné lieu à une section nouvelle, qui rend commune à cette branche de commerce et d'industrie, qui prend une utile et grande activité, la nécessité des permissions déjà voulues pour le traitement du minerai de fer.

Ainsi, la loi qui, pour les mines, exige une concession et crée une propriété, n'exige, pour les minières, qu'une permission, et n'accorde que l'usage ou l'emploi temporaire et conditionnel de leurs produits ; différence sagement conçue et motivée sur la diversité des substances et la différence de leur exploitation.

TROISIÈME PARTIE. — *De l'action de l'administration sur les mines.*

L'action de l'administration sur les mines est réduite aux plus simples termes, elle est renfermée dans le strict besoin de la société.

Le corps des ingénieurs des mines, dont l'organisation définitive suivra nécessairement de près la publication de cette loi, portera partout des lumières et des conseils, sans imposer de lois, sans exercer aucune contrainte sur la direction des travaux.

Ils n'auront d'action que pour prévenir les dangers, pourvoir à la conservation des édifices, à la sûreté des individus.

Ils éclaireront les propriétaires et l'administration, ils rechercheront les faits, les constateront et ne statueront jamais.

Ce droit est réservé aux *tribunaux* ou à l'*administration*.

Il est réservé aux *tribunaux*, dans tous les cas de contravention aux lois : eux seuls peuvent prononcer des condamnations ; et cette garantie, messieurs, doit être d'un grand prix à vos yeux.

Ce droit est réservé à l'*administration,* si la sûreté publique est compromise, ou si les exploitations restreintes, mal dirigées, suspendues, laissent des craintes sur les besoins des consommateurs.

En ce cas, la concession jadis était révoquée. Un tel système est incompatible avec celui de la propriété des mines.

Il y sera pourvu, s'il se présente sur le rapport du ministre de l'intérieur, comme aux cas extraordinaires et inhabituels que la législation ne peut prévoir.

Et si, ultérieurement, le besoin d'une règle générale se fait sentir, elle ne sera établie qu'après que l'expérience aura répandu sa lumière infaillible sur cette question, fort difficile à résoudre, de savoir comment on peut concilier le droit d'un citoyen, sur sa propriété, avec l'intérêt de tous.

J'ai dit que toutes les contraventions aux lois sur les mines seraient portées aux tribunaux.

Les procureurs de Sa Majesté sont tenus de les poursuivre d'office, et cette importante disposition est encore une garantie donnée aux utiles et grandes exploitations, contre les exploitations frauduleuses par lesquelles, pour un gain modique et temporaire, des cultivateurs aveuglés détruisent la valeur de leur champ, le rendent à jamais infécond, ou en font le réceptacle des eaux malsaines, qui répandent la putridité dans l'atmosphère.

Espérons que les magistrats feront leur devoir, et que ce désordre qui a nui au progrès des exploitations régulières, qui a détourné de s'y livrer, cessera sous le règne de la législation nouvelle que nous vous présentons.

J'en ai parcouru toutes les parties, je vous en ai exposé, messieurs, les principes et les conséquences.

Les résultats, importants à toutes les époques, doivent l'être davantage encore à celle où nous nous trouvons.

A la bonne et féconde exploitation des mines et des houilles se lient non-seulement de grands avantages en économie administrative, mais encore d'immenses avantages politiques, la possibilité d'un grand accroissement de puissance pour l'Etat.

Le combustible minéral peut remplacer le bois, si nécessaire à nos grandes constructions civiles, militaires et maritimes.

Des canaux nombreux amèneront des départements septentrionaux, dans ceux du centre et dans la capitale, les abondants produits de ces riches houillères, qui rendront une partie des bois à une autre destination.

En ce moment, la France va voir s'ouvrir ces urnes destinées à remplir le lit de ce canal de Saint-Quentin, qui joint la Seine à l'Escaut, et mettra bientôt en commun les produits de tant de belles contrées étonnées et heureuses de leurs jouissances et de leurs richesses nouvelles.

Pendant que nos bois s'amoncelleront dans nos chantiers, pour construire des vaisseaux, nos forges, nos fonderies, abondamment pourvues de charbons de terre, multiplieront les fers de tous échantillons, les armes de toute espèce, les projectiles de tous les calibres, destinés à compléter nos armements maritimes, les moyens de défense pour nos côtes, les moyens de vaincre pour nos armées.

Ainsi se prêteront un mutuel secours la législation civile et la politique ; ainsi se perpétueront, par les succès insensibles, mais durables, d'une administration sage, les succès éclatants et glorieux de nos armées.

Rapport sur la loi des mines, fait au Corps législatif par M. le comte Stanislas de Girardin.

Du 21 avril 1810.

L'exposé des motifs du projet de loi sur les mines développe avec clarté, méthode et précision, le système entier de la loi ; il en fait ressortir les avantages, en justifie les dispositions, et apprend, relativement à la législation des mines, tout ce qu'il importait de savoir. L'orateur du gouvernement, chargé de vous présenter cet exposé, l'a fait avec ce talent fécond, facile et brillant, qui étonne même les personnes les plus à portée

d'en être habituellement témoins. Il a donc laissé peu de chose
à dire sur un sujet dont il a traité toutes les parties. Aussi,
pour éviter les répétitions toujours fatigantes, lorsqu'elles sont
inutiles, votre Commission d'administration intérieure se bornera uniquement à vous soumettre l'analyse des articles du
projet, et j'essayerai de vous faire connaître comment ils
ont été discutés, dans quel sens nous les avons entendus,
quels avantages ou quels inconvénients nous avons cru y apercevoir.

Le titre Ier du projet renferme quatre articles. Ce sont des
nomenclatures fort étendues. Nous ne nous sommes pas dissimulé, qu'en général il y a de l'inconvénient à faire entrer
des détails minutieux dans une loi ; mais nous avons considéré
que le système entier du projet sur lequel vous allez délibérer
repose sur la classification des substances qui en font l'objet.
Il fallait donc nommer toutes ces substances, pour les ranger
ensuite dans leurs divisions respectives.

La première renferme les mines proprement dites, c'est-
à-dire les matières métalliques et les charbons de terre ou de
pierre. Les dispositions nombreuses et importantes qui leur
sont applicables remplissent les titres II et suivants, et les
deux paragraphes du titre VI.

Le minerai de fer, dit *d'alluvion*, les terres alumineuses, et
les terres pyriteuses, propres à être converties en sulfates de
fer, appartiennent à la seconde division. Le titre VII contient
les dispositions qui les concernent, et traite aussi de l'établissement des fourneaux, forges et usines.

Les tourbes, les terres pyriteuses d'engrais, toutes les pierres, marnes et autres matières semblables, sont rangées dans
la troisième division. Le titre VIII leur est consacré.

Les deux derniers titres de la loi renferment des dispositions
applicables à la totalité du projet.

Je dois, messieurs, vous faire connaître les diverses discussions auxquelles le titre II a donné lieu. La question tendant à
établir à qui doit être la propriété des mines devait nécessairement en amener de très-étendues.

La réponse la plus ordinaire à cette question est, que les
mines doivent appartenir aux propriétaires de la surface.

Cette opinion, soutenue par beaucoup d'hommes éclairés, a été consacrée par le droit romain.

Il s'agit d'examiner si elle est fondée.

Peut-on contester au propriétaire d'un champ le droit d'y fouiller, d'y creuser des fossés, des puits, d'en tirer de la pierre?

Si ces droits résultent de celui de propriété, nul autre que lui ne peut les exercer, sur son terrain, sans son consentement formel.

Ces droits sont, sans doute, incontestables, et si leur exercice suffisait pour exploiter des mines, la question serait résolue en faveur des propriétaires de la surface.

L'opinion de ceux qui veulent consacrer en principe que les mines font partie de la propriété du sol a été victorieusement réfutée par Mirabeau; qu'il nous soit permis de vous rappeler ces paroles pleines de sens et de force, les dernières proférées par lui à la tribune de l'Assemblée constituante:

« Si l'intérêt commun et la justice sont les deux fondements de la propriété, l'intérêt commun ni l'équité n'exigent pas que les mines soient des accessoires de la surface. L'intérieur de la terre n'est pas susceptible d'un partage; les mines, par leur marche irrégulière, le sont encore moins. Quant à la surface, l'intérêt de la société est que les propriétés soient divisées; dans l'intérieur de la terre, il faudrait, au contraire, les réunir. Ainsi, la législation qui admettrait deux sortes de propriétés, comme accessoires l'une de l'autre, et dont l'une serait inutile, par cela seul qu'elle aurait l'autre pour base et pour mesure, serait absurde. »

Pour éclaircir la question que nous discutons, il faut, avant tout, se faire une idée bien nette de ce qu'est une mine, et s'en mettre, si l'on peut s'exprimer ainsi, le plan sous les yeux, par la pensée.

Les mines sont des couches de combustibles, ou des filons de substances métalliques, qui se prolongent quelquefois sur une étendue de plusieurs myriamètres, et qui s'enfoncent diversement dans le sein de la terre, jusqu'à des profondeurs indéfinies.

Pour exploiter une mine avec avantage, d'une manière régulière et durable, il faut la *traiter en masse*, ou dans des *sections* d'une certaine étendue, réglées sur le *gisement* et les *allures* des couches ou des filons. Il faut faire abstraction des limites de la surface, et surtout de la direction de ces limites, qui ne peuvent jamais être en rapport avec celles qu'il faut établir autour d'une exploitation.

La largeur et l'inclinaison d'un filon varient et changent ; il se subdivise quelquefois en portions qui s'écartent, se réunissent, et se ramifient en plusieurs filets ; et si le terrain dans lequel on suivait le filon vient à changer de nature, l'espérance s'évanouit, les dépenses restent, et le moyen de les couvrir a disparu.

Le minerai se trouve aussi en amas ; mais il serait superflu d'entrer ici dans des détails qui ne sont pas nécessaires pour amener la solution de la question que nous traitons. Il suffit de voir le filon qui renferme le minerai parcourir, dans la profondeur de la terre, une étendue considérable, pour prouver qu'il n'est pas divisible de sa nature, et qu'il embrasse, dans sa marche incertaine et variée, des propriétés divisées à l'infini entre les propriétaires de la surface. Quel est parmi eux celui qui doit avoir la propriété de ce filon ? Sera-ce celui qui parviendra le premier à l'atteindre ? Mais, du moment où il croit le saisir, il lui échappe, et il est sous la propriété voisine ; tous ses droits sont alors perdus : pour les recouvrer, les associera-t-il avec des droits limitrophes, et ces propriétaires, en poursuivant leurs richesses souterraines, s'uniront-ils ensuite avec tous ceux qu'ils rencontreront dans leur marche ? parviendront-ils à lever toutes les oppositions, à concilier tous les intérêts ? Il est permis d'en douter, car l'exploitation d'un filon ne présente pas les mêmes avantages dans toute son étendue ; il peut être abondant dans un point et stérile dans un autre. Un seul opposant, parmi ces nombreux propriétaires, peut retarder et même empêcher l'exploitation d'une mine, et nuire ainsi, par son entêtement ou son intérêt mal entendu, à l'intérêt général de la société. Je suppose tous les propriétaires d'une surface, qui recèle une ou plusieurs mines, également d'accord pour les exploiter, il faut commencer, avant d'entreprendre une exploitation régu-

lière, par y consacrer d'immenses capitaux ; les propriétaires
fonciers en ont bien rarement de disponibles, et s'ils en
avaient, ils aimeraient bien mieux, sans doute, en faire usage
pour améliorer leur sol par des engrais ou une culture plus
soignée, que de les employer à rechercher des richesses toujours douteuses, et toujours très-coûteuses à extraire.

Les capitalistes peuvent seuls se livrer à des opérations ha-
sardeuses, et courir les chances toujours inséparables des
grandes entreprises.

Ce qu'il faut réunir de capitaux pour établir des travaux
réguliers est considérable ; ce qu'il faut en dépenser avant
d'obtenir un produit est immense. L'on assure que la Compagnie qui exploite les mines d'Anzin a travaillé pendant
vingt-deux ans avant de parvenir à extraire du charbon, et a
dépensé plus de seize millions pour établir toutes les machines
nécessaires à leur exploitation. Cette somme, toute forte
qu'elle est, cessera, peut-être, messieurs, de vous paraître
exagérée, lorsque vous parcourrez la série des travaux à faire
pour exploiter une couche, ou un filon dans toute son étendue. Non-seulement il faut creuser des puits à une profondeur de plus de trois à quatre cents mètres, il faut pratiquer des
galeries qui, partant du fond des puits, se dirigent horizontale-
ment jusque dans les couches ou les filons de la mine ; les
percer à travers les rochers, et employer toujours, pour parvenir à les étayer, les plus beaux arbres des forêts. Il faut
encore les préserver d'être inondées ; épuiser les eaux par des
pompes à feu, dont la moindre coûte plus de cent mille francs
à établir, les faire écouler par des canaux toujours très-dispendieux à construire, entretenir par des ventilateurs, dans
toute l'étendue des travaux, une circulation vive et continuelle de l'air atmosphérique ; il faut enfin se préserver du
méphitisme de l'air qui asphyxie tout à coup les ouvriers, qui
incendie et détruit si souvent, par des explosions comparables
à la foudre, les établissements les plus anciens et les mieux
fondés.

La dépense de ces travaux, qui exigent tous les genres de
connaissances et dans les sciences et dans les arts, est encore
augmentée, lorsqu'il s'agit d'exploiter des mines métalliques,

et cette dépense, comme on doit être forcé d'en convenir, ne peut être faite par les seuls propriétaires de la surface ; si la direction des filons, tout aussi incertaine que leur étendue, a servi à prouver qu'ils ne devaient point appartenir aux propriétaires de la surface, les frais de leur exploitation ont démontré que les mines abandonnées à ces propriétaires ne seraient point exploitées, ou le seraient d'une manière peu profitable pour eux, et extrêmement nuisible à l'intérêt général, qu'il ne faut pas perdre de vue un seul instant dans le cours de cette discussion.

De ce qui vient d'être établi il résulte que les mines, étant la propriété de tous, ne sont réellement celle de personne, et doivent conséquemment entrer dans le domaine de l'Etat. Il est nécessaire aussi qu'elles en fassent partie pour qu'elles soient exploitées. Cette exploitation est tellement coûteuse, que je pourrais citer beaucoup de pays où le gouvernement seul est en état de supporter les frais.

Les Compagnies assez puissantes pour entreprendre l'exploitation des mines n'existent que dans les Etats riches et florissants.

Lorsque, dans tous les pays, la volonté des hommes est d'accord sur un point, il faut en chercher la raison dans la nature des choses.

Les mines effectivement sont uniformément placées dans toutes les contrées de la terre, les avantages qui résultent de leur exploitation y sont également appréciés ; elles ont dû dès lors être assujetties à une législation presque uniforme, et l'on a déclaré partout que les mines étaient des propriétés domaniales.

Ce principe, il est vrai, n'a pas été consacré par la loi du 28 juillet 1791, mais elle est arrivée au même but, en les mettant à la disposition de la nation.

Les auteurs du projet soumis aujourd'hui à votre délibération paraissent aussi avoir reconnu avec votre Commission :

Que la société crée seule la propriété dont elle seule assure l'exercice ;

Qu'elle peut le régler ou le restreindre, suivant son plus grand avantage.

Elle l'abandonne dans toute sa plénitude, lorsqu'elle en retire le plus grand bénéfice.

Le même motif l'engage à le resserrer dans certaines circonstances.

Ainsi, elle oblige le propriétaire à céder tout ou partie de sa possession, lorsqu'elle est réclamée au nom de l'utilité générale.

Pour soutenir un siége, on détruit les faubourgs d'une ville, des maisons sont démolies pour rectifier l'alignement d'un grand chemin, des moulins abattus pour faciliter le desséchement d'un marais, ou l'écoulement des eaux.

C'est pour le profit de la communauté qu'elle soumet à de certaines règles le droit de propriété.

L'origine et l'exercice de ce droit ont donc pour résultat le bien-être du corps social.

Puisqu'il exerce, dans certains cas, une surveillance active sur les productions territoriales, ne devait-il pas aussi chercher le meilleur mode d'extraire les richesses disséminées dans le sein de la terre ?

N'est-il pas de son intérêt, et conséquemment de l'intérêt de tous, de les en tirer pour les faire entrer dans la circulation ? N'est-ce pas un moyen assuré d'augmenter la richesse commune par de nouveaux capitaux ?

Celui de séparer les mines de la surface paraissait présenter le plus d'avantages.

Cette manière d'envisager la question a eu pour résultat la création d'une propriété nouvelle.

A qui cette propriété doit-elle appartenir ?

Si elle était inséparable de la surface, elle serait à tous les propriétaires du sol, et conséquemment à personne.

Cette propriété serait comme une terre sans produit, puisqu'elle ne serait pas cultivée.

Pour qu'elle le soit, il est nécessaire que le gouvernement en dispose.

Mais enfin, à qui la propriété des mines doit-elle appartenir ?

L'opinion de votre Commission, messieurs, est qu'elle doit être à l'Etat.

Elle présume que le projet l'eût dit nettement, s'il eût précédé le Code civil.

Le déclarer positivement eût été blesser une de ses dispositions fondamentales.

Attaquer la loi civile est toujours une chose fâcheuse. C'est ce qu'on a voulu éviter, et on a bien fait.

« La propriété du sol (aux termes de l'article 552 du Code civil) emporte la propriété du dessous.

« Le propriétaire peut faire au-dessous toutes les constructions et fouilles qu'il jugera à propos, et tirer de ces fouilles tous les produits qu'elles peuvent fournir, sauf les modifications résultant des lois et règlements relatifs aux mines. »

Prononcer que les mines sont des propriétés domaniales, c'eût été annuler l'article 552, et non le modifier.

Cette modification offrait un problème difficile à résoudre ; il a été résolu de la manière la plus satisfaisante, puisqu'elle est la plus utile à l'intérêt de la société ; il l'a été en *déclarant que les mines ne peuvent être exploitées qu'en vertu d'un acte de concession délibéré au Conseil d'État ; mais cet acte réglera les droits des propriétaires de la surface sur le produit des mines concédées.*

Cette reconnaissance formelle des droits des propriétaires est une modification qui concilie le Code civil et le projet.

Ces droits des propriétaires de la surface, maintenus et reconnus par l'article 6, ne pourront être réglés sans beaucoup de précaution ; ils ont paru offrir d'abord à votre Commission des difficultés dans l'exécution. Elle a remarqué qu'il y aurait des embarras toujours renaissants, pour constater sous quelle propriété se fait l'exploitation ; que même il est souvent impossible de déterminer, dans une exploitation en grand, ce qui provient des points divers de la concession. Mais l'article 42 du projet, qui explique l'article 6, porte que le droit attribué aux propriétaires de la surface sera réglé à une somme déterminée par l'acte de concession, et le titre même sur lequel elle sera fondée préviendra ainsi toute contestation ultérieure.

Comme ce droit ne doit être stipulé que pour les mines à ouvrir, attendu que la loi ne peut avoir d'effet rétroactif, il est naturel de prévoir qu'il s'établira, entre le demandeur d'une concession et les propriétaires du terrain, une sorte de transaction dont le gouvernement sera, en dernière analyse, le modérateur suprême. C'est à une assemblée composée de propriétaires, c'est au Corps législatif qu'il appartient surtout d'apprécier la sagesse d'une disposition qui est un hommage rendu au droit de propriété.

Les concessions à perpétuité ne sont pas une chose nouvelle ; il en existe en Hongrie, en Bohême, en Autriche et même en France.

Si l'on consulte les ordonnances du royaume, on y verra que les concessions y sont considérées comme devant être perpétuelles. Les lettres patentes des rois, ou les octrois des grands maîtres des mines, concèdent presque toujours les mines à perpétuité. Cependant il est notoire que la possession des exploitants était rarement de longue durée, et l'Assemblée constituante elle-même, qui avait proclamé tant de fois l'inviolabilité des engagements, a cru pouvoir, par la loi de 1791, restreindre toutes les concessions à cinquante années.

Vous aurez sans doute saisi, messieurs, la différence que nous venons d'établir entre une concession, même perpétuelle, et la propriété de la mine. La concession n'est proprement qu'une autorisation, un bail, un privilége ; elle donne le droit d'appliquer son travail, ses capitaux, son industrie, à l'exploitation d'une mine dont la propriété réside en d'autres mains.

Toutes les concessions étaient jadis soumises à des conditions plus ou moins onéreuses ; elles pouvaient être révoquées dans certains cas.

Les concessionnaires étaient assujettis à un mode d'exploitation déterminé par des règlements, et surveillé par des agents de l'autorité.

Les mines concédées à perpétuité n'étaient donc pas de véritables propriétés ; mais, du moment où la loi proposée sera publiée, toutes les mines du royaume exploitées légitimement en vertu de droits acquis deviennent entre les mains de ceux qui les exploitent des propriétés perpétuelles, protégées et garanties par le Code civil.

Les mines concédées à l'avenir recevront le même caractère par l'acte de concession. Ce caractère de propriété aura l'avantage inappréciable de donner aux exploitants cet esprit de prévoyance, de conservation et de perfectionnement qui semble appartenir exclusivement aux propriétaires.

A l'instant donc où la loi sera publiée, les concessionnaires deviennent propriétaires incommutables, leur propriété est entièrement détachée de la surface. Une propriété séparée de la surface est une conception absolument neuve émanée du génie qui consolide et agrandit chaque jour les destinées de l'empire.

Les mines sont immeubles, pour la sécurité de leurs possesseurs.

Les actions en sont meubles, pour leur avantage.

L'article 514 du Code civil leur est applicable comme à toutes les autres propriétés.

Elles sont transmissibles comme les autres biens ; elles offrent des facilités pour emprunter, puisqu'elles peuvent être grevées d'hypothèques.

Un motif d'intérêt général réclamait l'article 8. Les saisies atteignent tout ce qui est mobilier ; cependant la vente des chevaux, agrès, outils et ustensiles, arrêterait tout à coup l'exploitation, et causerait, par cela seul, des pertes irréparables.

. Les chevaux employés, non dans les travaux inhérents à l'exploitation, mais dans les services secondaires, ont été exceptés de cette disposition et réputés meubles.

La vente d'une mine, soit forcée, soit volontaire, ne peut se faire par lots ou portions détachées, si ce n'est avec l'autorisation préalable du gouvernement. C'est une conséquence du motif qui a déterminé à faire de la mine une propriété distincte de la propriété de la surface.

Avant de pouvoir demander des concessions, il faut s'occuper des moyens de connaître l'existence des mines, et conséquemment travailler à les découvrir. Le titre III, que nous allons examiner, comprend, dans ses deux sections, tous les actes qui précèdent la demande en concession de mines. Le même respect pour la propriété, dont le titre précédent a offert tant de preuves, se retrouve dans toutes les dispositions de la première section de celui-ci.

Le propriétaire peut faire des recherches dans son terrain, c'est un droit qui dérive de la propriété.

Le gouvernement peut aussi, par un motif d'intérêt général, en accorder la permission à d'autres, à la charge d'une indemnité préalable en faveur du propriétaire, et dont les bases sont fixées par les articles 43 et suivants du projet.

Cependant ni cette permission de recherche, ni même la propriété de la mine acquise conformément à la présente loi, n'autorisent jamais à faire des fouilles, des travaux ou établissements d'exploitation, sans le consentement formel du propriétaire, dans ses enclos murés, cours ou habitations, et dans ses terrains attenant auxdites habitations ou clôturés murées dans un rayon de cent mètres. Vous jugerez, sans doute, messieurs, que le respect pour le domicile d'un citoyen commandait cette restriction : elle ne comprend pas d'ailleurs les galeries d'écoulement ou d'exploitation que la disposition des lieux ou de la mine obligerait à prolonger sous terre, dans une profondeur telle que la solidité des édifices ne pourrait en être compromise.

La dernière disposition de l'article 12 interdit toutes recherches dans un terrain déjà concédé. Des recherches qui auraient pour objet la mine concédée seraient une entreprise sur la propriété d'autrui ; s'il existait dans un terrain déjà concédé une mine inconnue, tous les motifs se réunissent pour en attribuer exclusivement la recherche au concessionnaire de la première.

Le gouvernement, s'étant réservé exclusivement, par la seconde section du titre III, le droit de concéder les mines, a dû se donner toute latitude pour accorder des concessions à ceux qui offriraient le plus de moyens d'en tirer parti ; à ceux qui réuniraient beaucoup de capitaux à beaucoup de connaissances, et auxquels des succès passés donneraient la presque certitude des succès à venir.

Il appelle même les étrangers à ce concours ; ils sont admis à jouir des richesses nouvelles, et à recevoir des propriétés lorsqu'ils offriront l'assurance de les faire valoir.

Vous aurez remarqué, sans doute, messieurs, combien cette disposition est libérale et politique. Elle engage des hommes éclairés à venir se fixer parmi nous, et leur présente des avantages capables de les décider à nous apporter leurs capitaux et leur industrie.

Quiconque a les facultés nécessaires peut donc obtenir une concession, en justifiant qu'il peut donner caution de payer toute indemnité en cas d'accidents causés par ses travaux, soit à des habitations, soit à d'autres exploitations voisines.

Votre Commission avait pensé qu'il convenait d'assurer la préférence au propriétaire de la surface, quand son terrain est d'une étendue propre à former une exploitation. Son but était d'exciter les propriétaires à faire des recherches dans leurs fonds; et, comme toute mine n'a d'accès et d'issue que par des puits creusés à travers le sol et par des chemins ouverts sur la surface pour arriver à la voie publique, c'était, aux yeux de la Commission, une raison de plus d'accorder cette préférence, car, s'il s'agissait de disposer d'un terrain enclavé dans un héritage, il semble que le propriétaire de cet héritage aurait la préférence pour le cultiver.

D'autres considérations ont motivé la rédaction qui vous est soumise. Le gouvernement, en se réservant le pouvoir de statuer entre les concurrents, loin d'exclure aucun des motifs de préférence qui viennent d'être développés, se réserve au contraire de les peser tous, et de ne l'accorder qu'à celui qui en réunira le plus en sa faveur.

Il y a, en effet, dans ces sortes de demandes un concours si varié de circonstances, qu'il paraît préférable de laisser à l'autorité la faculté de les apprécier.

Celui qui, par des recherches autorisées, a découvert une mine, paraît sans doute avoir des titres à la préférence. Cependant il y aurait eu de l'inconvénient à obliger le gouvernement à la lui donner; mais s'il la lui refuse, il lui assure une indemnité.

Pour saisir l'esprit des autres articles de la section du projet que nous discutons, il faut se reporter à l'article 552 du Code civil; la loi proposée, réalisant la modification prévue par cet article même, fait de la mine une propriété distincte de celle de la surface; mais, pour ne pas préjudicier aux droits acquis, la mine qui est détachée de cette surface est grevée en sa faveur d'une rente foncière, affectée de toutes les hypothèques et charges qui grevaient le sol. Désormais, et jusqu'au rachat opéré légalement, cette rente restera attachée à la superficie.

Les formalités à suivre pour obtenir des concessions sont établies par le titre IV; il est divisé en deux sections : l'une traite de l'obtention des concessions, et l'autre des obligations des propriétaires de mines.

Les dispositions qui tracent les règles à suivre pour demander et obtenir une concession, cesseront de paraître minutieuses, si on réfléchit que, dans une matière aussi importante, il était nécessaire de prescrire aux demandeurs et aux autorités elles-mêmes une marche assurée qui servît de garantie contre les surprises et les autres abus ; et, puisque ces règles sont nécessaires, puisqu'elles conviennent à toutes les parties de la France indistinctement, et qu'elles sont applicables dans tous les temps, il valait mieux, comme on l'a fait, les établir par une loi que de les renvoyer à des règlements à faire, dont l'instabilité seule est toujours un inconvénient.

A la lecture de ce titre, votre attention, messieurs, s'est attachée, sans doute, aux dispositions importantes contenues dans l'article 28. Les demandes en concurrence pour une concession ne peuvent être adressées directement au ministère de l'intérieur, ni au Conseil d'Etat. La marche administrative et la disposition expresse de l'article 22 veulent qu'elles soient soumises d'abord au préfet du département. Il en est autrement des oppositions : il convenait qu'elles fussent admissibles, tant que le Conseil d'Etat n'a pas prononcé sur la concession.

La loi ne détermine pas l'étendue qu'une concession peut avoir ; elle s'en rapporte à cet égard au gouvernement, et l'article 33 renferme d'ailleurs une disposition qui ne permet pas de craindre qu'elles soient jamais d'une trop grande étendue.

L'article 29 est susceptible de quelques développements, et nous allons vous les présenter.

Les digues connues par les mineurs et les gens de l'art sous le nom d'*épontes*, dont toute concession doit être entourée pour prévenir l'affluence des eaux étrangères, seront ordinai-

rement verticales. Cependant la loi autorise les digues inclinées, quand les circonstances et les localités l'exigeront.

Quoique cet article soit clair en lui-même, il sera difficilement entendu par ceux qui ne sont pas versés dans l'exploitation des mines.

Les couches de mines se prolongent du levant au couchant,
dans une étendue de plusieurs myriamètres ; elles s'enfoncent
ordinairement du nord au midi, et quelquefois du midi au nord.

Au levant et au couchant, les digues sont toujours verticales : on ne saurait empêcher cette direction, et le charbon
qu'elles renferment est soustrait pour toujours à la consommation.

Au nord et au midi, on évite cette perte en prenant pour
digue le rocher qui se trouve entre deux couches ; et quand,
par un bienfait inappréciable de la Providence, les couches
sont inclinées vers le midi ou vers le nord, la digue qui sépare deux exploitations est inclinée comme les couches elles-
mêmes.

Ce mode d'exploitation présente un avantage d'un grand
prix, puisqu'il économise, chaque année, le charbon qui suffirait à l'approvisionnement d'une grande ville.

Dans plusieurs mines, le même mode a été suivi pendant
des siècles. Il serait maintenant physiquement impossible d'y
substituer des digues verticales, puisqu'elles se trouveraient
ouvertes jusqu'à deux ou trois cents mètres de profondeur,
dans tous les endroits où elles traverseraient des couches déjà
exploitées.

Louis XIV, après avoir conquis le Hainaut, y établit des
intendants qui furent chargés d'observer les exploitations des
mines de charbon. Dans leurs rapports, ils louent l'activité
des exploitants, et ils attribuent la prospérité des exploitations
à la division des *charbonnages* en plusieurs sociétés, qui, émules
les unes des autres, travaillent de concert à atteindre le
meilleur mode d'exploitation.

Ce fût d'après les rapports de MM. Fauthier, Bernier et
Bagnole, que Louis XIV fit rendre l'arrêt du Conseil du
13 mai 1698.

Ces mines, encore en pleine activité aujourd'hui, sont

comme alors, divisées en un grand nombre de Compagnies.

Réunir ces Compagnies en une seule, ce serait nuire à l'intérêt public. Jusqu'ici tout le charbon a été exploité, tandis qu'une Compagnie unique abandonnerait les couches peu productives, pour suivre exclusivement l'exploitation de celles qui le sont davantage; mais un plus grand inconvénient encore serait que cette Compagnie pût hausser à sa volonté le prix du charbon, et faire peser tous les inconvénients du monopole sur les consommateurs, au nombre desquels les manufactures se présentent au premier rang.

Le dernier article de la section première du titre IV porte que toute concession d'une mine est faite à la charge de tenir l'exploitation en activité. Cela découle de la nature même des choses. On ne doit concéder une mine qu'à celui qui s'engage à en faire l'exploitation.

La section II du titre IV concerne les obligations des propriétaires de mines. Nous allons vous rendre compte des observations auxquelles la discussion de cette partie du projet a donné lieu.

L'exploitation des mines n'est pas considérée comme un commerce, et n'est pas sujette à patente. Cette déclaration était nécessaire pour fixer la compétence des tribunaux ordinaires, et soustraire les sociétés formées pour l'exploitation des mines à l'empire du Code de commerce, à la solidarité des dettes et à la contrainte par corps.

La redevance fixe empêchera, comme nous l'avons déjà fait observer, les demandes de concessions trop étendues, et cela seul est un grand bien ; elle servira à fixer et à conserver les limites des mines. Votre Commission pense, quoique cela ne soit pas dit dans le projet, que, quand plusieurs concessions auront été accordées sous la même surface, la redevance fixe sera répartie entre tous les concessionnaires. Cette observation sera appréciée, sans doute, par le gouvernement, et l'on peut s'en rapporter à sa justice.

La redevance proportionnelle est déterminée, chaque année, par le budget de l'Etat.

Les produits de ces deux redevances ne sont pas considérés comme faisant partie des finances de l'Etat; ils en sont séparés par l'article 39, qui leur assigne une destination spéciale, en les affectant aux dépenses de l'administration des mines exclusivement. C'est une garantie qui doit rassurer pleinement les exploitants actuels, et tous ceux qui se livreront, à l'avenir, à ce genre d'industrie.

Qu'il nous soit permis, messieurs, d'arrêter encore quelques moments votre attention sur ce point important.

S'il est juste que les propriétaires de mines payent une redevance, à titre de propriétaires, il est nécessaire, pour l'intérêt général, qu'elle soit extrêmement modique ; car si elle était considérable, elle paralyserait ou anéantirait bientôt les anciennes exploitations, et serait un obstacle à ce qu'il puisse s'en établir de nouvelles.

Il est reconnu que tout impôt qui pèse sur l'industrie est beaucoup plus nuisible qu'utile.

L'exploitant d'une mine n'a d'autre propriété que le fruit de son travail. Lorsque la mine est abondante, il en tire, il est vrai, un profit qui le dédommage de l'intérêt de ses avances, mais ce profit est toujours balancé par des risques au moins proportionnés à l'étendue des bénéfices.

L'exploitation des mines doit être encouragée, car leurs productions sont incontestablement une richesse de plus pour la nation et une dépense de moins, puisqu'il faudrait acheter de l'étranger de quoi subvenir aux besoins de la société et des manufactures.

Nous sommes encore tributaires de l'étranger pour un quart environ du fer qui se consomme en France. Cependant les mines de fer, répandues presque sur toute la surface du royaume, sont abondantes et inépuisables.

Il faut donc diriger l'industrie et les capitaux vers la fabrication du fer, et pour y parvenir, il faut favoriser l'exploitation du charbon de terre ; il faut lui procurer de l'écoulement dans l'intérieur, afin d'économiser le bois, et de le réserver pour l'usage des fourneaux et des forges.

La loi favorise cette exploitation, en garantissant qu'elle ne sera jamais assujettie aux contributions ordinaires, et que les taxes, levées seulement pour couvrir les dépenses de l'administration, seront si peu considérables, qu'elles ne détourneront personne de continuer ou d'entreprendre l'extraction de la houille.

Quant à l'écoulement de ce combustible, il est facilité par l'entretien des routes anciennes, ou la confection de routes nouvelles, par l'amélioration de toutes les navigations intérieures et l'ouverture de nouveaux canaux.

La circulation ou le transport au loin des charbons de terre procure bien d'autres avantages non moins précieux. C'est à l'usage général de ce combustible que la Belgique doit principalement l'état florissant de son agriculture. La cendre du charbon est un engrais pour les prairies naturelles et artificielles, qui nourrissent un grand nombre de bestiaux, et les bestiaux, à leur tour, améliorent les terres et multiplient les engrais.

En favorisant la consommation de la houille, on ménage le bois.

Une autre considération d'un grand poids exige encore que la taxe sur les charbons soit légère, afin que les étrangers ne trouvent aucun avantage à nous les fournir, et que nous puissions soutenir la concurrence au dehors. Depuis l'instant où l'Escaut et la Meuse débouchent dans la mer du Nord, les charbons de terre des départements de l'Ourthe, de Sambre-et-Meuse et de Jemmapes peuvent être livrés, dans tous les ports de l'ouest, à un prix sinon inférieur, au moins égal à celui des charbons étrangers.

La somme fixée, chaque année, par le budget sera répartie entre les départements où il y a des mines en exploitation ; elle sera imposée et perçue, comme la contribution foncière, sans pouvoir néanmoins lui être assimilée ni par la quotité, ni par l'emploi de ses produits.

Le temps seul pourra établir l'égalité proportionnelle d'une manière équitable ; mais comme, dans les premières années, les dépenses de l'administration des mines seront, sans doute, fort modérées, les contribuables n'en souffriront pas sensiblement.

La loi permet les abonnements, mais sans préjudicier à l'égalité proportionnelle que le gouvernement conservera toujours comme le moyen le plus sûr de prévenir les surtaxes et les réclamations.

Les perquisitions et les recherches dans les registres des exploitants ne peuvent avoir lieu, et s'ils sont quelquefois dans le cas de les produire au Conseil de préfecture, pour établir leurs réclamations, cela sera volontaire de leur part, et n'aura lieu que rarement; cette présentation de registres offre, dans cette circonstance, peu d'inconvénients, tandis qu'il y en aurait eu de très-graves pour le commerce, s'il avait fallu les laisser parcourir par tous les agents des contributions publiques.

Votre Commission ne s'est pas dissimulé la difficulté qu'il y aura pour les réclamants de faire constater le produit net de l'exploitation ; mais elle a considéré qu'il valait mieux encore admettre cette mesure, que de n'en établir aucune. Il ne faut pas perdre de vue que c'est dans un Conseil, déjà instruit par la notoriété des pertes ou des bénéfices des exploitations, que les réclamations seront discutées et jugées. Un corps permanent, formé d'éléments paternels, se procurera, par des voies indirectes, mais sûres, les connaissances nécessaires pour asseoir des jugements équitables.

Un fonds de non-valeur était une chose utile à établir, et un décime pour franc, prélevé sur la redevance proportionnelle, est destiné à le former.

Le ministre de l'intérieur en disposera comme étant à portée de connaître les pertes et accidents que pourraient éprouver les propriétaires de mines.

Le gouvernement, par une disposition pleine de justice et de prévoyance, se réserve de faire, dans certains cas, la remise de tout ou partie de la redevance proportionnelle. Cette remise pourra être faite, à titre d'encouragement, à de nouveaux ou à d'anciens concessionnaires.

Les articles 40 et 41 du projet renferment des dispositions importantes, qui prouvent jusqu'à quel point le gouvernement veut favoriser les exploitations de mines. Les redevances dues à l'Etat cesseront à compter du jour où les redevances nouvelles seront établies. La loi excepte seulement de cette abolition les rentes et prestations qui, sans être entachées de féodalité, procèdent de concession de fonds ou d'autre cause équivalente.

Les articles 43 et 44 règlent les indemnités auxquelles les

exploitants sont soumis pour les dommages causés à la surface du sol.

La loi imprimant aux mines le caractère de la propriété foncière, il semble, au premier aperçu, qu'on aurait pu leur appliquer l'article 682 du Code civil, ainsi conçu :

« Le propriétaire dont les fonds sont enclavés, et qui n'a aucune issue sur la voie publique, peut réclamer un passage sur les fonds de ses voisins, pour l'exploitation de son héritage, à la charge d'une *indemnité proportionnée au dommage* qu'il peut occasionner. »

Les mines, en effet, sont doublement enclavées : le corps de la mine est dans le sein de la terre. On ne peut y arriver que par des puits ; et ces puits eux-mêmes, dont l'emplacement est toujours indiqué d'une manière absolue par le *gisement* ou l'*allure* de la mine, sont ordinairement dans l'intérieur des terres.

Cependant votre Commission a pensé, comme le Conseil d'Etat, qu'on ne pouvait se borner à une simple indemnité proportionnée au dommage.

Le passage pour la culture des terres étant une servitude réciproque, l'équité n'exigeait que la simple indemnité du dommage.

Mais, dans l'exploitation des mines, il n'y a pas de réciprocité entre le propriétaire de la surface et le propriétaire de la mine.

Sous ce rapport, il était donc juste de doubler l'indemnité et même le prix du terrain, en cas d'achat.

L'article 22 de la loi du 28 juillet 1791 fixait aussi l'indemnité au double du dommage ; mais en cas d'achat, le prix ne s'élevait pas au-dessus de la valeur estimative.

Néanmoins, votre Commission n'a pas cru devoir demander que cette dernière disposition de la loi de 1791 fût conservée. Elle a pensé que l'intérêt de l'agriculture, et le respect dû à la plus ancienne comme à la plus précieuse des propriétés, exigeaient que les exploitants fussent contraints, pour leur propre intérêt, d'y causer le moins de dommage possible ; c'est pourquoi l'obligation d'acheter le terrain au double de sa valeur leur a été imposée. Au reste, cette disposition, un peu rigoureuse peut-être, est adoucie par l'application des règles établies dans la loi du 16 septembre 1807.

Toutes les questions d'indemnités ou d'achats, dont il vient d'être parlé, sont de la compétence des tribunaux et Cours, puisque ce sont des contestations entre des propriétaires voisins, à raison de leurs droits respectifs de propriété.

Les contestations auxquelles peuvent donner lieu des travaux autorisés par le gouvernement, et antérieurs à l'acte de concession, sont de la compétence administrative, conformément à l'article 4 de la loi du 28 pluviôse an VIII.

Les mines, n'étant pas et ne pouvant pas être considérées comme des propriétés ordinaires, devaient être assujetties à des règles particulières, et soumises à une surveillance de la part de l'administration. La manière dont elle doit être exercée est fixée par le titre V.

Les dispositions que ce titre renferme ont paru à votre Commission être en harmonie avec tous les principes consacrés dans le projet.

« En général (ce sont les paroles d'un sage et vertueux magistrat), les hommes sont assez clairvoyants sur ce qui les touche. On peut se reposer sur l'énergie de l'intérêt personnel du soin de veiller sur la bonne culture. La liberté, laissée aux cultivateurs et aux propriétaires, fait de grands biens et de petits maux. L'intérêt public est en sûreté quand, au lieu d'avoir un ennemi, il n'a qu'un garant dans l'intérêt privé. »

Les conseils que les ingénieurs donneront aux exploitants seront d'autant plus efficaces, qu'ils n'auront pas le caractère de l'autorité et du commandement.

Ils seront les intermédiaires par lesquels les lumières de l'expérience, recueillies et épurées au sein de l'administration générale, parviendront jusqu'aux exploitants. On s'adressera à eux avec confiance; l'on eût redouté leurs visites, s'ils avaient apporté des ordres ou des directions absolues; on les verra arriver avec satisfaction dans les établissements, quand on saura qu'ils ne s'y présentent que comme des observateurs bienveillants, ou des amis éclairés.

Les travaux souterrains, en général, et surtout les exploitations de mines, doivent être sous la surveillance et sujets à l'action de la police, à cause des accidents dont ces travaux sont quelquefois la cause. Les diverses dispositions du titre dont nous vous rendons compte sont des conséquences nécessaires de ce principe.

Mais cette surveillance et cette action de la police donneraient lieu à des abus, si les exploitants pouvaient être jugés sans avoir été entendus, ou si l'instruction préalable pouvait se faire sans l'intervention des préfets. Vous aurez remarqué, messieurs, que toutes ces mesures protectrices se trouvent dans le projet.

Pour terminer notre rapport sur la première partie de la loi relative aux mines proprement dites, il nous reste à rendre compte du titre VI.

Nous avons déjà montré les avantages qui résultaient pour l'État de l'exploitation des mines. Elles multiplient les matières premières, augmentent la masse des richesses en circulation; elles emploient une infinité d'ouvriers; elles apportent l'abondance et couvrent de populations nombreuses des lieux que la nature paraissait avoir destinés à être inhabités. Ces bienfaits envers la société sont le résultat des anciennes exploitations; ne pas le reconnaître, c'eût été de l'ingratitude; ne pas les récompenser, c'eût été manquer de générosité. Ainsi, les mines concédées deviendront de plein droit, et par l'effet immédiat de la publication de la loi, des propriétés incommutables. Elles seront assujetties aux deux redevances, comme les mines qui seront concédées à l'avenir.

Ne craignez pas, messieurs, que les mots *concessions* ou *concessionnaires* puissent faire naître des incertitudes ou des difficultés.

L'esprit de cette disposition est facile à saisir; il a pour but d'imprimer le caractère de la propriété aux mines ouvertes et exploitées à titre légitime. Or, quand l'esprit de la loi est évident, il est aisé alors d'en fixer le véritable sens. Votre Commission a eu recours aux ordonnances des rois et aux instructions du ministre de l'intérieur, des 18 brumaire et 18 messidor de l'an IX, pour bien entendre la loi de 1791.

En parcourant les ordonnances, elle a reconnu que les actes de l'autorité des contrôleurs généraux des finances et des grands maîtres surintendants des mines, qui ont accordé des exploitations, sont qualifiés indistinctement *d'octroi*, *priviléges*, *arrêts*, *lettres patentes*, *concessions*, *permissions*.

Depuis 1698 jusqu'à 1744, tous les propriétaires ont été autorisés à ouvrir des mines de charbon dans leurs terrains, ou d'en permettre à d'autres l'ouverture et l'exploitation.

La loi du 28 juillet 1791 a respecté les exploitations légitimement établies d'après les lois ou les actes de l'administration publique, et voulant les maintenir toutes, elle s'est servie des expressions générales de *concessions* ou *concessionnaires*.

Cette loi a été publiée dans les départements réunis, pour y opérer les mêmes effets qu'en France. Dans ces nouveaux départements, les mots *concessions* et *concessionnaires* renfermaient donc aussi tous les actes et toutes les sources légitimes d'où provient le droit d'exploiter une mine.

C'est dans le même sens et dans les mêmes vues générales que le ministre de l'intérieur a employé et expliqué le mot *concession*, dans les deux instructions dont nous venons de parler.

Ces observations paraissent ne pas laisser de doute sur le sens et l'étendue des mêmes mots *concessions* et *concessionnaires*, employés dans le paragraphe 1er du titre VI.

L'article 53 a fixé longtemps l'attention de votre Commission. Permettez-nous de vous rappeler les dispositions de la loi de 1791, auxquelles il se rapporte.

L'article 4 ordonne aux concessionnaires dont la concession excéderait l'étendue de six lieues carrées, de les faire réduire à cette étendue par les directions des départements.

L'article 26 leur ordonne de remettre aux archives du département un état contenant la désignation des lieux où sont situées les mines qu'ils font exploiter, la nature de la mine, le nombre d'ouvriers, les quantités de matières extraites, et de renouveler cette déclaration d'année en année. Cette dernière disposition est tirée de l'article 2 de l'arrêt du Conseil du 14 janvier 1744, et de l'article 3 de l'arrêt du 19 mars 1783.

Votre Commission s'est convaincue, par la lecture des paragraphes 6 et 16 de l'instruction du 18 messidor an IX, que la loi de 1791 n'impose pas d'autres obligations aux concessionnaires maintenus dans leurs droits.

En rapprochant ainsi l'article 53 du projet des articles 4 et 26 de la loi de 1791, les autorités qui en feront l'application y trouveront la règle de leur conduite ; il résulte, au reste, de l'ensemble et de l'esprit général de la loi nouvelle, que tous les concessionnaires et exploitants qui n'ont pas déposé aux archives de la préfecture les plans de la surface et la limitation de leurs mines, les titres et autres preuves de la légitimité de leurs exploitations, devront les fournir à l'effet de faire reconnaître les limites de leurs concessions.

La dernière partie de l'article 53 donne une nouvelle garantie que les articles 6 et 42 de la loi ne seront appliqués qu'aux concessions nouvelles.

L'on ne pouvait y astreindre les anciens concessionnaires sans donner à la loi un effet rétroactif ; mais ils auraient pu, sans injustice, y être assujettis à l'expiration de la durée de leurs concessions : ils accueilleront donc avec reconnaissance les dispositions d'une loi libérale, qui, de fermiers qu'ils étaient, les rend désormais propriétaires, et qui a voulu même les soustraire aux contestations, dont la difficulté de fixer les sommes à payer aux propriétaires de la surface eût été l'inépuisable source. Mais, s'il existait des conventions entre eux et les propriétaires, loin d'être abolies, elles sont, au contraire, positivement maintenues. L'on a été généreux envers les concessionnaires, et juste envers les propriétaires. Ils n'auront point à se plaindre, puisque leur condition restera la même ; et, si celle des exploitants est améliorée, elle ne l'est que pour l'intérêt de tous ; et, comme membres de la société, ils en retireront aussi un avantage.

En procédant à la reconnaissance des limites, on rencontrera sans doute des difficultés. Si c'est entre les exploitants, elles seront jugées par les tribunaux ordinaires ; si l'exploitant réclamait des limites contestées par l'administration, ce sera alors le gouvernement qui prononcera d'après l'acte de concession.

Ici se termine le rapport de votre Commission sur les six premiers titres du projet. Il est temps de passer aux objets compris dans la seconde division, sous la dénomination générique de *minières*. C'est la matière du titre VII.

Nous n'aurons pas beaucoup d'observations à faire sur ce titre ; les dispositions en sont claires et conformes, à peu de chose près, à celles contenues dans la loi de 1791.

Nous avons eu l'honneur, messieurs, de vous faire observer, en commençant ce rapport, que les mines ne pouvaient faire partie de la propriété de la surface ; et l'argument le plus fort en faveur de ce système est qu'elles ne sont pas divisibles de leur nature ; mais ce raisonnement n'est pas applicable aux mines superficielles, désignées sous le nom de *minières ;* et, si vous avez reconnu qu'on a dû détacher les mines proprement dites de la propriété du sol, parce qu'elles sont formées dans un système naturel qui n'a aucun rapport avec les divisions des terrains qui les couvrent, et parce que leur exploitation doit se faire en grand, vous reconnaîtrez aussi que les minières, placées ou à la surface du sol, ou presque immédiatement au-dessous de la couche végétale, pouvant être exploitées sans de grands travaux, et sans compromettre en rien les ressources de l'avenir, doivent rester à la disposition du propriétaire de la superficie.

Les minières étant des productions du sol ne devaient pas être assujetties aux redevances établies par le projet, puisque le sol dont elles sont le plus souvent l'unique produit paye déjà la contribution foncière. Mais, comme les minières sont aussi des richesses nationales qu'il importe de ménager, leur exploitation ne peut avoir lieu sans permission et sera assujettie à des règles spéciales. Elles sont fixées par les différentes sections du titre VII ; nous les examinerons successivement.

Les fourneaux et les forges, plus nécessaires et plus productifs dans un Etat que les mines des métaux les plus précieux, doivent être alimentés de minerai de fer. C'est sur cette considération que portent les principales dispositions du titre VII.

Les trois derniers articles de ce titre concernent les concessions de mines de fer. La loi de 1791 n'en parle pas, mais des motifs d'intérêt général exigeaient que le projet autorisât les concessions de mines de fer, lors même qu'elles proviennent d'alluvions, si l'exploitation ordinaire des propriétaires ou des maîtres de forges était sur le point de tarir, et qu'il fallût des travaux d'art pour assurer le service ordinaire des fourneaux.

Les articles 68 et 69 expriment clairement quand on devra demander une concession, et quand il y aura lieu de l'accorder.

Toutefois, le projet assujettit le gouvernement, qui accordera une concession de mines de fer, à régler par l'acte de concession, ou par le cahier des charges, la quantité de minerai que le concessionnaire devra fournir aux usines destinées à le traiter, et le prix qu'il pourra en exiger. La sagesse de cette disposition est facile à saisir. Le gouvernement, étant le plus grand consommateur des produits des forges, a, sous ce rapport, un immense intérêt à maintenir le prix du fer à un taux modéré; et, pour y parvenir, il devait se réserver de fixer la valeur du minerai dans l'acte de concession.

Les terres pyriteuses et alumineuses restent aussi à la disposition du propriétaire du terrain. Il n'est soumis, pour en pouvoir tirer parti, qu'à la demande d'une permission et à suivre les règles qui lui seront prescrites sous les rapports de sûreté et de salubrité publiques. Ces dispositions sont contenues dans les articles 74 et 58 du projet.

La section IV du titre VII traite de l'établissement des forges, fourneaux et usines.

On ne peut les établir sans la permission du gouvernement. Deux motifs puissants ont dicté cette disposition, conforme, d'ailleurs, aux lois antérieures et à ce qui s'observe généralement dans tous les Etats de l'Europe. Le premier, c'est que le cours d'eau, considéré comme action motrice, est toujours réservé au gouvernement; le second, c'est que les établissements de même nature établis avec l'autorisation du gouvernement sont, par là, sous sa protection spéciale. Cependant ils seraient bientôt sans valeur et sans utilité, si chacun pouvait, de son propre mouvement, former d'autres établissements qui absorberaient les matières premières, ou consommeraient le combustible.

Pour obtenir la permission d'établir des usines, l'on ne sera assujetti qu'au payement d'une taxe modérée, puisqu'elle ne pourra être au-dessous de 50 francs, et au-dessus de 300 francs.

La section V ne présente qu'un seul article qui mérite de fixer votre attention.

Les propriétaires d'usines en activité sont astreints à représenter la permission qui a dû leur être accordée, ou d'en obtenir une qui leur sera délivrée en payant la taxe déterminée.

Votre Commission avait pensé d'abord que plus une usine était ancienne, plus on devait présumer qu'elle avait été légitimement établie; et, dans ce cas, il est assez rare que la permission primitive se retrouve. Mais elle a reconnu ensuite qu'il importe aux possesseurs d'usines de se munir d'un acte du gouvernement qui, en confirmant leurs droits, soit pour eux une nouvelle garantie; et, comme l'administration peut établir une échelle de proportion depuis 50 francs jusqu'à 300 francs, elle pourra, quand elle le trouvera juste, tempérer ce que cette disposition paraît avoir de rigoureux.

Le titre VIII est consacré aux *carrières* et *tourbières*, qui forment la troisième et dernière division du projet.

Les dispositions de ce titre n'enlèvent pas au propriétaire de la surface le droit qu'il a de disposer de toutes les substances comprises dans cette division. Elles prescrivent seulement certaines règles, sous les rapports essentiels de la sûreté et de la salubrité publiques.

Nous ne parlerons ici que des tourbes.

Au premier aperçu, on pourrait envisager les règles prescrites par rapport aux tourbes comme des entraves à l'exercice du droit de propriété.

Mais votre Commission, après un examen approfondi, s'est convaincue qu'elles sont dictées par une sage prévoyance, et dans l'intérêt même des propriétaires.

L'existence des tourbes suppose que le fonds est marécageux; qu'il a été couvert, pendant des siècles, par des eaux stagnantes, qui ont imprégné le terrain de miasmes putrides. Pour extraire la tourbe, il faut enlever la couche de terre neuve qui la couvre, et comprimer ses exhalaisons. L'extraction faite, l'eau prend la place de la tourbe enlevée, elle croupit faute d'écoulement et occasionne souvent des fièvres contagieuses. C'en est assez pour justifier toutes les dispositions de la section II, qui traite spécialement des tourbières.

Il nous reste à parler des deux derniers titres, qui renferment des dispositions générales applicables aux trois divisions du projet.

Le titre IX, qui traite des expertises, est conforme aux dispositions générales du Code de procédure civile.

En discutant l'article 90, nous avons observé qu'il n'est applicable qu'aux plans qui seront levés à l'avenir, et à ceux qui peuvent encore être vérifiés. La disposition de l'article est sage, mais elle ne doit pas empêcher que les plans levés anciennement et longtemps avant l'établissement du Conseil des mines et des ingénieurs, ne soient admis parmi les preuves des parties.

Le titre X renferme quelques dispositions sur la police et la juridiction relatives aux mines. Elles sont claires ; elles découlent des principes consacrés dans le corps du projet, et ne demandent de notre part ni développements, ni observations.

Nous avons parcouru les trois divisions du projet ; nous vous avons rendu compte des observations qu'a fait naître la discussion des articles les plus importants de ce projet ; il ne nous reste plus qu'à vous soumettre les motifs principaux qui ont décidé votre Commission à en voter l'adoption.

Le but d'une bonne loi sur les mines doit être d'en multiplier les exploitations.

L'ancienne législation en était fort éloignée.

Ce but n'a point été non plus atteint par la loi de 1791.

Elle s'en est écartée, soit pour les mines ouvertes, soit pour les mines à ouvrir.

Presque toutes les concessions étaient à perpétuité.

La propriété de la mine n'en était pas la conséquence, mais il en résultait le droit de l'exploiter sans limitation de temps.

Cette durée indéfinie a été restreinte à cinquante années par la loi de 1791.

Les engagements contractés entre l'État et les concessionnaires ont été rompus.

Ce manque de foi a fait disparaître la confiance.

L'exploitation des mines s'est ralentie.

La propriété de ces sortes d'entreprises est attachée à l'abondance des capitaux ; ils ont pris une autre direction.

Ces entreprises ont donc été, sinon détruites, au moins fortement ébranlées par la loi même qui devait contribuer à les consolider.

La loi, dont une disposition porte atteinte à des droits acquis, laisse sans garantie ceux qui sont conservés par elle.

Cette disposition plaçait les concessionnaires dans la position d'un fermier dont le bail serait révocable à volonté.

Cela suffit, messieurs, pour vous faire apercevoir le préjudice qu'elle portait à ce genre d'industrie.

Cette disposition était injuste envers les anciennes concessions à perpétuité ; envers les nouvelles, elle était imprévoyante.

Elle introduisit un abus dont les conséquences furent extrêmement fâcheuses.

C'était celui de ne permettre d'exploitation qu'à quarante mètres au-dessous de la superficie.

Elle laissait ainsi aux propriétaires du dessus la faculté de creuser jusqu'à cette profondeur, pour extraire du minerai et de la houille.

Cette faculté a multiplié les exploitations irrégulières, qui sont nuisibles à ceux qui les entreprennent, et funestes à l'intérêt public, rendent impossibles les travaux réguliers, compromettent ceux qui seraient commencés, et fixent à jamais dans le sein de la terre des richesses, à l'extraction desquelles elles mettent d'insurmontables obstacles.

Les inconvénients de la loi de 1791, indiqués par des hommes versés dans l'art d'exploiter les mines, furent constatés par l'expérience.

Ils sont écartés par la loi soumise à votre sanction. Elle rétablit, pour les consolider à jamais, des droits violés par celle de 1791.

Les droits résultant de la propriété du sol, définis par l'article 552 du Code civil, sont réservés par le projet, et cette réserve, qui concilie la loi sur les mines avec le Code civil, l'associe en quelque sorte à ses hautes destinées.

Les mines entièrement séparées de la surface deviennent une propriété nouvelle.

Les concessionnaires s'attacheront d'autant plus à en multiplier les produits, qu'ils sont délivrés de l'inquiétude d'être troublés dans leur jouissance ; ils perfectionneront des travaux dont ils sont appelés à recueillir les fruits et à transmettre les avantages à leurs héritiers.

La propriété des mines sera régie par le droit commun, comme toutes les autres propriétés.

Le gouvernement, qui connaît et apprécie toute la puissance de l'intérêt particulier, s'en rapporte presque exclusivement à lui pour l'exploitation des mines.

L'action de l'administration des mines se bornera pour ainsi dire à offrir les résultats de l'expérience et les conseils de la sagesse.

Les dépenses de cette administration, instituée principalement pour l'avantage des propriétaires des mines, seront payées par eux.

Les taxes auxquelles ils seront assujettis seront légères et n'auront pas d'autre destination.

Ils en ont pour garants la justice du gouvernement et son intérêt.

La loi proposée imprimera une activité nouvelle à toutes les anciennes exploitations, et l'on en verra beaucoup d'autres se former.

Les capitaux se porteront avec abondance dans ces établissements, parce qu'ils offriront plus d'avantages aux capitalistes et leur assureront plus de garantie.

La valeur des actions s'augmentera, puisque leur gage sera plus certain et leur bénéfice plus considérable.

La loi soumise à votre sanction est donc la meilleure de celles qu'on a publiées jusqu'à présent sur les mines. Elle est libérale dans son ensemble, généreuse dans son application et juste dans toutes ses parties.

Si cette loi obtient votre assentiment, comme il nous est permis de l'espérer, nous osons, messieurs, vous garantir qu'elle sera favorablement accueillie dans toutes les parties de ce vaste empire; l'on y bénira le génie qui l'a conçue, et la reconnaissance publique vous récompensera d'en avoir pressenti l'heureuse influence.

J'ai l'honneur, messieurs, de vous proposer, au nom de votre Commission d'administration intérieure, de convertir en loi le projet sur les mines.

Loi sur les mines, du 21 avril 1810.

TITRE Ier. — *Des mines, minières et carrières.*

Loi de 1810. ART. 1er. — Les masses de substances minérales ou fossiles renfermées dans le sein de la terre ou existantes à la surface sont classées, relativement aux règles de l'exploitation de chacune d'elles, sous les trois qualifications de *mines, minières* et *carrières.*

ART. 2. — Seront considérées comme mines celles connues pour contenir en filons, en couches ou en amas, de l'or, de l'argent, du platine, du mercure, du plomb, du fer en filons ou couches, du cuivre, de l'étain, du zinc, de la calamine, du bismuth, du cobalt, de l'arsenic, du manganèse, de l'antimoine, du molybdène, de la plombagine ou autres matières métalliques; du soufre, du charbon de terre ou de pierre, du bois fossile, des bitumes, de l'alun et des sulfates à base métallique.

ART. 3. — Les minières comprennent les minerais de fer dits *d'alluvion*, les terres pyriteuses propres à être converties en sulfate de fer, les terres alumineuses et les tourbes.

ART. 4. — Les carrières renferment les ardoises, les grès, pierres à bâtir et autres, les marbres, granits, pierres à chaux, pierres à plâtre, les pouzzolanes, le trass, les basaltes, les laves, les marnes, craies, sables, pierres à fusil, argiles, kaolin, terres à foulon, terres à poterie, les substances terreuses et les cailloux de toute nature, les terres pyriteuses regardées comme engrais, le tout exploité à ciel ouvert ou avec des galeries souterraines.

TITRE II. — *De la propriété des mines.*

ART. 5. — Les mines ne peuvent être exploitées qu'en vertu d'un acte de concession délibéré en Conseil d'Etat.

Art. 6. — Cet acte règle les droits des propriétaires de la surface sur le produit des mines concédées.

Art. 7. — Il donne la propriété perpétuelle de la mine, laquelle est dès lors disponible et transmissible comme tous autres biens, et dont on ne peut être exproprié que dans les cas et selon les formes prescrites pour les autres propriétés, conformément au Code civil et au Code de procédure civile.

Toutefois une mine ne peut être vendue par lots ou partagée sans une autorisation préalable du gouvernement, donnée dans la même forme que la concession.

Art. 8. — Les mines sont immeubles.

Sont aussi immeubles les bâtiments, machines, puits, galeries et autres travaux établis à demeure, conformément à l'article 524 du Code civil.

Sont aussi immeubles par destination les chevaux, agrès, outils et ustensiles servant à l'exploitation.

Ne sont considérés comme chevaux attachés à l'exploitation que ceux qui sont exclusivement attachés aux travaux intérieurs des mines.

Néanmoins, les actions ou intérêts dans une société ou entreprise pour l'exploitation des mines seront réputés meubles, conformément à l'article 529 du Code civil.

Art. 9. — Sont meubles les matières extraites, les approvisionnements et autres objets mobiliers.

Titre III. — *Des actes qui précèdent la demande en concession de mines.*

Section i. — De la recherche et de la découverte des mines.

Art. 10. — Nul ne peut faire des recherches pour découvrir des mines, enfoncer des sondes ou tarières sur un terrain qui ne lui appartient pas, que du consentement du propriétaire de la surface, ou avec l'autorisation du gouvernement, donnée après avoir consulté l'administration des mines, à la charge d'une préalable indemnité envers le propriétaire et après qu'il aura été entendu.

ART. 11. — Nulle permission de recherches, ni concession de mines, ne pourra, sans le consentement formel du propriétaire de la surface, donner le droit de faire des sondes et d'ouvrir des puits ou galeries, ni celui d'établir des machines ou magasins dans les enclos murés, cours ou jardins, ni dans les terrains attenant aux habitations ou clôtures murées, dans la distance de cent mètres desdites clôtures ou des habitations.

ART. 12. — Le propriétaire pourra faire des recherches, sans formalité préalable, dans les lieux réservés par le précédent article, comme dans les autres parties de sa propriété, mais il sera obligé d'obtenir une concession avant d'y établir une exploitation. Dans aucun cas, les recherches ne pourront être autorisées dans un terrain déjà concédé.

Section ii. — De la préférence à accorder pour les concessions.

ART. 13. — Tout Français ou tout·étranger naturalisé ou non en France, agissant isolément ou en société, a le droit de demander et peut obtenir, s'il y a lieu, une concession de mines.

ART. 14. L'individu ou la société doit justifier des facultés nécessaires pour entreprendre et conduire les travaux, et des moyens de satisfaire aux redevances, indemnités qui lui seront imposées par l'acte de concession.

ART. 15. — Il doit aussi, le cas arrivant de travaux à faire sous des maisons ou lieux d'habitation, sous d'autres exploitations ou dans leur voisinage immédiat, donner caution de payer toute indemnité, en cas d'accident : les demandes ou oppositions des intéressés seront, en ce cas, portées devant nos tribunaux et Cours.

ART. 16. — Le gouvernement juge des motifs ou considérations d'après lesquels la préférence doit être accordée aux divers demandeurs en concession, qu'ils soient propriétaires de la surface, inventeurs ou autres.

En cas que l'inventeur n'obtienne pas la cession d'une mine, il aura droit à une indemnité de la part du concessionnaire ; elle sera réglée par l'acte de concession.

ART. 17. — L'acte de concession fait après l'accomplisse-

ment des formalités prescrites purge, en faveur du concessionnaire, tous les droits des propriétaires de la surface et des
inventeurs, ou de leurs ayants droit, chacun dans leur ordre,
après qu'ils ont été entendus ou appelés légalement, ainsi
qu'il sera ci-après réglé.

ART. 18. — La valeur des droits résultant en faveur du propriétaire de la surface, en vertu de l'article 6 de la présente
loi, demeurera réunie à la valeur de ladite surface, et sera
affectée avec elle aux hypothèques prises par les créanciers
du propriétaire.

ART. 19. — Du moment où une mine sera concédée, même
au propriétaire de la surface, cette propriété sera distinguée
de celle de la surface, et désormais considérée comme propriété
nouvelle, sur laquelle de nouvelles hypothèques pourront être
assises, sans préjudice de celles qui auraient été ou seraient
prises sur la surface et la redevance, comme il est dit à l'article précédent.

Si la concession est faite au propriétaire de la surface, ladite redevance sera évaluée pour l'exécution dudit article.

ART. 20. — Une mine concédée pourra être affectée, par
privilége, en faveur de ceux qui, par acte public et sans
fraude, justifieraient avoir fourni des fonds pour les recherches de la mine, ainsi que pour les travaux de construction ou
confection de machines nécessaires à son exploitation, à la
charge de se conformer aux articles 2103 et autres du Code
civil, relatifs aux priviléges.

ART. 21. — Les autres droits de privilége et d'hypothèque
pourront être acquis sur la propriété de la mine, aux termes
et en conformité du Code civil, comme sur les autres propriétés immobilières.

TITRE IV. — *Des concessions.*

SECTION I. — De l'obtention des concessions.

ART. 22. — La demande en concession sera faite par voie
de simple pétition adressée au préfet, qui sera tenu de la
faire enregistrer, à sa date, sur un registre particulier, et

d'ordonner les publications et affiches dans les dix jours.

ART. 23. — Les affiches auront lieu pendant quatre mois, dans le chef-lieu du département, dans celui de l'arrondissement où la mine est située, dans le lieu du domicile du demandeur, et dans toutes les communes dans le territoire desquelles la concession peut s'étendre. Elles sont insérées dans les journaux du département.

ART. 24. — Les publications des demandes en concession de mines auront lieu devant la porte de la maison commune et des églises paroissiales et consistoriales, à la diligence des maires, à l'issue de l'office, un jour de dimanche, et au moins une fois par mois pendant la durée des affiches. Les maires seront tenus de certifier ces publications.

ART. 25. — Le secrétaire général de la préfecture délivrera au requérant un extrait certifié de l'enregistrement de la demande en concession.

ART. 26. — Les demandes en concurrence et les oppositions qui y seront formées seront admises devant le préfet, jusqu'au dernier jour du quatrième mois, à compter de la date de l'affiche. Elles seront notifiées par actes extrajudiciaires à la préfecture du département, où elles seront enregistrées sur le registre indiqué à l'article 22. Les oppositions seront notifiées aux parties intéressées, et le registre sera ouvert à tous ceux qui en demanderont communication.

ART. 27. — A l'expiration du délai des affiches et publications, et sur la preuve de l'accomplissement des formalités portées aux articles précédents, dans le mois qui suivra, au plus tard, le préfet du département, sur l'avis de l'ingénieur des mines, et après avoir pris des informations sur les droits et les facultés des demandeurs, donnera son avis et le transmettra au ministre de l'intérieur.

ART. 28. — Il sera définitivement statué sur la demande en concession, par un décret délibéré au Conseil d'Etat.

Jusqu'à l'émission du décret, toute opposition sera admissible devant le ministre de l'intérieur ou le secrétaire général du Conseil d'Etat : dans ce dernier cas, elle aura lieu par une requête signée et présentée par un avocat au Conseil, comme il est pratiqué pour les affaires contentieuses ; et, dans tous les cas, elle sera notifiée aux parties intéressées.

Si l'opposition est motivée sur la propriété de la mine acquise par concession ou autrement, les parties seront renvoyées devant les tribunaux et Cours.

ART. 29. — L'étendue de la concession sera déterminée par l'acte de concession : elle sera limitée par des points fixes pris à la surface du sol, et passant par des plans verticaux menés de cette surface dans l'intérieur de la terre, à une profondeur indéfinie ; à moins que les circonstances et les localités ne nécessitent un autre mode de limitation.

ART. 30. — Un plan régulier de la surface, en triple expédition, et sur une échelle de dix millimètres pour cent mètres, sera annexé à la demande.

Ce plan devra être dressé ou vérifié par l'ingénieur des mines, et certifié par le préfet du département.

ART. 31. — Plusieurs concessions pourront être réunies entre les mains du même concessionnaire, soit comme individu, soit comme représentant une Compagnie, mais à la charge de tenir en activité l'exploitation de chaque concession.

SECTION II. — Des obligations des propriétaires de mines.

ART. 32. — L'exploitation des mines n'est pas considérée comme un commerce, et n'est pas sujette à patente.

ART. 33. — Les propriétaires de mines sont tenus de payer à l'Etat une redevance fixe et une redevance proportionnelle au produit de l'extraction.

ART. 34. — La redevance fixe sera annuelle, et réglée d'après l'étendue de celle-ci : elle sera de 10 francs par kilomètre carré.

La redevance proportionnelle sera une contribution annuelle, à laquelle les mines seront assujetties sur leurs produits.

ART. 35. — La redevance proportionnelle sera réglée, chaque année, par le budget de l'Etat, comme les autres contributions publiques : toutefois elle ne pourra jamais s'élever au-dessus de cinq pour cent du produit net. Il pourra être fait un abonnement pour ceux des propriétaires des mines qui le demanderont.

ART. 36. — Il sera imposé en sus un décime pour franc,

lequel formera un fonds de non-valeur, à la disposition du ministre de l'intérieur, pour dégrèvement en faveur des propriétaires des mines qui éprouveront des pertes ou accidents.

Art. 37. — La redevance proportionnelle sera imposée et perçue comme la contribution foncière.

Les réclamations à fin de dégrèvement ou de rappel à l'égalité proportionnelle seront jugées par les Conseils de préfecture. Le dégrèvement sera de droit, quand l'exploitant justifiera que sa redevance excède cinq pour cent du produit net de son exploitation.

Art. 38. — Le gouvernement accordera, s'il y a lieu, pour les exploitations qu'il en jugera susceptibles, et par un article de l'acte de concession, ou par un décret spécial délibéré en Conseil d'Etat pour les mines déjà concédées, la remise en tout ou partie du payement de la redevance proportionnelle, pour le temps qui sera jugé convenable ; et ce, comme encouragement, en raison de la difficulté des travaux : semblable remise pourra être aussi accordée comme dédommagement, en cas d'accident de force majeure qui surviendrait pendant l'exploitation.

Art. 39. — Le produit de la redevance fixe et de la redevance proportionnelle formera un fonds spécial, dont il sera tenu un compte particulier au trésor public, et qui sera appliqué aux dépenses de l'administration des mines, et à celles des recherches, ouvertures et mises en activité des mines nouvelles, ou au rétablissement des mines anciennes.

Art. 40. — Les anciennes redevances dues à l'Etat, soit en vertu de lois, ordonnances ou règlements, soit d'après les conditions énoncées en l'acte de concession, soit d'après les baux et adjudications au profit de la régie du domaine, cesseront d'avoir cours à compter du jour où les redevances nouvelles seront établies.

Art. 41. — Ne sont point comprises dans l'abrogation des anciennes redevances celles dues à titre de rentes, droits et prestations quelconques, pour cession de fonds ou autres causes semblables, sans déroger toutefois à l'application des lois qui ont supprimé les droits féodaux.

Art. 42. — Le droit attribué par l'article 6 de la présente

loi aux propriétaires de la surface sera réglé à une somme déterminée par l'acte de concession.

ART. 43. — Les propriétaires de mines sont tenus de payer les indemnités dues au propriétaire de la surface, sur le terrain duquel ils établiront leurs travaux.

Si les travaux entrepris par les explorateurs ou par les propriétaires de mines ne sont que passagers, et si le sol où ils ont été faits peut être mis en culture au bout d'un an, comme il l'était auparavant, l'indemnité sera réglée au double de ce qu'aurait produit net le terrain endommagé.

ART. 44. — Lorsque l'occupation des terrains pour la recherche ou les travaux des mines prive les propriétaires du sol de la jouissance du revenu au delà du temps d'une année, ou lorsque, après les travaux, les terrains ne sont plus propres à la culture, on peut exiger des propriétaires des mines l'acquisition des terrains à l'usage de l'exploitation. Si le propriétaire de la surface le requiert, les pièces de terre trop endommagées, ou dégradées sur une trop grande partie de leur surface, devront être achetées en totalité par le propriétaire de la mine.

L'évaluation du prix sera faite, quant au mode, suivant les règles établies par la loi du 16 septembre 1807, sur le desséchement des marais, etc., tit. XI; mais le terrain à acquérir sera toujours estimé au double de la valeur qu'il avait avant l'exploitation de la mine.

ART. 45. — Lorsque, par l'effet du voisinage ou pour toute autre cause, les travaux d'exploitation d'une mine occasionnent des dommages à l'exploitation d'une autre mine, à raison des eaux qui pénètrent dans cette dernière en plus grande quantité ; lorsque, d'un autre côté, ces mêmes travaux produisent un effet contraire, et tendent à évacuer tout ou partie des eaux d'une autre mine, il y aura lieu à indemnité d'une mine en faveur de l'autre ; le règlement s'en fera par experts.

ART. 46. — Toutes les questions d'indemnités à payer par les propriétaires de mines, à raison des recherches aux travaux antérieurs à l'acte de concession, seront décidées conformément à l'article 4 de la loi du 28 pluviôse an VIII.

Titre V. — *De l'exercice de la surveillance sur les mines par l'administration.*

Art. 47. — Les ingénieurs des mines exerceront, sous les ordres du ministre de l'intérieur et des préfets, une surveillance de police pour la conservation des édifices et la sûreté du sol.

Art. 48. — Ils observeront la manière dont l'exploitation sera faite, soit pour éclairer les propriétaires sur ses inconvénients ou son amélioration, soit pour avertir l'administration des vices, abus ou dangers qui s'y trouveraient.

Art. 49. — Si l'exploitation est restreinte ou suspendue, de manière à inquiéter sur la sûreté publique ou les besoins des consommateurs, les préfets, après avoir entendu les propriétaires, en rendront compte au ministre de l'intérieur, pour y être pourvu ainsi qu'il appartiendra.

Art. 50. — Si l'exploitation compromet la sûreté publique, la conservation des puits, la solidité des travaux, la sûreté des ouvriers mineurs ou des habitations de la surface, il y sera pourvu par le préfet, ainsi qu'il est pratiqué en matière de grande voirie et selon les lois.

Titre VI. — *Des concessions ou jouissances des mines antérieures à la présente loi.*

§ 1er. — *Des anciennes concessions en général.*

Art. 51. — Les concessionnaires antérieurs à la présente loi deviendront, du jour de sa publication, propriétaires incommutables, sans aucune formalité préalable d'affiches, vérifications de terrain ou autres préliminaires, à la charge seulement d'exécuter, s'il y en a, les conventions faites avec les propriétaires de la surface, et sans que ceux-ci puissent se prévaloir des articles 6 et 42.

Art. 52. — Les anciens concessionnaires seront, en conséquence, soumis au payement des contributions, comme il est dit à la section II du titre IV, art. 33 et 34, à compter de l'année 1811.

§ 2. — *Des exploitations pour lesquelles on n'a pas exécuté la loi de* 1791.

ART. 53. — Quant aux exploitants de mines qui n'ont pas exécuté la loi de 1791, et qui n'ont pas fait fixer, conformément à cette loi, les limites de leurs concessions, ils obtiendront les concessions de leurs exploitations actuelles, conformément à la présente loi; à l'effet de quoi les limites de leurs concessions seront fixées sur leurs demandes ou à la diligence des préfets, à la charge seulement d'exécuter les conventions faites avec les propriétaires de la surface, et sans que ceux-ci puissent se prévaloir des articles 6 et 42 de la présente loi.

ART. 54. — Ils payeront, en conséquence, les redevances, comme il est dit à l'article 52.

ART. 55. — En cas d'usages locaux ou d'anciennes lois qui donneraient lieu à la décision de cas extraordinaires, les cas qui se présenteront seront décidés par les actes de concession ou par les jugements de nos Cours et tribunaux, selon les droits résultant pour les parties des usages établis, des prescriptions légalement acquises ou des conventions réciproques.

ART. 56. — Les difficultés qui s'élèveraient entre l'administration et les exploitants, relativement à la limitation des mines, seront décidées par l'acte de concession.

A l'égard des contestations qui auraient lieu entre des exploitants voisins, elles seront jugées par les tribunaux et Cours.

TITRE VII. — *Règlement sur la propriété et l'exploitation des minières, et sur l'établissement des forges, fourneaux et usines.*

SECTION I. — Des minières.

ART. 57. — L'exploitation des minières est assujettie à des règles spéciales.

Elle ne peut avoir lieu sans permission.

ART. 58. — La permission détermine les limites de l'exploitation et les règles, sous les rapports de sûreté et de salubrité publiques.

Art. 59. — Le propriétaire du fonds sur lequel il y a du minerai de fer d'alluvion est tenu d'exploiter en quantité suffisante pour fournir, autant que faire se pourra, aux besoins des usines établies dans le voisinage avec autorisation légale; en ce cas, il ne sera assujetti qu'à en faire la déclaration au préfet du département; elle contiendra la désignation des lieux : le préfet donnera acte de cette déclaration, ce qui vaudra permission pour le propriétaire, et l'exploitation aura lieu par lui sans autre formalité.

Art. 60. — Si le propriétaire n'exploite pas, les maîtres de forges auront la faculté d'exploiter à sa place, à la charge : 1° d'en prévenir le propriétaire, qui, dans un mois, à compter de la notification, pourra déclarer qu'il entend exploiter lui-même; 2° d'obtenir du préfet la permission sur l'avis de l'ingénieur des mines, après avoir entendu le propriétaire.

Art. 61. — Si, après l'expiration du délai d'un mois, le propriétaire ne déclare pas qu'il entend exploiter, il sera censé renoncer à l'exploitation; le maître de forges pourra, après la permission obtenue, faire les fouilles immédiatement dans les terres incultes et en jachère, et, après la récolte, dans toutes les autres terres.

Art. 62. — Lorsque le propriétaire n'exploitera pas en quantité suffisante, ou suspendra ses travaux d'extraction pendant plus d'un mois, sans cause légitime, les maîtres de forges se pourvoiront auprès du préfet pour obtenir la permission d'exploiter à sa place.

Si le maître de forges laisse écouler un mois sans faire usage de cette permission, elle sera regardée comme non avenue, et le propriétaire du terrain rentrera dans tous ses droits.

Art. 63. — Quand un maître de forges cessera d'exploiter un terrain, il sera tenu de le rendre propre à la culture, ou d'indemniser le propriétaire.

ART. 64. — En cas de concurrence entre plusieurs maîtres de forges pour l'exploitation dans un même fonds, le préfet déterminera, sur l'avis de l'ingénieur des mines, les proportions dans lesquelles chacun d'eux pourra exploiter, sauf le recours au Conseil d'Etat.

Le préfet réglera de même les proportions dans lesquelles chaque maître de forges aura droit à l'achat du minerai, s'il est exploité par le propriétaire.

ART. 65. — Lorsque les propriétaires feront l'extraction du minerai pour le vendre aux maîtres de forges, le prix en sera réglé entre eux de gré à gré, ou par des experts choisis ou nommés d'office, qui auront égard à la situation des lieux, aux frais d'extraction et aux dégâts qu'elle aura occasiomés.

ART. 66. — Lorsque les maîtres de forges auront fait extraire le minerai, il sera dû au propriétaire du fonds, et avant l'enlèvement dn minerai, une indemnité qui sera aussi réglée par experts, lesquels auront égard à la situation des lieux, aux dommages causés, à la valeur du minerai, distraction faite des frais d'exploitation.

ART. 67. — Si les minerais se trouvent dans les forêts royales, dans celles des établissements publics ou des communes, la permission de les exploiter ne pourra être accordée qu'après avoir entendu l'administration forestière. L'acte de permission déterminera l'étendue des terrains dans lesquels les fouilles pourront être faites : ils seront tenus, en outre, de payer les dégâts occasionnés par l'exploitation, et de repiquer en glands ou plants les places qu'elle aurait endommagees, ou une autre étendue proportionnelle déterminée par la permission.

ART. 68. — Les propriétaires ou maîtres de forges ou d'usines exploitant les minerais de fer d'alluvion ne pourront, dans cette exploitation, pousser des travaux réguliers par des galeries souterraines, sans avoir obtenu une concession, avec les formalités et sous les conditions exigées par les articles de la section I du titre III et les dispositions du titre IV.

ART. 69. — Il ne pourra être accordé aucune concession pour minerai d'alluvion ou pour des mines en filons ou couches, que dans les cas suivants :

1° Si l'exploitation à ciel ouvert cesse d'être possible, et si l'établissement de puits, galeries et travaux d'art, est nécessaire ;

2° Si l'exploitation, quoique possible encore, doit durer peu d'années, et rendre ensuite impossible l'exploitation avec puits et galeries.

Art. 70. — En cas de concession, le concessionnaire sera tenu toujours : 1° de fournir aux usines qui s'approvisionnaient de minerai sur les lieux compris en la concession, la quantité nécessaire à leur exploitation, au prix qui sera porté au cahier des charges ou qui sera fixé par l'administration ; 2° d'indemniser les propriétaires au profit desquels l'exploitation avait lieu, dans la proportion du revenu qu'ils en tiraient.

Section iii. — Des terres pyriteuses et alumineuses.

Art. 71. — L'exploitation des terres pyriteuses et alumineuses sera assujettie aux formalités prescrites par les articles 57 et 58, soit qu'elle ait lieu par les propriétaires des fonds, soit par d'autres individus qui, à défaut par ceux-ci d'exploiter, en auraient obtenu la permission.

Art. 72. — Si l'exploitation a lieu par des non-propriétaires, ils seront assujettis, en faveur des propriétaires, à une indemnité qui sera réglée de gré à gré ou par experts.

Section iv. — Des permissions pour l'établissement des fourneaux, forges et usines.

Art. 73. — Les fourneaux à fondre les minerais de fer et autres substances métalliques, les forges et martinets pour ouvrer le fer et le cuivre, les usines servant de patouillets et bocards, celles pour le traitement des substances salines et pyriteuses, dans lesquelles on consomme des combustibles, ne pourront être établis que sur une permission accordée par un règlement d'administration publique.

Art. 74. — La demande en permission sera adressée au préfet, enregistrée le jour de la remise sur un registre spécial à ce destiné, et affichée pendant quatre mois dans le chef-lieu du département, dans celui de l'arrondissement, dans la commune où sera situé l'établissement projeté, et dans le lieu du domicile du demandeur.

Le préfet, dans le délai d'un mois, donnera son avis tant sur la demande que sur les oppositions et les demandes en préférence qui seraient survenues ; l'administration des mines donnera le sien sur la quotité du minerai à traiter ; l'administration des forêts, sur l'établissement des bouches à feu en ce qui concerne les bois, et l'administration des ponts et chaussées, sur ce qui concerne les cours d'eau navigables ou flottables.

ART. 75. — Les impétrants des permissions pour les usines supporteront une taxe une fois payée, laquelle ne pourra être au-dessous de 50 francs, ni excéder 300 francs.

SECTION V. — Dispositions générales sur les permissions.

ART. 76. — Les permissions seront données à la charge d'en faire usage dans un délai déterminé ; elles auront une durée indéfinie, à moins qu'elles n'en contiennent la limitation.

ART. 77. — En cas de contraventions, le procès-verbal dressé par les autorités compétentes sera remis au procureur impérial, lequel poursuivra, dans les formes prescrites ci-dessus, art. 67, la révocation de la permission, s'il y a lieu, et l'application des lois pénales qui y sont relatives.

ART. 78. — Les établissements actuellement existants sont maintenus dans leur jouissance, à la charge par ceux qui n'ont jamais eu de permission, ou qui ne pourraient représenter la permission obtenue précédemment, d'en obtenir une avant le 1er janvier 1813, sous peine de payer un triple droit de permission pour chaque année pendant laquelle ils auront négligé de s'en pourvoir et continué de s'en servir.

ART. 79. — L'acte de permission d'établir des usines à traiter le fer autorise les impétrants à faire des fouilles, même hors de leurs propriétés, et à exploiter les minerais par eux découverts, ou ceux antérieurement connus, à la charge de se conformer aux dispositions de la section II.

ART. 80. — Les impétrants sont aussi autorisés à établir des patouillets, lavoirs et chemins de charroi, sur les terrains qui ne leur appartiennent pas ; mais sous les restrictions portées en l'article 11 ; le tout à charge d'indemnité envers les propriétaires du sol, et en les prévenant un mois d'avance.

TITRE VIII.

SECTION I. — Des carrières.

ART. 81. — L'exploitation des carrières à ciel ouvert a lieu sans permission, sous la simple surveillance de la police, et avec l'observation des lois ou règlements généraux ou locaux.

ART. 82. — Quand l'exploitation a lieu par galeries souterraines, elle est soumise à la surveillance de l'administration, comme il est dit au titre V.

SECTION II. — Des tourbières.

ART. 83. — Les tourbes ne peuvent être exploitées que par le propriétaire du terrain, ou de son consentement.

ART. 84. — Tout propriétaire actuellement exploitant, ou qui voudra commencer à exploiter des tourbes dans son terrain, ne pourra continuer ou commencer son exploitation, à peine de 100 francs d'amende, sans en avoir préalablement fait la déclaration à la sous-préfecture et obtenu l'autorisation.

ART. 85. — Un règlement d'administration publique déterminera la direction générale des travaux d'extraction dans le terrain où sont situées les tourbes, celles des rigoles de dessèchement, enfin toutes les mesures propres à faciliter l'écoulement des eaux dans les vallées et l'atterrissement des entailles tourbées.

ART. 86. — Les propriétaires exploitants, soit particuliers, soit communautés d'habitants, soit établissements publics, sont tenus de s'y conformer, à peine d'être contraints à cesser leurs travaux.

TITRE IX. — Des expertises.

ART. 87. — Dans tous les cas prévus par la présente loi et autres naissant des circonstances où il y aura lieu à expertise, les dispositions du titre XIV du Code de procédure civile, articles 303 à 323, seront exécutées.

Art. 88. — Les experts seront pris parmi les ingénieurs des mines, ou parmi les hommes notables et expérimentés dans le fait des mines et de leurs travaux.

Art. 89. — Le procureur impérial sera toujours entendu, et donnera ses conclusions sur le rapport des experts.

Art. 90. — Nul plan ne sera admis comme pièce probante dans une contestation, s'il n'a été levé ou vérifié par un ingénieur des mines. La vérification des plans sera toujours gratuite.

Art. 91. — Les frais et vacations des experts seront réglés et arrêtés, selon les cas, par les tribunaux : il en sera de même des honoraires qui pourront appartenir aux ingénieurs des mines ; le tout suivant le tarif qui sera fait par un règlement d'administration publique.

Toutefois, il n'y aura pas lieu à honoraires pour les ingénieurs des mines, lorsque leurs opérations auront été faites soit dans l'intérêt de l'administration, soit à raison de la surveillance et de la police publiques.

Art. 92. — La consignation des sommes jugées nécessaires pour subvenir aux frais d'expertise pourra être ordonnée par le tribunal contre celui qui poursuivra l'expertise.

Titre X. — *De la police et de la juridiction relatives aux mines.*

Art. 93. — Les contraventions des propriétaires de mines, exploitants, non encore concessionnaires ou autres personnes, aux lois et règlements seront dénoncées et constatées, comme les contraventions en matière de voirie et de police.

Art. 94. — Les procès-verbaux contre les contrevenants seront affirmés dans les formes et délais prescrits par les lois.

Art. 95. — Ils seront adressés en originaux à nos procureurs impériaux, qui seront tenus de poursuivre d'office les contrevenants devant les tribunaux de police correctionnelle,

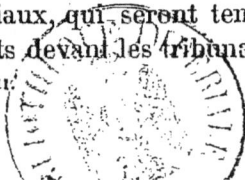

ainsi qu'il est réglé et usité pour les délits forestiers, et sans préjudice des dommages-intérêts des parties.

ART. 96. — Les peines seront d'une amende de 500 francs au plus, et de 100 francs au moins, double en cas de récidive, et d'une détention qui ne pourra excéder la durée fixée par le Code de police correctionnelle.

Instruction ministérielle du 3 août 1810, relative à l'exécution de la loi du 21 avril 1810 sur les mines, usines, salines et carrières.

§ 1er. — Généralités. — Classement.

Les substances minérales ont été classées, par la loi du 21 avril 1810, en trois divisions distinctes, à chacune desquelles sont appliquées des dispositions législatives différentes.

§ 2. — Des mines. — Généralités.

Les mines ne doivent être exploitées qu'en vertu d'un acte de concession délibéré en Conseil d'Etat.

Cet acte, par lequel les droits des propriétaires de la surface seront réglés à l'égard des mines à concéder, investit le concessionnaire de la propriété perpétuelle de la mine.

Le gouvernement se fera rendre compte de l'état de l'exploitation.

Les entrepreneurs seront éclairés sur les progrès de l'art. Des améliorations basées sur une théorie sûre et constatée par l'expérience leur seront proposées. Les travaux utiles seront encouragés.

L'administration surveillera tous les établissements, pour leur porter sans cesse secours et lumières, par l'intermédiaire des ingénieurs des mines. Ces ingénieurs, qui réunissent le plus d'instruction théorique à la connaissance des procédés mis en usage dans tous les pays où l'exploitation des mines prospère, feront aussi profiter nos entreprises des résultats, des connaissances acquises et de l'expérience des hommes les plus consommés dans l'art.

Enfin, s'il arrivait que, par négligence ou mauvaise gestion de quelques-uns des propriétaires des mines, la sûreté publique, celle des mineurs ou autres individus, fussent compromises, ou s'il n'était point convenablement pourvu aux besoins des consommateurs, le gouvernement sévirait contre de telles infractions aux obligations du concessionnaire, qui, recevant cette nouvelle propriété, doit en garantir à la société les produits, en même temps qu'il bénéficie sur l'exploitation.

C'est afin d'avoir moins à craindre cet abus de la chose concédée qu'il devra être porté une attention sévère dans le choix des concessionnaires, sous le rapport de leurs facultés et de leur capacité, pour assurer l'exécution du mode d'exploitation le plus avantageux de la mine qui leur sera accordée; et c'est aussi pour assurer l'unité de vues, et la suite des travaux d'après un plan constant, que la loi a établi cette différence entre la propriété des mines et les autres propriétés, que celle-là ne pourra être vendue par lots ou partagée, sans une autorisation du gouvernement, donnée dans la même forme que la concession.

En général, il est bon que les mutations n'aient lieu qu'avec l'approbation du gouvernement, afin de s'assurer que les nouveaux prétendants à cette propriété atteignent le but de la loi, et qu'ils possèdent les facultés nécessaires pour exécuter les conditions de l'acte de concession : on sent que si cela n'était pas ainsi, tous les soins que prend le gouvernement pour n'accorder les concessions qu'à des personnes reconnues en état de les faire valoir seraient illusoires, si, par l'effet des mutations, ces propriétés passaient indifféremment dans toute sorte de mains.

L'étendue que pourront avoir les concessions de mines n'est pas fixée par la loi; il est réservé à l'administration de la déterminer suivant l'état des mines et les circonstances locales. On n'aura pas, par conséquent, à redouter les mauvais effets des concessions trop vastes.

Une redevance fixe sera perçue en raison de l'étendue : cette redevance est encore un moyen répressif de l'abus des trop grandes concessions.

Une autre redevance, proportionnelle aux produits des mines, a pour objet d'augmenter les fonds pour pouvoir en appliquer aux secours et encouragements, et pour faire face aux dépenses administratives générales.

Cette seconde redevance n'excédera pas 5 pour 100 du produit net ; elle sera modérée en raison de l'état des exploitations.

La recherche des mines est stimulée, éclairée par les soins des agents du gouvernement. Les ingénieurs des mines aident de leurs conseils ceux qui se livrent à ces travaux. Il en sera rendu compte à l'administration.

La découverte est encouragée, soit par la concession de la mine, soit par une indemnité de la part du concessionnaire, si l'auteur de la découverte n'obtient pas la concession, à défaut de moyens suffisants. Les anciens concessionnaires sont non-seulement maintenus dans les droits qu'ils avaient, mais ils sont associés aux avantages accordés aux nouveaux concessionnaires, à l'égard de la propriété des mines, et ils ne sont astreints qu'aux nouvelles redevances envers l'Etat, prescrites par la loi.

Les exploitants concessionnaires qui n'ont pas exécuté, quant à la limitation, les dispositions prescrites par la loi de 1791, sont appelés à faire légitimer leur jouissance.

§ 3. — *Des minières.* — *Généralités.*

Lois
sur les mines,
tit. VII. Les minières seront exploitées à ciel ouvert par les propriétaires des terrains, ou par d'autres personnes au refus des propriétaires, mais en vertu d'une permission de l'administration, donnée sur l'avis de l'ingénieur des mines, après avoir entendu le propriétaire du terrain.

Cette permission déterminera les limites et les règles de l'exploitation, sous les rapports de sûreté et de salubrité publiques, et de manière à satisfaire aux besoins des usines et des consommateurs en général.

Les minières rentrent dans la classe des mines et sont concédées de la même manière, quand l'exploitation à ciel ouvert cesse d'être possible ou peut devenir nuisible ; mais le concessionnaire est assujetti à la condition de fournir aux usines établies légitimement les minerais qui leur sont nécessaires, à un prix déterminé, et d'indemniser les propriétaires du sol, dans la proportion du revenu qu'ils tiraient de l'extraction des minerais.

On sent que cette dernière condition ne sera pas toujours rigoureusement exécutable. Il faut ici observer l'esprit de la loi, qui est de réserver aux propriétaires des terrains le plus grand avantage possible ; mais, lorsque des exploitations superficielles auront ouvert les terrains, y auront donné accès aux eaux, que celles-ci se seront accumulées, il faudra que les fouilles du concessionnaire soient portées assez profondément pour être à l'abri des dangers continuels que lui présenterait le voisinage des masses supérieures ; il faudra qu'il se débarrasse des eaux, ou par des galeries d'écoulement, ou à l'aide de machines assez puissantes. Il pourra alors être accordé aux propriétaires des terrains une portion de bénéfice, les dépenses prélevées ; et il ne faut pas perdre de vue que si on élève le prix des minerais au delà d'une certaine limite, on paralysera l'activité des usines, abus qui serait nuisible à l'État et au propriétaire lui-même.

Les tourbières se trouvent comprises dans la classe des minières ; elles ne peuvent être exploitées que par le propriétaire, ou de son consentement, et en vertu d'un règlement d'administration publique, qui fixe le mode général d'extraction et les moyens d'écoulement des eaux dans chaque vallée.

§ 4. — *Des carrières.* — *Généralités.*

Les carrières peuvent être exploitées à ciel ouvert, sans permission, sauf la surveillance et les règlements de police.

Si l'exploitation se fait par galeries souterraines, elle est soumise à la surveillance de l'administration, comme les mines.

Tit. VIII.

§ 5. — *Action de l'autorité publique.*

L'exécution de la loi présente deux sortes d'actions distinctes de l'autorité publique :

A. L'action administrative, qui constate la nature de l'objet, en établit la propriété, la surveille et la protége, sous les rapports de sûreté publique et de sûreté individuelle, et sous celui des avantages commerciaux ;

B. L'action judiciaire, qui a pour objet le maintien des droits légitimes, la répression des contraventions à la loi, et qui prononce sur toutes les contestations auxquelles peut donner lieu la propriété des mines, minières et carrières, soit entre les exploitants, soit entre ceux-ci et les propriétaires du sol ou autres personnes.

A. § 1er. — *Action administrative. — Recherche et découverte des mines.*

La recherche des mines peut avoir lieu de deux manières, savoir : 1° par les propriétaires des terrains ou avec leur assentiment; dans ce cas, il n'y a aucune formalité à remplir; 2° par d'autres que les propriétaires et sur le refus de ceux-ci; dans cette circonstance, les recherches ne doivent être faites qu'après en avoir obtenu la permission, ainsi qu'il suit :

Tit. III, art. 10.

Les permissions de recherches sont accordées par le ministre de l'intérieur, sur l'avis de l'administration des mines, d'après un arrêté pris par le préfet du département sur la demande, qui doit contenir, d'une manière précise, l'objet de la recherche, la désignation du terrain, et les noms et domicile du propriétaire du terrain : la permission ne peut être accordée qu'à la charge d'une indemnité préalable envers lui, en raison de la non-jouissance et des dégâts occasionnés à la surface et après qu'il a été entendu.

Le préfet prend l'avis de l'ingénieur des mines, qui fait connaître la nature du terrain, la probabilité du succès que présentent les circonstances locales, et la meilleure direction à suivre dans les travaux.

L'arrêté du préfet qui statue sur la demande doit énoncer les noms, qualités et domicile du demandeur, la date de la demande, l'objet de la recherche, la désignation précise du lieu ou des lieux sur lesquels elle pourra porter, la date de la communication faite au propriétaire du terrain, l'avis de l'autorité locale, celui de l'ingénieur des mines, la discussion de l'opposition de la part du propriétaire ou des propriétaires, s'ils en ont fait, l'avis des experts sur l'indemnité à payer aux propriétaires, enfin l'opinion motivée du préfet sur le tout, en conséquence de laquelle ce magistrat admet ou rejette la demande, en fixant, en cas d'admission, la durée de la permission, l'étendue des terrains sur lesquels elle devra porter, et ordonne l'envoi de son arrêté et des pièces de l'affaire au ministre de l'intérieur, pour être statué définitivement.

La durée des permissions de recherches d'après les anciens usages, auxquels il n'est point dérogé, n'excède pas deux années ; elles peuvent être renouvelées après cette époque, s'il y a lieu, sur l'avis de l'administration des mines et aux mêmes conditions, à l'égard des propriétaires des terrains. Les travaux doivent être mis en activité dans les trois mois de la date de la permission accordée par le ministre. Les travaux doivent être mis en activité dans les trois mois de la date de la permission accordée par le ministre. Les travaux doivent être suivis avec activité ; et dans le cas d'inaction formellement constatée, après avoir entendu le permissionnaire, et sur le rapport du préfet du département et de l'administration des mines, la permission peut être révoquée par le ministre et accordée à d'autres.

Aucune permission de recherche ne peut être accordée pour faire des sondages, ouvrir des puits, ou établir des machines dans les enclos murés et dans les terrains attenant aux habitations, dans la distance de 100 mètres desdites clôtures ou habitations, qu'avec le consentement formel du propriétaire. Tit. III,
art. 11.

Tout propriétaire de terrain a droit de rechercher, sans permission préalable, des mines, minières ou carrières, dans son terrain ; mais, comme tout autre, il ne peut suivre l'exploitation des substances qu'il aura découvertes, qu'en se conformant aux dispositions de la loi, pour obtenir une concession ou permission d'exploiter, suivant les cas.

Des recherches ne peuvent avoir lieu, dans l'étendue d'une concession déjà obtenue, que par le concessionnaire lui-même, ou d'après son consentement formel. S'il en était autrement, il est évident que la loi serait éludée, et que, sous prétexte de recherches, il s'établirait des exploitations illicites.

Lorsque celui qui a découvert une mine ne pourra en obtenir la concession, à défaut de moyens suffisants pour en faire prospérer l'exploitation, il aura droit à une indemnité de la part du concessionnaire. Cette indemnité est réglée par l'acte de concession.

On ne doit considérer comme découvertes, en fait de mines, que celles qui font connaître non-seulement le lieu où se trouve une substance minérale, mais aussi la disposition des amas, couches ou filons, de manière à démontrer la possibilité de leur utile exploitation.

§ 2. — *Des concessions.*

Til. II, art. 5.
Til. III,
sect. II,
art. 13.

Il y a lieu à demande de concession, soit pour des mines nouvellement découvertes, lorsque le gisement des couches minérales est tellement reconnu qu'il y a certitude d'une exploitation utile, soit pour des mines exploitées et non encore concédées.

Til. VII,
sect. II,
art. 69, 70.

Il y a aussi lieu à concession pour des minières, lorsqu'il est nécessaire de les exploiter par puits et galeries, et dans ce cas les formalités à remplir sont les mêmes que pour la concession des mines.

Les terrains d'une même concession doivent être contigus.

Til. IV, sect. I,
art. 31.

Plusieurs concessions peuvent être réunies entre les mains d'un même concessionnaire ; ces concessions peuvent même être limitrophes, pourvu que toutes soient tenues constamment en activité d'exploitation.

Til. VI, sect. I,
art. 51, 52.

Les concessionnaires antérieurs à la présente loi sont devenus, par son effet, propriétaires des mines qui leur avaient été concédées : ils sont tenus de payer les nouvelles redevances fixes et proportionnelles que la loi établit.

La loi n'ayant point porté d'exception à l'égard des anciens concessionnaires qui auraient encouru la déchéance aux termes de la loi de 1791, mais à l'égard desquels il n'a point été prononcé, on doit aussi leur appliquer les mesures favorables des articles 53 et 54, mais à la charge de mettre les travaux en activité dans l'année, à dater de la publication de la loi.

Toute nouvelle demande en concession doit être présentée au préfet du département dans l'étendue duquel la mine est située. *Tit. IV, sect. I, art. 22 et suivants.*

La pétition doit indiquer les noms, prénoms, qualités et domicile du demandeur, la désignation précise du lieu de la mine, la nature du minerai à extraire, l'état auquel les produits seront livrés au commerce, les lieux d'où on tirera les bois et combustibles qui seront nécessaires, l'étendue de la concession demandée, les indemnités offertes aux propriétaires des terrains, à celui qui aurait découvert la mine, s'il y a lieu : la soumission de se conformer au mode d'exploitation déterminé par le gouvernement : si la concession demandée a pour objet des minières dont les produits sont nécessaires à des usines, la pétition doit contenir la soumission de fournir aux usines dans la proportion et au prix à fixer par l'administration. *Tit. IV. art. 29, 30. Tit. VI, art. 56. Tit. II, art. 6. Tit. IV, sect. II, art. 42. Tit. III, sect. II, art. 16. Ibid., art. 11.*

Tit. VII, sect. II, art. 70.

Dans tous les cas, il devra être joint à la pétition un plan régulier de la surface, en triple expédition, et sur une échelle de dix millimètres pour cent mètres, qui présente l'étendue de la concession, et les limites déterminées le plus possible, par les lignes droites menées d'un point à un autre, en observant de diriger les lignes de préférence sur des points immuables. Ce plan devra faire connaître la disposition des substances minérales à exploiter. *Tit. IV. art. 29, 30.*

Il sera joint un extrait du rôle des impositions, constatant la cote des demandeurs; ou si c'est une Société, elle justifiera, par un acte de notoriété, que ses membres réunissent les qualités nécessaires pour exécuter les travaux et satisfaire aux indemnités et redevances auxquelles la concession devra donner lieu. *Tit. III, sect. II, art. 14.*

La demande en concession sera enregistrée à la date de sa réception à la préfecture.

Le secrétaire général donnera au requérant extrait certifié de l'enregistrement.

Le préfet ordonnera les publications et affiches de la demande, dans les dix jours de sa réception.

Les pétitionnaires ne peuvent se charger eux-mêmes de l'exécution des publications et affiches prescrites par la loi : elles doivent avoir lieu à la diligence des sous-préfets et des maires.

Les affiches seront exposées pendant quatre mois dans le chef-lieu du département, dans celui de l'arrondissement où la mine est située, celui du domicile du demandeur, et dans toutes les communes sur le territoire desquelles la concession peut s'étendre. Les publications de la demande doivent être faites, en outre, aux termes de l'article 24, au moins une fois par mois, pendant le temps fixé pour la durée des affiches.

Après l'expiration du délai légal, le préfet acquerra la preuve de l'accomplissement des formalités ci-dessus, au moyen des certificats à lui adressés par les sous-préfets et les maires, lesquels certificats doivent faire mention des oppositions, s'il leur en est parvenu : les sous-préfets joignent leurs avis.

Les oppositions faites, soit par-devant les autorités locales, soit à la préfecture, sont enregistrées comme l'a été la demande en concession : elles sont notifiées aux parties intéressées, et le registre est ouvert à qui veut en avoir communication.

L'ingénieur des mines auquel les pièces de l'affaire seront remises vérifiera le plan et le certifiera. Cet ingénieur donnera son avis sur l'ensemble de l'affaire, fera connaître l'état de la mine ; il indiquera le mode d'exploitation le plus utile, la redevance fixe et proportionnelle dont la concession lui paraît susceptible, à raison de l'influence qu'elles pourront avoir sur la suite de l'exploitation.

S'il y a discussion entre les propriétaires du terrain et le demandeur en concession, relativement aux indemnités autorisées par les articles 6 et 42 de la loi, ou réclamation de sa part, à l'égard des redevances proposées par l'ingénieur des mines, ces objets seront soumis à l'avis du Conseil de préfecture.

Le préfet, sur le vu de la demande, des plans qu'il doit viser, des certificats qui constatent l'exécution des formalités prescrites, de l'avis des autorités locales, de celui de l'ingénieur des mines, des oppositions, de l'avis du Conseil de préfecture, s'il y a lieu, et après avoir pris des informations sur les droits et facultés des demandeurs, donne son opinion sur le tout et la transmet au ministre de l'intérieur, avec toutes les pièces.

Jusqu'à l'émission du décret impérial, toute opposition est rigoureusement admissible ; mais celles tardivement formées n'arriveront qu'avec le préjugé défavorable qui doit accompagner des démarches que l'on a paru désirer soustraire à l'examen préalable des autorités locales, auxquelles cependant ces réclamations seront renvoyées, dans tous les cas, pour avoir un avis motivé.

Tit. IV, art. 28.

Les oppositions adressées à l'administration, et qui seraient motivées sur la propriété déjà acquise de la mine, seront renvoyées devant les tribunaux et Cours.

Tit. IV, art. 28.

Le gouvernement juge des motifs ou considérations d'après lesquels la préférence doit être accordée aux demandeurs, soit comme propriétaires de la surface, soit comme ayant découvert la mine, ou à quelque autre titre que ce soit.

Tit. III, art. 16.

Les principaux motifs qui déterminent à accéder à une demande en concession sont : 1° l'existence reconnue d'un minéral utilement exploitable ; 2° la certitude de moyens d'exploitation offerte par les localités, sans anéantir des établissements antérieurement en activité ; 3° la faculté d'asseoir l'exploitation sur une étendue de terrain suffisante, pour qu'elle soit suivie par les moyens les plus économiques ; 4° la connaissance des débouchés qui doivent assurer la prospérité de l'entreprise ; 5° une intelligence active de la part des demandeurs, et la justification des moyens nécessaires pour satisfaire aux dépenses de l'entreprise.

Le décret de concession énonce les prénoms, noms, qualités et domicile du concessionnaire ou des concessionnaires, la

Forme du décret.

nature et la situation de l'objet concédé : il désigne les limites de la concession accordée, exprime son étendue en kilomètres carrés, fixe les indemnités à payer envers qui de droit; il détermine le mode d'exploitation qui devra être suivi par le concessionnaire, et notamment les galeries d'écoulement et autres grands moyens d'épuisement, d'aérage ou d'extraction des minerais, qui devront être exécutés pour l'exploitation la plus économique ; les autres conditions dépendantes des circonstances locales, et à l'exécution desquelles le concessionnaire se serait soumis ; enfin l'obligation d'acquitter les redevances générales, aux termes de la loi : il indique l'époque à partir de laquelle la redevance proportionnelle commencera à être percevable pour l'objet concédé, et l'obligation aussi d'acquitter, envers les propriétaires de la surface ou à l'égard des inventeurs, les indemnités qui seront fixées ou qui seraient dues, aux termes des articles 6, 42, 51, 53, 55 et 43, 44, 45 et 46.

Un plan de la concession reste joint à la minute du décret.

S'il y avait des changements à opérer, en vertu du décret, sur les plans fournis, ces changements seraient exécutés sous la surveillance de l'administration générale des mines, et les plans seraient, à cet égard, certifiés par le chef de l'administration et visés par le ministre de l'intérieur.

Notification et publication du décret. Le décret de concession est adressé par le ministre, au préfet du département qui le notifie, sans délai, au concessionnaire, et qui en ordonne les publications et affiches dans les communes sur lesquelles s'étend la concession.

§ 3. — *Des mutations et du partage des mines ou minières concédées.*

Tit. II, art. 7. L'objet de la concession ne peut être partagé ou vendu par lots, sans une autorisation spéciale du gouvernement.

La division d'une mine ou d'une minière en exploitation entraînerait le plus souvent la ruine de l'entreprise : d'ailleurs, le but que s'est proposé le gouvernement en accordant la concession à des personnes reconnues capables de faire valoir la chose qui leur est confiée, ne serait plus rempli. Le partage de l'objet concédé donnerait lieu à des extractions partielles, toujours beaucoup plus nuisibles qu'elles ne peuvent être utiles.

Il est donc indispensable, lorsque, par effet d'hérédité ou autrement, une mine ou une minière concédée se trouverait dans le cas d'être partagée, que la question du partage soit soumise au gouvernement.

Dans ce cas, l'administration a à examiner :

1° Si la mine ou la minière concédée est susceptible de division sans inconvénient ;

2° Si chacun des copartageants qui deviendrait propriétaire de portion de la mine ou de la minière aurait les facultés nécessaires pour suivre les travaux à faire dans chacune des parties et acquitter les charges qui seraient affectées proportionnellement à chaque portion.

La demande en division de mine ou minière doit être adressée au préfet du département, avec les plans de la surface, sur une échelle de dix millimètres pour cent mètres, et celui des travaux antérieurs sur celle d'un millimètre pour mètre, avec les extraits des rôles d'imposition certifiant les cotes de chacun des demandeurs, et avec les avis des autorités locales sur leurs moyens et leurs facultés.

L'ingénieur des mines donne son avis sur la possibilité de la division, en conservant des exploitations utiles. S'il y a possibilité, il indiquera le mode de division préférable, et les travaux qui devront avoir lieu par suite de cette division.

S'il y a impossibilité de partager sans compromettre la sûreté et l'utilité de l'exploitation, l'ingénieur des mines motivera son avis dans ce sens, d'après les considérations de l'etat de la mine et des résultats nuisibles que produirait la division.

Le préfet du département adresse son opinion, sur le tout, au ministre de l'intérieur, lequel, après avoir pris l'avis de l'administration générale des mines, soumet un rapport à Sa Majesté impériale, qui statue sur la demande, en Conseil d'Etat.

Si la demande en division est admise, le décret impérial détermine le mode de partage, les travaux à exécuter par chacun des copartageants, et la proportion des charges et redevances qui leur sont imposées. Chacun jouit ensuite de son lot, comme s'il eût été concessionnaire originaire.

En cas de simple mutation par vente ou hérédité, l'approbation pourra avoir lieu dans la même forme, avec cette différence, qu'il ne s'agira que de constater les facultés des héritiers ou des acquéreurs, au moyen d'extraits des rôles de contributions et de l'avis des autorités locales, lesquelles pièces seront adressées, avec la demande, au ministre de l'intérieur, pour être ensuite statué comme il vient d'être dit.

§ 4. — *De l'abandon des mines ou minières concédées.*

Loi de 1791, art. 16, 17, 18.

Lorsque le propriétaire d'une mine ou d'une minière concédée en abandonnera l'exploitation pour quelque cause que ce soit, il est extrêmement important que l'état de la mine ou minière et celui des travaux restent constatés par des plans et des descriptions exacts.

Sans cette précaution, il serait, dans tous les temps, plus difficile et plus dangereux de reprendre l'exploitation, et il est utile pour celui même qui l'abandonne que d'autres puissent en tenter la reprise, et l'indemniser de la valeur des travaux et machines qu'il y aurait laissés. Cela est intéressant, d'ailleurs, pour les propriétaires des terrains, à raison des droits qui pourraient leur avoir été attribués en vertu de l'article 6 de la loi, et à raison de la sécurité qu'ils ont droit de réclamer pour la conservation de leur propriété.

C'est donc une mesure d'ordre public, que d'exiger d'un propriétaire de mine ou minière qu'il prévienne l'administration des mines, au moins trois mois d'avance, lorsqu'il sera déterminé à abandonner l'exploitation, afin qu'il soit pris, par l'administration, les mesures convenables pour conserver une connaissance exacte de l'état des travaux, et qu'il soit pourvu aux moyens de sûreté et de conservation qui seront jugés nécessaires.

Dans tout état de choses, une expédition du procès-verbal de description et du plan, avant l'abandon de l'exploitation, doit être déposée aux archives de la préfecture, et une autre à celles de l'administration des mines, pour y avoir recours au besoin.

L'exploitation abandonnée restera à la disposition du gouvernement, comme bien vacant. Code Napoléon, art. 539.

§ 5. — Des formes à observer pour l'exploitation des minières.

On a vu, § 3, que les minières exploitables à ciel ouvert sont assujetties à des permissions qui règlent les limites de l'exploitation, et prescrivent les mesures nécessaires sous les rapports de sûreté et de salubrité publiques. Tit. VII.

Ces minières peuvent être exploitées par les propriétaires des terrains. Ils sont tenus d'en faire la déclaration au préfet, avec désignation précise du lieu. Le préfet donne acte de cette déclaration, ce qui vaut permission pour le propriétaire, lequel est soumis, à l'égard de ses travaux, aux règlements de police et de sûreté publique. Art. 59.

Mais, sur le refus de la part du propriétaire du terrain de procéder à l'extraction, et lorsque cela est nécessaire pour l'activité d'usines légalement établies, le chef d'usine obtient du préfet, et sur l'avis de l'ingénieur des mines, la faculté d'exploiter. Art. 60, 61, 62.

Dans ce cas, la demande est faite par le chef d'usine au préfet du département.

Elle contient l'indication précise du lieu, et les noms et domicile du propriétaire.

Le préfet ordonne la notification au propriétaire, qui doit déclarer, dans le mois, s'il entend exploiter par lui-même.

Après le délai d'un mois, l'affaire est donnée en communication à l'ingénieur des mines, avec la réponse du propriétaire, si elle a eu lieu, et l'ingénieur fait son rapport sur la demande et sur les oppositions, s'il y en a.

Si, après le délai d'un mois, le propriétaire du terrain n'a pas répondu, il est censé avoir renoncé à l'exploitation.

Le préfet accorde la permission ; elle énonce les limites du terrain dans lequel elle aura lieu et le mode qui devra être suivi ; elle prescrit la condition de payer au propriétaire du fonds, et avant l'enlèvement du minerai, une indemnité pour Art. 66.

la valeur de ceux-ci, qui doit être réglée de gré à gré ou à dire d'experts, défalcation faite des dépenses d'extraction.

Art. 63.   La permission porte aussi l'obligation, par le chef d'usine, de rétablir, après l'extraction, le terrain en état de culture, ou d'indemniser le propriétaire de la valeur de ce terrain.

Art. 65.   Lorsque le propriétaire du terrain se charge d'extraire lui-même les minerais pour les livrer aux usines, le prix en est également réglé de gré à gré avec les chefs d'usine, ou à dire d'experts choisis ou nommés d'office.

Il est évident que, dans toutes ces évaluations de prix des minerais, on doit prendre essentiellement en considération la conservation de l'activité des usines. Il faut donc avoir égard, avec une grande circonspection, aux procédés plus ou moins dispendieux au moyen desquels les substances minérales à traiter seront émises dans le commerce. La ruine des usines serait funeste à l'intérêt public, et serait nuisible à l'intérêt du propriétaire du terrain lui-même.

Art. 64.   Lorsque plusieurs usines ont besoin des minerais d'une même minière, le préfet détermine, sur l'avis de l'ingénieur des mines, les proportions dans lesquelles chacun des chefs d'usine aura droit à l'extraction, si elle est faite par eux ou pour leur compte, ou à l'achat du minerai, s'il est extrait par le propriétaire.

C'est dans cette circonstance qu'il importe le plus que le préfet, sur l'avis de l'ingénieur des mines, prescrive le mode d'exploitation et l'ordre qui doit être suivi pour éviter les dégâts qui résulteraient de la concurrence des extractions à une même minière.

Art. 67.   Enfin, si l'exploitation doit être opérée dans des forêts dépendantes du domaine public ou des bois communaux, la loi a prescrit des mesures tendant à empêcher la dévastation de ces propriétés. Il faut alors que l'administration forestière soit entendue conjointement avec l'administration des mines, afin qu'il ne soit consacré à l'extraction que les terrrains reconnus indispensablement nécessaires, et qu'il soit pris tous les moyens de conservation et de reproduction que les circonstances locales permettent.

Dans ce cas, le préfet ne devra prononcer sur la permission

à accorder qu'après avoir vu les rapports du conservateur des forêts et de l'ingénieur des mines, et après avoir même, s'il le jugeait nécessaire, mis ces fonctionnaires à portée de se communiquer leurs vues et de concerter la détermination à proposer.

Les permissions de cette espèce seront soumises par le préfet au ministre de l'intérieur, qui statuera définitivement, après avoir pris l'avis de l'administration générale des mines et celui de l'administration générale des forêts.

Toutes ces règles s'appliquent aux minières qui fournissent des minerais de fer, ou des minerais dont on obtient des sels, tels que les sulfates de fer, de cuivre, d'alumine, etc.

§ 6. — Des tourbières.

Les tourbières, que la loi a mises dans la classe des minières, sont soumises à des dispositions qui diffèrent, à quelques égards, de celles qui précèdent. Tit. VIII.

Les tourbes ne peuvent être exploitées que par le propriétaire du terrain dans lequel elles se trouvent, ou que du consentement de ce propriétaire. Art. 83.

Il est d'une très-grande importance pour la salubrité des pays où l'extraction des tourbes a lieu, et pour l'économie de ce combustible, que l'exploitation en soit faite avec régularité, et surtout en évitant la stagnation des eaux dans les vallées tourbeuses, stagnation qui ne manque pas de produire des épidémies funestes.

Il est donc indispensable que l'exploitation de chaque propriétaire soit coordonnée au système reconnu le plus salubre et le plus utile dans chaque canton à tourbe.

A cet effet, les ingénieurs des mines, après avoir pris dans ces terrains les nivellements nécessaires, et avoir reconnu le gisement et la puissance des bancs de tourbe par des sondages, soumettront au préfet un plan général d'exploitation, auquel ce magistrat donnera son approbation, s'il y a lieu, et sauf le recours au ministre de l'intérieur. Art. 85.

Tout propriétaire de terrain à tourbe doit, aux termes de la Art. 84, 86.

loi, demander à la sous-préfecture du lieu la permission d'extraire. Il désignera avec précision le lieu où il voudrait établir son extraction ; il indiquera l'étendue de sa propriété, la qualité et l'épaisseur des bancs de tourbe qu'il aura reconnus par des sondages.

L'ingénieur des mines consulté donnera son avis sur la demande. L'autorisation accordée par le préfet au propriétaire exprimera la direction, l'étendue, la profondeur à donner à l'exploitation, et l'époque à laquelle elle devra avoir lieu, en conformité du mode et du plan général d'extraction qui auront été déterminés.

§ 7. — Des carrières.

L'exploitation des carrières à ciel ouvert continuera d'être soumise aux lois et règlements de police qui leur sont relatifs.

Les ingénieurs des mines rendront compte aux préfets des départements de l'état de ces exploitations, et proposeront les mesures à prendre suivant les circonstances.

Les carrières exploitées par puits et galeries nécessitent une surveillance plus attentive et plus suivie. Il s'agit d'obvier aux atteintes qui peuvent être portées aux droits des propriétaires du terrain, d'empêcher que la sûreté des ouvriers ne soit compromise par un mauvais mode d'exploitation, d'obvier à la disparition et à l'absorption des eaux de la surface qui sont nécessaires aux besoins des communes et des particuliers.

La proximité où ces travaux sont de la superficie les rend susceptibles de plus d'inconvénients et de dangers plus fréquents que les travaux des mines exploitées en profondeur, lesquels exigent cependant tant de prudence et d'instruction.

Les carrières exploitées par puits et galeries doivent être visitées fréquemment par les ingénieurs des mines, et par les gardes-mines sous leurs ordres.

Les exploitants doivent avoir les plans et coupes de leurs travaux, tracés sur une échelle d'un millimètre pour mètre. Ils fourniront à la préfecture, tous les ans, dans le mois de janvier ou de février, au plus tard, lesdits plans et coupes, pour être vérifiés, certifiés et déposés au bureau de l'ingénieur des mines.

À l'aide de ces plans, qui seront continuellement utiles aux exploitants, l'administration parviendra à rendre l'exploitation des carrières plus sûre sous tous les rapports, et les tribunaux seront aussi plus promptement en état de prononcer sur les plaintes qui leur seraient portées.

§ 8. — *Des fourneaux, forges et usines pour le traitement des substances minérales.*

Les fonderies et usines dans lesquelles les substances miné-rales doivent être traitées pour en extraire les métaux et les sels, les forges, martinets, laminoirs et fonderies pour le fer ou le cuivre, et en général les usines dans lesquelles les substances minérales sont élaborées à l'aide des combustibles, ne doivent être en activité qu'en vertu d'une permission du gouvernement, accordée après quatre mois de publications et affiches de la demande, comme pour les concessions des mines.

La demande en permission est adressée au préfet du département : elle énonce la nature de la substance qu'on se propose de traiter, la consistance de l'usine, le lieu d'où l'on tirera le minerai ou le métal à traiter, l'espèce et la quantité de combustible qu'on consommera, les lieux qui le fourniront, le cours d'eau dont on se servira (lorsqu'on veut en employer), la durée désirée de la permission. Un plan de l'usine et du cours d'eau y est joint : ces plans seront dressés sur une échelle d'un millimètre pour dix mètres.

Les oppositions, s'il en survient pendant le délai légal des affiches, doivent être communiquées au demandeur pour y répondre.

Les autorités locales donneront leur avis.

Les choses essentiellement nécessaires pour l'activité de ces usines sont :

1° L'existence en qualité utile et en quantité suffisante de minerai à traiter;

2° La possibilité de se procurer les combustibles qui peu-

Tit. VII.

Art. 73.

Art. 74.

vent être appliqués à l'opération qu'on veut entreprendre;

3° L'emploi d'un cours d'eau est presque toujours indispensable ou utile.

Il convient donc que, pour ces sortes de demandes, le préfet soit éclairé du rapport de l'ingénieur des mines, de celui du conservateur des forêts, si l'on emploie le bois pour combustible, et du rapport de l'ingénieur des ponts et chaussées, relativement au cours d'eau, si l'on en fait usage.

Aussitôt après le délai expiré pour les affiches et publications, le préfet prend, sur la demande, l'avis du conservateur des forêts et celui de l'ingénieur des ponts et chaussées, s'il y a lieu; après quoi, il communique l'ensemble de l'affaire à l'ingénieur des mines. Celui-ci expose, dans son rapport, la nature et le gisement des minerais qu'on se propose de traiter; il entre dans le détail de tous les moyens d'activité que les localités peuvent présenter; il en déduit l'utilité ou le danger de l'entreprise, fait connaître si elle peut être nuisible on non à des entreprises déjà établies : s'il juge l'établissement utile, il explique la méthode qui lui paraît la plus économique à suivre pour le traitement du minerai, l'espèce et la quantité du combustible qu'il conviendrait d'y appliquer, la meilleure disposition des fourneaux et foyers, les moyens mécaniques qui produiraient les effets les plus avantageux pour atteindre le but qu'on se propose, et par conséquent la force motrice qu'il faudra employer, soit qu'on l'emprunte d'un cours d'eau ou de tout autre moyen.

Tit. VII, sect. IV, art. 75. Enfin l'ingénieur donne son avis sur les oppositions, sur la préférence à accorder, s'il y a concurrence pour la demande, et sur la quotité de la taxe une fois payée à laquelle les permissions sont assujetties. Il certifie l'exactitude du plan après l'avoir vérifié.

En cas de concurrence entre plusieurs demandeurs, celui qui, à faculté égale d'ailleurs, réunirait dans sa propriété territoriale ou qui aurait à sa disposition les minerais et les combustibles à employer, mériterait la préférence.

Tit. VII, sect. II, III et V. Lorsque la demande en permission est complétement instruite devant le préfet, ce magistrat, sur le vu de la pétition, des certificats d'affiches et publications, des oppositions, s'il y en a, de l'avis des autorités locales et de ceux des fonctionnaires ci-devant dénommés, ainsi qu'il y a lieu, donne son opinion sur le tout, et l'adresse au ministre de l'intérieur avec toutes les pièces.

Le décret à intervenir énonce les prénoms, nom, qualités et domicile du demandeur, l'objet de la permission : la substance ou les substances à traiter sont désignées ; l'espèce et la quantité des bouches à feu sont précisées ; la nature des combustibles qui seront employés, les conditions de conservation ou de reproduction qui pourront être exigées.

Les dispositions relatives au cours d'eau sont fixées, lorsqu'il y a lieu, ainsi que l'époque à laquelle l'usine devra être mise en activité, et la durée de la permission, si elle est limitée, les charges particulières qui pourraient être prescrites en faveur d'un service public, enfin la taxe fixe que le permissionnaire devra acquitter.

Les établissements existant antérieurement à la publication de la loi du 21 avril 1810 sont maintenus, à la charge de justifier d'une permission légale, ou d'en obtenir une avant le 1er janvier 1813, sous peine de payer un triple droit de permission pour chaque année de retard de la demande qu'ils doivent faire, à dater de la loi. Art. 78.

En conséquence, les ingénieurs des mines présenteront aux préfets des départements un état circonstancié des usines en activité. Cet état fera connaître le nombre et l'espèce de leurs feux et la nature de leurs produits.

Les préfets doivent se faire remettre copie authentique des titres en vertu desquels chaque usine aurait été établie ; et à défaut de titre valable, le chef d'usine sera prévenu de la nécessité où il est de former sa demande, conformément à la présente instruction, pour être statué par le gouvernement.

§ 9. — *Du changement d'état des usines.*

La suppression d'une usine, sa transformation en usine d'un autre genre, les changements dans l'espèce ou le nombre des feux, les changements à l'état du cours d'eau, le transport Lois
forestières,
1629.

d'une fabrique d'une localité dans une autre, sont des choses qui intéressent l'ordre public sous plusieurs aspects importants, et qui peuvent aussi nuire à l'intérêt des particuliers.

Ces changements ne doivent avoir lieu qu'avec l'approbation préalable du gouvernement, donnée dans la même forme que la permission ; et, comme celle-ci n'a été donnée qu'à la charge d'en faire usage dans un délai déterminé, et par conséquent de tenir l'usine en activité, celle qui resterait inactive, sans cause légitime, au delà du temps ordinaire de sa fériation, ne pourra être remise en feu qu'en vertu d'une nouvelle permission.

Si l'on ne suivait pas cette marche, il arriverait que les matières premières qui alimentaient l'usine, ayant été réparties pendant le temps de son inaction sur d'autres points de consommation, la remise en activité pourrait être une cause de ruine pour des établissements formés postérieurement avec autorisation, et d'après la considération même de la cessation du premier.

Un propriétaire d'usine qui ferait des changements sans autorisation préalable serait d'ailleurs passible de tous les dommages soufferts par des tiers, sans qu'il fût admis à prétendre que ces mêmes dommages résultaient de l'état antérieur.

§ 10. — *Droits des concessionnaires de mines et des permissionnaires pour établissement d'usines à traiter les substances minérales et les métaux.*

Les concessionnaires de mines ou les permissionnaires sont propriétaires absolus des objets concédés ou des usines établies en vertu de permissions : cette propriété est immeuble. Les chevaux, machines, agrès, outils et ustensiles nécessaires à la continuité de l'exploitation sont des dépendances qui ne peuvent être séparées de l'établissement sans en suspendre l'activité ; elles sont aussi considérées comme immeubles.

Cette propriété est absolument distincte de la propriété des terrains superficiels.

Les inscriptions prises sur celle-ci ne portent pas sur celle-là, et réciproquement.

Tous les droits de propriété résultant des lois civiles peuvent être exercés à l'égard de l'objet concédé, tant qu'il reste indivis entre les mains de propriétaires reconnus en état d'exécuter les conditions de la concession. On ne peut être exproprié que dans la forme prescrite au Code Napoléon et au Code de procédure civile, ou à la poursuite du gouvernement, pour ne s'être point conformé aux conditions essentielles de l'acte de concession. L'objet concédé est passible de tous les effets du Code hypothécaire. Il peut être affecté par privilége en faveur de ceux qui justifieraient formellement avoir fourni les fonds nécessaires à son exploitation.

Tit. III, sect. II, art. 20.

L'indemnité qui aurait été fixée en faveur des propriétaires de la surface, en vertu de l'article 6 de la loi, demeure réunie à la valeur de la surface, et passible indivisément des hypothèques qui seraient prises par les créanciers du propriétaire du terrain.

Tit. III, sect. II, art. 18.

C'est par cette raison que l'indemnité pour les propriétaires de la surface, lorsqu'il y a lieu, doit être fixée, même lorsque la propriété appartient au concessionnaire de la mine ou de la minière.

Art. 19.

Les actions ou intérêts dans une société ou entreprise pour l'exploitation des substances minérales sont réputées meubles; sont aussi réputés meubles les matières extraites, les approvisionnements et autres objets mobiliers ordinaires.

Tit. II, art. 8 et 9.

L'acte de concession purge, en faveur du concessionnaire, tous les droits des propriétaires de surface, inventeurs, ou de leurs ayants cause, chacun dans leur ordre.

Tit. III, art. 17.

Les propriétaires d'usines, légalement établies pour le traitement des substances minérales, peuvent faire des fouilles et exploiter même au dehors de leur propriété les minerais nécessaires à l'activité de leurs usines, en se conformant aux dispositions du titre VII pour l'exploitation des minières.

Tit. VII, sect. V.

Les concessionnaires ou permissionnaires peuvent appliquer aux travaux d'extraction des minerais ou à leur traitement les cours d'eau qui sont sur le lieu de leur établissement, ou qu'ils y amèneraient, si ces dispositions sont reconnues n'être pas nuisibles à l'usage des habitants du pays, aux usines préexistantes, à la navigation ou aux moyens de défense des places de guerre.

Ils peuvent, en conséquence, être autorisés par l'administration à ouvrir des canaux souterrains ou à découvert, les étendre même, à l'égard des concessionnaires, hors de l'enceinte de leur concession, pourvu qu'ils n'y pratiquent pas d'exploitation, et construire et élever toutes digues ou écluses nécessaires, des patouillets et des laveries.

§ 11. — *Des obligations des propriétaires de mines et des propriétaires d'usines, pour le traitement des substances minérales et des métaux.*

Til. IV,
art. 31.

Til. V,
art. 49, 50.

Les concessionnaires propriétaires de mines et les permissionnaires propriétaires d'usines sont obligés à extraire et à traiter les substances minérales dont l'exploitation leur est confiée, de manière à satisfaire aux besoins de la consommation, et suivant le mode le plus avantageux à la société. Ce mode est aussi le plus profitable pour ces exploitants, aujourd'hui surtout que toutes les dispositions qu'ils feront pour une exploitation économique et durable, non-seulement conserveront dans leurs mains une propriété importante, mais ajouteront encore à sa valeur.

Les travaux des concessionnaires ou permissionnaires doivent être en activité au plus tard un an après avoir obtenu la concession ou la permission du gouvernement, et ils sont obligés de les suivre constamment et sans interruption. Cette obligation sera énoncée dans les actes de concession et dans les permissions. La cessation d'activité sur ces établissements est souvent la cause de leur ruine : elle occasionne au moins toujours de plus grandes dépenses ; d'ailleurs, elle prive les consommateurs et les fabriques qui s'alimentent de ces produits : dans certaines circonstances même, elle peut compromettre le service de l'Etat.

Une obligation essentielle, qui doit aussi être énoncée aux actes de concession et permissions, et dont les exploitants éclairés sentiront bien toute l'importance, c'est celle d'avoir des plans et coupes des travaux à mesure de leurs progrès. Sans cette pratique indispensable, on est exposé à chaque instant, dans l'intérieur des mines, à toutes sortes d'accidents désastreux. La confection des plans dans les travaux des mines est une mesure de sûreté publique et de la plus grande utilité pour l'intérêt de l'exploitant. Il est donc nécessaire que chaque exploitant adresse au préfet de son département, tous les ans, dans le mois de janvier ou de février au plus tard, les plans et coupes, sur une échelle d'un millimètre pour mètre, des travaux faits pendant l'année précédente ; et il joindra à ce premier envoi, pour les mines antérieurement exploitées, les plans des travaux précédemment exécutés, autant qu'il sera possible de le faire. Ces plans seront transmis à l'ingénieur en chef des mines de l'arrondissement, ou à l'ingénieur ordinaire faisant les fonctions, pour être vérifiés, certifiés et conservés en ordre dans leurs bureaux, afin d'être consultés au besoin.

Tout concessionnaire ou exploitant de mines, minières ou carrières, doit s'abstenir, de la manière la plus absolue, de faire aucun sondage, d'ouvrir des puits, ni de communiquer par des galeries, ni d'établir des machines, magasins ou dépôts de matières extraites dans les terrains faisant partie d'enclos murés, cours ou jardins, ni dans les terrains attenant aux habitations ou clôtures, dans la distance de cent mètres desdites clôtures ou habitations.

Ils ne peuvent se permettre aucune espèce de travaux dans ces lieux qu'après en avoir obtenu des propriétaires une permission spéciale et authentique.

Les concessionnaires ou permissionnaires doivent acquitter avec exactitude les indemnités ou rentes auxquelles ils ont été soumis, conformément au décret de concession ou de permission, et les indemnités dues aux propriétaires des terrains sur lesquels ils établissent leurs travaux, déblais ou matériaux.

Si le concessionnaire vient à découvrir, dans l'étendue de sa concession, une substance minérale d'une autre espèce que celle pour laquelle il lui a été accordé une concession, il en demandera une particulière pour cet objet, s'il veut l'exploiter.

On sent parfaitement : 1° que celui qui a obtenu la concession
d'un objet peut n'être pas jugé susceptible de la même faveur
pour un autre ; 2° que les limites déterminées pour la première concession, et les dispositions prescrites par le décret
qui y est relatif, peuvent n'être pas également convenables
pour la seconde ; 3° il peut arriver encore, et il arriverait souvent que la nouvelle substance découverte dût donner lieu à
une concession qui se porterait hors des limites de la première, et même sur d'autres concessions de mines différentes;
4° enfin , sous le rapport des droits des tiers et celui de
l'intérêt de l'Etat, il est indispensable que le gouvernement
établisse positivement et distinctement les droits du concessionnaire pour chaque espèce de mines.

§ 12. — Redevances publiques.

Tit. IV,
sect. II.

L'exploitation des mines, minières et carrières, n'est pas sujette à patente ; mais les propriétaires de mines doivent payer
annuellement :

1° Une redevance fixe de 10 francs par kilomètre carré de
la concession accordée. Il est évident que cette redevance
porte sur l'étendue de la concession rapportée à un plan ho-
rizontal, soit que la concession ait été accordée par limites
verticales ou par couches. Ce serait éluder la loi que de prétendre que les concessions par couches de minerai ne doivent
payer cette redevance que relativement à une seule surface
commune à toutes ces concessions. Elles peuvent être en
nombre indéfini au-dessous de cette seule surface ; outre que
ce serait là une application inexacte de la loi, ce serait encore
encourager un mode de concession reconnu généralement
comme étant le plus mauvais ; et enfin, si l'une des concessions par couches était abandonnée, la redevance serait augmentée pour les concessions restantes : cette redevance ne
serait donc plus fixe. Sous aucun rapport, on ne peut voir
qu'il y ait ici d'équivoque sur le sens de la loi ; et qu'est-ce
d'ailleurs que cette redevance de 10 francs par kilomètre

carré? La surface concédée ne sera jamais assez grande pour que cette taxe soit importante : c'est le vœu prononcé du gouvernement; et dans le département de Jemmapes, pour lequel cette prétention a été élevée, les concessions sont souvent au-dessous d'un kilomètre carré.

L'acquittement de la redevance fixe ne présentera aucune difficulté ; elle sera évaluée sur le plan même de la concession accordée, qui fera connaître l'étendue de sa surface.

2° La redevance proportionnelle imposée sur les produits a Art. 35. pour objet, en ajoutant la somme de son produit à celle de la redevance fixe, de faire face aux dépenses de l'administration des mines, à celles des recherches, ouvertures et mises en activité de mines nouvelles, ou au rétablissement de mines anciennes. Ce produit pourra encore être très-utilement appliqué Art. 39. pour encouragements à raison de l'exécution de machines puissantes ou de grands travaux économiques, et surtout à l'établissement de moyens d'exploitation utiles à plusieurs mines d'un même canton ; par exemple, au percement de galeries profondes d'écoulement qui prépareraient un nouveau champ d'extraction à plusieurs concessions de mines, à l'établissement de fonderies centrales, etc., etc.

La redevance proportionnelle, réglée chaque année par le Art. 37. budget de l'Etat, sera imposée et perçue comme la contribution foncière ; elle n'excédera pas 5 pour 100 du produit net.

Les propriétaires de mines adresseront au préfet du département, dans la première quinzaine de chaque trimestre de l'année, les états de produits de leurs mines, conformément aux modèles qu'ils auront reçus de la préfecture, avant le 15 février de chaque année. Ces états seront adressés à l'ingénieur des mines, qui les visera et y portera ses observations, s'il y a lieu.

Il sera perçu un décime par franc en sus de la redevance Art. 36. proportionnelle, pour former un fonds de non-valeur, lequel sera à la disposition du ministre de l'intérieur, pour dégrèvement en faveur des exploitants qui auraient éprouvé des pertes.

Les réclamations à fin de dégrèvement seront adressées au préfet, avec l'avis de l'autorité locale.

L'ingénieur des mines fera son rapport au préfet sur l'état

de l'exploitation, et le tout sera soumis au Conseil de préfecture, pour être statué, sauf appel au Conseil d'Etat de la part des réclamants, ou évocation par le ministre de l'intérieur, sur l'avis de l'administration des mines.

Les propriétaires de mines pourront proposer un abonnement. Il sera statué sur cette demande comme on vient de le dire pour les dégrèvements. La durée de l'abonnement n'excédera pas cinq années. Il sera renouvelé après ce terme, et fixé en raison de l'état des exploitations et des circonstances qui influent sur leur activité.

Art. 38.

Lorsque des accidents de force majeure, qui ne résulteront pas de négligence ou d'impéritie dans l'exécution du mode d'exploitation, ou lorsque des motifs d'encouragements pour des travaux difficiles donneront lieu à ce qu'il soit fait une remise sur la redevance proportionnelle, les demandes seront adressées aussi au préfet du département, et l'affaire sera instruite dans la même forme que pour les demandes en dégrèvement, mais avec cette différence, que l'approbation du gouvernement est indispensable dans ces cas, et que par conséquent il est statué, par un décret impérial, sur le rapport du ministre et l'avis de l'administration générale des mines.

Art. 40.

Il est à remarquer ici que les exploitations sont affranchies de toutes autres redevances envers l'Etat que celles fixes et proportionnelles établies par la loi du 21 avril 1810, à moins qu'il ne s'agisse de prix de travaux faits par l'Etat, et cédés aux concessionnaires, ou de droits en général acquis au domaine national comme propriétaire.

Tit. VI.

Suivant l'article 51, les anciens concessionnaires sont devenus propriétaires des mines sans aucune formalité nouvelle; et suivant l'article 53, les exploitants concessionnaires de mines qui n'ont pas exécuté la loi de 1791 pour les limites, obtiendront la concession de leur exploitation en remplissant les formalités prescrites par la loi du 21 avril 1810, en exécutant les conditions qui auraient été convenues antérieurement avec les propriétaires de la surface, mais sans que ceux-ci puissent se prévaloir des articles 6 et 42 de la présente loi.

§ 13. — *De la surveillance administrative.*

L'objet de l'administration des mines est : 1° d'assurer l'exécution des lois, tant sous les rapports de sûreté publique et
particulière que sous ceux des besoins de la consommation
générale et ceux de la conservation des exploitations;

2° D'acquérir la connaissance la plus complète possible des
ressources que présente le territoire de l'Empire, relativement
aux richesses minérales; de réunir tous les moyens qui peuvent concourir au perfectionnement de l'art, afin de compléter
l'instruction, et de donner à cette branche importante d'industrie nationale la direction la plus utile, et qui tienne tous les
exploitants au niveau des connaissances journellement acquises;

3° De rendre compte au gouvernement de l'état des exploitations et de leurs produits; lui proposer les moyens d'amélioration dépendants de l'autorité administrative, les secours et
encouragements qu'il serait juste et utile d'accorder, les grands
moyens d'art à appliquer aux besoins de plusieurs exploitations et qu'un seul concessionnaire ne pourrait pas exécuter,
enfin la proposition de toutes les déterminations propres à faire
obtenir des mines de l'Empire, non-seulement les produits nécessaires pour la consommation intérieure, mais aussi ceux
qui peuvent faire profiter l'État des avantages politiques qui
doivent en résulter.

L'administration dirige, sous l'autorité du ministre de l'intérieur, des écoles établies en vertu des décrets impériaux. Là
des élèves sortis de l'École polytechnique, et déjà forts dans
diverses parties de sciences, sont instruits dans la *théorie* et
dans la *pratique* de l'art des mines, sous des professeurs ha-
biles et des praticiens expérimentés.

Les élèves ne sont admis au grade d'ingénieur qu'après des
examens sévères et la certitude acquise qu'ils ont les connaissances nécessaires; ils sont alors employés, sous les ordres
des inspecteurs généraux et des ingénieurs en chef, d'abord
aux établissements nationaux dépendant des écoles; ensuite

Tit. v.

ils sont répartis dans les divisions départementales pour le service de l'administration générale.

Les ingénieurs des mines donnent leur avis aux préfets des départements dans l'instruction des affaires administratives qui ont trait aux mines, minières, usines et carrières ; ils soumettent à ces magistrats toutes les mesures de sûreté et d'amélioration qu'ils jugent utiles.

Ils avertissent les propriétaires de mines et usines des défauts qui leur paraissent avoir lieu dans leurs opérations ; ils leur démontrent les inconvénients, les dangers qui doivent en résulter, leur font connaître les moyens de réforme et ceux de perfectionnement ; ils vérifient, au besoin, les plans et coupes de leurs travaux ; ils rendent compte à l'administration de l'état des exploitations, provoquent les secours et encouragements à accorder, donnent leur avis sur les demandes en dégrèvement et sur les demandes d'abonnement pour les redevances.

Les ingénieurs ont le droit, il est même de leur devoir rigoureux de dénoncer, tant aux autorités locales qu'aux préfets et aux procureurs impériaux des Cours de justice, les infractions et contraventions aux lois, les exploitations illicites, tout ce qui compromettrait la conservation des travaux, ce qui porterait obstacle à l'activité des exploitations légitimes, et toute action qui attenterait à la sûreté publique ou particulière, sous le rapport de l'exploitation des mines, usines et carrières.

Les ingénieurs peuvent être requis comme experts par les tribunaux ; ils doivent aussi, lorsqu'ils en sont requis par une Cour de justice, vérifier les plans fournis, à moins que cette vérification ne soit impossible par l'état des lieux, ce qu'ils constateront par procès-verbal.

Il n'y a pas lieu à indemnités ou honoraires pour les ingénieurs des mines, lorsque leurs opérations auront été faites dans l'intérêt de l'administration et de la surveillance publique.

Les ingénieurs rendent compte de toutes leurs opérations à l'administration générale des mines, à laquelle ils adresseront en outre, tous les ans, un état général de situation et des produits des exploitations de leur arrondissement, avec leurs observations.

Ils adressent aussi à l'administration des mémoires détaillés sur la statistique minéralogique de leurs arrondissements, avec des cartes correspondantes, et envoient, à l'appui de leurs descriptions, les suites de minéraux qui peuvent compléter le tableau général de la France, par ordre de départements, déjà commencé et qui se continue au dépôt de l'administration.

Les fonctions des ingénieurs des mines, et leur rapports, soit entre eux, soit avec l'administration, seront plus particulièrement établis dans le décret d'organisation du corps impérial des mines.

B. § 1er. — *Action de l'autorité judiciaire.*

Toutes discussions relatives à la propriété des mines, minières, usines et carrières, toutes celles ayant pour objet l'acquittement des indemnités déterminées par le décret de concession ou de permission, ainsi que les contestations sur les dédommagements pour dégâts occasionnés à la surface des terrains, sont du ressort des tribunaux ordinaires.

Les contraventions aux lois et règlements à cause d'exploitations illicites sont dénoncées et constatées comme en matière de voirie et de police, suivies comme pour les délits forestiers, et jugées par les tribunaux de police correctionnelle, sans préjudice des dommages-intérêts des parties.

L'amende à prononcer est de 500 francs au plus, de 100 francs au moins, de 1,000 francs en cas de récidive, et d'une détention qui ne peut excéder celle fixée par le Code de police correctionnelle.

Décret du 18 novembre 1810, contenant organisation du corps impérial des ingénieurs des mines.

TITRE Ier. — *Composition du corps impérial des ingénieurs des mines.*

ART. 1er. — Le corps impérial des ingénieurs des mines sera divisé en grades de la manière suivante :

Inspecteurs généraux,
Inspecteurs divisionnaires,
Ingénieurs en chef,
Ingénieurs ordinaires,
Aspirants,
Elèves.

ART. 2. — Il y aura dès à présent :

3 Inspecteurs généraux,
5 Inspecteurs divisionnaires,
15 Ingénieurs en chef,
30 Ingénieurs ordinaires,
10 Aspirants,
25 Elèves.

ART. 3. — Le nombre des ingénieurs en chef et ordinaires pourra être augmenté successivement et dans la proportion des besoins du service, sur le rapport de notre ministre de l'intérieur.

ART. 4. — Les ingénieurs en chef, les ingénieurs ordinaires et les élèves seront divisés en deux classes.

Deux cinquièmes appartiendront à la première classe et trois cinquièmes à la seconde.

ART. 5. — Lorsque le besoin du service exigera que des ingénieurs en chef de première classe, pour des cas spéciaux, aient sous leurs ordres un ou plusieurs ingénieurs en chef, ils prendront, pendant la durée de ces fonctions, le titre d'*ingénieurs en chef directeurs.*

ART. 6. — A la première organisation et pour cette fois seulement, notre ministre de l'intérieur pourra admettre quatre élèves, pris dans les départements réunis, sans qu'ils soient tenus de justifier de leurs cours d'étude à l'École polytechnique.

Toutefois, ils subiront un examen devant les inspecteurs généraux des mines, et devront en obtenir un certificat de capacité.

ART. 7. — Les deux inspecteurs particuliers des carrières sous Paris, et l'ingénieur géomètre en chef employé aux travaux de ces carrières, seront considérés comme faisant partie du corps impérial des mines.

Les grades leur seront assignés par notre ministre de l'intérieur.

Ils continueront d'être payés par la ville de Paris.

ART. 8. — A l'avenir, le remplacement de ces ingénieurs, ainsi que celui de l'inspecteur général des carrières, actuellement ingénieur en chef des mines, s'opérera par des individus du corps impérial des mines.

TITRE II. — Des ingénieurs.

§ 1er. — Du service et de la résidence des ingénieurs.

ART. 9. — Le territoire de l'empire français formera douze divisions sous le rapport du service des mines, minières et carrières, conformément au tableau annexé au présent décret.

ART. 10. — Les ingénieurs en chef de première et de deuxième classe, et les ingénieurs ordinaires de première et de deuxième classe, seront répartis dans les départements, d'après des états de distribution et de classification qui nous seront présentés par notre ministre de l'intérieur, sur la proposition du directeur général.

ART. 11. — Les trois inspecteurs généraux sont résidants à Paris ; ils pourront néanmoins être chargés d'inspections extraordinaires sur les points qui leur seront désignés par notre ministre de l'intérieur, d'après l'avis du directeur général.

ART. 12. — Les inspecteurs divisionnaires seront employés aux tournées ou missions proposées par le directeur général et

approuvées par notre ministre de l'intérieur : les époques auxquelles ils devront venir à Paris, pour en rendre compte, seront déterminées.

Art. 13. — Les ingénieurs en chef et ordinaires des deux
classes résideront dans les lieux qui seront ultérieurement
déterminés par notre ministre de l'intérieur.

Art. 14. — Les élèves résident dans les écoles d'application,
sauf les missions relatives à leur instruction et le service extraordinaire auquel ils pourraient être momentanément appelés.

§ 2. — Fonctions des ingénieurs en chef.

Art. 15. — Les ingénieurs en chef des mines sont sous les
ordres du directeur général pour l'exécution des lois et règlements sur le fait des mines, minières, carrières, et des usines
désignées dans l'article 73 de la loi du 21 avril 1810, et pour
l'exécution de toutes les mesures prescrites par notre ministre
de l'intérieur.

Art. 16. — Ils rendent compte aux préfets des travaux relatifs aux exploitations, reçoivent et exécutent leurs ordres
dans tous les cas où la loi exige l'intervention de l'autorité administrative. Ils leur donnent les renseignements que ces fonctionnaires leur demandent, et tous ceux qu'il serait utile de
leur faire connaître pour l'avancement des arts, le succès de
l'industrie et du commerce.

Art. 17. — Ils correspondent avec le directeur général,
avec les autorités constituées de leur arrondissement et avec
les ingénieurs ordinaires.

Art. 18. — Ils dénoncent au directeur général, aux préfets,
aux procureurs généraux et impériaux, les infractions aux lois,
les exploitations ou entreprises illicites, et les travaux qui com-
promettraient la sûreté publique, ou les exploitations qui, par
la diminution successive des produits, ou par la cessation absolue des travaux, donneraient des craintes pour les besoins de
la consommation.

Art. 19. — Ils sont tenus de faire des tournées aux époques
et de la manière qui seront réglées par le directeur général,

pour inspecter les travaux et surveiller les objets qui peuvent intéresser le service.

ART. 20. — Ils se feront rendre compte des résultats de la surveillance exercée par les ingénieurs ordinaires sur toutes les exploitations de leur arrondissement.

ART. 21. — Ils pourront consulter les plans de toutes les concessions anciennes de mines qui doivent être déposés dans les préfectures ; ils en prendront des copies qui resteront dans leurs bureaux, ainsi que des minutes de tous les plans et cartes relatifs aux concessions nouvelles qui auront été demandées ou obtenues.

ART. 22. — Ils veilleront à ce que les concessionnaires remplissent les conditions que la loi leur impose.

ART. 23. — Ils donnent leur avis motivé à la suite de l'avis ou des rapports des ingénieurs ordinaires, sur les demandes en concession, permission, renouvellement de concessions ou permissions, sur les questions d'arts et de sciences, et sur tous les objets contentieux pour lesquels ils seront consultés par les autorités compétentes.

ART. 24. — Ils proposeront aux préfets et ils adresseront au directeur général les projets d'affiches et les conditions du cahier des charges, pour toutes les concessions de mines, et pour celles des usines désignées par l'article 73 de la loi du 21 avril 1810.

ART. 25. — Ils surveilleront, vis-à-vis des ingénieurs ordinaires, l'exécution des mesures qui seront prises en vertu des ordres de nos ministres de l'intérieur et des finances, pour la rentrée des sommes provenant soit des redevances fixes et proportionnelles, soit des abonnements qui auront lieu aux termes de la loi du 21 avril 1810.

ART. 26. — Les ingénieurs en chef, à défaut d'ingénieurs ordinaires, devront en remplir les fonctions.

§ 3. — Fonctions des ingénieurs ordinaires.

ART. 27. — Les ingénieurs ordinaires sont sous les ordres des ingénieurs en chef.

Ils reçoivent immédiatement les ordres des préfets, lorsqu'il

n'y a pas d'ingénieurs en chef employés dans leur arrondissement, ou dans les cas d'urgence.

ART. 28. — Ils ne pourront jamais s'éloigner, sans autorisation, de l'arrondissement de leurs exploitations; ils visiteront
au moins une fois par an, chacune des exploitations qui y existent; ils examineront soigneusement les travaux souterrains,
et observeront principalement tout ce qui pourrait compromettre l'existence de ceux déjà faits et rendre les travaux ultérieurs impossibles ou plus difficiles.

ART. 29. — Dès qu'une infraction aux lois sera parvenue à
leur connaissance, ils se rendront sur les lieux, et dresseront
un procès-verbal, qu'ils transmettront aux autorités compétentes et à l'ingénieur en chef.

ART. 30. — Si une exploitation est conduite de manière à
compromettre la sûreté publique, la conservation des travaux
intérieurs, la sûreté des ouvriers ou celle des habitations à la
surface, ils en feront rapport au préfet, et proposeront les
moyens de prévenir les accidents qui pourraient en résulter,
ou d'y remédier; ils donneront avis de ces procès-verbaux et
rapports à l'ingénieur en chef.

ART. 31. — Lorsqu'une exploitation sera restreinte ou suspendue de manière à ne pouvoir plus satisfaire aux besoins des
consommateurs, ils feront leur rapport à ce sujet, pour qu'il soit
pris des mesures par l'autorité administrative ou par l'autorité
judiciaire, suivant l'exigence des cas.

ART. 32. — Ils préviendront les propriétaires des vices ou
défectuosités qu'ils auront remarqués dans leurs mines, usines
ou machines; ils pourront leur proposer des vues d'amélioration, et aider les directeurs d'établissements de leurs lumières
et de leur expérience.

ART. 33. — Lorsqu'il y aura une demande en permission de
recherche, concession ou permission d'usine, ils feront les reconnaissances et les opérations nécessaires soit à la fixation des
limites, soit pour se mettre à même de fournir tous les renseignements nécessaires pour indiquer le mode général d'exploitation, et pour régler les conditions qui seront exigées par
l'acte de concession. Ils soumettront leur rapport à l'ingénieur
en chef, qui le transmettra au préfet.

ART. 34. — Après s'être assurés par eux-mêmes de l'exactitude des plans qui leur seront soumis par les demandeurs en concession ou les exploitants de mines, ils y apposeront leur visa.

ART. 35. — Ils donneront aux préfets les avis qui leur seront demandés sur les questions de dégrèvement.

ART. 36. — Ils recevront des exploitants et des maîtres d'usines, par l'intermédiaire des préfets, l'état des produits bruts de leur exploitation, aux époques déterminées par le directeur général, celui de la quantité des ouvriers, de celle des matériaux employés et des matériaux ouvrés; ils recevront également le plan des travaux souterrains faits dans l'année précédente; ils viseront toutes ces pièces et y ajouteront leurs observations, pour le tout être vérifié par l'ingénieur en chef, lors de sa tournée.

ART. 37. — Dans le cas où une exploitation serait délaissée et où il n'y aurait eu aucun acte judiciaire conservatoire, ils surveilleront, sous les ordres des préfets, la conservation des machines et instruments, celle des constructions et travaux souterrains et bâtiments servant à l'exploitation de la mine. Nos Cours et tribunaux pourront leur confier les mêmes fonctions, quand il y aura pourvoi devant eux.

Les frais nécessaires, par suite de ces actes conservatoires, seront à la charge des concessionnaires, et ne pourront être payés que sur les valeurs existant dans la mine, soit en minerai extrait, soit en machines et ustensiles servant à l'exploitation.

ART. 38. — Ils dirigent, sous les ordres de l'ingénieur en chef, les travaux de recherches, ainsi que ceux des mines exploitées au compte du gouvernement.

ART. 39. — Ils dirigent et surveillent tous les travaux concernant l'extraction des tourbes et l'assainissement des terrains. Leurs projets doivent être approuvés par l'ingénieur en chef.

ART. 40. — Ils visitent les carrières, et donnent des instructions pour la conduite des travaux, sous le rapport de la sûreté et de la salubrité.

ART. 41. — Toutes les fois qu'ils en seront requis par les

autorités compétentes, ils donneront leur avis sur les indemnités ou cautionnements réclamés par les propriétaires des
terrains sous lesquels sont les exploitations ; sur le dégrèvement ou la remise des impositions dues par les exploitants;
sur les contestations élevées entre deux concessionnaires voisins; sur la propriété du minerai et les indemnités pour préjudice provenant de l'exploitation.

ART. 42. — Ils pourront se charger des expertises en fait de
mines, et concernant les usines désignées dans l'article 73 de
la loi du 21 avril 1810, lorsque ces expertises auront été ordonnées par les tribunaux, ou demandées par les parties con-
tendantes.

ART. 43. — Ils pourront, en outre, avec l'autorisation du
directeur général, et sur la demande des concessionnaires,
lever des plans de mines, et suivre des travaux d'exploitation
ou des constructions d'usines ; mais ils ne pourront ni verba-
liser, ni faire de rapport, ni s'immiscer d'une manière quelconque dans les affaires judiciaires ou administratives auxquelles lesdites exploitations donneraient lieu.

ART. 44. — Les indemnités qui leur seront allouées pour ce
travail particulier seront payées de gré à gré par les concessionnaires ou exploitants, ou après avoir été taxées d'office
par les préfets ou tribunaux.

TITRE III. — *Conseil général des mines, minières et carrières.*

ART. 45. — Le Conseil général des mines est composé des
inspecteurs généraux résidant à Paris et des inspecteurs divisionnaires qui seront appelés par le directeur général.

Les auditeurs y prendront séance immédiatement après le
directeur général ; ils y auront voix délibérative seulement
dans les affaires où ils auront été rapporteurs, et voix consultative dans les autres cas.

Le directeur général pourra y appeler les ingénieurs de tout
grade qui se trouveront à Paris ; mais ils n'y auront que voix
consultative.

Un secrétaire de ce Conseil sera nommé par notre ministre

de l'intérieur, sur la présentation du directeur général ; il sera pris parmi les ingénieurs.

Le Conseil général est présidé par le directeur général.

Il y aura un vice-président nommé pour une année par notre ministre de l'intérieur, sur la présentation du directeur général ; il sera pris parmi les inspecteurs généraux : il pourra être continué.

Art. 46. — Le Conseil général donnera son avis :

Sur les demandes en concession ;

Sur les travaux d'art auxquels il conviendra d'assujettir le concessionnaire, comme condition de la concession ;

Sur les reprises de travaux ;

Sur l'utilité ou les inconvénients des partages des concessions ;

Sur le perfectionnement des procédés de l'art ;

Et sur tous les autres objets pour lesquels il sera jugé utile au service de connaître l'opinion du Conseil.

Le Conseil général sera nécessairement consulté sur les questions contentieuses qui devront être décidées par notre ministre de l'intérieur, ou portées au Conseil d'Etat : dans ce dernier cas, son avis, signé de la majorité des membres, sera joint au rapport qui nous sera soumis sur ces questions.

Art. 47. — Le Conseil général s'assemblera une fois par semaine, et pourra en outre être assemblé extraordinairement sur la convocation du directeur général, qui le mettra en comité lorsqu'il le jugera convenable.

Art. 48. — Le secrétaire du Conseil inscrira les délibérations sur deux registres : l'un pour le Conseil, l'autre pour le Comité. Le procès-verbal des séances sera signé à la séance suivante, et présenté au directeur général, pour être par lui visé, lors même qu'il n'aurait pas présidé.

TITRE IV. — *Nomination et avancement.*

Art. 49. — Les élèves des mines sont pris parmi ceux de l'Ecole polytechnique qui auront complété leurs études et rempli les conditions exigées ; le directeur général en proposera, et notre ministre de l'intérieur en déterminera le nombre chaque année.

Art. 50. — Les places d'aspirants du corps des ingénieurs des mines seront données aux élèves de première classe, suivant le rang qu'ils auront aux écoles, en raison de leurs progrès et de leur application.

Art. 51. — Lorsqu'il y aura lieu à une ou plusieurs nominations, le premier ou les premiers de la première classe seront choisis, sur la proposition du directeur général, par notre ministre de l'intérieur.

Art. 52. — Les ingénieurs ordinaires sont pris parmi les aspirants : ils sont nommés par nous, sur le rapport du ministre et l'avis du directeur général.

Art. 53. — Les ingénieurs en chef sont pris parmi les ingénieurs ordinaires de première classe, sans exclusion de la seconde : ils sont nommés par nous, sur le rapport du ministre et l'avis du directeur général.

Art. 54. — La promotion d'une classe à l'autre, relativement aux ingénieurs en chef et ordinaires, est faite par notre ministre de l'intérieur, sur le rapport du directeur général.

Art. 55. — Les inspecteurs divisionnaires seront pris parmi les ingénieurs en chef des deux classes, et nommés par nous, sur le rapport du ministre, d'après l'avis du directeur général.

Art. 56. — Les inspecteurs généraux seront pris parmi les inspecteurs divisionnaires et les ingénieurs en chef de la première classe : ils seront nommés par nous, sur le rapport du ministre et sur l'indication du directeur général.

Titre V. — *Traitements, frais de fournitures et de loyers de bureau, frais de tournée.*

Art. 57. — Les appointements des différents grades et classes des ingénieurs sont fixés de la manière suivante :

Élève de deuxième classe.	800 francs.
Élève de première —	900
Aspirant.	1,500

Ingénieurs ordinaires. .	{ de deuxième classe	2,500 francs.
	{ de première —	3,000
Ingénieurs en chef. . .	{ de deuxième —	4,500
	{ de première —	5,000

Ingénieur en chef directeur d'une école. . . . . . . ⎫
Ingénieur en chef ayant d'autres ingénieurs du même ⎬ 6,000
  grade sous ses ordres. . . . . ⎭
Inspecteur divisionnaire. 8,000
Inspecteur général.. 12,000

ART. 58. — Les inspecteurs généraux en tournée recevront 15 francs par jour d'indemnité et 10 francs par poste.

ART. 59. — Les inspecteurs divisionnaires et les ingénieurs en chef faisant les fonctions de directeur recevront, pour frais de tournée, 12 francs par jour et 8 francs par poste.

Les ingénieurs en chef, en mission extraordinaire hors de leur arrondissement, recevront 12 francs par jour d'indemnité et 6 francs par poste.

Les ingénieurs, pour indemnité de leurs frais de tournée dans les départements auxquels ils sont attachés, recevront annuellement une somme qui sera déterminée par le ministre, sur le rapport du directeur général, à la fin de chaque exercice, en raison des tournées effectives dont les ingénieurs auront justifié.

Le ministre réglera provisoirement la quotité des à-compte que ces ingénieurs devront recevoir sur cette indemnité.

ART. 60. — Les frais de bureau des inspecteurs généraux sont fixés à 1,500 francs.

ART. 61. — Les frais de fournitures et de loyers de bureau des ingénieurs en chef et ordinaires des deux classes seront réglés par notre ministre de l'intérieur, sur le rapport du directeur général : ils ne pourront, pour aucun grade, excéder 1,000 francs, ni être au-dessous de 400 francs.

ART. 62. — Les aspirants recevront annuellement une somme de 300 francs, et les élèves de service 100 francs, pour leur campagne.

ART. 63. — Notre ministre de l'intérieur, sur le rapport du directeur général, statuera sur les indemnités que les circonstances exigeraient, et qui ne sont point déterminées par les articles ci-dessus.

Art. 64. — Il ne sera alloué aucuns frais aux ingénieurs de tout grade qui seront déplacés pour leur avancement.

Art. 65. — Il sera fait un fonds annuel par le budget des mines, destiné à subvenir aux frais de voyage d'un ou de plusieurs auditeurs, ingénieurs, aspirants ou élèves.

Ces voyages auront lieu, soit en France, soit dans les pays étrangers.

La nomination pour faire des voyages sera accordée aux ingénieurs comme une distinction et une récompense d'études et de travaux antérieurs.

Le ministre, sur la proposition du directeur général, déterminera l'objet et la durée de ces voyages, et en réglera les frais.

TITRE VI. — *Police et uniforme du corps.*

§ 1er. — Police.

Art. 66. — Les ingénieurs des différents grades et des différentes classes observeront la subordination envers le grade et la classe supérieurs : dans le cas où des ingénieurs de même grade seront en concurrence de fonctions, le plus ancien commandera.

Art. 67. — Les fautes simples contre la subordination ou l'exactitude du service seront réprimées par les arrêts, suivant l'ordre ci-après :

L'élève ou aspirant, en mission, pourra être mis aux arrêts pour dix jours au plus, par l'ingénieur ordinaire, à la charge d'en rendre compte à l'ingénieur en chef.

Les élèves, les aspirants et les ingénieurs ordinaires, pourront être mis aux arrêts pour vingt jours au plus, par l'ingénieur en chef, à la charge d'en avertir les préfets, et d'en rendre compte au directeur général, qui pourra lever, confirmer ou prolonger les arrêts.

Les ingénieurs en chef pourront être mis aux arrêts pour quinze jours au plus, par les inspecteurs divisionnaires et par les ingénieurs en chef directeurs, et pour un mois par les inspecteurs généraux en tournée, et par le directeur général. Les inspecteurs généraux informeront les préfets, et rendront compte au directeur général.

Les inspecteurs généraux et les inspecteurs divisionnaires pourront, sur le rapport du directeur général, être mis aux arrêts par notre ministre de l'intérieur, pour un terme de dix jours au plus.

ART. 68. — Les fautes plus graves contre la subordination et l'ordre du service seront réprimées par une suspension de fonctions, et une privation de traitement qui ne pourra excéder six mois : ces peines seront prononcées par le ministre.

ART. 69. — Les fautes très-graves qui auraient compromis ou le service, ou les fonds du trésor public, ou l'honneur du corps ; les fautes récidivées contre la subordination et l'exactitude seront punies de la destitution, sur le rapport qui nous en sera fait par notre ministre de l'intérieur, d'après l'avis motivé du directeur général.

ART. 70. — Hors les cas de tournées autorisées, les inspecteurs généraux ne pourront s'absenter de Paris sans une permission délivrée par le directeur général.

Les ingénieurs en chef ne pourront quitter la circonscription de leur service sans une pareille autorisation.

Les ingénieurs ordinaires ne pourront quitter le département ou le service auquel ils seront attachés sans une permission de l'ingénieur en chef ; et les aspirants ou élèves, sans une permission de l'ingénieur ordinaire. Les ingénieurs ordinaires préviendront les ingénieurs en chef, et ceux-ci préviendront le directeur général des permissions qu'ils auront accordées.

ART. 71. — Les ingénieurs qui ne se rendront pas à leur poste aux époques assignées seront privés de leurs appointements pour tout le temps de leur absence.

Si le retard excède un mois, il y aura lieu à une suspension de traitement pendant quatre mois.

Si le retard excède trois mois, il y aura lieu à prononcer la destitution.

§ 2. — Uniforme du corps.

Art. 72. — L'uniforme des ingénieurs des mines de tout grade sera le même que celui des ingénieurs de tout grade des ponts et chaussées, déterminé par notre décret du 7 fructidor an XII, sauf les exceptions ci-après :

Le collet et les parements de l'habit seront en velours bleu impérial.

Les boutons auront pour légende : *Corps impérial des mines,* au centre, un aigle.

Il leur est interdit de rien changer à l'uniforme prescrit pour chaque grade.

TITRE VII. — *Comptabilité.*

Art. 73. — Les dépenses du personnel et du matériel du service des mines seront acquittées sur les fonds spéciaux des mines.

Art. 74. — Le budget de ce service sera réglé d'avance, pour chaque exercice, sur le rapport de notre ministre de l'intérieur et l'avis du directeur général : des crédits seront ouverts, comme pour les autres parties de l'administration publique.

Art. 75. — Tous les ans, dans le courant de la première quinzaine de février au plus tard, il sera rendu, par les ingénieurs des mines qui seraient chargés de surveiller des établissements au compte du gouvernement, un compte en deniers sous la forme d'état de situation, dont le modèle leur sera transmis.

Art. 76.—Lorsque les ingénieurs dirigeront par eux-mêmes une mine en exploitation pour le compte du gouvernement, ils deviendront personnellement comptables : ils rédigeront en cette qualité et signeront eux-mêmes les états de situation qu'ils devront envoyer au directeur général, à l'époque indiquée dans l'article précédent, et dans la forme qui leur sera prescrite.

ART. 77. — Les comptes des établissements qui forment les écoles d'application seront préparés par l'ingénieur en chef directeur, dans le sein du Comité de l'école, qui les visera.

ART. 78. — Les comptes ou états de situation seront soumis à l'examen du directeur général, au 1er mars de chaque année, et définitivement arrêtés par le ministre.

TITRE VIII. — *Bureaux de la direction générale des mines.*

ART. 79. — Les bureaux de la direction générale des mines formeront, dans le même sens que ceux des ponts et chaussées, une division de ceux de l'intérieur ; les employés continueront de concourir avec les employés du ministère, par la retenue qui sera exercée sur leur traitement, à la formation d'une masse commune destinée au payement des retraites, pensions et secours.

Toutes les dispositions du décret du 4 juillet 1806 sont applicables aux employés des bureaux de la direction des mines.

ART. 80. — A compter de l'exécution du présent décret, il sera prélevé pendant dix ans, sur les fonds des redevances imposées sur les mines et usines, une somme de 10,000 francs, pour le premier fonds des retraites et pensions à accorder à ceux des employés du ministère âgés ou infirmes dont la mise en retraite ne peut être différée. La distribution de cette somme sera soumise à l'approbation du gouvernement.

Le montant de ces fonds sera versé par trimestre, sur les ordonnances du ministre de l'intérieur, à la Caisse d'amortissement.

TITRE IX. — *Retraites et pensions.*

ART. 81. — A dater de la publication du présent décret, il sera fait, chaque mois, une retenue de 3 pour 100 sur les appointements des ingénieurs de tout grade, jusques et compris les aspirants, pour former un fonds destiné à l'acquit des pensions tant des ingénieurs qui seront dans le cas d'obtenir leur retraite que de leurs veuves et de leurs enfants.

ART. 82. — Les ingénieurs de tout grade actuellement en activité auront droit à la retraite, après trente ans de service effectif, aux termes de l'article 8 du décret du 4 juillet 1806. Ceux qui sont entrés dans le corps depuis l'établissement de l'Ecole polytechnique n'auront droit à la retraite qu'après trente ans de service effectif dans ce corps.

A l'avenir, les trente ans dateront de la nomination comme aspirant, ou de l'âge de vingt ans, dans le cas où l'aspirant aurait été au-dessous de cet âge lors de sa nomination.

ART. 83. — Les pensions et secours accordés aux veuves des ingénieurs des mines ne pourront excéder la moitié de la pension à laquelle le décédé aurait eu droit.

ART. 84. — La quotité des pensions de retraite des ingénieurs, celles qui seront accordées à leurs veuves, et les secours dont leurs enfants orphelins seront susceptibles, seront réglés conformément aux dispositions du titre VIII du décret d'organisation des ponts et chaussées.

ART. 85. — Une réserve sera faite sur les fonds des pensions, pour pourvoir aux secours annuels qui seront accordés aux enfants orphelins.

ART. 86. — Tout ingénieur destitué perd ses droits à la pension, quand il aurait le temps de service nécessaire pour l'obtenir : il ne peut prétendre ni au remboursement des sommes retenues sur son traitement pour les pensions, ni à aucune indemnité équivalente.

Il en est de même des ingénieurs qui passeraient à un autre service hors du corps des mines, sans la permission expresse du gouvernement.

ART. 87. — Les appointements des ingénieurs seront payés par mois ; les ordonnances délivrées à cet effet seront sujettes à la retenue de 3 pour 100 : il sera fait mention expresse de la retenue sur les ordonnances.

ART. 88. — Il sera prélevé, sur le fonds spécial des mines, une somme de 25,000 francs, pour former le premier fonds des retraites et pensions à accorder à ceux des ingénieurs âgés ou infirmes dont la mise en retraite ne peut être différée, et aux veuves actuellement existantes susceptibles de pensions.

La durée de ce prélèvement, et sa quotité, seront ultérieurement réglées en raison de l'accroissement que recevra le corps des mines.

TITRE X. — *Dispositions générales.*

ART. 89. — Lorsque les ingénieurs des mines auront été employés pour l'exécution des jugements des Cours, et lorsqu'ils auront été commis pour des travaux dépendant particulièrement des départements et des communes, ou qu'ils auront été requis, comme experts, dans des discussions entre des exploitants, chefs d'usines et autres particuliers, ils seront remboursés de leurs frais de voyage et autres dépenses d'après la fixation qui en sera faite par les Cours, les tribunaux ou le préfet, selon les cas, et d'après un mandat du préfet, rendu exécutoire, ou en vertu d'une ordonnance de justice.

ART. 90. — Il sera fait un inventaire détaillé de tous les plans, papiers et cartes, et des instruments appartenant à l'État, existant dans les bureaux des ingénieurs en chef et des ingénieurs ordinaires. Le double de cet inventaire, vérifié et visé par l'ingénieur du grade supérieur dans la division, sera adressé au directeur général dans le courant de l'année qui suivra l'exécution du présent décret.

En cas de décès d'un ingénieur de tout grade en activité de service, les sous-préfets et les maires feront former des oppositions aux scellés, s'il en est apposé : s'il n'est pas apposé de scellés, ils feront, sans délai, procéder au récolement de l'inventaire des bureaux, à l'enlèvement des objets y énoncés, et au séquestre de tous les plans, mémoires et cartes relatifs au service des mines.

Les sous-préfets informeront de ces mesures le directeur général, qui désignera le successeur du décédé ou tel autre ingénieur, pour faire le triage de ce qui appartiendra à l'État.

Si, parmi les papiers, cartes ou plans appartenant à la succession, il s'en trouve qui puissent être utiles au service des mines et usines, ils seront retenus en en payant la valeur.

ART. 91. — Il pourra être accordé, pour récompense des

services distingués, aux ingénieurs qui auront obtenu leur retraite, le brevet simplement honoraire d'un grade supérieur.

ART. 92. — Le directeur général des mines rédigera et soumettra à notre ministre de l'intérieur les instructions générales nécessaires à l'exécution du présent décret.

ART. 93. — Nos ministres de l'intérieur, des finances et du trésor public, sont chargés, chacun en ce qui le concerne, de l'exécution du présent décret.

Arrêté du 4 février 1811, de S. Exc. le ministre de l'intérieur, relatif à la confection des plans d'usines et cours d'eau en dépendant.

ART. 1er. — L'expression du paragraphe 8 de l'instruction ministérielle du 3 août 1810, qui prescrit la confection des plans d'usines et cours d'eau en dépendant, sur une échelle d'un millimètre pour dix mètres, est rapportée comme erronée.

ART. 2. — Ces plans devront être tracés, savoir : les plans généraux d'usines et cours d'eau en dépendant, sur une échelle de deux millimètres pour mètre, ou 1/500 ; et les plans de détails, sur une échelle cinq fois plus grande, ou de 1/100 de mètre.

Décret du 6 mai 1811, relatif aux redevances fixes et proportionnelles sur les mines.

Voulant pourvoir au mode de recouvrement des redevances fixes et proportionnelles à percevoir sur les mines, en exécution des articles 33, 34, 52 et 54 de la loi du 21 avril 1810 ;

Considérant qu'aux termes de la loi aucune mine ne peut être exploitée sans concession ;

Qu'il existe un grand nombre de mines qui n'ont encore pu

être concédées, et qui cependant sont en pleine exploitation, sans titre légal ;

Qu'à la rigueur ces extractions devraient être suspendues ;

Que cependant elles fournissent aux besoins du commerce, et qu'il est juste d'accorder aux exploitants de bonne foi le temps de remplir les formalités nécessaires pour se mettre en règle et obtenir des concessions ;

Qu'en attendant, les exploitants continueront de jouir des mines et de s'en attribuer le produit ;

Qu'étant provisoirement admis à participer aux mêmes avantages que les concessionnaires, il est conforme aux principes de la justice et du bon ordre qu'ils en partagent les charges,

Nous avons décrété et décrétons ce qui suit :

TITRE Ier. — *Assiette de la redevance fixe.*

SECTION I. — Assiette de la redevance fixe sur les mines concédées.

ART. 1er. — Immédiatement après la publication du présent décret, chaque préfet fera dresser le *tableau de toutes les mines concédées* existant dans son département.

ART. 2. — Ces *tableaux* des concessions de mines énonceront (conformément au modèle n° 1er) le nom et la désignation de la mine concédée, sa situation ; les noms, professions et demeures des concessionnaires ; la désignation et la date du titre de concession ; l'étendue de la concession exprimée en kilomètres carrés et fraction de kilomètre carré jusqu'à deux décimales, et la somme à percevoir.

ART. 3. — S'il n'y a pas de double des titres de concession d'une mine déposé à la préfecture, le préfet en instruira immédiatement le concessionnaire, qui, dans le délai d'un mois, sera tenu d'en faire le dépôt, en original ou expédition authentique, et il lui en sera remis un récépissé : faute par lui de fournir son titre, la contenance de sa concession sera provisoirement portée au *tableau*, sur le pied de l'évaluation approximative qui en sera faite par le préfet, sur l'avis de l'ingénieur des mines ; le concessionnaire sera imposé en conséquence, sauf le dégrèvement, comme il sera dit article 7.

Art. 4. — La réduction en nouvelles mesures de l'étendue superficielle énoncée en mesures anciennes dans les actes de concession sera opérée par les ingénieurs des mines; et leurs procès-verbaux de réduction seront annexés aux titres déposés dans les préfectures, et copie en sera remise aux concessionnaires.

Art. 5. — Si la contenance superficielle d'une concession ne se trouve point énoncée dans le texte du titre, soit en kilomètres carrés, soit en lieues carrées, soit en toute autre mesure anciennement en usage, le préfet en préviendra immédiatement le concessionnaire, qui sera tenu de justifier, dans le délai d'un mois, par un arpentage légal, ou relevé sur des cartes exactes, de la surface rigoureusement contenue dans les limites prescrites par l'acte de concession; et, faute par lui de faire cette justification, la contenance du terrain sera provisoirement portée sur le *tableau,* et la redevance provisoirement exigible, conformément à la disposition de l'article 3 ci-dessus.

Art. 6. — La vérification de la surface des concessions sera faite par l'ingénieur des mines du département; à cet effet, les concessionnaires qui seront dans le cas de l'article précédent fourniront un plan de leur concession en triple expédition, et dressé sur une échelle de dix millimètres pour cent mètres : ce plan, accompagné d'un procès-verbal d'arpentage détaillé, sera envoyé au préfet, qui le transmettra à l'ingénieur des mines, pour être vérifié sur le terrain, s'il y a lieu, et visé par lui.

Art. 7. — Aussitôt que les concessionnaires qui seraient restés en retard relativement à l'exécution des articles 3, 5 et 6 ci-dessus, auront satisfait aux dispositions prescrites par ces mêmes articles, ils seront admis en dégrèvement, en raison de la différence de l'étendue réelle de leur concession d'avec celle qui leur aura été provisoirement attribuée sur les *tableaux* et sur les *rôles,* en vertu de la décision du préfet, mais seulement pour l'avenir.

Art. 8. — La contenance des concessions anciennes dont la surface excède le maximum, et qui n'ont point été réduites conformément à la loi de 1791, sera portée sur les *tableaux*

pour son étendue actuelle, jusqu'à l'époque où les concessionnaires se seront mis en règle pour obtenir la fixation définitive des limites de leurs concessions et celle de la redevance.

ART. 9. — Quant aux concessions dont le titre n'exprimerait
ni contenance superficielle positive, ni limites suffisamment
précisées pour que la justification exigée par les articles 5 et 6
fût actuellement praticable, elles seront taxées, par provision,
conformément à la disposition de l'article 3, jusqu'à la fixation
définitive des limites.

ART. 10. — Les *tableaux des concessions* de mines arrêtés
par les préfets serviront de *matrice de rôle* ; ils seront rectifiés,
chaque année, soit par suite de mutation de propriété, soit en
raison des réductions ou augmentations survenues en vertu
de décisions légales, et seront transmis, pour la confection des
rôles, aux directeurs des contributions directes.

SECTION II. — Assiette de la redevance fixe sur les mines exploitées
sans concession régularisée, ou sans aucune concession.

ART. 11. — Immédiatement après la publication du présent
décret, chaque préfet fera dresser le *tableau des mines exploitées* dans son département sans concession régularisée, ou sans
aucune concession.

Ces *tableaux* énonceront (conformément au modèle n° 2) le
nom et la désignation de la mine exploitée sans concession,
sa situation ; les noms, professions et demeures des exploitants ;
la date de leur demande en concession, confirmation ou limitation de concession ; l'étendue superficielle du terrain qui leur
aura été provisoirement assigné ou attribué par les autorités
anciennes ou actuelles, ou sur lequel s'étend leur exploitation,
quoique les limites n'en aient pas encore été déterminées,
exprimée en kilomètres carrés jusqu'à deux décimales, et la
somme à percevoir.

ART. 12. — Les particuliers qui exploitent des mines non
encore concédées, et qui ne sont point en règle, seront tenus
de faire, dans le mois de la publication du présent décret, une
déclaration de la contenance superficielle du terrain dont ils
veulent obtenir la concession. Le préfet, après avoir pris l'avis

de l'ingénieur des mines, évaluera la quotité de surface à attribuer provisoirement à l'exploitant ; celui-ci sera imposé en conséquence, sauf son recours en dégrèvement, s'il y a lieu, dès qu'il aura obtenu une concession.

ART. 13. — Les exploitants non concessionnaires qui négligeront de se conformer à l'article précédent seront considérés comme occupant une étendue superficielle égale au maximum fixé par la loi du 28 juillet 1791 ; et ils seront portés au tableau pour être taxés en conséquence, sauf dégrèvement lorsqu'ils se seront mis en règle.

ART. 14. — Les *tableaux des mines exploitées sans concession,* ainsi formés, seront arrêtés par les préfets, et serviront provisoirement de *matrice de rôle ;* ils seront rectifiés chaque année, soit en raison des mutations, quant aux exploitants, soit en raison des réductions ou augmentations survenues en vertu de décisions légales, et seront transmis, pour la confection des *rôles,* aux directeurs des contributions directes.

ART. 15. — Les concessionnaires de mines et les exploitants non concessionnaires ne pourront, dans aucun cas, se prévaloir de la quotité de surface qui leur aura été provisoirement attribuée sur les tableaux et rôles concernant la redevance fixe, pour inquiéter ou troubler les exploitations voisines, ni pour appuyer aucune de leurs prétentions sur la fixation définitive de l'étendue et des limites de leur exploitation.

TITRE II. — *Assiette de la redevance proportionnelle.*

SECTION I. — Assiette de la redevance proportionnelle sur les mines concédées.

ART. 16. — La *matrice de rôle,* pour la redevance proportionnelle sur les mines concédées qui sont en extraction, sera dressée d'après des *états d'exploitation* (conformes au modèle n° 4).

ART. 17. — Il y aura un *état d'exploitation* pour chaque mine concédée ; la confection en sera divisée en deux parties, savoir : 1° la partie descriptive ; 2° la proposition de l'évaluation du produit net imposable.

ART. 18. — La partie descriptive des états d'exploitation sera faite par l'ingénieur des mines du département, après avoir appelé et entendu les concessionnaires et leurs agents, conjointement avec les maires et adjoints de la commune ou des communes sur lesquelles s'étendent les concessions, et les deux répartiteurs communaux qui seront les plus forts imposés. Elle comprendra le nom et la nature des mines, le numéro des articles, les noms des communes; les noms, professions et demeures des concessionnaires, possesseurs ou usufruitiers; la désignation sommaire des ouvrages souterrains entretenus et exploités, ainsi que celle des machines; enfin, la désignation des bâtiments et usines servant à l'exploitation.

ART. 19. — La proposition de l'évaluation du produit net imposable sera faite par les mêmes individus désignés à l'article précédent, et portée à l'avant-dernière colonne du tableau.

La déclaration du produit net du revenu à laquelle se tiendront le propriétaire ou ses agents sera mentionnée au tableau, si elle diffère de l'évaluation.

ART. 20. — Les préfets régleront les époques auxquelles les ingénieurs des mines, maires, adjoints et répartiteurs, devront se réunir de manière que la partie descriptive des états d'exploitation et la proposition d'évaluation soient achevées sans délai cette année, et que, par la suite, elles aient subi, avant le 15 mai de chaque année, les changements qu'il sera nécessaire d'y faire annuellement.

ART. 21. — Les mines dont la concession superficielle s'étendra sur deux ou plusieurs communes seront portées sur les états d'exploitation, au nom de la commune où sont situés les bâtiments d'exploitation, usines et maisons de direction. Il en sera de même des mines dont la concession superficielle s'étendra sur les frontières de deux ou plusieurs départements.

ART. 22. — Les états, ainsi préparés, seront certifiés et signés par les ingénieurs des mines, maires, adjoints et répartiteurs qui auront concouru à leur formation.

ART. 23. — D'après ces états, l'ingénieur des mines fera préparer la *matrice de rôle* (conformément au modèle n° 5), en y laissant en blanc la colonne des évaluations définitives du produit net imposable; il transmettra le tout au préfet, qui le transmettra au Comité d'évaluation.

Art. 24. — Ce Comité sera composé du préfet, de deux membres du Conseil général du département, nommés par le préfet, du directeur des contributions, de l'ingénieur des mines, et de deux des principaux propriétaires de mines, dans les départements où il y a un nombre d'exploitations suffisant.

Art. 25. — Le Comité est chargé de déterminer les évaluations définitives du produit net imposable de chaque mine, d'en faire porter l'expression au bas de chaque état d'exploitation, à l'avant-dernière colonne de la matrice du rôle, et d'arrêter les états et matrices.

Art. 26. — Le Comité d'évaluation procédera aux appréciations du produit net imposable, soit d'office, soit en ayant égard aux déclarations des exploitants qui les auront fournies.

Art. 27. — Les exploitants, concessionnaires ou usufruitiers, ou leurs ayants cause, seront tenus de remettre au secrétariat de la préfecture le plus tôt possible, pour cette année, et, pour les années suivantes, avant le 1er mai, la *déclaration détaillée* du produit net imposable de leurs exploitations, faute de quoi l'appréciation aura lieu d'office.

Art. 28. — Pour éclairer le Comité, le préfet et l'ingénieur des mines réuniront d'avance tous les renseignements qu'ils jugeront nécessaires, notamment ceux concernant le produit brut de chaque mine, la valeur des matières extraites ou fabriquées, le prix des matières premières employées et de la main-d'œuvre, l'état des travaux souterrains, le nombre des ouvriers, les ports ou lieux d'exportation ou de consommation, et la situation plus ou moins prospère de l'établissement. Le Comité d'évaluation aura égard à ces renseignements.

Ces éclaircissements seront, autant que possible, placés dans de nouvelles colonnes ajoutées, selon les lieux et les circonstances, au modèle d'état n° 4.

Pour la présente année, le revenu net de 1810 servira de base aux appréciations, et cette évaluation se fera, soit en suivant les formes indiquées aux articles 16 et suivants, soit d'après les renseignements énoncés au présent article et l'avis du Comité.

ART. 29. — Les états d'exploitation et la matrice de rôle pour les mines concédées resteront déposés chez le directeur des contributions, pour servir à la confection des rôles.

SECTION II. — Assiette de la redevance proportionnelle sur les mines non concédées.

ART. 30. — Il sera procédé, pour les mines non concédées régulièrement ou exploitées sans aucune concession, comme pour les mines concédées ; mais les états d'exploitation seront intitulés différemment. Il y aura une matrice de rôle séparée (conforme au modèle n° 7).

Chaque état d'exploitation, considéré comme section, formera un article dans la matrice de rôle.

TITRE III. — *Abonnements pour la redevance proportionnelle.*

ART. 31. — Les exploitants, concessionnaires ou non concessionnaires qui désireront jouir de la faveur de l'abonnement, déposeront, dans le délai d'un mois après la publication du présent décret, pour les années 1811 et 1812, et pour les années ultérieures, avant le 15 avril, au secrétariat de la préfecture de leur département, leur *soumission* appuyée de motifs détaillés ; il leur en sera délivré un reçu.

Faute par ces exploitants de déposer leur soumission dans le délai prescrit, ils seront imposés proportionnellement à leur revenu net présumé, comme il est dit au titre précédent.

ART. 32. — Les soumissions d'abonnements pour 1811 et 1812 pourront être acceptées sur l'avis des préfets par le directeur général des mines, d'après une estimation faite, sur les renseignements indiqués à l'article 28, du produit des mines pour lesquelles sera proposé l'abonnement.

ART. 33. — Pour les années 1813 et suivantes, les soumissions d'abonnements seront acceptées, modifiées ou rejetées, après avoir pris l'avis du Comité d'évaluation, lorsque les opérations prescrites au titre II auront eu lieu.

ART. 34. — Les abonnements seront approuvés, savoir :

Par le préfet, sur l'avis de l'ingénieur des mines, quand l'évaluation du revenu net donnera une redevance au-dessous de 1,000 francs ;

Par le ministre de l'intérieur, sur le rapport du directeur général, quand la redevance sera au-dessus de 1,000 jusqu'à 3,000 francs;

Et, au-dessus de 3,000 francs, par un décret rendu en Conseil d'Etat.

ART. 35. — *L'état certifié des abonnements* qui auront été admis sera transmis au directeur des contributions pour être employé sur le rôle ; il accompagnera le *mandement* qui sera annuellement délivré par le préfet pour l'imposition de la redevance proportionnelle.

TITRE IV. — *De la confection des rôles.*

SECTION I. — Des rôles pour la redevance fixe.

ART. 36. — Chaque directeur des contributions fera dresser le *rôle de la redevance fixe* sur les mines concédées et sur les mines exploitées sans concession régulière ou sans aucune concession, d'après le tableau qui lui sera transmis chaque année par le préfet.

ART. 37. — Le rôle confectionné (conformément au modèle n° 3) énoncera les noms, qualités et demeures des concessionnaires, usufruitiers et exploitants non concessionnaires; le nom de la mine concédée ou exploitée sans concession, celui de la commune où devra se faire la perception ; enfin, l'étendue superficielle de la concession, ou bien celle du terrain provisoirement assigné ou attribué à l'exploitation. La cote se composera du montant de la redevance telle qu'elle aura été portée sur le tableau fourni par le préfet, du montant des 10 centimes additionnels pour fonds de non-valeur, et du montant des centimes pour frais de perception.

Après avoir été vérifié et rendu exécutoire par le préfet, le rôle sera renvoyé au directeur des contributions, chez lequel il restera déposé.

SECTION II. — Des rôles de la redevance proportionnelle.

ART. 38. — Les *rôles* pour la redevance proportionnelle sur les mines exploitées en vertu d'une concession ou sans concession seront dressés par le directeur des contributions (conformément au modèle n° 8), d'après les *matrices, états d'abonnement et mandements* des préfets.

ART. 39. — A cet effet, le directeur des contributions imposera, sur chaque exploitant non abonné, une somme égale au vingtième du produit net de son exploitation ; il portera à l'article de chaque abonné le montant de son abonnement, et il ajoutera aux cotes, soit de l'abonnement, soit de la redevance déterminée officiellement, le montant des 10 centimes additionnels pour fonds de non-valeur, et celui des centimes pour frais de perception.

Le rôle ainsi confectionné sera adressé au préfet, pour être vérifié et rendu exécutoire : il restera déposé chez le directeur des contributions.

TITRE V. — *Du recouvrement.*

ART. 40. — Le recouvrement des redevances fixes et proportionnelles sera effectué par le percepteur des contributions de la commune où est située la mine. Lorsque le terrain concédé ou provisoirement assigné et attribué aux exploitants non concessionnaires embrassera plusieurs communes, le percepteur de la commune où seront situés les bâtiments, usines et maisons de direction, sera seul chargé du recouvrement.

ART. 41. — Les percepteurs poursuivront les recouvrements sur des rôles délivrés par le directeur des contributions, vérifiés et certifiés par le préfet.

ART. 42. — La somme à allouer pour les frais de perception aux percepteurs, receveurs d'arrondissement et receveurs généraux, sera réglée, ainsi que le mode de payement ou de retenue, par une décision de notre ministre des finances.

Art. 43. — Il sera fait écriture séparée de la perception des redevances fixes et proportionnelles dans les journaux et régistres des receveurs d'arrondissement et receveurs généraux.

Titre VI. — *Des décharges, réductions, remises et modérations.*

Art. 44. — Tout particulier concessionnaire ou non concessionnaire exploitant de mines, qui, par vente, bail, cessation de travaux ou toute autre cause légale, aurait cessé d'être imposable aux redevances fixes et proportionnelles, et qui aurait été porté sur les rôles, et tous ceux qui réclameront des réductions, soit en raison des taxes d'office, faute d'avoir fait régulariser en temps utile leurs exploitations, soit pour cause d'erreurs dans l'énoncé de l'étendue superficielle des concessions, adresseront leurs réclamations au préfet.

Art. 45. — Ces réclamations seront accompagnées de pièces justificatives ; elles seront renvoyées à l'ingénieur des mines qui, après avoir fait les vérifications nécessaires, fournira son avis motivé.

Art. 46. — S'il y a lieu à ce que la cote soit réduite, le Conseil de préfecture prononcera la quotité de la réduction, sauf le pourvoi selon les lois.

Art. 47. — Les exploitants concessionnaires ou non concessionnaires qui se croiront trop imposés à la redevance proportionnelle se pourvoiront également par-devant le préfet.

Art. 48. — Le préfet enverra les réclamations au sous-préfet de l'arrondissement, au directeur des contributions et à l'ingénieur des mines, pour avoir leur avis ; il enverra aussi au maire de la commune, pour avoir l'avis des répartiteurs qui auront été entendus selon l'article 18, et il soumettra le tout au Conseil de préfecture, qui prononcera sur la réduction de la cote.

Art. 49. — Si les sous-préfet, directeur des contributions et ingénieur des mines, ne conviennent pas de la surtaxe, deux experts seront nommés, l'un par le préfet, et l'autre par le réclamant. A l'époque fixée par le préfet, ces experts se rendront sur les lieux avec le contrôleur des contributions ; et en présence de l'ingénieur des mines et du réclamant ou de son fondé de pouvoir, ils vérifieront les faits exposés dans la réclamation, et rectifieront, s'il y a lieu, l'appréciation du revenu net de l'exploitation.

Art. 50. — Le contrôleur des contributions rédigera un procès-verbal des dires des experts et des parties intéressées ; il y joindra son avis, ainsi que celui de l'ingénieur des mines, et adressera le tout au sous-préfet, qui le transmettra au préfet. Le Conseil de préfecture, après avoir vu l'avis du directeur des contributions, prononcera sur la réclamation, sauf le pourvoi, comme il est dit article 46.

Art. 51. — Les frais d'expertise, de présence et de vérification, seront réglés par le préfet.

Art. 52. — Quand la réclamation aura été reconnue non fondée, les frais seront supportés par le réclamant.

Art. 53. — Si elle est reconnue fondée, les frais seront pris sur la portion du fonds de non-valeur mise à la disposition du préfet, ainsi qu'il sera dit ci-après.

Art. 54. — Lorsque, par des événements extraordinaires, un exploitant aura éprouvé des pertes, il adressera sa pétition détaillée au préfet, qui la renverra à l'ingénieur des mines.

L'ingénieur se transportera sur les lieux, vérifiera les faits en présence des maires, constatera la quotité de la perte, et en adressera un procès-verbal détaillé au préfet, qui prendra l'avis du sous-préfet de l'arrondissement et du directeur des contributions.

Art. 55. — Le préfet réunira les différentes demandes qui lui auront été faites, dans le cours de l'année, en remises et modérations; et, l'année expirée, il fera, entre les contribuables dont les réclamations auront été reconnues justes et fondées, la distribution des sommes qu'il pourra accorder sur les fonds de non-valeur mis à sa disposition.

Art. 56. — L'état de distribution sera envoyé au directeur général des mines, pour être soumis au ministre de l'intérieur, et recevoir son approbation.

Art. 57. — Sur les 10 centimes imposés additionnellement à la redevance proportionnelle, moitié est mise à la disposition des préfets pour être employée aux frais de confection des états, tableaux, matrices et rôles, aux décharges et réductions, remises et modérations, ainsi qu'aux frais d'expertise et de vérification des réclamations en dégrèvement ; l'autre moitié restera à la disposition particulière du ministre de l'intérieur, et sera destinée principalement à accorder des suppléments de fonds aux départements auxquels le maximum des centimes additionnels ne suffirait pas pour faire face aux dépenses précédemment énoncées, et à accorder des remises et modérations extraordinaires aux départements où les exploitations auraient éprouvé des accidents majeurs.

Arrêté du 28 janvier 1842, du ministre de l'intérieur (comte de Montalivet), sur l'exploitation des terres pyriteuses et vitrioliques.

Le ministre de l'intérieur,

Vu les dernières observations adressées au directeur général des mines, sur l'application des articles 2, 3 et 4 de la loi sur les mines, du 21 avril 1810, aux exploitations qui ont pour objet les terres pyriteuses destinées à la fabrication du sulfate de fer, de l'alun et autres sels ;

L'avis du Conseil général des mines, du 4 mars dernier ;

Et le rapport du directeur général de cette administration ;

Considérant qu'il ne peut y avoir de doute sur la classe dans laquelle doivent être rangées aujourd'hui les terres pyriteuses et vitrioliques des départements de l'Aisne et de l'Oise ; mais que, par les lois antérieures à celle du 21 avril 1810, ces gîtes de minerais, n'étant point distingués des autres, étaient compris sous la dénomination générale de *mines*, et que leur exploitation donnait lieu à concession ;

Que, la loi nouvelle n'ayant point formellement abrogé les anciennes concessions de cette nature, antérieures à sa promulgation, ce serait donner un effet rétroactif à cette loi que de revenir sur ces concessions ;

Que les anciens concessionnaires à titre légal ont, en conséquence, le droit de continuer à jouir de tout le bénéfice de leurs titres, et pendant la durée qui s'y trouve fixée ; mais qu'alors ils seront tenus, pour raison de cette jouissance, de la redevance imposée par l'acte de concession, et, à son défaut, de celle établie par la loi nouvelle sur les exploitations concédées, sur laquelle des deux redevances l'option, s'il y a lieu à l'exercer, peut être, par faveur, réservée à ces concessionnaires ;

Considérant, enfin, que ces mêmes concessionnaires peuvent, si bon leur semble, renoncer à la faveur de leur concession, mais qu'alors ils rentrent dans la classe ordinaire de tous les prétendants aux exploitations de cette nature, et que, n'ayant plus le droit d'exploiter les terres concédées, lesquelles redeviennent de libre exploitation, ils doivent, du moment de leur renonciation, cesser toute exploitation, sauf à eux à demander, s'il y a lieu, des permissions nouvelles, en se conformant à la loi ; demande qui donne alors ouverture à tout morcellement, à l'exercice des droits des propriétaires du sol, et à toute concurrence, comme s'il n'y avait point eu de concession primitive ;

ART. 1er. — Les terres pyriteuses et vitrioliques en dépôts d'alluvion, semblables à ceux des départements de l'Aisne et de l'Oise, quand on les exploite pour la fabrication du sulfate de fer, de l'alun et autres sels, sont rangées dans la classe des minières, et leur exploitation est assujettie à une simple permission, conformément à la loi du 21 avril 1810, qui n'a point abrogé les concessions antérieures de ces substances.

ART. 2. — Les concessions accordées, sous l'empire des anciennes lois, pour l'exploitation de ces substances, doivent être maintenues, pour la durée fixée par les décrets, à charge, par ceux qui les ont obtenues, de se conformer à la loi, et d'acquitter la redevance proportionnelle qu'elle a établie, si mieux n'aiment lesdits concessionnaires se soumettre au payement de la redevance déterminée par les titres de leurs concessions.

ART. 3. — Il est libre, néanmoins, aux anciens concessionnaires de ces gîtes de minerais, de se désister du bénéfice de leurs titres de concession ; et ils seront, dans ce cas, déchargés de toute redevance, du moment de la cessation de leurs exploitations ; mais ils seront tenus de déposer l'acte de leur désistement à la préfecture du département, et de se conformer, le cas échéant, au paragraphe 4 de la première partie de notre instruction du 3 août 1810.

ART. 4. — Les concessionnaires qui auront renoncé au privilége résultant de leurs titres de concession seront tenus, à peine d'être poursuivis comme contrevenants aux lois, de cesser toute exploitation dans l'étendue de la concession ; conséquemment, ils ne pourront la reprendre, en tout ou en partie, qu'à la faveur de la permission qui leur en aurait été accordée, sur la demande qu'ils en auraient faite, en remplissant les formalités prescrites, à cet égard, par le titre V de la loi, et développées en l'instruction susdatée.

ART. 5. — Le directeur général des mines est chargé de l'exécution du présent arrêté.

Circulaire du 23 mars 1842 sur les demandes en concession de mines.

Le directeur général des mines (comte Laumond) aux préfets.

J'ai l'honneur de vous prévenir qu'il est indispensable que vous vouliez bien, à l'avenir, adresser au ministère de l'intérieur, ou à la direction générale des mines, trois plans authentiques de chaque demande en concession, visés par vous, et certifiés par l'ingénieur des mines.

Ces plans doivent être présentés au gouvernement, et visés par le secrétaire du Conseil d'Etat.

Je vous transmettrai celui qui doit être déposé dans les archives du département, aussitôt que le gouvernement aura statué sur les demandes.

Circulaire du 17 août 1842 sur l'instruction des demandes en concession ou permission.

Le directeur général des mines (comte Laumond) aux ingénieurs en chef.

J'ai remarqué que, le plus souvent, dans l'instruction des demandes en concession ou permission, les ingénieurs en chef et ordinaires ne remplissent pas d'une manière complète les obligations qui leur sont imposées.

L'article 24 du décret du 18 novembre 1810 porte :

« Ils (les ingénieurs en chef) proposeront aux préfets, et ils adresseront au directeur général, les projets d'affiches et les conditions du cahier des charges, pour toutes les concessions de mines et pour celles des usines désignées par l'article 73 de la loi du 21 avril 1810. »

L'article 33 charge les ingénieurs ordinaires de *faire toutes les reconnaissances et opérations nécessaires pour se mettre à même de fournir tous les renseignements essentiels, pour indiquer le mode général d'exploitation, et pour régler les conditions qui seront exigées par l'acte de concession. Ils doivent soumettre, à cet égard, leur rapport à l'ingénieur en chef.*

Au lieu d'entrer dans ces détails, qui constituent une des parties les plus importantes du service de l'ingénieur des mines, on néglige d'abord, presque toujours, de rédiger les projets d'affiche, et l'administration supérieure se trouve souvent dans l'obligation de les faire recommencer.

Quant aux cahiers des charges des concessions, on se contente d'indiquer, d'une manière vague, par quelques articles de l'avis, les travaux les plus importants à exécuter par les concessionnaires, tels que les galeries d'écoulement et les puits d'extraction ; mais on passe sous silence le mode d'exploitation, d'où dépend cependant, en grande partie, la prospérité des établissements, et qu'il est par conséquent bien essentiel de prescrire au concessionnaire, dans l'acte même qui doit lui assurer la propriété incommutable d'une mine.

Les plans et coupes de terrains et des travaux déjà exécutés

ne sont presque jamais joints aux pièces, et pourtant eux
seuls, avec les détails techniques circonstanciés fournis par
l'ingénieur, peuvent mettre le Conseil général des mines dans
le cas de donner son avis, avec entière connaissance de cause,
sur les parties d'art des affaires que je présente à son examen.

Je sais que, pour la concession de mines non encore exploitées, il peut souvent être difficile d'indiquer d'avance avec
détail le mode d'exploitation le plus convenable, parce que la
fixation de ce mode d'exploitation peut dépendre de circonstances naturelles qui ne sont connues que lorsque le gîte de
minerai a été exploré; mais, dans ce cas, on doit se réserver,
par un article du cahier des charges, la faculté de prescrire ce
mode d'exploitation par la suite.

Afin de faire cesser les irrégularités que je viens de vous
signaler, je vous prie de vous conformer, à l'avenir, aux instructions suivantes :

1° Vous rédigerez toujours les projets d'affiches, et vous
m'en transmettrez directement une expédition ;

2° Chacun de vos rapports sur une demande en concession
devra renfermer une description détaillée du gîte à exploiter
et des terrains environnants, sous les rapports physiques et
géologiques : la direction et l'inclinaison du gîte, ainsi que
l'allure des roches qui l'encaissent, seront toujours figurées
sur les plans de surface ;

3° Vous rédigerez toujours un projet de cahier des charges
le plus détaillé qu'il sera possible, et qui sera séparé du reste
de votre avis, de manière qu'il puisse être joint au projet de
décret, et vous m'en transmettrez toujours directement l'expédition ;

4° S'il s'agit d'une mine déjà en exploitation, il faudra faire
joindre aux plans de surface des plans et coupes des travaux
déjà exécutés : à défaut de moyen de les faire fournir promptement avec l'exactitude convenable, vous en dresserez vous-
même un plan figuratif, indiquant, autant que possible, la
structure géologique du terrain, les hauteurs relatives des
points principaux de l'exploitation et des points d'émerge-
ment, etc. Dans ce cas, le cahier des charges indiquera avec
détail, ou les travaux d'art principaux, ou le mode d'exploi-

tation qu'il sera jugé convenable de prescrire au concessionnaire, pour la prospérité de son établissement ;

5° S'il s'agit d'une mine non encore exploitée, et d'un gîte de
minerai peu connu, votre projet de cahier des charges indiquera seulement avec précision les grands travaux d'art nécessaires à exécuter, et le dernier article devra toujours
astreindre le concessionnaire à se conformer au mode d'exploitation qui lui sera prescrit, dans la suite, par l'administration des mines ;

6° Enfin, il est convenable que vous employiez toujours,
dans vos rapports, avis, cahiers des charges, etc., les termes
d'art généralement usités et employés depuis longtemps par
l'administration des mines : vous ne devez faire usage des
termes locaux, tels que *bures, arènes, vallées,* etc., qu'en les
indiquant comme synonymes des premiers.

Vous voudrez bien faire connaître aux ingénieurs ordinaires
de votre arrondissement les dispositions de cette lettre, et les
inviter à s'y conformer.

Circulaire du 1er septembre 1812 sur les réclamations contre les redevances de mines.

Le ministre de l'intérieur (comte de Montalivet) aux préfets.

Je suis informé que plusieurs Conseils de préfecture, auxquels divers concessionnaires de mines ont présenté des demandes en dégrèvement de la redevance fixe à laquelle leur
concession avait été imposée, ont prononcé la décharge totale
de cette redevance, sur des motifs qu'il n'est pas dans leurs
attributions de connaître et d'admettre, attendu qu'ils sont
directement relatifs au sort de la concession qui en fait l'objet
et qu'il n'appartient qu'à l'autorité supérieure de fixer.

Je dois, à cet égard, vous rappeler les principes, et vous
faire connaître les seules attributions accordées par le décret

du 6 mai 1811 aux Conseils de préfecture, pour prononcer sur les réclamations qui ont pour objet les redevances fixes et proportionnelles auxquelles les mines sont soumises par les articles 33, 34, 52 et 54 de la loi du 21 avril 1810.

L'article 46 de ce décret fixe clairement ces attributions : *S'il y a lieu* (y est-il dit) *à ce que la cote soit* réduite, *le Conseil de préfecture prononcera la quotité de la réduction, sauf le pourvoi selon les lois.* Ce Conseil n'a donc à connaître que les réclamations qui ont *le trop imposé pour objet* : ce n'est que par une interprétation erronée de cet article et du quarante-quatrième, qu'on a pu renvoyer aux Conseils de préfecture des réclamations fondées sur ce que les réclamants, n'ayant point fait usage de leur concession, en avaient encouru la déchéance par les dispositions de l'ancienne loi, ou sur ce qu'ils proposaient leur renonciation pour se soustraire au payement des redevances établies par la loi nouvelle.

Toutes les réclamations sur les redevances fixes doivent, aux termes de l'article 44 du décret, être remises indistinctement au préfet du département de la situation de la concession ou de l'exploitation ; ce magistrat doit leur donner la suite dont elles sont susceptibles, et prendre l'avis motivé de l'ingénieur des mines, ainsi que l'article 45 le prescrit : après cette instruction préalable, il doit, selon la nature de la réclamation, ou la renvoyer au Conseil de préfecture, s'il ne s'agit que de statuer sur une *réduction*, ou à l'autorité administrative supérieure, s'il y a lieu à statuer sur le refus de se soumettre au payement de redevance, par le motif que le concessionnaire a renoncé à son titre de concession : dans ce dernier cas, il doit joindre à l'envoi de cette réclamation son avis motivé, ainsi que toutes les pièces de l'instruction.

Je vous invite, en conséquence, à vous renfermer strictement dans les principes et les termes du décret du 6 mai 1811 ; à ne renvoyer au Conseil de préfecture de votre département que les demandes ayant pour objet ou une décharge, ou *une réduction sur le trop imposé prétendu,* et à adresser au directeur général des mines toutes celles qui porteront le refus de payer, par un motif quelconque dont le sort de la concession peut dépendre, en y joignant l'instruction à laquelle elles auront donné lieu, ainsi que l'arrêté administratif que vous aurez cru devoir prendre.

Je ne puis trop vous recommander l'exécution de cette mesure, afin d'éviter que les erreurs qui ont lieu dans quelques départements ne s'y renouvellent ou ne se propagent dans d'autres, et n'y entravent la marche de l'administration, en l'obligeant à en faire faire le redressement par l'autorité supérieure.

Arrêté du 27 octobre 1842, du ministre de l'intérieur (comte de Montalivet), qui fixe le sens et l'application de l'article 28 de la loi du 21 avril 1810.

Le ministre de l'intérieur,

Vu le rapport du directeur général des mines, par lequel il représente la nécessité de fixer, d'une manière invariable, le vrai sens et la véritable application des dispositions de l'article 28 de la loi sur les mines, du 21 avril 1810, afin que l'article 26 de la même loi reçoive strictement son exécution;

Vu l'avis du Conseil général des mines, du 20 avril dernier;

Considérant, à l'égard des demandes en concession formées sous le régime de la loi du 21 avril 1810, que ces demandes doivent, aux termes de l'article 23 de cette loi, être publiées et affichées pendant quatre mois consécutifs;

Que les oppositions à ces demandes, ainsi que les prétentions en préférence, ne doivent être admises par les préfets, aux termes de l'article 26, qu'autant qu'elles sont notifiées à la préfecture, au plus tard, le dernier jour du quatrième mois des affiches et publications de la demande primitive;

Considérant, à l'égard des demandes en concession instruites sous le régime de la loi de 1791, et qui ont été publiées et affichées conformément à cette loi, que ces demandes ne sont susceptibles d'une nouvelle instruction et de nouvelles publications et affiches que relativement aux droits des propriétaires de la surface, d'après l'avis du Conseil d'Etat, approuvé le 11 juin 1810, et que, par conséquent, aucune opposition ni demande en concurrence n'est plus admissible par les préfets contre les demandes primitives;

Considérant que, jusqu'à ce que le Conseil d'Etat soit saisi de l'instruction sur une demande en concession de mines, c'est au ministre de l'intérieur seul qu'il appartient de renvoyer à la décision des tribunaux les oppositions motivées sur la propriété de la mine demandée, comme étant acquise aux opposants par concession ou autrement, et dont la connaissance est réservée à l'autorité judiciaire par l'article 28 de la loi; soit que ces opposition saient été notifiées aux préfets, dans l'intervalle des quatre mois de délai pour les publications et affiches des demandes; soit qu'elles aient été introduites directement auprès du ministre, dans les formes prescrites en cet article;

Considérant enfin que, quel que soit le motif des oppositions tardives ou formées en temps utile, il importe à l'administration supérieure de les connaître et d'être mise à portée d'en apprécier le mérite, ainsi que l'influence qu'elles peuvent avoir sur la décision à intervenir;

ARRÊTE :

ART. 1er. — Toutes oppositions ou demandes en concurrence, formées contre une demande en concession nouvelle, et notifiées dans les formes prescrites par l'article 26 de la loi du 21 avril 1810, à la préfecture d'un département, après le dernier jour du quatrième mois de l'affiche de cette demande, ne pourront être admises par le préfet pour faire partie de l'instruction d'après laquelle il statuera sur la demande en concession, conformément à l'article 27 de la même loi, comme si ces oppositions ou demandes en concurrence n'avaient point eu lieu.

ART. 2. — Le préfet auquel ces oppositions ou demandes tardives auront été notifiées les transmettra néanmoins séparément au ministre, avec un arrêté constatant les motifs pour lesquels elles n'auront pas été comprises et discutées dans l'instruction principale de la demande en concession, et son avis sur le mérite de ces oppositions.

ART. 3. — Les oppositions ou demandes en concurrence,

contre les demandes en concession publiées et affichées sous le régime de la loi de 1791, survenues depuis les nouvelles publications et affiches de ces demandes, publications qui ont pour objet la fixation des droits attribués aux propriétaires de la surface par les articles 6 et 42 de la loi, ne pourront également être admises par les préfets pour faire partie de l'instruction principale, lorsque ces oppositions ne seront point directement relatives à la fixation de ces droits; soit que ces oppositions ou demandes aient été introduites dans les quatre mois des nouvelles publications et affiches, soit qu'elles l'aient été postérieurement. Dans l'un ou l'autre cas, ces oppositions ou demandes seront transmises ainsi qu'il est dit en l'article précédent.

ART. 4. — Toutes les fois qu'une opposition à une demande en concession, notifiée à la préfecture dans le délai prescrit en l'article 26 de la loi, sera motivée sur la propriété de la mine acquise à l'opposant par concession ou autrement, et qu'ainsi la connaissance sera susceptible d'en appartenir aux tribunaux, d'après les dispositions de l'article 28 de la loi, le préfet ne pourra en ordonner le renvoi de son propre mouvement; mais il exprimera son avis sur la nature de cette opposition par un arrêté particulier et préparatoire, qu'il transmettra, avec l'opposition et les pièces à l'appui, au ministre de l'intérieur, lequel statuera sur le renvoi aux tribunaux, s'il y a lieu.

ART. 5. — Le directeur général des mines est chargé de l'exécution du présent arrêté.

Circulaire du 3 novembre 1812 sur les demandes en concurrence.

Le ministre de l'intérieur (comte de Montalivet) aux préfets.

La loi du 21 avril 1810 ordonne (art. 23) que les *demandes en concession* seront publiées et affichées pendant quatre mois. Conformément à l'article 26, les *oppositions* à ces demandes sont admises devant le préfet, jusqu'au dernier jour du quatrième mois, à compter de la date de l'affiche.

D'après le même article, les demandes en concurrence sont admises, notifiées et enregistrées de la même manière et dans le même délai que les oppositions.

Nulle part la loi n'a prescrit que les oppositions fussent affichées, ni publiées ; il ne s'est élevé aucun doute à ce sujet de la part des fonctionnaires chargés de la faire exécuter.

Il n'en est pas de même des *demandes en concurrence*.

Elles ont donné lieu à la question de savoir si elles doivent être soumises aux formalités des publications et des affiches.

Une *demande en concurrence* n'est qu'une opposition à la demande primitive, et le législateur lui a imprimé ce caractère, en la mentionnant cumulativement, dans l'article 26, avec les oppositions.

En effet, si cette demande avait lieu à la fin du quatrième mois, et qu'elle dût être affichée pendant quatre mois, l'instruction se prolongerait jusqu'au huitième mois ; si, à cette époque, il se présentait un nouveau concurrent, sa réclamation reporterait l'instruction au douzième mois, et alors il n'y aurait pas de raison de voir le terme de ces retardements administratifs.

Le législateur n'a pu avoir l'intention d'exposer l'administration à un semblable résultat.

Il a donc évidemment assimilé les demandes en concurrence aux oppositions, pour lesquelles il n'a pas exigé la publication et l'affiche, mais qui doivent être notifiées aux parties.

C'est dans ce sens que la loi doit être exécutée.

Les demandes en concurrence devant être mises, comme les oppositions, sous les yeux de l'autorité supérieure, examinées par elle, et discutées, s'il y a lieu, au Conseil d'Etat, les demandeurs en concurrence ont la certitude d'obtenir justice, sans qu'ils aient droit de réclamer la formalité d'affiche et de publication, formalité inutile en elle-même, non prescrite par la loi, et qui n'aurait d'autre effet que d'éterniser les affaires.

J'ai cru devoir vous donner connaissance de ces observations, afin que vous puissiez en faire l'application aux cas analogues qui se présenteront.

Circulaire aux ingénieurs des mines, du 18 décembre 1812, sur les cahiers des charges des concessions de mines.

Le directeur général des mines (comte Laumond) aux ingénieurs des mines.

Par ma lettre du 17 août dernier, je vous ai rappelé que, conformément aux articles 24 et 33 du décret du 18 novembre 1810, il était nécessaire de joindre à chacun de vos rapports sur les demandes en concession un cahier de charges rédigé séparément et avec détail.

Ces cahiers, devant renfermer l'indication des travaux nécessaires à exécuter par les concessionnaires, doivent quelquefois leur imposer des charges assez dispendieuses, auxquelles il pourrait paraître injuste de les assujettir, sans qu'ils aient eu connaissance de ce à quoi ils s'engageaient en formant une demande en concession.

D'un autre côté, le Conseil général des mines peut se proposer des changements aux conditions des cahiers de charges rédigés par les ingénieurs; ce qui pourrait, dans la marche actuelle des choses, prolonger beaucoup la durée de l'instruction des demandes en concession.

Pour éviter ces inconvénients, je vous prie de m'adresser toujours directement, pendant la durée de l'apposition des affiches, et le plus promptement qu'il vous sera possible, les projets de cahiers de charges, ainsi que les plans et renseignements spécifiés dans ma lettre précitée du 17 août; je vous renverrai les premiers avec mon approbation, ou avec les modifications que je croirai devoir y apporter, et vous les transmettrez alors aux préfets, qui les communiqueront aux demandeurs en concession. Ceux-ci devront déclarer, par écrit, s'ils s'engagent à exécuter les travaux prescrits par ces cahiers de charges, et vous aurez soin de faire toujours mention de cette déclaration dans votre rapport définitif.

Je n'ai pas besoin de vous rappeler tout le soin qu'il est nécessaire que vous apportiez à la rédaction des cahiers des charges ; il vous suffira de penser que la prospérité des établissements dépendra souvent des dispositions que vous y insérerez. Il faut, en conséquence, que ces cahiers renferment tout ce qu'il sera *essentiel* d'ordonner pour assurer le succès des entreprises ; mais vous ne perdrez pas de vue que l'assujettissement à des travaux trop dispendieux, relativement aux moyens de fortune des compagnies exploitantes , pourrait porter, par la suite, ces compagnies à des réclamations fondées, et occasionner peut-être l'inexécution entière des charges ordonnées.

Vous n'oublierez pas, non plus, que la *sûreté publique* et l'assurance à long terme des *besoins des consommateurs* sont aussi essentiellement dépendantes de la régularité des exploitations ; que ces deux intérêts. spécialement indiqués dans le titre V de la loi du 21 avril 1810, excitent également la sollicitude du gouvernement, et qu'ils doivent particulièrement être l'objet de votre constante prévoyance.

Circulaire aux préfets, du 18 décembre 1812, sur les projets d'affiches et les cahiers des charges des concessions de mines.

Le directeur général des mines (comte Laumond) aux préfets.

L'article 24 du décret du 18 novembre 1810, portant organisation du corps des ingénieurs des mines, charge nominativement les ingénieurs de proposer aux préfets et d'adresser au directeur général des mines les projets d'affiches et les conditions des cahiers de charges pour toutes les concesisons de mines ou d'usines.

Ces deux dispositions n'étaient pas généralement exécutées, et je viens de les rappeler aux ingénieurs.

Je vous prie donc de vouloir bien, dorénavant, aussitôt qu'une demande en concession vous aura été présentée, dans les formes prescrites par la loi du 21 avril 1810, la communiquer à l'ingénieur des mines de votre département, pour qu'il vous présente le projet de rédaction des affiches prescrites par cette loi.

Quant aux cahiers de charges, comme ils doivent indiquer les travaux d'art nécessaires à exécuter par le concessionnaire et le mode d'exploitation convenable, il me paraît indispensable qu'ils soient consentis par le demandeur; car il ne serait pas juste de lui imposer des conditions, peut-être onéreuses, qu'il n'aurait pas prévues en formant sa demande.

J'ai, en conséquence, chargé les ingénieurs, lorsque les cahiers de charges rédigés par eux auront été approuvés ou modifiés par moi, d'après l'avis du Conseil général des mines, de vous les transmettre sur-le-champ : veuillez bien alors les communiquer aux demandeurs, en les invitant à déclarer, par écrit, s'ils se soumettent à exécuter les travaux et à remplir les conditions indiqués par ces cahiers.

Il sera nécessaire que cette déclaration reste jointe aux pièces, et que vous en fassiez mention dans votre avis définitif sur chaque demande en concession.

Décret du 3 janvier 1813, contenant des dispositions de police relatives à l'exploitation des mines.

Les événements survenus récemment dans l'exploitation des mines de quelques départements de la France ayant excité, d'une manière particulière, notre sollicitude en faveur de nos sujets occupés journellement aux travaux des mines, nous avons reconnu que ces accidents peuvent provenir : 1º de l'inexécution des clauses des cahiers des charges imposées aux concessionnaires, pour la solidité de leurs travaux ; 2º du défaut de précaution contre les inondations souterraines et l'inflammation des vapeurs méphitiques et délétères ; 3º du défaut de subordination des ouvriers ; 4º de la négligence des propriétaires des mines à leur procurer les secours nécessaires; et voulant prévenir, autant qu'il est en nous, le retour de ces

malheurs par des mesures de police spécialement applicables
à l'exploitation des mines ;

Notre Conseil d'Etat entendu,

Nous avons décrété et décrétons ce qui suit :

TITRE Ier. — *Dispositions préliminaires.*

ART. 1er. — Les exploitants des mines qui, conformément
aux dispositions de la loi du 21 avril 1810, ont le droit d'obtenir
les concessions de leurs exploitations actuelles, seront tenus
d'en former la demande, dans le délai d'un an, à dater de la
publication du présent décret.

ART. 2. — Leurs demandes seront adressées aux préfets,
qui leur en feront délivrer certificat, et qui les feront passer
au directeur général des mines, avec leur avis et celui de l'ingénieur, sur la fixation définitive des limites des concessions
demandées.

TITRE II. — *Dispositions tendant à prévenir les accidents.*

ART. 3. — Lorsque la sûreté des exploitations ou celle des
ouvriers pourra être compromise par quelque cause que ce
soit, les propriétaires seront tenus d'avertir l'autorité locale
de l'état de la mine qui serait menacée ; et l'ingénieur des
mines, aussitôt qu'il en aura connaissance, fera son rapport au
préfet et proposera la mesure qu'il croira propre à faire cesser
la cause du danger.

ART. 4. — Le préfet, après avoir entendu l'exploitant, ou
ses ayants cause dûment appelés, prescrira les dispositions
convenables, par un arrêté qui sera envoyé au directeur général des mines, pour être approuvé, s'il y a lieu, par le ministre de l'intérieur.

En cas d'urgence, l'ingénieur en fera mention spéciale dans
son rapport, et le préfet pourra ordonner que son arrêté soit
provisoirement exécuté.

ART. 5. — Lorsqu'un ingénieur, en visitant une exploitation, reconnaîtra une cause de danger imminent, il fera, sous sa

responsabilité, les réquisitions nécessaires aux autorités locales, pour qu'il soit pourvu sur-le-champ, d'après les dispositions qu'il jugera convenables, ainsi qu'il est pratiqué en matière de voirie, lors du péril imminent de la chute d'un édifice.

ART. 6. — Il sera tenu, sur chaque mine, un registre et un plan, constatant l'avancement journalier des travaux, et les circonstances de l'exploitation dont il sera utile de conserver le souvenir. L'ingénieur des mines devra, à chacune de ses tournées, se faire représenter ce registre et ce plan; il y insérera le procès-verbal de visite et ses observations sur la conduite des travaux. Il laissera à l'exploitant, dans tous les cas où il le jugera utile, une instruction écrite sur le registre, contenant les mesures à prendre sur la sûreté des hommes et celle des choses.

ART. 7. — Lorsqu'une partie ou la totalité d'une exploitation sera dans un état de délabrement ou de vétusté tel, que la vie des hommes aura été compromise ou pourrait l'être, et que l'ingénieur des mines ne jugera pas possible de la réparer convenablement, l'ingénieur en fera son rapport motivé au préfet, qui prendra l'avis de l'ingénieur en chef, et entendra l'exploitant ou ses ayants cause.

Dans le cas où la partie intéressée reconnaîtrait la réalité du danger indiqué par l'ingénieur, le préfet ordonnera la fermeture des travaux.

En cas de contestations, trois experts seront nommés, le premier par le préfet, le second par l'exploitant, et le troisième par le juge de paix du canton.

Les experts se transporteront sur les lieux; ils y feront toutes les vérifications nécessaires, en présence d'un membre du Conseil d'arrondissement, délégué à cet effet par le préfet, et avec l'assistance de l'ingénieur en chef; ils feront au préfet un rapport motivé.

Le préfet en référera au ministre, en donnant son avis.

Le ministre, sur l'avis du préfet, et sur le rapport du directeur général des mines, pourra statuer, sauf le recours au Conseil d'Etat.

Le tout, sans préjudice des dispositions portées, pour les cas d'urgence, dans l'article 4 du présent décret.

Art. 8. — Il est défendu à tout propriétaire d'abandonner, en totalité, une exploitation, si auparavant elle n'a été visitée par l'ingénieur des mines.

Les plans intérieurs seront vérifiés par lui ; il en dressera procès-verbal, par lequel il fera connaître les causes qui peuvent nécessiter l'abandon.

Le tout sera transmis par lui, ainsi que son avis, au préfet du département.

Art. 9. — Lorsque l'exploitation sera de nature à être abandonnée par portions ou par étages, et à des époques différentes, il y sera procédé successivement et de la manière ci-dessus indiquée.

Dans les deux cas, le préfet ordonnera les dispositions de police, de sûreté et de conservation, qu'il jugera convenables, d'après l'avis de l'ingénieur des mines.

Art. 10. — Les actes administratifs concernant la police des mines, en matières dont il a été fait mention dans les articles précédents, seront notifiés aux exploitants, afin qu'ils s'y conforment dans les délais prescrits ; à défaut de quoi, les contraventions seront constatées par procès-verbaux des ingénieurs des mines, conducteurs, maires, autres officiers de police, gardes-mines : on se conformera, à cet égard, aux articles 93 et suivants de la loi du 21 avril 1810, et, en cas d'inexécution, les dispositions qui auront été prescrites seront exécutées d'office, aux frais de l'exploitant, dans les formes établies par l'article 37 du décret du 18 novembre 1810.

Titre III. — *Mesures à prendre, en cas d'accidents arrivés dans les mines, minières, usines et ateliers.*

Art. 11. — En cas d'accidents survenus dans une mine, minière, usine et ateliers qui en dépendent, soit par éboulement, par inondation, par le feu, par asphyxie, par rupture des machines, engins, câbles, chaînes, paniers, soit par émanations nuisibles, soit par toute autre cause, et qui auraient occasionné la mort ou des blessures graves à un ou plusieurs ouvriers, les exploitants, directeurs, maîtres mineurs, et autres préposés, sont tenus d'en donner connaissance aussitôt au maire de la commune et à l'ingénieur des mines, et, en cas d'absence, au conducteur.

ART. 12. — La même obligation leur 'est imposée dans le cas où l'accident compromettrait la sûreté des travaux, celle des mines ou des propriétés de la surface, et l'approvisionnement des consommateurs.

ART. 13. — Dans tous les cas, l'ingénieur des mines se transportera sur les lieux; il dressera procès-verbal de l'accident, séparément, ou concurremment avec les maires et autres officiers de police; il en constatera les causes, et transmettra le tout au préfet du département.

En cas d'absence, les ingénieurs seront remplacés par les élèves, conducteurs et gardes-mines assermentés devant les tribunaux. Si les uns et les autres sont absents, les maires, ou autres officiers de police, nommeront les experts à ce connaissant, pour visiter l'exploitation et mentionner leurs dires dans un procès-verbal.

ART. 14. — Dès que le maire et autres officiers de police auront été avertis, soit par les exploitants, soit par la voix publique, d'un accident arrivé dans une mine ou usine, ils en préviendront immédiatement les autorités supérieurs. Ils prendront, conjointement avec l'ingénieur des mines, toutes les mesures convenables pour faire cesser le danger, et en prévenir la suite. Ils pourront, comme dans le cas de péril imminent, faire des réquisitions d'outils, chevaux, hommes, et donneront les ordres nécessaires.

L'exécution des travaux aura lieu sous la direction de l'ingénieur et des conducteurs, ou, en cas d'absence, sous la direction des experts délégués à cet effet par l'autorité locale.

ART. 15. — Les exploitants seront tenus d'entretenir sur leurs établissements, dans la proportion du nombre d'ouvriers et de l'étendue de l'exploitation, les médicaments et les moyens de secours qui leur seront indiqués par le ministre de l'intérieur, et de se conformer à l'instruction réglementaire qui sera approuvée par lui à cet effet.

ART. 16. — Le ministre de l'intérieur, sur la proposition des préfets et le rapport du directeur général des mines, indiquera celles des exploitations qui, par leur importance et le nombre des ouvriers qu'elles emploient, devront avoir et entretenir, à leurs frais, un chirurgien spécialement attaché au service de l'établissement.

Un seul chirurgien pourra être attaché à plusieurs établissements à la fois, si ces établissements se trouvent dans un rapprochement convenable; son traitement sera à la charge des propriétaires, proportionnellement à leur intérêt.

Art. 17. — Les exploitants et directeurs des mines voisines de celle où il serait arrivé un accident fourniront tous les moyens de secours dont ils pourront disposer, soit en hommes, soit de toute autre manière, sauf le recours, pour leur indemnité, s'il y a lieu, contre qui de droit.

Art. 18. — Il est expressément prescrit aux maires et autres officiers de police de se faire représenter les corps des ouvriers qui auraient péri par accident dans une exploitation, et de ne permettre leur inhumation qu'après que le procès-verbal de l'accident aura été dressé, conformément à l'article 81 du Code civil, et sous les peines portées dans les articles 358 et 359 du Code pénal.

Art. 19. — Lorsqu'il y aura impossibilité de parvenir jusqu'au lieu où se trouvent les corps des ouvriers qui auraient péri dans les travaux, les exploitants, directeurs et autres ayants cause, seront tenus de faire constater cette circonstance par le maire ou autre officier public, qui en dressera procès-verbal et le transmettra au procureur impérial, à la diligence duquel, et sur l'autorisation du tribunal, cet acte sera annexé au registre de l'état civil.

Art. 20. — Les dépenses qu'exigeront les secours donnés aux blessés, noyés ou asphyxiés, et la réparation des travaux, seront à la charge des exploitants.

Art. 21. — De quelque manière que soit arrivé un accident, les ingénieurs des mines, maires et autres officiers de police, transmettront immédiatement leurs procès-verbaux aux sous-préfets et aux procureurs près les tribunaux. Les procès-verbaux devront être signés et déposés dans les délais prescrits.

Art. 22. — En cas d'accidents qui auraient occasionné la

perte ou la mutilation d'un ou de plusieurs ouvriers, faute de s'être conformés à ce qui est prescrit par le présent règlement, les exploitants, propriétaires et directeurs, pourront être traduits devant les tribunaux, pour l'application, s'il y a lieu, des dispositions des articles 319 et 320 du Code pénal, indépendamment des dommages-intérêts qui pourraient être alloués au profit de qui de droit.

TITRE IV. — *Dispositions concernant la police du personnel.*

SECTION I. — Des ingénieurs, propriétaires de mines, exploitants et autres préposés.

ART. 23. — Indépendamment de leurs tournées annuelles, les ingénieurs des mines visiteront fréquemment les exploitations dans lesquelles il serait arrivé un accident, ou qui exigeraient une surveillance particulière.

Les procès-verbaux seront transcrits sur un registre ouvert à cet effet dans les bureaux des ingénieurs ; ils seront en outre transmis aux préfets des départements.

ART. 24. — Les propriétaires de mines, exploitants et autres préposés, fourniront aux ingénieurs et aux conducteurs tous les moyens de parcourir les travaux, et notamment de pénétrer sur tous les points qui pourraient exiger une surveillance spéciale. Ils exhiberont le plan tant intérieur qu'extérieur, et les registres de l'avancement des travaux, ainsi que du contrôle des ouvriers ; ils leur fourniront tous les renseignements sur l'état d'exploitation, la police des mineurs et autres employés ; ils les feront accompagner par les directeurs et maîtres mineurs, afin que ceux-ci puissent satisfaire à toutes les informations qu'il serait utile de prendre sous les rapports de sûreté et de salubrité.

SECTION II. — Des ouvriers.

ART. 25. — A l'avenir, ne pourront être employés en qualité de maîtres mineurs ou chefs particuliers de travaux des mines et minières, sous quelque dénomination que ce soit, que des individus qui auront travaillé comme mineurs, charpentiers, boiseurs ou mécaniciens, depuis au moins trois années consécutives.

ART. 26. — Tout mineur de profession, ou autre ouvrier employé, soit à l'intérieur, soit à l'extérieur, dans l'exploitation des mines et minières, usines et ateliers en dépendant, devra être pourvu d'un livret et se conformer aux dispositions de l'arrêté du 9 frimaire an XII.

Les registres d'ordre, sur lesquels l'inscription aura lieu dans chaque commune, seront conservés au greffe de la municipalité, pour y recourir au besoin.

Il est défendu à tout exploitant d'employer aucun individu qui ne serait pas porteur d'un livret en règle, portant l'acquit de son précédent maître.

ART. 27. — Indépendamment des livrets et registres d'inscription à la mairie, il sera tenu, sur chaque exploitation, un contrôle exact et journalier des ouvriers qui travaillent, soit à l'intérieur, soit à l'extérieur des mines, minières, usines et ateliers en dépendant : ces contrôles seront inscrits sur un registre qui sera coté par le maire, et paraphé par lui tous les mois.

Ce registre sera visé par les ingénieurs, lors de leur tournée.

ART. 28. — Dans toutes leurs visites, les ingénieurs des mines devront faire faire, en leur présence, la vérification du contrôle des ouvriers.

Le maire de la commune pourra faire cette vérification quand il la jugera convenable, surtout dans le moment où il y aura lieu de présumer qu'il peut y avoir quelque danger pour les individus employés aux travaux.

ART. 29. — Il est défendu de laisser descendre ou travailler dans les mines et minières les enfants au-dessous de dix ans.

Nul ouvrier ne sera admis dans les travaux, s'il est ivre ou en état de maladie : aucun étranger n'y pourra pénétrer sans la permission de l'exploitant ou du directeur, et s'il n'est accompagné d'un maître mineur.

ART. 30. — Tout ouvrier qui, par insubordination ou désobéissance envers le chef des travaux, contre l'ordre établi, aura compromis la sûreté des personnes ou des choses, sera poursuivi et puni selon la gravité des circonstances, conformément à la disposition de l'article 22 du présent décret.

TITRE V. — *Dispositions générales.*

ART. 31. — Les contraventions aux dispositions de police ci-dessus, lors même qu'elles n'auraient pas été suivies d'accidents, seront poursuivies et jugées conformément au titre X de la loi du 21 avril 1810 sur les mines, minières et usines.

ART. 32. — Notre ministre de l'intérieur est chargé de l'exécution du présent décret, qui sera inséré au *Bulletin des lois.*

Circulaire du 17 février 1843 concernant la police des mines.

Le directeur général des mines (comte Laumond) aux préfets.

Les nombreux accidents auxquels sont exposés les ouvriers employés aux travaux des mines ont fait reconnaître la nécessité d'un règlement de police qui prescrivît les mesures propres à prévenir, autant que possible, ces fâcheux événements.

Ce règlement fait l'objet du décret du 3 janvier dernier.

Je vais vous en faire remarquer les principales dispositions.

La loi du 21 avril 1810 n'avait pas fixé de délai aux exploitants actuels pour se mettre en mesure d'obtenir la concession de leur exploitation.

Par les articles 1er et 2 du titre Ier du règlement, il leur est accordé le délai d'un an, à dater de la publication du décret, pour former leur demande et remplir les formalités qui sont prescrites.

Je vous prie de vouloir bien donner une attention particulière à l'exécution de ses articles, et prendre des mesures pour que tous les exploitants des mines de votre département, qui ne sont pas pourvus de titres réguliers de concession, vous adressent leur demande dans le délai fixé et dans les formes voulues par la loi du 21 avril 1810. L'accomplissement de cette disposition sera un premier pas vers l'ordre, qui peut seul prévenir les événements désastreux et assurer la conservation des exploitations. Vous voudrez bien remarquer que ces articles sont également applicables à toutes les *mines de fer et filons, couches ou amas*, comme aux *mines d'alluvion*, exploitées par puits ou galeries. La plus grande partie de ces mines a été exploitée jusqu'ici, sans ordre comme sans titre, par les maîtres de forge, ou pour leur compte. Il est bien important que ces exploitations soient régularisées et soumises au mode de concession, mode avantageux pour les maîtres d'usines eux-mêmes. Cet objet vous paraîtra, sans doute, digne de toute votre surveillance.

Il n'est que trop reconnu que les accidents les plus graves et qui ont les suites les plus funestes proviennent souvent d'une cause éloignée, mais qui ne prend un caractère fâcheux que parce que, dès sa naissance, on a négligé d'apporter le remède convenable.

Ces sortes d'événements n'auront plus lieu, si les mesures de précaution indiquées dans le titre II sont exécutées avec soin.

Il ne vous paraîtra pas moins nécessaire d'ordonner et de surveiller la confection et la mise en ordre des plans et registres dont il est question. L'article 36 du décret du 18 novembre 1810, ainsi que l'instruction du ministre de l'intérieur du 3 août précédent, ont déjà ordonné ces mesures : les plans, qui doivent être dressés sur l'échelle d'un millimètre pour mètre, peuvent seuls fournir aux ingénieurs des mines les moyens d'exercer leur surveillance; et comme ils n'existent encore que sur un très-petit nombre d'exploitations, vous reconnaîtrez combien il est urgent de prendre des mesures propres à faire exécuter promptement cette disposition conservatrice des hommes et des choses.

Maissi, malgré la surveillance qui va être exercée, il survient encore des accidents qui ne pouvaient pas être prévus, le titre III du décret contient toutes les dispositions qui devront être exécutées, selon la nature et la gravité des accidents qui se seront manifestés.

Vous remarquerez, sans doute, que, par l'article 15 de ce même titre, les exploitants sont tenus d'entretenir, sur leurs établissements, dans la proportion du nombre des ouvriers et de l'étendue de l'exploitation, les médicaments et les moyens de secours qui leur sont prescrits, et de se conformer à l'instruction qui sera approuvée par le ministre de l'intérieur.

J'ai l'honneur de vous envoyer cette instruction, qui est approuvée par Son Excellence; je vous en adresse un nombre suffisant d'exemplaires pour être distribués à chacun des exploitants et chefs d'usine qui se trouvent dans votre département. Elle a été rédigée par M. Salmade, docteur en médecine de la Faculté de Paris, homme recommandable par ses talents, et qui n'a indiqué que ceux des traitements dont l'efficacité a été bien constatée par l'expérience.

Il est donc bien à désirer que, lors des accidents qui pourraient survenir, on suive exactement, selon leur espèce et leur gravité, les procédés qui sont prescrits dans cette instruction.

Il n'est pas moins nécessaire que vous exigiez que les exploitants et maîtres d'usines de la nature de celles qui sont indiquées dans le décret se tiennent toujours pourvus des médicaments qui sont indiqués à la fin de cette même instruction, comme premiers secours à administrer aussitôt après l'accident.

Les quantités de chaque espèce n'ont pas été assignées; elles doivent dépendre du nombre des ouvriers qui sont employés dans chaque établissement: vous aurez donc à diriger, sur ce point, les maires des communes.

Aux termes de l'article 16, vous aurez à indiquer celles des exploitations qui, par leur importance, devront avoir et entretenir à leurs frais un chirurgien spécialement attaché au service de l'établissement.

Une boîte dite *de secours*, telle qu'elle est décrite également à la fin de l'instruction, devra être placée dans chaque établissement au service duquel un chirurgien sera spécialement attaché.

Une seule pourra suffire, par commune, pour les divers

établissements. Il est juste qu'elle soit achetée et entretenue aux frais de tous les exploitants, en raison du nombre des ouvriers employés.

Le titre IV ne mérite pas moins de fixer toute votre attention, puisqu'il s'agit de la police du personnel : si les dispositions qu'il renferme sont bien exécutées, elles pourront contribuer à diminuer le nombre des accidents, qui n'arrivent, le plus souvent, que par la négligence ou l'imprévoyance des ouvriers.

Les moyens de répression contre les délits sont indiqués dans le titre V ; leur application peut seule garantir l'efficacité des mesures qui sont prescrites par ce règlement.

Les ingénieurs des mines sont appelés à concourir avec l'administration à l'exécution de ces mesures ; leur zèle doit vous répondre de leur empressement à vous seconder dans toutes les parties du service pour lequel ils pourront être requis.

Instruction du 9 février 1813, approuvée par le ministre de l'intérieur (comte de Montalivet), sur le caractère des accidents auxquels les ouvriers mineurs sont exposés et sur la nature des secours qui doivent leur être administrés, lorsque ces accidents ont lieu ;

Rédigée par M. Salmade, docteur en médecine, en exécution du décret du 3 janvier 1813.

Observations préliminaires.

Les nombreux accidents auxquels les mineurs et les ouvriers des mines métallurgiques sont exposés rendent nécessaire la publication d'une instruction courte et claire sur la nature de ces accidents, et sur les remèdes qu'ils réclament.

C'est pour remplir, à cet égard, les intentions bienfaisantes et les vues éclairées du ministre de l'intérieur, que le directeur général des mines nous a chargé de rédiger cet abrégé.

Nous y avons indiqué les dangers auxquels les ouvriers sont exposés, par l'aspiration des divers gaz méphitiques formés dans les mines, et nous avons décrit les remèdes qu'il faut sur-le-champ administrer aux individus asphyxiés par ces exhalaisons, pour les rappeler à la vie.

Le traitement que nous prescrivons est le plus généralement employé, et celui qui réussit le plus souvent.

Nous avons détaillé les secours qu'il faut donner aux personnes submergées, et nous avons rappelé, à l'égard des asphyxiés et des noyés, le seul signe qui distingue la mort réelle de celle qui n'est qu'apparente.

Enfin, nous avons successivement traité des accidents produits par les inflammations souterraines, par les vapeurs de l'arsenic, du plomb et du mercure, et nous avons dit quelques mots des fractures.

Nous avons soigneusement détaillé les symptômes à l'aide desquels on reconnaît exactement la nature, le degré et les effets de chacun de ces accidents, connaissance à laquelle on ne peut trop s'attacher, pour pouvoir donner sur-le-champ les remèdes nécessaires.

Nous avons toujours choisi, pour les traitements que nous conseillons, les méthodes les plus sûres, et, en même temps, les plus commodes et les plus faciles à suivre à l'égard des ouvriers.

Nous espérons qu'on retirera de grands avantages de l'emploi de ces remèdes, dont la vertu est constatée par une longue expérience.

Nous avons surtout, dans ce précis, recherché la concision et la clarté, pour que les directeurs des mines ou leurs préposés puissent, au besoin, donner eux-mêmes les premiers secours, qui doivent être d'autant plus prompts, que les accidents deviennent quelquefois mortels avant l'arrivée du chirurgien.

Cette instruction sera, pour les directeurs des mines, un guide sûr et invariable, d'après lequel ils reconnaîtront le besoin d'appeler l'officier de santé, pour qu'il achève le traitement, après l'emploi de ces premiers moyens, dont l'effet est depuis longtemps éprouvé.

Les méthodes que nous adoptons sont, sans doute, susceptibles de perfectionnement, et l'on ne pourrait trop désirer que les médecins qui sont à portée, par la nature et l'étendue de leur pratique, de bien connaître cette matière et de bien juger les écrits dont elle est le sujet, adressassent au directeur général des mines leurs observations sur le traitement que nous conseillons, avec les changements propres à rectifier ou à perfectionner nos préceptes.

C'est avec le plus vif et le plus sincère empressement que nous profiterons des lumières de leur expérience et de tous les conseils qui, tournant au profit de l'humanité, hâteraient, dans cette partie, les progrès de l'art.

Asphyxie.

Les mineurs sont exposés à être asphyxiés, lorsque la circulation de l'air ne se fait pas avec assez d'activité ; lorsque la substance qu'ils extraient exhale une grande quantité de gaz délétères ; lorsqu'ils pénètrent imprudemment dans des travaux anciens et abandonnés ; enfin, lorsque la combustion du gaz hydrogène se fait trop rapidement.

Les signes de l'asphyxie, toujours faciles à reconnaître, sont la cessation subite de la respiration, des battements du cœur, du mouvement et de toutes les fonctions sensitives ; le visage se gonfle et se marque de taches rougeâtres, les yeux deviennent saillants, les traits se décomposent, et la face est souvent livide.

La plupart des asphyxies auxquelles les ouvriers mineurs sont exposés ont pour cause le défaut d'air respirable ; elles exigent, en conséquence, le même traitement, surtout dans l'administration des premiers secours ; et ce n'est qu'après le retour des asphyxiés à la vie que l'on peut faire cesser, par un traitement approprié à leur situation, l'état d'infirmité où ils se trouvent encore.

C'est de l'ouvrage de M. Portal que nous empruntons la description du traitement de l'asphyxie. Pendant plus de vingt ans, nous avons suivi cette méthode, sous la direction de ce célèbre praticien, et les résultats d'une longue expérience peuvent maintenant la faire regarder comme la meilleure.

Il faut secourir un asphyxié avec la plus grande promptilude, et lui continuer les secours avec persévérance, tant qu'on n'a pas la certitude que la vie est complétement éteinte.

Le meilleur et le premier remède à employer, celui dans lequel on doit mettre la plus grande confiance, est le renouvellement de l'air, si nécessaire à la respiration : souvent il suffit pour tirer de l'asphyxie les malades qui ne sont pas depuis trop longtemps privés du mouvement.

En conséquence : 1° on retirera promptement l'individu asphyxié du lieu méphitisé ; on l'exposera au grand air ;

2° On le déshabillera, et il lui sera fait sur le corps des aspersions d'eau froide ;

3° On essayera de lui faire avaler, s'il est possible, de l'eau froide légèrement acidulée avec du vinaigre ;

4° On lui donnera des lavements avec deux tiers d'eau froide et un tiers de vinaigre ; on pourra ensuite en administrer d'autres, avec une forte dissolution de sel marin (sel ordinaire) dans l'eau, ou avec le séné et le sel d'Epsom ;

5° On tâchera d'irriter la membrane pituitaire, avec la barbe d'une plume qu'on remuera doucement dans les narines de l'asphyxié, ou avec un flacon d'alcali volatil fluor mis sous son nez ;

6° On introduira de l'air dans les poumons en soufflant, avec un tuyau, dans l'une des narines, et en comprimant l'autre avec les doigts ; on se servira, à cet effet, de la canule qui existe dans la boîte-entrepôt ;

7° Si ces secours ne produisaient pas assez promptement l'effet qu'on doit en attendre, le corps de l'asphyxié conservant de la chaleur, comme cela a lieu ordinairement, pendant longtemps, il faudra recourir à la saignée, dont la nécessité sera suffisamment indiquée, si le visage est rouge, si les lèvres sont gonflées et les yeux saillants.

La saignée de la jugulaire produirait un effet plus prompt ; à défaut de cette saignée, on ferait celle du pied.

8° On pourrait, pour dernier moyen, pratiquer une ouverture dans la trachée-artère, et y introduire un petit tuyau, dans lequel on pousserait l'air, à l'aide d'un petit soufflet.

Il faut mettre la plus grande activité dans l'administration de ces divers secours : plus on tarde à les employer, plus on doit craindre qu'ils ne soient infructueux ; et comme la mort peut n'être qu'apparente pendant longtemps, il ne faut renoncer à les continuer que lorsqu'elle est bien confirmée.

L'absence des battements du pouls n'est point un signe certain de la mort.

Le défaut de respiration n'est pas suffisant pour la constater.

On ne doit pas, non plus, regarder comme morts les individus dont l'haleine ou la transpiration pulmonaire ne ternirait pas le poli d'une glace, ni ceux dont les membres sont roides et qui paraissent insensibles.

La putréfaction est le seul vrai signe de la mort : c'est donc un devoir sacré d'attendre, avant d'ensevelir un corps asphyxié, qu'il soit réduit à cet état où la mort ne peut plus être douteuse.

Mais souvent, après avoir continué quelque temps avec persévérance à administrer les secours à un asphyxié, on entend un léger soupir qui se renouvelle au bout de quelques minutes.

Ces soupirs sont bientôt suivis de petits hoquets. Aussitôt que le malade donne un premier signe de vie, on lui fait des frictions avec des serviettes sur toutes les parties du corps ; on le place dans un lit, on lui fait avaler quelques cuillerées d'eau toujours acidulée avec du vinaigre, ou bien quelques cuillerées d'eau et de vin ; enfin, on a soin d'entretenir, dans la chambre, un courant d'air frais, sans lequel il risquerait de retomber dans son premier état.

Noyés.

La submersion dans l'eau ou dans tout autre fluide produit, lorsqu'elle est prolongée pendant un certain temps, une suffocation ou espèce d'asphyxie telle, qu'en retirant les corps, on les croirait privés de la vie : cependant elle n'est pas totalement éteinte, et elle peut encore se ranimer, lorsque la submersion n'a pas été trop longue.

Un noyé se reconnaît à l'absence de la respiration, des battements du cœur, du mouvement, des fonctions sensitives : le corps est pâle et froid, le visage bleuâtre et gonflé ; une écume rougeâtre s'écoule de la bouche ; enfin, le ventre se météorise.

et la peau prend une teinte plombée, lorsque le corps a long-temps demeuré sous l'eau.

L'irritabilité du cœur survit encore longtemps à la suspension des fonctions dans les autres organes; il est donc possible de rappeler à la vie ceux dont les propriétés vitales ne sont pas éteintes : mais les moments sont précieux ; il faut que les secours soient prompts, continués longtemps et sans interruption, afin qu'ils réussissent ; et, loin d'abandonner les noyés par découragement, il faut se persuader que la putréfaction est à leur égard, comme pour les asphyxiés, le seul signe d'une mort certaine.

Les secours doivent être administrés le plus promptement possible, dans l'endroit qu'on jugera le plus convenable.

Il faut y transporter le noyé sur un brancard ou une civière, dans une voiture, ou même sur une charrette, dans laquelle on aura mis de la paille ou un matelas; ayant soin de tenir le corps du noyé couché sur le côté, la tête élevée et en dehors d'une bonne couverture de laine qui lui enveloppera tout le corps.

Deux ou plusieurs personnes peuvent aussi le porter sur leurs bras ou sur leurs mains jointes; on évitera surtout que, dans le transport, il éprouve de violentes secousses : tous les mouvements rudes ou brusques peuvent éteindre facilement le peu de vie qui lui reste.

Le noyé étant arrivé au lieu où les secours doivent lui être administrés, on lui enlèvera, le plus vite possible, ses vêtements, en les fendant d'un bout à l'autre avec un couteau ou des ciseaux.

Après avoir déshabillé le noyé, on l'enveloppera largement dans la couverture de laine, et on le couchera sur un ou deux matelas, par terre ou sur un lit peu élevé, près d'un grand feu, en observant de le maintenir aussi sur le côté, la tête élevée par un ou deux oreillers un peu durs, et couverte d'un bonnet de laine.

Sous cette large couverture, on fera aussitôt, à la surface du corps, et principalement sur le bas-ventre, des frictions avec des étoffes de laine, d'abord sèches et bien chaudes, ensuite imbibées de quelques liqueurs spiritueuses, telles que l'eau de mélisse, l'esprit-de-vin, l'eau-de-vie camphrée, l'ammoniaque, le vinaigre des quatre voleurs.

Pour parvenir à réchauffer le noyé, on remplira d'eau chaude, aux deux tiers, les vessies contenues dans la boîte-entrepôt, et on les appliquera sur la poitrine, vers la région du cœur, et sur le ventre : on fera bien aussi de placer, sous la plante des pieds, une brique chaude recouverte d'un linge.

On lui poussera de l'air dans les poumons ; et la meilleure manière d'y parvenir, c'est d'introduire le tuyau d'un soufflet dans l'une des narines et de comprimer l'autre avec les doigts : on peut, au défaut d'un soufflet, se servir d'un tuyau quelconque qu'on introduira par la même voie.

Il est plus avantageux de pousser l'air dans les narines que dans la bouche, parce qu'il parvient ainsi plus facilement dans la trachée-artère. L'insufflation d'un air pur, faite immédiatement par les voies aériennes dans la poitrine d'un noyé, devant toujours être plus efficace que celle de l'air sortant d'une autre poitrine, ce dernier moyen ne doit être employé que dans le cas où il est impossible de faire autrement.

On fera en outre respirer au noyé de l'alcali fluor (esprit volatil de sel ammoniac) ; on lui chatouillera fréquemment le dedans des narines avec la barbe d'une plume, ou avec des rouleaux de papier tortillé en forme de mèches, légèrement trempés dans l'alcali volatil.

On versera en même temps dans sa bouche, si on le peut, une cuillerée à café d'eau de mélisse, ou d'eau-de-vie camphrée, ou de vin chaud.

Dès que le noyé commencera à jouir du mouvement de la déglutition, on en profitera pour lui faire avaler successivement quelques autres petites cuillerées des mêmes substances spiritueuses. Le noyé peut les garder dans sa bouche plus ou moins de temps avant de les avaler ; aussi faut-il observer de ne pas trop la lui remplir, jusqu'à ce que la déglutition puisse s'opérer facilement : sans cette précaution, le liquide pourrait se précipiter dans la trachée-artère, et apporter un nouvel obstacle au rétablissement de la respiration.

Pour hâter le moment où le noyé doit reprendre ses sens, il faut encore lui donner des lavements irritants.

Prenez feuilles sèches de tabac, demi-once ; sel ordinaire, trois gros, faites bouillir dans une suffisante quantité d'eau, pendant un quart d'heure, et pendant qu'on administrera les autres secours ; cette eau sera ensuite passée à travers un linge : on réitérera deux ou trois fois le même lavement, ou un autre plus irritant, avec la décoction de feuilles de séné, à la dose d'une demi-once, une once de sel d'Epsom, et trois onces de vin émétique trouble, surtout si le noyé tarde à reprendre l'usage de ses sens.

La saignée ne doit pas être négligée dans les sujets dont le visage est rouge, violet, noir, et dont les membres sont flexibles et ont encore de la chaleur. La saignée à la jugulaire est la plus efficace : au défaut de cette saignée, on ferait celle du pied ; mais il faut éviter toute espèce de saignée sur des corps froids et dont les membres commencent à se roidir ; on doit, au contraire, s'occuper à réchauffer les noyés qui se trouvent en pareil cas.

Il faut presser doucement avec la main, et à diverses reprises, le bas-ventre du noyé, et enfin, pour dernier secours, lui souffler dans les poumons, à la faveur d'une ouverture faite à la trachée-artère.

On a conseillé d'introduire de la fumée de tabac dans le fondement des noyés, à l'aide d'une machine fumigatoire ; mais ce moyen opère un effet à peu près nul, en comparaison du lavement le moins irritant : je dirai même, d'après des expériences multipliées, qu'il offre plus d'inconvénients que d'avantages.

On ne doit exciter le vomissement à l'aide de l'eau émétisée que lorsqu'il y a indication de quelque embarras dans l'estomac, et qu'on n'a pas à craindre de congestion vers l'organe cérébral, le vomitif pouvant y occasionner des engorgements ultérieurs.

Nous ne saurions trop le répéter, quelque utiles que soient les secours indiqués, il faut bien se persuader qu'ils ne réussiront qu'autant qu'ils seront administrés avec ordre, pendant plusieurs heures, et sans interruption : leurs effets sont lents et presque insensibles.

Il y a des noyés qu'on n'a rappelés à la vie que sept ou huit heures après qu'ils avaient été retirés de l'eau.

En général, la putréfaction est le seul vrai signe de la mort.

Brûlures.

La combustion rapide du gaz hydrogène ou inflammable, les métaux rougis ou fondus, les liquides bouillants, etc., produisent une brûlure accompagnée d'une douleur vive et d'une phlyctène ou d'une escarre, selon la profondeur. Les mineurs, dans les exploitations de houille, et les ouvriers des usines sont particulièrement exposés à cet accident.

On doit distinguer plusieurs degrés dans les effets de la brûlure, suivant qu'il y a phlyctène, destruction du corps muqueux, altération partielle ou totale de la peau : mais la base du traitement ne change point; il faut seulement y apporter des modifications relatives à l'intensité du mal.

La première indication est d'affaiblir l'action du feu sur les téguments. Pour y parvenir, faites, sans perdre un seul moment, des fomentations d'eau fraîche sur la partie brûlée; plongez même cette partie dans l'eau froide souvent renouvelée, et mieux encore dans l'eau de Goulard, autrement dite eau végéto-minérale (acétate de plomb étendu d'eau), dont l'activité est plus prompte. Si la brûlure a beaucoup d'étendue, placez le malade dans un bain d'eau fraîche, qu'on renouvellera tous les quarts d'heure ; il y restera jusqu'à ce que l'inflammation soit tombée, et les brûlures seront ensuite pansées avec du cérat simple, ou du cérat de Saturne étendu sur du linge vieux ou sur du papier joseph.

Les brûlures sont souvent accompagnées de phlyctènes, qu'il ne faut pas ouvrir lorsqu'elles sont peu volumineuses, parce qu'elles peuvent, dans ce cas, se terminer par résolution : mais, lorsqu'elles ont une certaine étendue, la suppuration est inévitable. Alors on donnera issue à la sérosité, en faisant une très-petite ouverture : l'épiderme, ainsi laissé sur la plaie, la préserve du contact de l'air, qui produit une très-vive douleur, et fait prendre au pus un mauvais caractère.

Si la brûlure est très-étendue, profonde, avec des escarres

ou des croûtes, il faut joindre, à l'application des corps gras, des fomentations d'eau de guimauve ; par ce moyen, on favorise la suppuration, et le pus détache peu à peu les croûtes et les escarres.

Les pansements seront renouvelés deux fois par jour, si la suppuration est abondante. Si la gangrène se montre et s'étend, on se hâtera de la borner par l'emploi des antiseptiques, et surtout des spiritueux camphrés et du quinquina. S'il survient du dévoiement, il sera combattu par la décoction de riz ; on fera prendre aussi au malade un gros de diascordium, tous les soirs, et des lavements avec la décoction de graine de lin et de têtes de pavot.

Les brûlures du visage, des paupières, exigent, en outre, une attention particulière, pour qu'il n'en résulte point de déformité. Il est surtout nécessaire d'employer des bandages convenables, pour empêcher que les parties qui sont naturellement séparées ne se collent et ne se cicatrisent ensemble. En général, la guérison des brûlures est longue, difficile, et la cicatrisation s'en fait avec peine.

Le régime doit être humectant et calmant ; le malade prendra pour boisson une décoction d'orge ; il sera mis à la diète, lorsque les symptômes fébriles sont violents et que l'inflammation est considérable : en général, sa nourriture doit être légère, et le repos lui est de toute nécessité.

Fractures.

Parmi les accidents qui surviennent aux ouvriers chargés de l'exploitation des mines, il faut compter les fractures ou solutions de continuité des os.

Elles sont simples, composées ou compliquées, suivant qu'il y a un ou plusieurs os fracturés, que la fracture est accompagnée de plaies, d'esquilles, etc.; on les reconnaît à la douleur, au gonflement, à l'impossibilité des mouvements, à la configuration contre nature de la partie fracturée ; enfin, à sa crépitation.

Le traitement des fractures varie suivant leur état simple ou leurs diverses complications. Il faut réduire les fractures et les maintenir réduites, au moyen de bandages et d'appareils propres à chacune d'elles ; corriger les accidents et prévenir ceux qui peuvent survenir, par des remèdes généraux ou locaux : mais, pour remplir ces deux indications, il n'y a pas de méthode applicable à tous les sujets indistinctement, et les remèdes doivent, suivant les règles de l'art, varier relativement aux circonstances et à la nature des accidents.

Empoisonnements par l'arsenic.

De tous les poisons à l'action desquels sont exposés les mineurs, l'arsenic est un des plus violents.

Si l'on a avalé une certaine quantité d'arsenic, soit par accident, soit par l'aspiration des vapeurs en forme de poussière de ce métal extrêmement volatil, on éprouve, suivant la dose de cette substance métallique, un froid qui se répand par tout le corps, et auquel succède une chaleur insupportable au gosier, à l'œsophage, des douleurs vives à l'estomac et aux intestins, une soif inextinguible, l'abattement des forces et les vomissements. Il survient des anxiétés, des angoisses ; le ventre s'affaisse et se durcit, le pouls est petit et concentré ; la fièvre s'allume souvent avec des convulsions et de violentes tranchées accompagnées de déjections fétides, de défaillances, et enfin de sueurs froides, avant-coureurs de la mort.

Si le malade survit à ces accidents, il lui reste une grande irritation du système musculaire, des palpitations, un tremblement de tous les membres ; ce qui a lieu également lorsque l'arsenic a été pris en très-petite dose, ou lorsqu'il n'a pas produit de symptômes aigus ; et cet état est souvent suivi, soit d'inflammations chroniques de la membrane muqueuse de l'estomac et des intestins, soit de phthisie pulmonaire, de marasme et de fièvre hectique, qui font traîner une vie languissante et finissent par faire périr.

On aidera le vomissement, en faisant boire abondamment de l'eau tiède : s'il n'y a point de vomissement et qu'il y ait déjà quelque temps que l'arsenic ait été avalé, on fera prendre un verre de lait tous les quarts d'heure ; et, au défaut de lait, on donnera une décoction de racine de guimauve, ou de graine de lin, ou une dissolution de gomme arabique, à la dose d'une demi-once dans une pinte d'eau.

Si la fièvre qui survient est vive, que le malade soit sanguin, jeune et fort, enfin, s'il y a des signes d'inflammation, on aura recours à la saignée du bras, qui préviendra cette inflammation. La saignée sera toujours proportionnée à l'intensité des accidents et aux forces du malade.

On donnera des lavements avec la décoction de mauve, de pariétaire, de bouillon-blanc, de graine de lin, de têtes de pavot; on mettra le malade dans un bain tiède, à plusieurs reprises, et on l'y tiendra des heures entières.

Dans l'intervalle des bains, on lui fera des fomentations sur le ventre, avec des flanelles trempées dans la décoction des plantes émollientes que nous venons d'indiquer.

Quant aux accidents chroniques auxquels l'arsenic donne lieu, on les combattra en faisant prendre du lait pour toute nourriture, plus ou moins de temps, suivant la gravité du danger. Ce n'est que par un régime lacté et sévère, ce n'est que par un long usage de bouillons de grenouilles, ou de limaçons, ou de mou de veau, enfin, par un emploi bien ordonné de tous ces moyens, qu'on pourra remédier aux désordres que les parcelles arsenicales ont produits dans l'économie animale.

Le succès de ce traitement dépend encore du peu de temps qui s'est écoulé entre l'accident et l'administration des secours.

M. Navier a proposé de recourir au sulfure de potasse, à la dose d'un gros, dissous dans une pinte d'eau chaude, qu'il fait boire au malade à plusieurs reprises; et, lorsque les premiers symptômes sont dissipés, il conseille les eaux minérales sulfureuses, qui remédient, en effet, comme le prouve l'expérience, aux suites de l'empoisonnement, affermissent la guérison, dissipent la faiblesse, la langueur et ramènent la santé.

Colique de plomb.

Les individus que le contact habituel des oxydes de plomb et des préparations de ce métal expose au danger d'en aspirer des molécules, sous forme de poussière ou vapeur, par la bouche et par les narines, comme les peintres, les vernisseurs, et surtout les ouvriers des usines où l'on traite les minerais de plomb, sont tous sujets à une maladie connue sous le nom de *colique des peintres, colique métallique* ou *colique de plomb*, causée par l'irritation inflammatoire que les molécules de ce métal excitent sur la membrane interne de l'estomac et des intestins.

La maladie se reconnaît à une langueur et à un abattement qui se manifestent tout à coup. Il survient des douleurs violentes à l'estomac, puis dans les autres parties du ventre; mais principalement autour du nombril; l'ombilic s'enfonce, les muscles de l'abdomen se contractent fortement : il y a constipation opiniâtre, tournoiement de tête, nausées fréquentes, vomissements d'une bile verte et poracée, soif excessive, petitesse et inégalité du pouls, pâleur du visage, diminution ou même suppression des urines : les douleurs deviennent insupportables ; elles sont mêlées d'anxiétés, de convulsions, qui forcent les malades à se tortiller et à se rouler sur le sol; quelquefois les extrémités supérieures sont frappées d'engourdissement, de stupeur, et enfin d'une paralysie plus ou moins complète.

La première indication est d'expulser des voies digestives les molécules métalliques, et nous adoptons, pour la remplir, comme la mieux éprouvée, et celle qui nous a toujours réussi, la méthode mise depuis longtemps en usage à Paris dans l'hôpital de la Charité.

On donnera, dès le premier jour, au malade un lavement avec une quantité suffisante de gros vin et d'huile de noix battus ensemble ; une ou deux heures après, on en administrera un autre composé comme il suit :

Séné mondé. . . . . 2 gros.
Electuaire diaphénix. . . . . 1 once.
Bénédicte laxatif. . . . . 4 gros.
Miel mercuriel. . . . . 2 onces.
La pulpe d'une coloquinte.

Faites bouillir toutes ces substances dans une chopine d'eau, et passez.

Après l'effet de ce lavement, on répétera celui d'huile et de gros vin. Le jour suivant, on fera vomir le malade avec trois ou quatre grains d'émétique en lavage, et aussitôt après l'action du vomitif, on fera prendre un gros de thériaque, avec un grain de *laudanum opiatum*.

Le troisième jour, on purgera avec la médecine suivante :

Séné mondé . . . . }	
Tamarin . . . . } de chaque 1 once.	
Sel d'Epsom . . . . }	
Sel de tartre	2 onces.

Faites bouillir le tout dans une pinte d'eau, passez et faites dissoudre dans la colature :

Electuaire diaphénix	4 gros.
Sirop de noirprun	4 gros.

On partage cette potion purgative en plusieurs verres, que l'on donnera à trois quarts d'heure de distance l'un de l'autre, dans la matinée.

On soutiendra les remèdes ci-dessus indiqués avec un demi-gros de thériaque et un grain de *laudanum opiatum* donnés tous les soirs, et par la tisane sudorifique suivante :

Bois de gaïac . . . . }	
— de sassafras . . . . } de chaque 4 gros.	
Racine de squine . . . . . . }	
— de salsepareille . . . . . } de chaque 3 onces.	
— de bardane . . . . . . }	

On fera macérer le tout, pendant douze heures, dans un vase de terre vernissé, et dans trois chopines d'eau qu'on laissera réduire à deux par ébullition : le malade en boira plusieurs verres par jour.

Enfin, si le malade ressent des engourdissements dans les articulations, quelques menaces de paralysie, ou si ses forces étaient trop abattues, on finirait par mettre en usage la potion cordiale suivante :

Eau de mélisse simple . . . . . }	
— de chardon bénit . . . . . } de chaque 1 once.	
— des trois noix	2 onces.
Confection d'hyacinthe	3 gros.
Sirop d'œillet	1 once.

Mêlez, pour une potion à prendre à la dose d'une cuillerée ordinaire par heure.

Lorsque la colique métallique a été attaquée dès les premiers jours de son existence, on parvient le plus souvent à en obtenir la guérison au bout d'une semaine : si les douleurs ne sont pas alors totalement calmées, il faut continuer la marche que nous venons d'indiquer, et placer les purgatifs aussi près les uns des autres que les forces du malade le permettront. Dans les jours d'intervalle des purgations, on pourra donner les bols composés comme il suit :

Aloès succotrin. . . . . ⎫
Extrait de rhubarbe. . . . . . ⎬ de chaque 10 grains.

Extrait d'ellébore. . . . . . . ⎫
— de diagrède. . . . . . ⎬ de chaque 14 grains.
— de jalap. . . . . . . ⎭

Sirop de noirprun, suffisante quantité pour faire cinq ou six bols que le malade prendra la veille du purgatif.

L'emploi de tous ces moyens sera varié et modifié suivant les forces et l'âge du sujet et selon l'intensité de la maladie.

Du mercure.

Le mercure altère l'économie animale par son accumulation dans le corps au moyen de l'absorption cutanée, et par l'introduction, dans la bouche et les narines, de la vapeur qu'il forme en se volatilisant.

L'introduction dans notre corps, par la bouche et les narines, des vapeurs du mercure volatilisé cause des maux bien plus terribles que son accumulation sous toute autre forme. Ceux qui exploitent les mines de mercure sont continuellement au milieu de ces vapeurs, et en éprouvent quelquefois malheureusement d'horribles effets. On rapporte en avoir vu quelques-uns, après un séjour longtemps prolongé dans les mines, être tellement pénétrés de mercure que le cuivre, appliqué sur leurs lèvres ou frotté dans leurs mains, blanchissait aussitôt.

Voici le tableau des accidents successifs auxquels sont exposés les mineurs et les différents ouvriers habituellement en contact avec les vapeurs du mercure :

Teint jaune et cuivreux, ophthalmie, démangeaison et ulcération des paupières, mouvement involontaire et plus ou moins rapide des extrémités, douleurs de tête, douleurs à la région lombaire, coliques, constipation, quelquefois dévoiement, difficulté de respirer, chute des dents, paralysie, enfin asthme rebelle : en général, les malades tombent dans un état de marasme et meurent au milieu des convulsions.

Des observations ont démontré que le mercure peut fixer son action sur la tunique fibreuse des artères, et les disposer, en les affaiblissant, aux anévrismes.

Le genre d'occupation des malades renouvelle souvent leurs infirmités. Quoi qu'il en soit, voici les remèdes qu'il faut opposer aux accidents causés par la vapeur du mercure :

Éloignez d'abord les mineurs du lieu de leurs travaux, et qu'ils ne les reprennent qu'après entière guérison ; placez-les dans un air pur et tempéré.

Donnez pour boisson la tisane de scorsonère, de chardon bénit, de scordium, de fleurs d'arnica, coupée avec le vin ; ou, mieux encore, la tisane sudorifique suivante :

Prenez bois de gaïac réduit en poudre, racine de squine, de chaque une once ; celle de salsepareille et de bardane, de chaque une once et demie : faites macérer le tout très-chaudement dans un vase de terre et dans six livres d'eau, l'espace de douze heures ; ensuite, faites bouillir à la réduction de quatre livres ; ajoutez à la fin, dans le vase qu'on aura soin de tenir bien fermé, de la raclure de bois de sassafras, une demi-once ; réglisse ratissée, deux gros ; semence d'anis et de coriandre, de chaque une pincée ; coulez. Le malade en boira quatre verres par jour.

Il sera purgé avec deux gros de séné, une demi-once de sel d'Epsom, et deux onces de manne, qu'on fera infuser dans un verre d'eau de chicorée amère, et qu'on passera pour une potion purgative : en général, on tiendra au malade le ventre libre au moyen de lavements.

Si le mineur est atteint de l'ophthalmie, on la combattra par des fomentations et des bains continuels des yeux dans l'eau fraîche ; par des bains de jambes soir et matin, et par une décoction d'orge nitré pour boisson.

Si ces moyens ne réussissent pas, et s'il restait de la rougeur et des ulcérations aux paupières, il faudrait se servir d'une pommade faite avec demi-once de beurre frais et six grains de précipité rouge bien porphyrisé. On prend de cette pommade la grosseur d'un petit pois, qu'on étend le long des cils et des paupières le soir en se couchant.

Lorsque les symptômes que nous avons décrits auront disparu, les malades seront mis à la diète lactée, à l'usage des bouillons de poulets ou de grenouilles, et en général d'aliments adoucissants. C'est à l'aide de ces moyens et du séjour plus ou moins long qu'ils feront au milieu d'un bon air, qu'ils pourront parvenir à la guérison.

On fortifiera, à la suite, par l'usage des amers et des antiscorbutiques, la constitution énervée. Le chirurgien, d'ailleurs, suppléera à ce qui serait omis sur ces conseils diététiques ; et il apportera au traitement les modifications que les circonstances pourraient exiger.

Etat des médicaments qui doivent se trouver près des mines et usines, selon la nature des accidents auxquels les ouvriers sont exposés.

1° Dans les *mines de houille*, ainsi que dans toutes les usines, comme remèdes propres aux brûlures :

> Acétate de plomb liquide,
> Cérat jaune solide,
> Alcool camphré,
> Quinquina,
> Diascordium,
> Charpie, bandes et compresses.

2° Dans les *mines de plomb*, surtout dans les usines où l'on traite ce métal, comme remèdes contre la maladie dite *colique de plomb* :

> Séné,
> Electuaire diaphénix,
>   — bénédicte laxatif,
> Miel mercuriel,
> Coloquinte,
> Huile de noix,
> Emétique en poudre,
> Thériaque,
> Laudanum opiatum,
> Tamarin,
> Sel d'Epsom,
> Sel de tartre,
> Sirop de noirprun,
> Squine,
> Salsepareille,
> Bardane,
> Eau de mélisse simple,
>   — de chardon bénit,
>   — des trois noix,
> Confection d'hyacinthe,
> Sirop d'œillet,
> Masse de bols composés.

3° Dans les *mines* ou *usines* d'où il s'exhale des vapeurs arsenicales :

> Gomme arabique,
> Sulfure de potasse liquide,
> Huit petits flacons hermétiquement bouchés.

On emploiera cette préparation à dose triple du sulfure sec, lequel s'altère en peu de temps.

4° Dans les *mines de mercure* et les usines où l'on traite ce métal :

> Bois de gaïac en poudre grossière,
> Racine de squine coupée,
> Salsepareille,

Racine de bardane sèche,
Sassafras râpé,
Semences d'anis,
— de coriandre,
Séné,
Sel d'Epsom,
Manne en sorte,
Précipité rouge,
Amers et   { Teinture de raifort,
Antiscorbutiques. . . {   — de gentiane.

Composition de la boîte de secours.

Une paire de ciseaux à pointes mousses,
Un double levier,
Deux vessies,
Deux frottoirs de laine,
Deux chemises de laine, à cordons,
Un bonnet de laine,
Une couverture,
Une bouteille d'eau-de-vie camphrée,
Une bouteille d'eau-de-vie camphrée et ammoniacée,
Trois petits flacons, dont un d'alcali fluor, un d'eau de mélisse ou d'eau de Cologne, un de vinaigre antiseptique ou des quatre voleurs,
Une cuiller de fer étamé,
Un gobelet d'étain,
Une canule munie d'un petit soufflet, propre à être introduite dans les narines,
Une canule de gomme élastique,
Un soufflet,
Un petit miroir,
Des plumes pour chatouiller le dedans du nez et de la gorge,
Une seringue ordinaire avec ses tuyaux,
Deux bandes à saigner,
Une petite boîte renfermant plusieurs paquets d'émétique de trois grains chacun,

Une boîte à briquet, garnie de ses ustensiles, avec amadou et allumettes,

Nouet de soufre et de camphre pour la conservation des ustensiles de laine,

Séné, une livre,

Sel d'Epsom, deux livres,

Vin émétique trouble, une bouteille de pinte,

Vinaigre fort, une bouteille.

Circulaire du 19 mai 1813 sur la modération et le dégrèvement des redevances fixes.

Le directeur général des mines (comte Laumond) aux préfets.

J'ai l'honneur de vous prévenir que quelques Conseils de préfecture se sont crus fondés à prononcer, soit une modération, soit un dégrèvement de la redevance fixe établie par l'article 34 de la loi du 21 avril 1810 sur l'étendue des concessions.

Le gouvernement s'est fait rendre compte de cet excès de compétence, et, vu les articles 44 et 46 du décret du 6 mai 1811, relatif à l'assiette des redevances; considérant que l'étendue d'une concession déterminée par le décret qui l'a conférée ne peut être changée que par un décret ultérieur qui détermine de nouvelles limites, a annulé, après avoir entendu le Conseil d'Etat, l'arrêté des Conseils de préfecture, et tout ce qui s'en est suivi.

Le ministre de l'intérieur m'a chargé de vous donner connaissance de cette décision de l'autorité suprême, afin qu'elle puisse servir de règle au Conseil de préfecture de votre département, dans les cas semblables ou analogues.

Circulaire du 14 octobre 1813 sur les cahiers des charges des concessions.

Le directeur général des mines (comte Laumond) aux ingénieurs des mines.

Je crois devoir vous rappeler mes deux instructions des 17 août et 18 décembre 1812, relatives aux projets de cahiers de charges que vous devez rédiger pour chaque demande en concession. L'expérience me porte à insister auprès de vous sur la stricte exécution de toutes les dispositions prescrites dans ces deux lettres. J'y ajouterai même les observations suivantes :

1° Il est nécessaire, ainsi que je vous l'ai déjà fait connaître, que, sur les plans joints aux projets de cahiers de charges, la forme extérieure et la structure géologique du terrain soient indiquées, au moins d'une manière approximative, ainsi que les hauteurs relatives des principaux points d'exploitation et des moyens d'émargement. Il faut aussi que, sur ces plans, soient tracées la direction et l'inclinaison des gîtes de minerai connus dans l'étendue de la concession demandée.

2° Les travaux d'art principaux, tels que les galeries d'écoulement et les puits d'extraction, doivent être prescrits avec détail. Les points où leurs orifices devront être placés doivent déterminer les dimensions de ces ouvrages et les dispositions nécessaires à leur conservation, telles que l'épaisseur des massifs qu'il faut laisser intacts pour assurer leur solidité.

3° Le mode d'exploitation doit, ainsi que je vous l'ai déjà mandé, être prescrit par le cahier des charges. Lorsqu'on ne peut pas le prescrire, il n'y a pas lieu à accorder de concession, parce que, la concession donnant la propriété incommutable de la mine, il faut que les mesures nécessaires à la conservation de la chose concédée soient ordonnées dans l'acte même qui en confère la propriété.

4° Il faut, en général, exiger, des demandeurs en concession de mines en exploitation, les plans et coupes des travaux déjà exécutés sur l'échelle voulue par la loi ; mais lorsque les travaux sont trop irréguliers et trop peu considérables pour que ces plans et coupes puissent être confectionnés et devenir utiles, les cahiers de charges doivent au moins spécifier l'époque à laquelle le concessionnaire devra fournir les premiers plans et coupes de ses travaux, désigner l'échelle de ces plans (un millimètre pour mètre), indiquer qu'ils seront divisés en carreaux de dix en dix millimètres, et ordonner que, chaque année, on fournira de la même manière, dans le courant de janvier, les portions de plans correspondant aux travaux exécutés dans le cours de l'année précédente.

5° Il faut détailler aussi les différents registres que les exploitants sont obligés de tenir en ordre, d'après le décret du 3 janvier 1813 sur la police des mines, et les différents états qu'ils doivent fournir aux préfets, d'après l'article 36 du décret du 18 novembre 1810.

6° Il faut, enfin, tâcher d'insérer dans les cahiers de charges toutes les dispositions tendant à assurer la conservation des mines et la bonté de l'exploitation, que vous pouvez déduire, soit spécialement du décret précité du 3 janvier 1813 sur la police des mines, soit, par analogie, des derniers décrets de concession rendus par le gouvernement et publiés. Je vous citerai pour exemple, à cet égard, l'article suivant, extrait à peu près littéralement du décret de concession du 3 janvier dernier, relatif aux mines de Fins, département de l'Allier, qui me semble propre à former, dans le plus grand nombre de cas, le dernier article des cahiers de charges.

Le concessionnaire devra exploiter de manière à ne pas compromettre la sûreté publique, celle des ouvriers, la conservation des mines et les besoins des consommateurs. Il se conformera, en conséquence, aux instructions qui lui seront données par l'administration des mines et par les ingénieurs du département, d'après les observations auxquelles la visite et la surveillance des mines pourront donner lieu.

Je vous invite à ne point perdre de vue que la rédaction des cahiers de charges pour les concessions est, dans les circonstances actuelles, un des objets les plus importants des fonctions de l'ingénieur des mines.

Instruction du 1ᵉʳ septembre 1814, du directeur général des mines (comte Laumond), pour les ingénieurs en chef des mines.

Le service de l'administration des mines, dans les départements, est susceptible de plusieurs améliorations importantes. A présent que les ingénieurs de tout grade se trouvent plus également répartis, et qu'il existe moins de disproportion entre leur nombre et la masse des attributions qu'ils ont à remplir, leur zèle et leur activité n'éprouveront plus aucun obstacle. Je suis donc persuadé qu'ils feront tous leurs efforts pour seconder mes vues et me mettre à même d'achever, le plus promptement possible, l'organisation du système administratif de la direction générale des mines.

Ce but important se rattache à la restauration de l'administration générale du royaume, et rentre, par conséquent, dans les vues du roi pour la prospérité de la France ; en concourant à les remplir, les membres du corps des mines justifieront la haute protection que Sa Majesté a daigné leur promettre solennellement.

Formation des bureaux. — La formation des bureaux, dans chaque nouvel arrondissement et dans chaque nouvelle station, est le premier objet que je recommande aux ingénieurs en chef. Je vais entrer dans quelques détails à ce sujet.

Dans le mouvement général que va occasionner la nouvelle répartition des membres du corps des mines, il y aura lieu à des remises réciproques des pièces et papiers concernant le service de chaque département. Elles auront lieu sur inventaires dressés par département, dont le double me sera envoyé. On fera également l'état double des instruments appartenant, soit à la direction générale, soit aux établissements domaniaux et communaux, qui sont déposés dans les bureaux dont la dislocation va s'opérer. Ceux des ingénieurs qui conserveront des départements dont ils avaient précédemment la surveillance, m'adresseront aussi les inventaires des papiers et instruments qui concernent ces départements ; par ce moyen, il sera complétement satisfait à l'article 90 du décret du 18 novembre 1810, dont l'exécution a été retardée jusqu'à présent.

Par l'expression de *papiers appartenant à l'Etat*, employée dans cet article 90, il faut entendre les exemplaires des lois, décrets, règlements, circulaires et instructions, les titres de concession et permission, les cahiers de charges, les plans, les procès-verbaux de toute espèce, les états d'exploitation et matrices des redevances, les projets de toute espèce, les minutes des avis, des rapports et pièces de correspondance ; enfin les registres ; ainsi, en quittant le service d'un département, les ingénieurs de tout grade ne peuvent retenir par devers eux que les papiers qui leur sont strictement personnels, tels que les notes, journaux de voyage et les pièces de correspondance relatives au mouvement, au traitement, aux frais de voyage ou de bureau, et aux indemnités accordées pour travaux spéciaux dans les exploitations domaniales, communales ou particulières.

Je sais que les matériaux contenus dans plusieurs des bureaux anciens sont très-insuffisants, à beaucoup d'égards ; mais une grande partie des lacunes peut être remplie en très-peu de temps. Les ingénieurs trouveront des éléments supplémentaires dans les préfectures. Ils pourront s'adresser à moi pour obtenir les secours que les bureaux de la direction peuvent leur offrir. Je leur indique, en outre, un moyen prompt de compléter l'état général des objets de leur ressort, dans chaque département : c'est de consulter les rôles des patentes chez les directeurs des contributions ; ils acquerront ainsi la connaissance des moindres minières, usines, verreries, tourbières et carrières qui auraient pu échapper aux recherches de l'administration. Ces éléments suffiront aux ingénieurs pour poser les fondements des nouveaux bureaux.

Je désire, à l'avenir, que les bureaux soient tenus d'une manière uniforme, et ainsi qu'il suit :

Les pièces seront classées par département, et sous-divisées par nature d'exploitation, dans l'ordre suivi par la loi du 21 avril 1810. Chaque mine, proprement dite, chaque minière concessible, chaque minière fouillée à ciel ouvert, chaque usine, saline ou verrerie, chaque carrière et chaque tourbière, aura son dossier séparé, en tête duquel seront placés : 1° le titre de l'exploitant, accompagné du cahier des charges et des plans, pour les exploitations qui en sont susceptibles ; 2° les états de produits annuels, dressés approximativement, en attendant qu'on puisse les obtenir régulièrement, en conformité de l'article 36 du décret du 18 novembre 1810, du moins pour les exploitations auxquelles cet article est applicable.

Les minutes des avis, rapports, projets et lettres de l'ingénieur, relatifs à chaque exploitation, seront soigneusement datées et signées, avant d'être jointes aux dossiers.

Il en sera de même des copies des procès-verbaux de vérification de plans, expertises ou contraventions, et des copies d'états d'exploitation.

Le même soin doit avoir lieu à l'égard des copies des pièces et plans qui composent le titre de chaque exploitant en mine, minière, usine, carrière et tourbière. J'ajouterai que c'est aux ingénieurs de tout grade à se procurer ces copies et à satisfaire à l'exécution de l'article 21 du décret précité.

Les objets généraux concernant, soit un arrondissement, soit une station, soit un même département, soit une même espèce d'exploitation, dans chaque département, seront classés à part et sous-divisés en dossiers particuliers.

On classera également à part et on sous-divisera les pièces et papiers relatifs au mouvement et au personnel des ingénieurs.

Il sera établi, dans chaque bureau, deux registres d'ordre ou mémorials, destinés à constater, l'un l'entrée et l'autre la sortie des plans, papiers quelconques et pièces de correspondance. L'inscription d'entrée ou de sortie sera divisée en plusieurs colonnes, portant : 1° un numéro d'ordre ; 2° la date de l'arrivée ou de la sortie de la pièce ; 3° la date de la pièce ; 4° son auteur ; 5° une courte analyse de son objet ; 6° le nombre et la désignation sommaire des papiers ou plans joints à la pièce. Le numéro d'inscription sera porté sur chaque pièce entrante ou sortante.

En général, il est nécessaire que le service de chaque département soit bien distinctement séparé, dans chaque bureau. Ceux des ingénieurs en chef qui feront le service particulier de la station dans laquelle ils résideront devront isoler les objets concernant ce service d'avec ceux relatifs à la surveillance supérieure qu'ils exerceront sur les autres stations : ainsi, par exemple, ils devront établir de doubles registres d'ordre.

Chaque ingénieur doit indispensablement avoir dans son bureau les principaux instruments de son état, notamment :

    Une poche de mine,
    Un graphomètre,
    Une planchette,
    Un niveau d'eau,
    Deux mires à coulisse et talon de métal,
    Une grande chaîne.

Dans le cas où un ingénieur serait chargé de quelques opérations graphiques exigeant des instruments plus parfaits, tels que le grand niveau à bulle d'air, ou le cercle répétiteur, il y sera pourvu, sur sa demande.

Le choix des commis à employer dans les bureaux n'est point indifférent : il est à souhaiter que les ingénieurs prennent des sujets capables de se former à la levée des plans de surface et de travaux souterrains.

Il serait également bon que, dans les localités où cela est praticable, les conducteurs des mines, minières, carrières et tourbières, déjà institués, fussent employés dans les bureaux des ingénieurs, lorsqu'ils ne sont pas en exercice sur le terrain.

Moyens d'activer la surveillance. — Depuis longtemps on a senti la nécessité de multiplier les conducteurs; mais, jusqu'ici, le gouvernement n'a pu faire aucun fonds pour cet objet. C'est aux ingénieurs en chef à profiter des ressources locales qui pourraient fournir les moyens d'établir des conducteurs partout où il est nécessaire, et à présenter, à cet égard, des projets motivés aux préfets. Dans certains pays, les conducteurs ont été demandés et sont payés par des concessionnaires dont les mines étaient exposées aux invasions des extracteurs illicites. Dans d'autres contrées, les conducteurs sont payés sur le produit des mines et minières communales ou domaniales. Dans les pays à tourbes, le traitement des conducteurs et géomètres est affecté sur le produit des tourbières communales. Enfin, dans les pays à grandes exploitations de carrières, on prend le traitement des conducteurs sur différents fonds publics affectés à l'entretien des carrières délaissées.

Dans de certaines localités, indépendamment des conducteurs, on emploie les gardes champêtres au même usage, du moins pour surveiller les délits extérieurs, et on leur accorde annuellement une légère gratification sur les mêmes fonds. Ce moyen, très-économique, peut être employé utilement dans plusieurs circonstances : c'est aux ingénieurs en chef à en solliciter l'emploi, partout où il existe des fonds susceptibles de recevoir cette application.

C'est également aux ingénieurs en chef qu'il appartient de provoquer les rapports des maires sur les événements concernant la police dans l'intérieur des mines : d'après le décret du 3 janvier 1813, ces fonctionnaires sont chargés du soin d'instruire l'autorité supérieure, dans toutes les localités où il n'existe point d'agent de l'administration des mines.

Des mines exploitées par des particuliers. — L'organisation du service des mines, proprement dites, soit concédées, soit exploitées sauf concession, a été l'objet de plusieurs règlements et instructions qui laissent très-peu de chose à désirer, pour le moment. Je recommande seulement aux ingénieurs en chef d'accélérer l'expédition des affaires de concession en instance, qui concernent des mines dont l'exploitation pourrait péricliter, faute de décision prompte de la part de l'autorité supérieure. Je leur recommande, en outre, de constater si tous les exploitants sans concessions, de chaque arrondissement, ont formé des demandes régulières, et de m'adresser la liste de ceux qui auraient négligé de se mettre en règle.

Des minières concessibles exploitées par des particuliers. — La distinction des minières concessibles d'avec les minières non concessibles est d'une grande importance, surtout à l'égard de celles qui renferment des minerais de fer. Les ingénieurs doivent rechercher avec soin toute considération technique dont on pourrait s'appuyer pour donner lieu à l'application des articles 69 et 70 de la loi du 21 avril 1810 : ils dresseront, dans chaque département, l'état des minières qui seront reconnues susceptibles de cette application ; ils me transmettront cet état, ainsi qu'aux préfets, afin que ces magistrats puissent avertir les exploitants qu'ils aient à se mettre en demande pour obtenir des concessions.

Des minières fouillées à ciel ouvert, exploitées par des particuliers. — La direction générale ne possédant que des états très-incomplets des minières fouillées à ciel ouvert, j'ai lieu de croire que beaucoup n'ont point été visitées par les ingénieurs. Il paraît, en outre, que l'exploitation de ces minières se fait en contravention à l'article 57 de la loi du 21 avril, c'est-à-dire sans permission. J'invite les ingénieurs à prendre les mesures nécessaires pour que, dans les prochaines tournées, il soit fait une reconnaissance de toutes les minières fouillées à ciel ouvert ; à en dresser l'état, avec désignation bien précise des exploitants ; à soumettre ces états aux préfets, afin que ces magistrats puissent notifier aux exploitants non permissionnés qu'ils aient à se mettre en mesure ; enfin, à m'envoyer le double de ces états, ainsi que les expéditions des permissions qui ont été ou qui seront accordées par les préfets.

Ils n'oublieront pas qu'en vertu de l'article 58 de la loi les cahiers des charges des permissions doivent spécifier les précautions de sûreté et de salubrité que la disposition des lieux peut comporter, relativement aux excavations, soit pendant le temps de l'exploitation, soit lorsqu'on les abandonne.

Des usines appartenant à des particuliers. — Un assez grand nombre de propriétaires d'usines ne se sont point encore mis en devoir de satisfaire aux articles 73 et 78 de la loi du 21 avril 1810 : l'existence de plusieurs usines est même jusqu'ici restée inconnue à l'administration. J'invite donc les ingénieurs en chef à dresser, le plus tôt possible, l'état des usines de chaque département ; à faire, à ce sujet, les recherches les plus exactes sur l'existence des petites usines à cuivre, des petites usines à fer et des patouillets, comme aussi des établissements sujets à permission, existant dans les villes ; à transmettre ces états aux préfets, pour qu'il soit notifié aux exploitants de se mettre en règle, s'ils ne l'ont pas fait ; enfin, à m'adresser le double de ces états.

Les ingénieurs en chef ne doivent pas perdre de vue l'exé-

cution de l'article 24 du décret du 18 novembre 1810, relativement aux permissions d'usines. Les projets des cahiers des
charges doivent être soumis à mon approbation, avant d'être
souscrits par les impétrants.

Des verreries appartenant à des particuliers. — La loi du
21 avril 1810 n'a point mentionné nominativement les verreries, en statuant sur les permissions ; mais les lois et règlements antérieurs, non abrogés, les classent positivement parmi
les usines. L'arrêt très-sévère du 9 août 1723 les assimile, pour
les permissions, contraventions et amendes, aux fourneaux,
forges et martinets. En conséquence, les ingénieurs en chef
dresseront les états des verreries de chaque département, soumettront ces états aux préfets, afin que ces magistrats puissent notifier aux exploitants qu'ils aient à se mettre en règle,
soit en produisant leurs titres, soit en formant une demande
légale, en exécution de l'article 78 : les doubles de ces états
seront adressés à la direction générale.

Carrières appartenant à des particuliers. — La surveillance
des carrières, soit exploitées, soit délaissées, n'est exercée que
dans un très-petit nombre de départements. Je sais que, jusqu'à ce que les ingénieurs aient des conducteurs à leur disposition, il leur sera très-difficile d'obtenir une influence salutaire
sur les exploitations de cette espèce ; tout ce que j'exige d'eux,
pour le moment, c'est qu'ils jettent les bases de cette partie
du service ; qu'à cet effet, ils dressent un état exact de toutes
les carrières de chaque département, distinguant, ainsi que la
loi l'a fait, art. 81 et 82, les carrières souterraines d'avec les
carrières fouillées à ciel ouvert et portant le nom des exploitants ; qu'ils prient les préfets de se faire informer exactement,
par les maires, des accidents qui arrivent dans les carrières de
chaque arrondissement ; qu'ils veillent à l'exécution de l'article 82 de la loi et à l'application, par assimilation, des dispositions de sûreté prescrites par le décret du 3 janvier 1813,
pour celles des carrières souterraines dans lesquelles il sera
arrivé des accidents, ou qui pourraient présenter des dangers
imminents ; enfin, qu'ils provoquent, s'il y a lieu, l'exécution
des articles 2 et 4 des décrets du 22 mars 1813, et celle du
décret du 4 juillet suivant.

Des tourbières appartenant à des particuliers. — J'appelle particulièrement l'attention des ingénieurs en chef sur les exploitations des tourbières, soit en activité, soit délaissées. Les articles 83, 84, 85 et 86 de la loi du 21 avril prescrivent, ainsi que l'article 39 du décret du 18 novembre 1810, des obligations essentielles qui n'ont été remplies que dans un petit nombre de localités. Dès qu'il sera possible, les ingénieurs en chef feront une reconnaissance des tourbières de chaque département; ils en dresseront l'état, avec la désignation des exploitants permissionnés ou non permissionnés; ils soumettront ces états (après m'en avoir envoyé des doubles) aux préfets, et proposeront à ces magistrats de notifier aux différents exploitants non permissionnés qu'ils aient à se mettre en règle dans le nouveau délai qu'il paraîtra convenable de fixer; passé lequel délai, ils seront dans le cas d'être poursuivis pour le payement de l'amende de 100 francs, fixée par l'article 84 de ladite loi. Les ingénieurs feront les diligences nécessaires pour que les préfets puissent aviser à l'application des amendes.

Lorsque les tourbières seront placées à une grande distance les unes des autres, chaque permission exprimera, en détail, les conditions à remplir par l'exploitant, sous le point de vue de salubrité et de sûreté, ainsi que la désignation du mode d'asséchement ou d'atterrissement.

Lorsque les tourbières feront partie du même système de gisement, et qu'il ne pourra être pourvu à la sûreté et à la salubrité publiques que par un mode général et combiné d'exploitation, d'asséchement et d'atterrissement, les ingénieurs veilleront à l'exécution des articles 85 et 86, ci-dessus cités. A cet effet, ils inséreront, dans les permissions à accorder, les conditions provisoires qui seront jugées nécessaires jusqu'à la fixation du mode général, et ils rédigeront le projet de règlement d'administration publique approprié à la disposition des tourbières de chaque département.

J'invite les ingénieurs en chef à s'environner de tous les éléments et renseignements nécessaires, lorsqu'ils procéderont à la confection de ces projets ; ainsi, par exemple, à se procurer les arrêts des 8 mai et 21 août 1717, 18 juillet 1719 et 3 avril 1753 ; à me demander communication des projets, arrêtés, modèles annuels de distribution et d'emparquement auxquels l'organisation générale des tourbières de la Somme et du Pas-de-Calais a déjà donné lieu.

L'exécution de ces projets devant exiger quelques dépenses, les ingénieurs détermineront ces dépenses avec la plus stricte économie, et aviseront, dans leurs projets, aux moyens d'y pourvoir. Les principaux moyens sont : 1° le produit des amendes; 2° le produit des exploitations communales; 3° les cotisations volontaires des exploitants.

Ces cotisations peuvent être assises sur le millier de tourbes. Mais je dois faire remarquer qu'elles doivent être établies avec beaucoup de circonspection, et dans une juste proportion avec les besoins. En conséquence, les ingénieurs devront s'attacher principalement à motiver, dans leurs rapports, l'impossibilité où chaque exploitant se trouve de satisfaire, par ses propres moyens, aux précautions de salubrité, et de démontrer que les travaux d'écoulement doivent procurer un avantage direct à l'exploitant pour l'extraction de sa tourbe.

Les projets de règlement d'administration publique, pour les tourbières de chaque département, seront adressés aux préfets, pour être soumis au ministre de l'intérieur, et les ingénieurs en chef m'en donneront avis.

Si les ingénieurs doivent exercer une surveillance active sur les mines, minières, usines, tourbières et carrières exploitées par des particuliers, ils doivent des soins plus immédiats aux exploitations domaniales et communales. Je crois devoir leur rappeler l'étendue de leurs attributions à ce sujet, car l'expérience m'a prouvé qu'elle n'avait pas été généralement bien sentie. Je vais parler d'abord des établissements domaniaux.

Service des mines domaniales. — L'article 38 du décret du 18 novembre 1810 ordonne positivement que les établissements des mines exploitées au compte du gouvernement seront dirigés par les ingénieurs. J'invite les ingénieurs en chef à prendre les ordres des préfets, pour l'exécution de cet article, partout où il n'aura pas encore reçu son application, et à faire à ces magistrats les propositions convenables, dans l'intérêt de ces établissements, soit que leur exploitation ait lieu par des agents de la régie, soit qu'elle ait été confiée à des fermiers.

Quant aux exploitations affermées, les ingénieurs doivent saisir l'occasion du renouvellement des baux, pour obtenir les changements et améliorations nécessaires dans les travaux. A cet effet, ils doivent, en temps opportun, soumettre leurs vues aux préfets. Les exploitations domaniales doivent être limitées de la même manière que les concessions faites à des particuliers : en conséquence, les ingénieurs ne doivent pas négliger de faire les diligences convenables à l'égard des mines du domaine qui n'ont point reçu de circonscription légale.

Service des usines domaniales. — Il y a beaucoup à faire pour établir la surveillance spéciale que les ingénieurs des mines doivent exercer à l'égard des usines domaniales, autres que celles qui font partie des exploitations des mines et minières concessibles dont je viens de parler ; telles sont, par exemple, les fonderies confiées à des entrepreneurs, et les salines.

Les usines de cette classe sont toutes affermées à des entrepreneurs, et relèvent de divers ministères. A l'époque où la plupart des baux ou traités ont été faits ou prolongés, la surveillance des articles du cahier des charges relatifs aux inventaires et états de lieux, améliorations, réparations et reconstructions, n'a pu être attribuée aux ingénieurs des mines. A leur défaut, cette surveillance a été donnée aux ingénieurs des ponts et chaussées. J'invite les ingénieurs en chef à prendre les renseignements nécessaires ; à prévenir les renouvellements des baux, pour revendiquer leurs attributions ; et à faire, en temps convenable, et avec prudence, toutes les propositions qu'ils jugeront nécessaires, pour que l'administration des mines soit rétablie dans ses droits. Quant aux usines domaniales affermées, et que le corps des ponts et chaussées ne surveille point, les ingenieurs des mines en sont les surveillants naturels, pour la partie technique ; ils doivent rendre compte aux préfets de leurs observations sur ces établissements, et concourir à la formation des cahiers des charges, lors du renouvellement des baux.

Service des minières, carrières et tourbières domaniales. — Les mêmes considérations sont applicables aux minières fouillées à ciel ouvert, aux carrières et aux tourbières domaniales.

Je désire, en général, que les ingénieurs des mines marchent de concert avec les agents de la régie des domaines, la bonne harmonie des deux administrations étant nécessaire pour la prospérité des établissements qui leur sont soumis en commun.

Service des minières et mines communales. — Les exploitations communales exigent, de la part des ingénieurs des mines, une participation encore plus spéciale, s'il est possible, que les exploitations domaniales ; en effet, elles sont placées sous la tutelle immédiate des maires et des préfets, et leur direction ne saurait appartenir à d'autres agents que ceux de l'administration des mines. Les ingénieurs doivent s'empresser de remplir leurs devoirs à l'égard de ces exploitations, et intervenir partout où il en existe.

Les ingénieurs ayant toute latitude pour la conduite des mines et minières communales et celle des établissements qui en dépendent, je n'ai, pour le moment, aucune disposition de détail à leur prescrire, si ce n'est de marcher de concert avec les maires des communes, et de ne jamais omettre de faire approuver leurs opérations par les préfets. S'il se trouvait des mines ou minières communales dont le service n'eût point encore été régularisé, les ingénieurs, après s'être transportés sur les lieux où j'avais envoyé les ingénieurs ordinaires, feront les projets et propositions nécessaires, et les adresseront aux préfets.

Ils feront, en outre, les diligences nécessaires pour que celles des mines communales qui n'ont pas été circonscrites reçoivent des limites légales.

Quant à l'influence à exercer sur les mines, minières et usines communales affermées, ils se régleront, par assimilation, sur ce qui a été dit ci-dessus, relativement aux établissements domaniaux du même genre qui sont livrés à des fermiers.

Service des salines communales. — Je réclame l'attention particulière des ingénieurs à l'égard des sources salées communales et des usines qui en dépendent. Il règne, dans ces établissements, de grands abus, soit relativement à l'exploitation des eaux salées, soit concernant l'emploi du combustible ; aucune usine n'est pourvue de permission : ainsi, à tous égards, l'intervention de l'administration des mines est indispensable. Les ingénieurs que cet objet peut concerner doivent incessamment se transporter sur les lieux, ou y envoyer les ingénieurs ordinaires ; recueillir tous les renseignements nécessaires ; présenter aux préfets les projets de régularisation et d'administration qu'ils jugeront convenables ; et, en attendant toute décision sur ces projets, se faire autoriser, par ces magistrats, à entrer dans la composition des Commissions municipales qui administrent les sources salées. Je désire, du reste, que les habitudes locales soient prises en considération, dans les projets présentés, et qu'on ne propose l'abolition d'aucun usage, sans un avantage bien démontré.

Service des carrières communales. — La surveillance des carrières communales ne présente aucune difficulté : je passe à celle des tourbières communales, qui est beaucoup plus importante.

Service des tourbières communales. — Si les ingénieurs des mines sont tenus, en vertu de l'article 39 du décret du 18 novembre 1810, de diriger et surveiller les tourbières exploitées par des particuliers, à plus forte raison doivent-ils s'occuper de celles exploitées par les communes, ou à leur compte. Les unes et les autres étant presque toujours rapprochées ou confondues, elles peuvent être régies par les mêmes systèmes généraux d'asséchement et d'atterrissement ; mais les ingénieurs doivent intervenir, de plus, dans les détails du mode d'exploitation des tourbières communales. C'est à eux qu'il appartient de présenter les projets annuels d'emparquement, de réparation, de constructions nouvelles, de plantations, de vente, de perception et de répartition de fonds ; c'est à eux à faire les travaux préparatoires pour ces projets, et à exécuter les arpentages, nivellements et plans nécessaires, soit par eux-mêmes, soit par l'intermédiaire des géomètres ou conducteurs payés sur les produits des exploitations. Ce service, qu'il est urgent d'organiser dans plusieurs parties de la France, a eu les plus heureux résultats, dans l'intérêt des communes et de la bonne exploitation, partout où il est complétement monté. Les ingénieurs trouveront, dans les sources que j'ai indiquées précédemment, les renseignements dont ils pourront avoir besoin pour les projets d'organisation et de régularisation.

De la vente des exploitations communales. — En développant ici les obligations que les ingénieurs ont à remplir à l'égard des exploitations communales, en général, je ne dois pas omettre de les prévenir que le sort d'une grande partie de ces exploitations pourrait bien changer, par suite de la loi du 20 mars 1813, qui a ordonné l'aliénation de plusieurs espèces de propriétés appartenant aux communes. Il est fâcheux que cette loi n'ait prononcé aucune réserve à l'égard des mines, minières et carrières dont les habitants ne jouissent point en commun.

On se rappelle que les lois antérieures, et notamment celle du 18 juin 1793 (art. 3), avaient expressément soustrait ces propriétés au partage des biens communaux. J'engage les ingénieurs à examiner quelles sont les localités dans lesquelles il pourrait résulter des inconvénients du genre de ceux prévus par les articles 49 et 50 de la loi du 21 avril 1810, lors de la vente des exploitations appartenant aux communes, et à communiquer, dans le plus bref délai, leurs observations aux préfets.

Je les engage encore à intervenir dans la formation des cahiers des charges sur lesquels se feront les adjudications, et à proposer aux préfets les conditions qu'ils jugeront convenables pour la conservation des choses, la sûreté et la salubrité.

L'article 2 de la loi du 20 mars 1813, sur l'aliénation des biens communaux, a formellement excepté les tourbières et autres exploitations dont les habitants jouissent en commun, et a ordonné qu'en cas de difficultés entre les municipalités et la régie il serait sursis à la vente. Les ingénieurs en chef veilleront à ce que ces dispositions conservatrices soient exécutées partout où leur application pourra avoir lieu ; ils se concerteront avec les maires, dans leurs tournées, et adresseront les rapports et propositions convenables aux préfets. Cet objet est d'une haute importance dans certains départements.

De la vente des forêts domaniales qui renferment des mines et minières. — Les ingénieurs suivront la même marche à l'égard des exploitations domaniales de mines et minières comprises dans l'étendue des forêts domaniales, dans le cas où ces forêts viendraient à être aliénées.

Des indemnités extraordinaires à allouer aux ingénieurs, sur les produits communaux et domaniaux. — J'ai indiqué précédemment les produits des exploitations domaniales et communales, en général, comme pouvant fournir aux dépenses des conducteurs et géomètres, partout où la nécessité d'en établir aura été reconnue. J'autorise, en outre, les ingénieurs à former, pour eux-mêmes et sur les mêmes fonds, la demande des indemnités et frais de bureau extraordinaires qu'ils seraient obligés de faire pour suffire à cette partie de leur service. Ces demandes seront adressées aux préfets, pour m'être renvoyées et pour être ensuite soumises à la décision du ministre de l'intérieur.

États de dénombrement raisonnés des minières, usines, carrières et tourbières, en général. — Je désire que les états indicatifs des minières, usines, salines et verreries, carrières et tourbières de chaque département, dont j'ai parlé ci-dessus, me soient transmis au commencement du prochain exercice. Les ingénieurs en chef y joindront une évaluation approximative de la quantité et de la valeur du produit de chaque exploitation. Ils auront soin d'indiquer les exploitations communales et domaniales. A l'égard des usines, ils distingueront le nombre des feux, ainsi que les produits bruts de chaque nature de fabrication. Enfin, ils ajouteront, par aperçu, le nombre des ouvriers employés directement dans les exploitations ou fabrications de tout genre.

Je saurai gré aux ingénieurs en chef de la diligence qu'ils mettront à m'adresser ces états. C'est pour leur en faciliter les moyens que je me contente de leur demander, pour le moment, de faire les approximations sur les produits et le nombre des ouvriers. Il est inutile de dire qu'on devra employer tous les renseignements exacts qu'il sera possible d'obtenir, et les indiquer par un signe particulier, en confectionnant ces états.

État des mines en recherche et mines délaissées. — Par le moyen des états d'exploitation pour les redevances, l'administration possède déjà un dénombrement raisonné des mines et minières concessibles du royaume ; il lui manque un état détaillé, non-seulement des mines en recherche, mais encore des mines délaissées, soit récemment, soit anciennement, qui pourraient être reprises avec apparence de succès. J'invite les ingénieurs en chef à remplir, dès qu'ils le pourront, ces deux lacunes pour chaque département de leur arrondissement.

Etats relatifs à la surveillance de police. — Enfin, j'invite les ingénieurs en chef à me fournir, à la même époque, les états sommaires suivants, relatifs à la police des mines, minières et usines de toute espèce, carrières et tourbières de leur arrondissement :

1° Un état des procès-verbaux dressés sur accidents ou contraventions ;

2° Un état des blessés, estropiés ou morts par suite d'accidents ;

3° Un état des affaires en instance devant les tribunaux ;

4° Un état des jugements rendus par les tribunaux ;

5° Un état des affaires en instance devant les Conseils de préfecture, en exécution de l'article 85 de la loi du 21 avril 1810 sur les tourbières ;

6° Un état des jugements et amendes prononcés par les Conseils de préfecture, en matière de tourbières.

Tels sont les objets sur lesquels je désire que les ingénieurs en chef des mines portent une attention particulière, et les bases d'après lesquelles ils doivent monter les différentes parties du service qui y sont relatives.

Chacun des ingénieurs en chef distinguera, parmi les instructions, celles qui peuvent recevoir des applications dans son arrondissement ; il les transmettra aux ingénieurs ordinaires placés sous ses ordres, en y donnant tous les développements convenables, sous le point de vue d'exécution, et en y ajoutant toutes les autres instructions qu'il croira nécessaires, relativement aux parties du service dont je n'ai point fait mention.

Ordonnance du roi, du 26 décembre 1814, sur les tourbières communales.

Art. 1er. — Les tourbières communales en exploitation, **Tourbières.** pour l'usage commun des habitants, sont comprises dans les exceptions de la loi du 20 mars 1813.

Art. — 2. L'exception comprend non-seulement les entailles tourbées, mais aussi les parties non encore atteintes par l'exploitation, lors même qu'elles seraient louées ou réservées à d'autres usages, en attendant leur tour d'exploitation, dans l'ordre du règlement prescrit par l'article 85 de la loi du 21 avril 1810.

Art. 3. — Dans les communes qui, en exécution de la loi du 21 avril 1810, n'auraient pas fait déterminer, par règlement d'administration publique, l'étendue de ces tourbières, et l'ordre de leur exploitation, il y sera procédé dans le plus court délai, après avoir entendu le Conseil municipal.

Art. 4. — La régie des domaines prendra possession, pour le compte de la Caisse d'amortissement, des parties de prés ou marais, même tourbeux, qui ne seront pas jugés nécessaires à l'exploitation successive, pour le chauffage gratuit des habitants de chaque commune, et qui n'avaient pas cette destination au 20 mars 1813.

Circulaire du 26 janvier 1815 sur les plans fournis à l'appui des demandes en concession.

Le directeur général des mines (comte Laumond) aux ingénieurs en chef.

J'ai eu, ainsi que les membres du Conseil général des mines, occasion de remarquer que les plans qui sont fournis à l'appui des demandes en concession n'offrent, le plus souvent, aucune indication des opérations de triangulation qui ont dû servir à les lever : une semblable omission doit rendre la vérification de ces plans difficile, et elle expose les ingénieurs à recevoir, comme plans exactement levés, ceux qui ne seraient qu'une copie, sur une échelle plus grande, de la carte de l'Académie, ou de toute autre carte peu exacte dans les détails.

Pour obvier à cet inconvénient, je vous engage à ne recevoir, à l'avenir, de plan à l'appui des demandes en concession que lorsque ces plans porteront l'indication des opérations de triangulation qui auront servi à déterminer, d'une manière exacte, le périmètre de la concession demandée.

Je vous prie de faire part de cette disposition aux ingénieurs de votre arrondissement.

Circulaire du 16 septembre 1815 sur les redevances des mines.

Le directeur général des ponts et chaussées et des mines (comte Molé), en rappelant aux préfets que la loi du 21 avril 1810, qui a créé les redevances fixes et proportionnelles sur les mines, en avait déterminé l'application exclusive aux dépenses de la direction générale, sous le titre de *Fonds spécial au Trésor*, et qu'il avait été, en conséquence, arrêté, en 1811 (première année d'assiette et de perception), par les ministres des finances et du Trésor, que les directeurs des contributions et les receveurs généraux des départements enverraient mensuellement au directeur général des mines un bordereau de leurs recouvrements des redevances et de leurs versements au Trésor, prévient les préfets que, par suite du nouveau système introduit dans les finances, qui a détruit les fonds spéciaux et confondu les redevances et revenus des mines dans les produits généraux de l'Etat, il suffira qu'on lui transmette, chaque année, un état indicatif et détaillé du montant des rôles des redevances fixes et proportionnelles sur les mines, suivant le modèle qu'il joint à sa lettre.

Circulaire du 1er janvier 1819 sur les projets d'affiches de demandes en concession et en permission.

Le directeur général des ponts et chaussées et des mines (M. Becquey) aux préfets.

D'après l'article 24 du décret du 18 novembre 1810, les ingénieurs en chef des mines doivent dresser les projets d'affiches des demandes en concession des mines et en permission d'usines. Cette disposition n'a pas toujours reçu son exécution, et il en est résulté, dans l'expédition des affaires, des retards qu'il est désirable de ne pas voir se renouveler. Je ne puis donc, en vous le rappelant, que vous prier de veiller à ce qu'à l'avenir toute demande en concession ou en permission soit communiquée aux ingénieurs des mines, pour que ceux-ci rédigent les projets d'affiches, conformément à l'article 24 du décret.

J'ai eu aussi occasion de remarquer, plusieurs fois, que des propriétaires d'usines se sont présentés comme opposants à des demandes, quoiqu'ils ne fussent point eux-mêmes pourvus de permissions. Cette contravention aux articles 74 et 78 de la loi du 21 avril 1810 doit être constatée ; elle peut servir à juger les motifs qui ont souvent déterminé les opposants, et à faire apprécier le mérite de leur opposition. Je vous prie, en conséquence, d'avoir soin que, dans l'instruction des demandes en permission d'usines, on mentionne si les propriétaires qui se portent opposants sont eux-mêmes pourvus de permissions, ou s'ils sont en contravention, soit à l'article 74, soit à l'article 78 de la loi précitée.

**Circulaire du 30 juin 1819 sur la révision de la classi-
fication des minières de fer d'alluvion imposées aux
redevances.**

Le directeur général des ponts et chaussées et des mines
(M. Becquey) aux préfets.

L'époque à laquelle les ingénieurs des mines doivent procéder à la visite annuelle des exploitations, et préparer l'assiette
des redevances, étant arrivée, je dois appeler votre attention
sur quelques parties du service qui n'ont point atteint la per-
fection dont elles sont susceptibles.

M'étant fait rendre compte de plusieurs réclamations présentées par des maîtres de forges exploitant des minières de
fer d'alluvion imposées aux redevances, j'ai reconnu que ces
réclamations n'étaient point motivées sur la surtaxe, auquel
cas elles eussent été du ressort des Conseils de préfecture,
mais qu'elles dérivaient de l'irrégularité de la classification du
gîte minéral, classification qui est du ressort purement administratif.

La discussion des réclamations fondées sur ce second motif
a fait voir que les articles 68 et 69 de la loi du 21 avril 1810
sont susceptibles de deux interprétations différentes, suivant
le sens que l'on attache aux expressions de *puits*, *galeries*,
travaux d'art, *travaux réguliers*, qui s'y trouvent employées.

Comme ces deux interprétations sont presque également
soutenables, il n'est pas étonnant que, dans les anciennes
instructions de la direction générale des mines, on ait adopté
celle qui classait parmi les minières concessibles tous les gîtes
d'alluvion qui étaient exploités autrement qu'à ciel ouvert. Cette
manière de procéder avait paru plus favorable aux intérêts
des maîtres de forges ; elle permettait de leur concéder les
minières en toute propriété, et elle les exemptait de la patente, au moyen de redevances extrêmement modérées.

Mais, soit que ces avantages généraux n'aient point été sen-
tis, soit qu'ils se trouvent balancés par quelques inconvénients

particuliers, il paraît que la très-grande majorité des maîtres de forges, qui ne se sont point ouvertement mis en réclamation, forment des vœux pour que la seconde interprétation soit substituée à la première, et qu'il y ait une révision de la classification des minières de fer d'alluvion qui ont été déclarées concessibles, en vertu des articles 68 et 69 de la loi du 21 avril 1810.

Le ministre des finances, auquel j'ai soumis cette question, ne mettant aucun obstacle à ce que la révision soit opérée, je vous invite à vous faire rendre compte, par l'ingénieur des mines de votre département, des circonstances qui caractérisent le gisement des minières de fer d'alluvion qui ont été imposées jusqu'à présent, et de la nature des travaux d'exploitation qu'on y pratique. Vous voudrez bien ne maintenir dans la classe des minières concessibles et imposables que celles où l'extraction est poussée par travaux souterrains réguliers, ou dans lesquelles l'établissement de ces travaux est devenu indispensable pour assurer la durée de l'exploitation.

Par cette expression de *travaux réguliers*, il ne faut point entendre des fouilles de quelques mètres de profondeur, pratiquées çà et là, au moyen de petits puits de toute dimension, soutenues par un boisage provisoire, ou souvent même sans boisage, et destinées à être abandonnées au bout de quelques semaines ou de quelques mois. Cette expression ne s'applique pas non plus à des chambres sans suite, à des boyaux étayés par un boisage volant, et à de petites galeries non coordonnées entre elles, dont la direction se règle au hasard, suivant la rencontre des nids de minerais. A plus forte raison ne devez-vous point considérer comme travaux d'art de véritables excavations à ciel ouvert, parce qu'elles se combineraient avec quelque fouille souterraine momentanée, ou parce que les entailles auraient lieu par banquettes étagées, ou bien encore parce que l'extraction s'exécuterait au moyen de treuils ou de tout autre mécanisme.

Vous remarquerez que cette révision du classement des minières de fer d'alluvion ne saurait porter sur celles qui ont été concédées, soit avant, soit après la loi de 1810, non plus que sur celles qui seraient actuellement l'objet de demandes en concession. Il est aisé de sentir qu'elles doivent continuer à payer les redevances, comme par le passé.

J'adresse une ampliation de la présente circulaire à l'ingénieur en chef des mines de votre département.

Circulaire du 28 juin 1820 sur les visites des exploitations, travail des redevances et envoi d'états.

Le directeur général des ponts et chaussées et des mines (M. Becquey) aux ingénieurs en chef des mines.

L'époque à laquelle les ingénieurs des mines doivent procéder à la visite annuelle des exploitations et au travail des redevances étant arrivée, je crois convenable d'appeler leur attention sur les objets suivants :

Les états d'exploitation ne sauraient contenir trop de détails sur les recettes et les dépenses, puisqu'ils sont principalement destinés à éclairer les comités d'évaluation : mais depuis longtemps ces états ont encore un autre objet, celui de faire connaître à l'administration la situation des établissements sous le rapport technique et statistique, le mouvement des exploitations depuis l'année précédente, les améliorations qui ont eu lieu et les obstacles qui ont été éprouvés. En prescrivant aux ingénieurs de porter sur ces états les renseignements divers qu'ils sont d'ailleurs dans l'obligation de recueillir annuellement, on a eu en vue de leur éviter de les transmettre à la direction générale sous la forme d'un travail particulier, et de prévenir ainsi les doubles emplois sous plusieurs points de vue. Ces renseignements peuvent être inscrits, soit à la marge ou au revers des états, soit même sur des feuilles supplémentaires, dans les cas où l'ingénieur aurait à faire connaître quelques détails qui ne seraient point de nature à être soumis au comité.

En m'adressant copie des pièces du travail des redevances,

il est essentiel que les ingénieurs me communiquent leurs observations sur les appréciations du revenu net, arrêtées par les comités d'évaluation. Il importe que je sois toujours en mesure d'éclairer le ministre des finances à cet égard, et que je puisse, surtout, lui soumettre mes propositions motivées, dans les cas où les intérêts du Trésor n'auraient pas été convenablement pris en considération.

Parmi les réclamations qui peuvent être formées par les exploitants, il ne faut pas confondre les demandes faites à l'effet d'obtenir des secours pour pertes considérables éprouvées par suite d'accidents majeurs, avec les réclamations en dégrèvement pour cause de surtaxe. Ces dernières doivent être jugées par les Conseils de préfecture, et instruites d'après les formes prescrites par les articles 44 à 53 du décret du 6 mai 1811. Les premières, au contraire, doivent être instruites conformément à l'article 54 du même décret, et elles peuvent donner lieu à trois espèces de décisions différentes; savoir :

1° Si la perte est peu considérable, il y a lieu seulement à accorder une remise ordinaire, à prendre sur les cinq centimes départementaux dont le préfet peut disposer, et qui proviennent de la moitié des dix centimes imposés en sus des redevances, pour fonds de non-valeurs. Le préfet prend, à cet égard, un arrêté qui m'est adressé, pour être, s'il y a lieu, proposé par moi à l'approbation du ministre des finances.

2° Si la perte est considérable, il y a lieu à deux décisions distinctes : la première épuise, dans la forme qui vient d'être expliquée ci-dessus, les cinq centimes du préfet; la seconde a pour objet d'accorder une remise extraordinaire sur les cinq centimes généraux, réservés par l'article 57 du décret cité ci-dessus au ministre de l'intérieur. Le préfet donne son avis, en forme d'arrêté, sur les propositions des ingénieurs; et, après que les formalités prescrites par l'article 54 du même décret ont été remplies, Son Excellence, sur mon rapport, accorde le secours, s'il y a lieu.

3° Lorsque les deux modes précédents n'offrent pas des moyens de secours suffisamment proportionnés à l'énormité des pertes éprouvées, l'ingénieur peut présenter une troisième proposition, distincte et séparée des premières; savoir : de faire à l'exploitant l'application de la faveur spécifiée en l'article 38 de la loi du 21 avril 1810, c'est-à-dire d'une remise de la redevance proportionnelle pour un nombre d'années déterminé. Cette remise est accordée par Sa Majesté, dans les formes ordinaires.

Relativement à tous les autres objets concernant le service des ingénieurs, je ne puis que les inviter à se pénétrer de nouveau des dispositions énoncées dans les précédentes circulaires, et surtout dans l'instruction générale du 1er septembre 1814.

J'insisterai seulement sur l'obligation où ils sont de veiller à l'exécution du décret du 3 janvier 1813, et je leur rappellerai qu'aucun motif ne peut les dispenser de laisser aux exploitants de mines et minières concessibles copie du procès-verbal de la visite des travaux, et des observations qui en ont été le résultat ; comme aussi d'y ajouter, lorsque cela est nécessaire, une instruction contenant les mesures à prendre pour la sûreté des hommes et des choses, le tout en conformité de l'article 6 du décret précité du 3 janvier 1813 ; le procès-verbal, ainsi que les observations et la copie des instructions, sont ensuite adressés au préfet du département, et l'ingénieur m'en donne avis. Dans le cas où la reconnaissance des lieux ferait apercevoir la nécessité de prendre quelques-unes des mesures prescrites par le décret qui vient d'être cité, l'ingénieur doit en faire immédiatement la proposition au préfet, et m'en informer sur-le-champ.

Je recommande, en outre, aux ingénieurs de se mettre en mesure de pouvoir me rendre compte, avant la fin de la présente année, de la situation : 1° des tourbières de chaque département ; 2° des minières non concessibles de lignites, d'alun, de couperose ou de fer ; 3° des usines qui dépendent de ces minières.

Vous voudrez bien vous conformer aux dispositions de la présente circulaire, et vous la communiquerez de suite aux ingénieurs placés sous vos ordres, en y ajoutant les développements que vous jugerez utiles au bien du service.

Circulaire du 10 mai 1824 sur l'emploi des lampes de sûreté dans les mines.

Le directeur général des ponts et chaussées et des mines (M. Becquey) aux préfets. (Ampliations pour les ingénieurs des mines et des ponts et chaussées.)

L'administration générale des mines a fait, par ses instructions et avec le concours et les lumières des ingénieurs employés dans les départements, tout ce qui pouvait dépendre d'elle pour éclairer les concessionnaires et les exploitants sur les dangers que présentent surtout les mines de houille, et pour veiller à la sûreté des ouvriers.

Le 17 février 1813, une instruction sur le caractère des accidents auxquels les ouvriers mineurs sont exposés, et sur la nature des secours qui doivent leur être administrés lorsque ces accidents ont lieu, fut envoyée aux préfets avec une circulaire relative à l'exécution du décret du 3 janvier 1813, concernant la police des mines.

Je vous prie de vous faire représenter ce décret et la circulaire, et de bien vous pénétrer des dispositions qu'ils renferment.

En 1816, on a publié, dans le tome Ier des *Annales des mines*, une description détaillée des expériences qui ont été faites dans le laboratoire de l'Ecole royale des mines, pour constater les propriétés et l'efficacité de la lampe de sûreté à l'usage des mineurs.

J'ai fait indiquer successivement dans le même ouvrage tous les perfectionnements que cette lampe a reçus.

Les ingénieurs des mines se sont empressés de faire connaître ces résultats et ces améliorations dans toutes les mines qu'ils ont visitées et à toutes les personnes qui ont eu recours à eux.

Enfin, j'ai ordonné, conformément aux dispositions du décret sur la police des mines, l'emploi exclusif des lampes de sûreté dans des mines qui avaient été le théâtre d'événements malheureux occasionnés par l'impéritie ou par l'imprudence, et où il était dangereux de conserver le mode d'éclairage ordinaire.

Ce qui doit le plus affliger, c'est que les malheurs auraient pu être en partie évités si la routine et l'imprévoyance ne s'obstinaient pas à repousser des moyens de salut bien connus, d'un usage et d'une application faciles et peu dispendieux.

Je crois donc devoir appeler toute votre sollicitude sur les précautions qui doivent être prises pour éviter les principaux dangers auxquels sont souvent exposés ceux qui se livrent aux travaux des mines, et sur les moyens qui peuvent servir à leur porter des secours lorsqu'ils sont atteints.

J'ai fait rédiger une instruction sur l'emploi des lampes de sûreté et sur les moyens de pénétrer dans les lieux où manque totalement l'air respirable.

Je vous en envoie plusieurs exemplaires. Je vous invite à la faire connaître à tous ceux qui s'occupent de l'exploitation des mines dans votre département : ils y trouveront des détails sur la nécessité indispensable d'aérer sans cesse les excavations souterraines; sur l'utilité précieuse des lampes à enveloppe de tissu métallique et sur les avantages qu'on peut retirer, en certaines circonstances, des appareils respiratoires.

Une expérience, répétée tous les jours depuis huit ans dans les mines nombreuses de plusieurs contrées de l'Europe, a pleinement confirmé toute l'efficacité de la lampe de sûreté. Il est reconnu qu'elle a le double avantage de ne pas produire l'explosion du gaz hydrogène carboné et de signaler au mineur (*en lui montrant, par le volume et la couleur de la flamme, que l'air des galeries est devenu explosif*) le danger imminent des détonations qui pourraient être occasionnées par des causes étrangères. L'intérêt bien entendu des exploitants aurait dû, depuis longtemps, leur faire adopter ce mode d'éclairage dans toutes les mines où ils ont à craindre la présence du gaz inflammable : un motif plus puissant, l'intérêt de l'humanité et les dispositions des règlements leur en font une loi; ils ne doivent pas hésiter à accueillir ce moyen de salut pour les mines et pour les mineurs.

Les appareils qui servent pour pénétrer dans les lieux méphitisés n'ont pas été souvent employés, mais leur utilité ne peut être mise en doute. Les tubes respiratoires ouverts à l'air libre et les réservoirs portatifs ont été essayés avec succès. Leur emploi, en beaucoup de cas, présentera peu de difficultés, et l'usage seul apprendra quelles sont les améliorations dont ils sont susceptibles.

Il est donc à désirer que les exploitants des mines se procurent plusieurs de ces appareils, et qu'ils les tiennent constamment en état de servir.

Il ne serait pas inutile que les grandes villes en eussent aussi quelques-uns à leur disposition : il n'arrivera que trop souvent qu'ils pourront être employés pour porter des secours aux ouvriers asphyxiés dans les caves, les égouts et les puits.

Je vous prie de me faire connaître les noms des propriétaires de mines qui se distingueront par leur zèle et leur empressement à multiplier, sur leurs exploitations, tous les moyens de précautions et de secours que réclame la sûreté des hommes.

Je solliciterai les récompenses du gouvernement : 1° pour tous ceux qui ajouteront quelques perfectionnements aux appareils respiratoires ou qui en rendront l'emploi plus facile et plus sûr ; 2° et surtout pour ceux qui, à l'aide de ces moyens, auront eu le bonheur de rappeler à la vie les ouvriers frappés d'asphyxie au fond de leurs ateliers souterrains.

Mais il est du devoir de l'administration de prévenir, autant que possible, les accidents. Plusieurs préfets ont pris des arrêtés spéciaux pour obliger les exploitants à faire employer les lampes de sûreté dans les mines où l'on peut redouter l'explosion du gaz hydrogène. J'ai approuvé ces arrêtés, ils ont eu les plus heureux effets, et telle mine, qui naguère n'avait pas une lampe de sûreté, en compte deux mille aujourd'hui. Les exploitants eux-mêmes bénissent les effets de la mesure qu'on leur a imposée.

Je vous invite à prescrire les mêmes dispositions partout où il sera nécessaire, et à ordonner toutes les mesures de sûreté convenables pour l'éclairage et l'aérage des exploitations, après avoir entendu les ingénieurs des mines. Le titre II du décret du 3 janvier 1813 sur la police des mines vous donne toute l'autorité suffisante, et vous trouverez toujours l'administration supérieure disposée à vous seconder.

La constance de l'administration ne doit point se lasser par les obstacles qu'elle rencontre. Elle doit renouveler les conseils et les instructions, et, s'ils ne sont point écoutés, ordonner ce qui est convenable et conforme aux règlements : le bien ne s'opère que lentement ; la conservation d'hommes laborieux et utiles à la société sera le prix de nos efforts répétés.

Instruction pratique sur l'emploi des lampes de sûreté dans les mines, publiée par M. le directeur général des ponts et chaussées et des mines.

§ 1.er. — *Observations préliminaires sur l'aérage et l'éclairage des mines.*

L'aérage et l'éclairage de l'intérieur des mines présentent de grandes difficultés, contre lesquelles viennent quelquefois échouer tous les secours de la science, toutes les ressources de l'industrie, et toutes les précautions de la prudence humaine.

Dans beaucoup de circonstances, il ne s'agit pas seulement de renouveler l'air des excavations souterraines, c'est-à-dire d'y introduire sans cesse l'air même de la surface du sol pour subvenir en même temps à la respiration des ouvriers et à la combustion des lampes, il faut encore en extraire et en expulser toutes les mofettes nuisibles qui s'y forment ou qui s'en dégagent en plus ou moins grande abondance. En un mot, il ne suffit pas de porter au mineur, dans ses ateliers les plus profonds et les plus reculés, l'air sans lequel il ne peut vivre, il faut aussi écarter de lui différents fluides aériformes qui lui donneraient la mort.

C'est surtout dans les mines de houille que ces sortes de difficultés se rencontrent plus fréquemment, et qu'elles sont accompagnées de plus de dangers. Tantôt le gaz azote et le gaz acide carbonique (que la plupart des mineurs ne distinguent pas l'un de l'autre, et qu'ils nomment *mauvais air*) remplissent les anciens ouvrages et se répandent dans les galeries et les puits, et l'on ne peut y rester ou en approcher sans risquer d'être frappé d'asphyxie. Tantôt le gaz hydrogène carboné (le *grisou* ou *grieux* des mineurs) sort des fentes du rocher ou de la masse même de houille qu'on exploite. Plus à craindre que les deux premiers gaz, il peut comme eux asphyxier les ouvriers, et s'il vient à prendre feu à une lumière, lorsqu'il est mêlé en certaines proportions [1] avec l'air commun, il produit une explosion terrible qui brûle tous ceux qu'elle atteint, qui détruit et disperse au loin tous les ouvrages, et qui, transformant subitement l'air des galeries en gaz délétère, frappe aussi de mort quelques instants plus tard tous ceux que le feu et la commotion ont pu épargner [2].

Dans les cas les plus ordinaires, on emploie, pour prévenir ces déplorables catastrophes, différentes méthodes, et on prescrit différentes dispositions particulières que nous nous bornerons à rappeler ici en peu de mots.

A. Lorsqu'on redoute le dégagement continuel et l'accumulation des gaz méphitiques dans une partie de la mine, on rend l'aérage *plus vif et plus serré*, selon l'expression des mineurs, c'est-à-dire que l'on augmente la vitesse et le volume de l'air qu'on y fait circuler, afin de noyer ces gaz dans une telle masse d'air commun, que le mélange qui en résulte ne puisse être nuisible [3].

B. Lorsqu'on craint l'affluence et l'explosion du gaz hydrogène carboné, on force l'air qu'on fait venir du dehors à passer sur la surface même des *tailles* d'exploitation, et dans les coins et les angles des galeries, pour balayer continuellement les parois, entraîner tous les jets de gaz inflammable qui en sortent, et toutes les bulles de ce gaz qui pourraient y

---

[1] Le mélange d'une partie en volume de gaz hydrogène carboné avec quatre, sept, huit et jusqu'à treize parties d'air atmosphérique, a la propriété de faire explosion.

[2] Le gaz hydrogène carboné produit, par sa combustion, de l'eau et son propre volume de gaz acide carbonique.

[3] Un dixième de gaz acide carbonique dans l'air éteint les lumières, et est nuisible aux hommes et aux animaux.

rester adhérentes. On a soin surtout de faire arriver le courant au bas des tailles, de sorte qu'il les parcoure en montant plutôt qu'en descendant; et on le conduit ensuite au dehors de la mine par des galeries et des puits où il n'y a aucune lumière. On empêche les ouvriers de fumer dans la mine; on leur défend l'entrée des vieux ouvrages qui sont pleins de gaz inflammable; on interdit le travail à la poudre; on diminue autant qu'on peut le nombre des lampes dans les galeries de service et dans les ateliers; quelquefois même on n'en emploie qu'une seule, qu'on place à l'entrée des chambres d'exploitation, et dont on augmente, s'il le faut, la clarté à l'aide d'un réflecteur.

Dans quelques mines, on éclaire les travailleurs avec la *meule d'acier*, dont les étincelles ne peuvent que difficilement enflammer le gaz hydrogène carboné.

C. Si l'on s'aperçoit ou si l'on soupçonne que ce gaz s'est amassé dans quelque cavité de peu d'étendue au plafond d'une galerie, on peut le neutraliser en un instant en y mettant le feu. C'est aussi de cette manière que, dans plusieurs mines du midi de la France, on détruit tous les matins l'air inflammable des chambres d'exploitation, avant l'entrée des ouvriers. Mais cette précaution n'empêche pas toujours d'autres explosions d'avoir lieu, et elle n'est pas elle-même sans inconvénients, surtout si l'espace occupé par le gaz inflammable est considérable, et si l'on néglige de mettre les ouvriers à l'abri de tout accident [1].

---

[1] Tous les ouvriers doivent être retirés; celui qui est chargé de ce dangereux service se couvre de linges mouillés et porte un masque sur le visage; il tient à la main une longue perche au bout de laquelle est une chandelle allumée; il se couche le ventre sur le sol, se traîne jusqu'au lieu où il présume que le gaz est rassemblé, et il l'enflamme en élevant sa lumière.

Remarquons ici que, s'il était reconnu nécessaire, en certains cas, de mettre le feu au gaz explosif rassemblé dans une partie de la mine, on pourrait le faire avec moins de danger, en disposant d'avance, dans le lieu où le gaz est amassé, une batterie de fusil dont le bassinet contiendrait un peu de poudre, et dont la détente serait attachée à un fil d'archal, qui serait prolongé jusqu'à telle distance qu'on voudrait, et même jusqu'au dehors de la mine. On n'aurait qu'à tirer le fil quand il faudrait produire l'explosion.

D. Si le gaz inflammable est répandu dans toute ou presque toute l'étendue d'une mine, et si l'on a lieu de craindre que ce gaz, venant à s'allumer au foyer d'aérage, ne produise une détonation qui se propage de proche en proche jusqu'aux extrémités les plus éloignées, on conduit l'air de manière que le mélange explosif ne traverse pas les grilles et le combustible embrasé, mais qu'il passe en dehors des parois de ces foyers, et qu'il vienne se réunir au courant d'air chaud et de fumée à une grande distance [1] au delà des grilles, pour qu'il puisse s'enflammer.

E. Enfin, si l'on appréhende que le gaz hydrogène afflue en si grande proportion, dans toutes les parties d'une mine, que l'air en soit surchargé et ne puisse servir à la respiration [2], on peut faciliter son écoulement en pratiquant au plafond des galeries des évents ou des soupiraux par où ce gaz plus léger s'échappe dans des canaux particuliers qui le conduisent hors de la mine, et l'air atmosphérique, circulant dans les galeries inférieures, parviendra ainsi aux ouvriers plus pur ou moins mêlé de mofettes.

Tels sont les moyens principaux dont on s'est servi depuis longtemps pour garantir les mineurs des dangers auxquels ils sont malheureusement exposés dans les mines où il se développe une grande quantité de gaz méphitiques ou inflammables.

Mais, il faut l'avouer, quelques soins qu'on ait mis dans la pratique habituelle de ces différents moyens, et quelque intelligence qu'on ait apportée dans tous les détails de leur exécution, ils n'ont pas toujours eu le succès qu'on avait droit d'en attendre. L'approche imprudemment faite d'une seule lumière, dans un angle de galerie où s'était amassé un mélange d'air commun et de gaz hydrogène, a suffi parfois pour produire en un instant une explosion générale, et ruiner la mine la mieux conduite, la mieux aérée, la mieux exploitée.

---

[1] Cette distance doit être, en général, de 20 à 25 mètres au moins.
[2] Un tiers de gaz hydrogène carboné, mêlé à deux tiers d'air atmosphérique, éteint la lumière des lampes, et ne pourrait être respiré longtemps sans inconvénient.

Dans d'autres cas difficiles à prévoir, des torrents de gaz sortis inopinément de quelque cavité rencontrée par hasard, ou de quelque crevasse inaperçue, ont troublé subitement et arrêté la circulation de l'air, inondé les galeries et rendu la mine inabordable.

Grâce aux progrès des sciences et aux découvertes nouvelles, ces explosions soudaines, que l'habileté des chefs et la vigilance des ouvriers ne pouvaient pas empêcher, seront presque toujours évitées à l'avenir; et si l'art est encore impuissant pour arrêter et détourner les irruptions imprévues de gaz méphitiques, il peut du moins fournir des moyens sûrs de pénétrer dans les mines dont ces gaz remplissent toutes les chambres et toutes les avenues.

Avec la lampe de sûreté, le mineur peut maintenant s'éclairer sans danger au milieu d'une atmosphère mélangée de gaz hydrogène.

Avec un appareil convenablement disposé pour la respiration, il peut aussi pénétrer et séjourner dans les excavations où ne se trouve pas l'air ordinaire qui est nécessaire pour l'entretien de la vie et la combustion des lampes.

La première de ces deux inventions n'est connue que depuis peu d'années. Elle est due à sir Humphry Davy, président de la Société royale de Londres. De nombreuses expériences ont complétement démontré son efficacité. La lampe de sûreté est aujourd'hui généralement employée dans les mines de l'Angleterre et de la Belgique où l'on a lieu de craindre les explosions du gaz hydrogène. Elle commence à l'être aussi dans nos mines de houille; on en compte plus de deux mille dans les belles mines d'Anzin; mais des préjugés, ou de faux prétextes, ont jusqu'ici empêché qu'elle ne fût admise aussi dans les autres.

L'invention de l'appareil respiratoire est plus ancienne que celle de la lampe de sûreté; cependant il ne paraît pas qu'elle ait encore eu aucune application. On ne peut douter qu'elle ne puisse être de la plus grande utilité, soit pour porter des secours aux malheureux mineurs qui ont pu être surpris au fond de leurs ateliers souterrains par un déluge de gaz méphitique, soit pour réparer et rétablir les canaux d'aérage et rendre la mine accessible, soit enfin pour visiter et reconnaître d'anciennes mines et des ouvrages abandonnés.

Nous croyons rendre un véritable service et à l'art des mines et à l'humanité, en appelant aujourd'hui l'attention de tous les exploitants sur ces deux moyens de sûreté, dont il est bien à désirer que l'usage leur devienne familier.

Nous allons exposer d'abord les propriétés, la construction et l'usage de la lampe de sûreté, et les soins indispensables qu'elle exige.

Nous décrirons ensuite l'appareil respiratoire, et nous examinerons quelles doivent être ses principales dispositions, selon les différentes circonstances où il peut être employé.

§ 2. — *Lampe de sûreté.*

1° Propriétés de cette lampe.

La lampe de sûreté consiste spécialement dans une lanterne dont l'enveloppe en toile métallique (de fil de cuivre) recouvre et renferme la mèche d'une lampe ordinaire.

Cette toile métallique, dont le tissu est assez fin et assez serré pour qu'il contienne au moins cent quarante ouvertures dans un centimètre carré, a la propriété très-remarquable de ne point laisser passer la flamme à travers ses interstices, de sorte que, si l'on porte cette lampe allumée dans une atmosphère explosive de gaz hydrogène carboné, le gaz entrant dans l'intérieur de l'enveloppe pourra prendre feu à la lumière de la lampe, mais l'explosion ne pourra pas se propager au dehors, même quand la toile métallique aurait acquis la chaleur du fer rouge [1].

---

[1] On peut observer un phénomène tout à fait semblable, si l'on dirige sur un morceau de la toile métallique dont il s'agit ici un jet de gaz hydrogène carboné sortant d'une vessie ou d'un gazomètre; on pourra allumer le jet d'un côté ou de l'autre de la toile à volonté, sans que la portion qu'on aura enflammée puisse mettre le feu à celle qui est de l'autre côté. Il en est de même d'un tube métallique qui n'a que trois millimètres de diamètre, et dont la longueur est très-grande relativement à ce diamètre ; ce tube ne peut transmettre

La condition essentielle pour que cet effet ait toujours lieu infailliblement, c'est que l'espace dans lequel la flamme de la lampe est confinée ne communique avec l'atmosphère extérieure par aucune ouverture, aucune jointure, ou aucune fente qui soit plus large que les mailles de l'enveloppe[1].

2° Forme et construction de cette lampe.

La forme des lampes de sûreté peut être variée de différentes manières.

Ces lampes ont trois parties principales : 1° le réservoir d'huile; 2° l'enveloppe imperméable à la flamme; 3° la cage qui sert à fixer l'enveloppe sur le réservoir et à la garantir de tout choc.

1° Réservoir d'huile.

Le réservoir est cylindrique et plus large que haut, afin que l'huile qu'il renferme soit moins éloignée de l'extrémité allumée de la mèche, et puisse l'alimenter facilement, même lorsqu'elle est près d'être entièrement consumée.

Le fond supérieur de ce réservoir est percé d'une ouverture circulaire de dix-huit à vingt millimètres de diamètre, que recouvre la plaque horizontale du porte-mèche; et il est surmonté d'un anneau cylindrique, dont la surface verticale intérieure est taillée en écrou.

---

l'inflammation d'une de ses extrémités à l'autre. Tous ces faits s'expliquent par la considération que la flamme exige un degré de température très élevé, qui ne peut subsister quand les gaz qui la produisent viennent à être en contact avec des surfaces métalliques dont la température est beaucoup plus basse.

[1] Cette propriété des tissus métalliques à petites mailles et des tubes de métal longs et étroits peut avoir son application en beaucoup de circonstances, et dans les mines mêmes, pour empêcher la détonation qui aurait lieu dans un fourneau allumé de se communiquer au gaz qui afflue vers ce fourneau. M. CHEVREMONT a fait dernièrement un heureux essai de ce moyen dans une mine des environs de Mons. Il a fait placer deux grilles de fer garnies de toile métallique dans la galerie qui aboutit au foyer d'aérage, et prévenu ainsi toute propagation d'explosion en arrière dans l'intérieur de la mine.

Dans la plupart des lampes qui ont été employées jusqu'ici, un tube extérieur sert à introduire l'huile dans le réservoir ; son ouverture inférieure s'approche assez près du fond pour qu'elle soit toujours sous la surface de l'huile, même quand il n'en reste plus que quelques millimètres de hauteur ; son orifice extérieur se ferme avec une vis en cuivre [1].

Dans les mines de Mons, on a remplacé ce tube droit par un tube recourbé en dedans du réservoir comme un siphon, afin qu'il restât toujours de l'huile au fond de ce tube, et qu'il n'y eût point de communication ouverte au dehors, même quand le bouchon est enlevé et qu'on verse l'huile dans la lampe. Mais ce moyen n'empêcherait pas qu'une détonation dans l'intérieur du cylindre de tissu métallique ne chassât l'huile hors du siphon, et il est bon, dans tous les cas, de s'abstenir d'ouvrir le bouchon du réservoir quand l'air de la mine est détonant.

Ces remarques prouvent qu'il vaut mieux supprimer tout à fait ce tube extérieur, comme on le voit dans une lampe nouvellement construite à Liége par MM. Chevremont et Smets frères : l'appareil en est plus simple ; on y verse l'huile par l'ouverture que recouvre la plaque horizontale du porte-mèche [2].

Un tube, ouvert par les deux bouts, est soudé sur le fond du réservoir et s'élève jusqu'au-dessus de la plaque du porte-mèche, qu'il traverse. Il est destiné à contenir une tige cylindrique qui le remplit entièrement, et dont le bout supérieur est recourbé en forme de crochet pour servir à régler la mèche, l'élever, l'abaisser, la moucher ou l'éteindre. L'extrémité inférieure de cette tige est repliée à angle droit, afin qu'on puisse

---

[1] Quelques fabricants de lampes ont cru pouvoir substituer, par économie, des bouchons de liége aux vis en cuivre : mais le bouchon à vis est plus sûr ; car si la lampe venait à se renverser sans s'éteindre, quand il ne reste plus que très-peu d'huile dans le réservoir, il pourrait arriver que le bouchon de liége sautât, qu'il y eût alors un passage ouvert à la flamme du dedans au dehors.

[2] Les premières lampes de sûreté qui ont été apportées de Londres à Paris n'avaient pas de tube extérieur pour y verser l'huile. L'Ecole royale des mines en possède un modèle de cette forme depuis 1816.

la placer et l'arrêter sur la languette ou plaque d'arrêt, dont un bout est libre, et dont l'autre est soudé sous le réservoir[1].

Un autre tube traverse les deux fonds du réservoir, et il y est soudé hermétiquement : il sert au passage d'une tige à vis, qui tient la lanterne fermée, et ne permet de l'ouvrir qu'avec la clef qui convient à la tête de cette vis ; une plaque ou *cache-entrée*, qui tourne sur un clou rivé, sert à boucher l'orifice de ce tube, et empêche la terre et la boue d'y entrer.

Le porte-mèche consiste en un petit tube vertical de cinq millimètres de diamètre et de trente millimètres de longueur ; il est soudé au centre d'une plaque horizontale de quarante-cinq millimètres de diamètre. Il a sur le côté, un peu au-dessous de son extrémité supérieure, une ouverture rectangulaire, pour y introduire à volonté le crochet qui sert à relever ou à noyer la mèche.

2⁰ Lanterne ou enveloppe imperméable à la flamme.

Cette enveloppe, en gaz ou toile métallique [2], qui contient cent quarante ouvertures par centimètre carré, a la forme d'un cylindre un peu conique ; ce qui permet de la faire entrer dans la cage dont il va être parlé ci-après, et de l'en retirer plus facilement pour la brosser et la nettoyer.

Sa hauteur est de quinze à dix-sept centimètres ; son extrémité supérieure a trente-cinq millimètres de diamètre, et est fermée par un fond de la même toile ; son extrémité inférieure a trente-huit ou quarante millimètres de diamètre ; elle est ouverte, et son bord est replié en dehors sur une largeur de deux à trois millimètres ; ou, ce qui vaut mieux, ce bord inférieur est serré étroitement par un lien de fil de fer ou de fil de lai-

---

[1] Il est bon que cette tige soit arrêtée ainsi, pour empêcher qu'elle ne retombe d'elle-même sur la mèche et ne l'éteigne.

[2] Cette toile est ordinairement en fil de fer de trois dixièmes de millimètre de grosseur. Une toile en fil de cuivre rouge peut aussi être employée à cet usage ; mais on ne doit pas se servir de tissu en laiton ni en platine ; le fil de laiton aurait l'inconvénient de s'altérer et de se détruire à la longue, et le fil de platine pourrait communiquer l'explosion au dehors.

ton dans la gorge d'une rondelle ou virole de cuivre. Cette virole a l'avantage de conserver la forme circulaire du bord inférieur de l'enveloppe, et elle empêche qu'on ne puisse enlever cette enveloppe ou cette cheminée sans dévisser la cage.

Les différentes dimensions que nous venons d'indiquer sont celles qui conviennent le mieux ; car, dans les cylindres plus grands, la combustion du gaz inflammable échauffe beaucoup trop leur partie supérieure, et peut l'amener promptement à une forte chaleur rouge, d'où il arriverait que le tissu métallique serait altéré et troué en peu de temps, et ne pourrait plus garantir de l'explosion.

Il est bon, pour éviter cet inconvénient dans tous les cas, même dans les petits cylindres, de recouvrir le haut de l'enveloppe cylindrique par une deuxième enveloppe, longue de trois à quatre centimètres, et dont le fond est élevé de douze à quinze millimètres au-dessus du fond de la première.

Les jointures de ces enveloppes doivent être doubles ou à bords repliés l'un sur l'autre, pour qu'il n'y ait aucune ouverture plus grande que les interstices du tissu ; il faut aussi que le bord inférieur de la deuxième enveloppe soit cousu avec soin, afin qu'il reste toujours appliqué sur la première et ne puisse s'en séparer, même quand elle viendrait à être pliée ou déformée.

Au lieu de la deuxième enveloppe en toile métallique dont on vient de parler, on peut (comme on l'a fait dernièrement dans les mines des environs de Mons) adapter au sommet de l'enveloppe ou cheminée un chapiteau cylindrique de cuivre, de trois centimètres de longueur, et percé de trous aussi petits que les mailles de la toile métallique.

3° *Cage qui sert à fixer l'enveloppe cylindrique ou la lanterne sur le réservoir et à la garantir de tout choc.*

Cette cage est composée de quatre ou mieux de cinq gros fils de fer, longs de dix-huit à dix-neuf centimètres, fixés par leur bout inférieur sur le bord d'un anneau de cuivre, et, par leur autre bout, sur une plaque de tôle de sept à huit centimètres de diamètre.

L'anneau porte sur sa surface verticale extérieure quatre ou cinq pas de vis.

La plaque est assez large pour couvrir le cylindre et le réservoir, et empêcher que les gouttes d'eau qui peuvent tomber d'en haut ne pénètrent dans la lanterne et n'éteignent la lampe ; elle est munie d'un anneau et d'un crochet, pour qu'on puisse porter la lampe à la main, l'accrocher à la boutonnière de l'habit ou l'attacher où l'on veut.

On fait entrer le cylindre de toile métallique dans cette cage, jusqu'à ce que son bord inférieur, ou la virole sur laquelle ce bord est fixé, soit en contact avec l'anneau ; cet anneau se visse ensuite dans l'écrou du réservoir, et il fixe ainsi, en même temps, la cage, le cylindre et le porte-mèche, et les maintient en place [1].

3° Avantages de cette lampe.

La lampe, construite dans les dimensions et avec tous les soins que nous avons indiqués, présente au mineur toute la sécurité désirable, et elle peut servir à l'éclairer sans danger dans toutes les galeries et dans toutes les excavations souterraines où il a à craindre la présence du gaz hydrogène carboné.

Elle a l'avantage, quand le gaz ne se renouvelle pas et ne se mêle pas continuellement dans l'atmosphère de la mine, de le brûler peu à peu et d'en réduire la quantité au-dessous de celle qui est nécessaire pour l'explosion.

Lorsqu'au contraire ce gaz afflue sans cesse et avec une telle abondance qu'il ne peut être consumé assez vite, la lampe fournit des indices certains de l'état de l'air de la mine ; elle signale le danger qu'il pourrait y avoir à y rester, et elle avertit ainsi le mineur du moment où il doit se retirer.

Si le gaz inflammable commence à se mêler avec l'air ordinaire dans les plus petites proportions, son premier effet est d'augmenter la longueur et la grosseur de la flamme.

---

[1] Cet anneau pourrait être ajusté sur le réservoir comme un couvercle de tabatière ; mais, dans ce cas, il offrirait moins de sûreté contre l'explosion que s'il était assemblé à vis, parce qu'il pourrait arriver qu'il fût placé assez obliquement pour laisser une ouverture suffisante au passage de la flamme.

Si le gaz forme le douzième du volume de l'air, le cylindre se remplit d'une flamme bleue très-faible, au milieu de laquelle on distingue la flamme de la mèche [1].

Si le gaz forme le sixième ou le cinquième du volume de l'air, la flamme de la mèche cesse d'être visible ; elle se perd dans celle du gaz qui remplit le cylindre, et dont la lumière est assez éclatante [2].

Enfin, si le gaz vient à former le tiers du volume de l'air, la lampe s'éteint tout à fait [3] ; mais les mineurs ne doivent pas attendre jusque-là pour se retirer.

Nous venons de dire que, dès que l'air de la mine est devenu explosif, c'est-à-dire quand il contient un douzième ou un treizième de gaz hydrogène carboné, le cylindre de la lampe est à l'instant rempli de la flamme de ce gaz, et que la lumière de cette flamme augmente ensuite en intensité à mesure que la quantité du gaz augmente. Les ouvriers doivent donc consulter continuellement cette indication : elle doit être leur sauvegarde, et leur montrer s'ils doivent enfin quitter la mine, jusqu'à ce qu'on ait pu y faire arriver une plus grande masse d'air atmosphérique.

4° Emploi de la lampe de sûreté quand l'atmosphère est explosive.

Dans le cas où les mineurs ont besoin de travailler long-temps dans une mine dont l'atmosphère est explosive, on peut

---

[1] Quelquefois, mais rarement, quand le gaz est peu abondant ou inégalement répandu dans l'air, on entend plusieurs petites explosions intérieures qui se succèdent rapidement, mais qui ne doivent inspirer aucune inquiétude, parce qu'elles ne se propagent point au dehors (voir les expériences faites par le docteur HAMEL, de Saint-Pétersbourg, dans la mine de houille de Dechank, *Philos. Magazine*, juillet 1816 ; voir aussi les expériences répétées dans le laboratoire de l'École royale des mines avec le gaz hydrogène pur et avec le gaz hydrogène carboné, et notamment la deuxième expérience, rapportée page 197 du tome Ier des *Annales des mines*, 1816).

[2] Dans tous ces différents cas, on peut toujours éteindre facilement la flamme qui remplit le cylindre de toile métallique, en le couvrant d'un étui en tôle ou en étoffe de laine.

[3] On peut observer ces différents états dans une galerie de mine où afflue le

craindre que la combustion prolongée du gaz dans la lanterne n'échauffe la toile métallique du cylindre à une température trop élevée, et ne finisse par l'altérer ou la trouer. On préviendra cet inconvénient en faisant usage :

Ou d'une lampe à double cylindre ;

Ou d'une lampe à simple enveloppe, dont les fils du tissu sont composés de deux ou de plusieurs fils tordus et tressés ensemble ;

Ou d'une lampe dont le cylindre est en cuivre laminé, percé de très-petites ouvertures circulaires, ou mieux rectangulaires[1];

Ou même enfin, d'une lampe de sûreté ordinaire, dont le sommet est recouvert d'une seconde enveloppe, et qu'on place dans une lanterne ordinaire de verre ou de corne, dont on a enlevé la porte.

Le double cylindre en toile ou gaze métallique est complétement sûr, et il n'y a pas d'exemple que le cylindre extérieur ait jamais acquis la chaleur rouge, même quand le cylindre intérieur a été lui-même échauffé à ce haut degré de température pendant plusieurs heures.

Le cylindre en toile métallique, dont les fils sont composés de deux ou de plusieurs fils tordus ensemble, a aussi l'avantage de s'échauffer moins vite et de rester exposé à la flamme du gaz sans rougir[2].

Le cylindre en cuivre percé de petits trous offre la même sûreté ; mais il a l'inconvénient de coûter un peu plus cher. Si son épaisseur est de six dixièmes de millimètre, les ouvertures rectangulaires doivent avoir un millimètre six dixièmes de

---

gaz hydrogène, si l'on place d'abord la lampe sur le sol (où il y a moins de gaz), et si on l'élève ensuite graduellement jusqu'au plafond, où le gaz plus léger se trouve ordinairement en plus grande proportion.

[1] Les ouvertures rectangulaires ont, à grandeur égale, un pouvoir réfrigérant plus considérable, et doivent être préférées (voir les ouvrages sur la perméabilité à la flamme, par M. LEFROY, *Annales des mines*, t. I, p. 219).

[2] Des lampes de sûreté dont la toile métallique est composée de fils tressés d'un quarantième de pouce anglais d'épaisseur, et qui contient seize fils en chaîne et trente fils en trame, ont en même temps assez de flexibilité pour ne pas se casser, et assez de solidité pour ne pas se rompre, même par des chocs très-violents.

hauteur sur huit dixièmes de millimètre de largeur. Ces ouvertures pourront même être plus grandes, si l'épaisseur du cuivre est elle-même plus considérable[1].

Enfin, la lampe de sûreté ordinaire, étant renfermée dans une lanterne commune de verre ou de corne, sera aussi moins exposée à s'échauffer et à rougir, parce que la circulation de l'air y sera diminuée[2].

5° Usage de la lampe de sûreté lorsqu'elle vient à s'éteindre dans une atmosphère surchargée de gaz inflammable.

Quand le volume du gaz hydrogène carboné est le tiers de celui de l'air atmosphérique, la lampe s'éteint aussitôt; mais

---

[1] Cette lampe convient très-bien quand on ne doit en faire usage que rarement. Pour le service ordinaire, les lampes à tissu de fil métallique sont préférables, à cause de leur flexibilité et de la facilité de substituer de nouveaux cylindres. Cette flexibilité de l'enveloppe est ici bien plus importante qu'on ne le croirait au premier aperçu. L'expérience a déjà prouvé plusieurs fois que l'explosion a été prévenue avec des lampes à tissu métallique, et qu'elle ne l'aurait pas été dans les mêmes circonstances, si leur enveloppe avait été faite d'autre matière plus résistante. Cette remarque pourrait s'appliquer en partie au chapiteau de cuivre de l'enveloppe.

[2] On obtient un effet semblable, c'est-à-dire qu'on retarde ou qu'on empêche le trop grand échauffement de l'enveloppe de cette lampe : 1° si l'on ajoute en dedans ou au dehors une plaque étamée qui sert de réflecteur; ou 2° si l'on enferme le cylindre de toile métallique dans un cylindre de verre plus court, et qui intercepte ainsi le passage de l'air dans une partie de la longueur du cylindre métallique; ou 3° si l'on adapte à une lampe à double cylindre une cheminée en cuivre qui ne laisse à découvert que le tiers ou la moitié de la surface cylindrique du tissu métallique; ou encore 4° si l'on recouvre cette lampe d'un cylindre en cuivre qu'on peut lever ou abaisser à volonté; ou enfin 5° si, comme l'a proposé M. HODGSON, on renferme la mèche de la lampe dans une lanterne dont un côté est fermé par un verre épais, mastiqué avec soin, et dont le côté opposé est garni d'un tissu métallique qu'on peut couvrir ou découvrir plus ou moins par une plaque de cuivre qui glisse dans une coulisse.

Mais nous devons faire remarquer que, parmi toutes ces variétés de formes que nous venons d'indiquer, celles qui admettent du verre ne sont pas sans inconvénient : le verre est exposé à être brisé par la chute de la lampe, par le choc d'un corps étranger, et même par quelques gouttes d'eau froide qui viendraient à tomber sur sa surface extérieure, lorsqu'il est échauffé par la flamme de la lampe.

alors même elle offre aux mineurs une nouvelle ressource, si l'on a eu soin de placer dans l'intérieur du cylindre, au-dessus ou autour de la mèche, plusieurs fils ou lames de platine tournés en spirale, dont l'épaisseur soit de trois dixièmes de millimètre environ [1].

Ces fils ou ces lames de platine acquerront bientôt et conserveront un haut degré de chaleur, tant que la lampe brûlera et consumera le gaz hydrogène répandu dans l'air de la mine. Mais dès que ce gaz, affluant sans cesse, viendra à former le tiers du volume de l'air et à éteindre la flamme de la lampe, le platine dans l'obscurité paraîtra lumineux et répandra une lueur assez forte pour guider les mineurs lorsqu'ils se retirent [2].

Ce phénomène n'a plus lieu quand la proportion du gaz est telle qu'il forme les deux cinquièmes du volume de l'air : le platine cesse alors d'être en ignition, il perd peu à peu sa haute température. Mais on peut la lui rendre de nouveau, si l'on parvient assez tôt dans une partie de la mine où il y a une plus grande proportion d'air atmosphérique ; le platine devient bientôt rouge ; il enflamme le gaz dans l'intérieur du cylindre, si le mélange d'air et de gaz est explosif, et le gaz enflammé rallume à l'instant la mèche de la lampe [3].

[1] En plaçant la spirale de fil de platine au bas de la lampe et autour de la mèche, on met le fil à l'abri de la fumée.

[2] Le platine reste ainsi lumineux pendant que le gaz se consume lentement et sans flamme. Le palladium se comporte comme le platine dans les mêmes circonstances dont il est ici question ; mais le cuivre, l'argent, le fer, l'or et le zinc n'ont pas les mêmes effets. Cette propriété de produire, d'entretenir et de rendre sensible la combustion des gaz, a été attribuée, par M. DAVY, au peu de conductibilité et au peu de capacité de chaleur du platine et du palladium. Les expériences de M. DEROBENEINEN, et celles de MM. THÉNARD et DULONG, viennent de prouver que la nature du métal ou des autres substances solides en contact avec les gaz détermine la combinaison de ces gaz à des températures très-différentes ; que cette action est modifiée par l'étendue de la surface, l'épaisseur des fragments, et même par leur configuration, et qu'elle a, en certains cas, tant d'énergie, que le métal (comme l'éponge de platine, la limaille de platine ou le précipité de platine par le zinc) peut, même en partant de la température ordinaire, devenir incandescent et produire l'explosion.

[3] Il résulte évidemment de cette propriété du platine : 1° qu'on ne doit pas

Ce moyen curieux de s'éclairer quand toutes les autres lumières s'éteignent pourra quelquefois servir aux mineurs, soit pour se diriger dans les parties d'une mine dont ils ne connaissent pas les détours, soit pour se porter des secours mutuels, soit même pour juger par l'éclat du fil de l'état de l'air de la mine.

Il ne serait donc pas inutile que les maîtres mineurs et les chefs d'ateliers eussent des lampes garnies intérieurement de spirales en fil de platine.

La spirale de fil de platine peut être suspendue à quatre cu cinq centimètres au-dessus de la mèche ; et, dans ce cas, elle doit être supportée par un gros fil en platine, en argent, en cuivre ou en fer, ajusté sur la plaque du porte-mèche, de manière qu'on puisse l'enlever facilement quand il s'agit de nettoyer la lampe. La spirale de fil de platine peut aussi être placée au bas de la lampe autour de la mèche.

6° Soins qu'exige la lampe de sûreté.

L'emploi de la lampe de sûreté dans les mines demande plusieurs soins essentiels, dont les uns doivent être pris par les ouvriers eux-mêmes, et dont les autres regardent spécialement le maître mineur. Mais, avant de les exposer, nous devons d'abord faire observer que la lampe de sûreté ne doit dispenser, dans aucun cas, de la nécessité d'entretenir dans la mine un courant continuel d'air atmosphérique et de veiller sans cesse, avec la plus minutieuse attention, à ce qu'aucune matière embrasée ne puisse occasionner la détonation du gaz hydrogène. Ainsi l'on défendra sévèrement aux ouvriers de fumer dans l'intérieur de la mine ; on leur interdira l'emploi de la poudre dans tous les lieux où l'air sera détonant ; et les

---

employer une toile en fil de ce métal pour faire l'enveloppe cylindrique d une lampe de sûreté ; 2° que les fils de platine qu'on peut placer dans l'intérieur de ces lampes pour répandre de la lumière dans les mélanges qui contiennent trop d'air atmosphérique pour être explosifs, doivent être disposés de manière qu'aucune pointe de ces fils ne puisse traverser les mailles de l'enveloppe et se projeter au dehors dans aucun cas.

moyens qu'on adoptera pour le renouvellement continuel de l'air seront combinés de manière qu'ils ne puissent donner lieu à l'explosion du gaz inflammable.

1° Toute la garantie que présente la lampe de sûreté dépendant nécessairement de l'isolement de sa flamme dans une enveloppe de toile métallique, il faut surtout que, dans aucune circonstance et sous aucun prétexte, le mineur ne se permette d'ouvrir sa lampe, d'en séparer ni même seulement d'en soulever l'enveloppe cylindrique. Toute sécurité disparaîtrait à l'instant, et l'imprudence d'un seul compromettrait le sort de tous ceux qui se trouveraient alors dans la mine.

Il faut donc absolument, quelque confiance qu'on ait dans tous les ouvriers, et quelque superflue que paraisse cette précaution, employer un moyen particulier de fermer les lampes, pour que les ouvriers ne puissent les ouvrir.

On s'est d'abord servi pour cet effet d'un petit cadenas. Ce moyen était fort simple, mais il a présenté plusieurs inconvénients qui l'ont fait abandonner. La poussière et la boue bouchaient et obstruaient souvent l'entrée du cadenas ; quelques ouvriers essayaient de l'ouvrir ou de le forcer avec un crochet ou un autre instrument ; et la dépense première, ainsi que l'entretien de ces cadenas, coûtaient assez cher dans les mines où il faut plusieurs centaines de lampes.

Par toutes ces raisons, on a renoncé à l'emploi des cadenas, et l'on a adopté généralement l'usage d'une tige à vis qui traverse dans un tube le réservoir d'huile, et pénètre ensuite dans une ouverture pratiquée sur le bord de l'anneau inférieur de la cage de la lampe. La tête de cette tige ne doit pas être saillante au-dessous du fond du réservoir. Elle est à trois ou quatre pans, et ne peut être tournée qu'avec une clef semblable à une clef de pendule.

Pour rendre cette fermeture plus sûre, il convient que la tête de la tige reste cachée à une certaine profondeur dans le tube qui la renferme. Elle exigera ainsi une clef dont le canon sera plus long, et les ouvriers ne pourront que plus difficilement s'en procurer une pareille.

2° Il convient encore de numéroter toutes les lampes et de donner toujours la même lampe au même ouvrier. C'est un moyen de surveillance qu'il ne faut pas négliger, et qui fera connaître quels sont ceux qui soignent leurs lampes et les conservent, et quels sont ceux qui les endommagent ou qui essayent de les ouvrir.

3° Dans une mine où l'on craint l'explosion du gaz hydrogène carboné, on doit faire exclusivement usage de la lampe de sûreté, et il ne faut jamais se permettre d'employer des lampes ordinaires dans les parties de la mine où l'on pourrait supposer qu'il n'y a pas de danger de détonation. Il n'arrive que trop souvent que, la circulation de l'air venant à être accidentellement troublée, retardée ou interrompue, les parties de la mine où l'air est ordinairement aussi pur que celui de la surface du sol sont tout à coup infectées du gaz inflammable.

4° Les lampes doivent être toutes allumées hors de la mine ; le maître mineur, qui est chargé de cette fonction, les ferme ensuite exactement, et en remet une à chaque ouvrier.

5° Cette distribution des lampes ne doit se faire qu'après que chacune d'elles a été visitée et examinée, et qu'elles ont été reconnues en bon état.

6° Les ouvriers descendent dans la mine munis chacun de leur lampe, qu'ils portent à la main, ou qu'ils ont accrochée à leur boutonnière [1], et ils doivent mettre tous leurs soins, pendant le trajet, pour qu'elle ne reçoive aucun choc et n'éprouve aucun accident qui puisse déformer ou trouer son enveloppe.

7° Quand les mineurs sont arrivés à leur poste, ils doivent suspendre leur lampe à un crochet fixé sur un étai en bois ou en fer [2]. Ils doivent avoir soin de la placer à quelque distance des tailles, à l'abri des chutes de houille et de pierres ; ils doivent aussi l'éloigner des courants de gaz qui sortent impétueusement des fentes ou des trous de sonde, pour éviter que

---

[1] Quelques-uns accrochent leur lampe à un anneau cousu sur l'épaule gauche ; d'autres l'attachent à un cordon passé autour du cou.

[2] Dans quelques mines de l'Angleterre, le support en fer est préféré, parce que le bois est quelquefois exposé à se charbonner à la surface, par l'effet de la chaleur excessive de la lampe (voir la lettre de M. BUDDLE à M. DAVY, *Philos. Magazine*, t. XLVIII, p. 55) ; mais cet effet n'a pas lieu si l'on donne à la tige du crochet de fer assez de longueur pour que la lampe ne touche pas l'étançon en bois dans lequel ce crochet est fixé.

la combustion rapide de ce gaz dans l'intérieur des lampes n'échauffe leur enveloppe cylindrique à une trop haute température.

Ils doivent surtout se garder de la fixer dans la houille ou dans le terrain qui la recouvre, car le plus petit éboulement pourrait la faire tomber, la briser, la déchirer, ou seulement la trouer sans l'éteindre, et occasionner ainsi une explosion dans la mine.

8° La poussière qui vole dans l'air, particulièrement à l'époque de la journée où l'on abat la houille dans les tailles d'exploitation, bouche promptement les interstices de la toile métallique de ces lampes. Chaque ouvrier doit avoir une brosse pour nettoyer, quand il le faut, l'enveloppe cylindrique de sa lampe, et lui rendre ainsi toute sa clarté.

9° Le réservoir de la lampe contient environ cent cinquante-deux grammes (cinq onces) d'huile, qui doivent durer neuf à dix heures. Si le travail de l'ouvrier doit durer plus longtemps, il faut alors avoir soin d'ajouter de nouvelle huile, au bout de sept à huit heures ; mais cette addition d'huile dans une lampe allumée demande beaucoup de précautions et ne doit pas toujours se faire dans la mine.

Lorsqu'on se trouve dans une atmosphère explosive, et que le gaz brûle dans l'intérieur de l'enveloppe de la lampe, et surtout lorsqu'il ne reste pas assez d'huile dans le réservoir pour couvrir et fermer l'ouverture inférieure du tube par lequel on doit verser l'huile, il est prudent de ne pas ouvrir le bouchon du réservoir et de ne pas ajouter de nouvelle huile. Il vaut mieux, dans ce cas, faire apporter une nouvelle lampe allumée [1].

La lampe qui n'a point de tube extérieur n'a pas cet inconvénient ; son réservoir est plus grand et contient assez d'huile pour un travail de douze heures, ce qui est plus que suffisant pour le service ordinaire.

10° Si les mineurs se trouvent dans une atmosphère explo-

---

[1] On cite plusieurs accidents qui ont eu lieu parce qu'on a imprudemment ouvert le bouchon du réservoir, quand il ne restait pas assez d'huile pour boucher toute communication du dedans au dehors.

sive, et qu'ils s'aperçoivent que la combustion des gaz dans l'intérieur de la la lampe échauffe et fait rougir la toile métallique, quoique l'explosion ne puisse pas être communiquée, même à ce haut degré de température, ils devront, si leur travail peut être retardé sans inconvénient, se retirer dans une autre partie de la mine jusqu'à ce qu'on soit parvenu à faire arriver une assez grande masse d'air commun pour diminuer la proportion du gaz hydrogène carboné.

11° Dans les mêmes circonstances, si le travail des mineurs est urgent et indispensable, et s'ils doivent rester longtemps dans une atmosphère détonante, il sera bon qu'ils rafraîchissent de temps en temps le cylindre de toile métallique avec une éponge imbibée d'eau ou avec un linge mouillé.

12° Dans aucun cas les ouvriers ne doivent essayer d'éteindre, en la soufflant la flamme du gaz qui remplit la lanterne; car, quoiqu'on sache que des courants rapides de gaz hydrogène et d'air atmosphérique ne communiquent pas ordinairement l'explosion, quand les lampes sont bien construites, on pourrait craindre, surtout si les fils étaient dérangés ou qu'ils fussent à la température de la chaleur rouge, qu'un souffle violent ne poussât au dehors de la lampe la flamme, qui, dans un air calme et en repos, y serait restée confinée. C'est en couvrant la lampe d'un étui en tôle, ou en l'étouffant dans leurs vêtements, que les ouvriers doivent l'éteindre [1].

13° Quand les ouvriers sont sortis de la mine et ont remis chacun leur lampe au maître mineur, toutes ces lampes sont aussitôt reportées dans le magasin, où on les nettoie et où on les examine de nouveau.

14° Pour nettoyer les lampes, on commence par les ouvrir: on sépare ensuite les cylindres de tissu métallique de la cage qui les renferme, et on les dégraisse, soit en les plongeant dans de l'eau chaude qui tient un peu de potasse en dissolution,

---

[1] Cette précaution est sagement recommandée aux ouvriers des mines de Valenciennes. Un article du règlement relatif à la police intérieure de ces mines porte : « Dans le cas où le grisou arriverait en trop grande abondance dans l'intérieur de la cheminée métallique, il est défendu de souffler le feu pour l'éteindre. L'ouvrier l'étouffera dans un étui ou dans ses vêtements. »

soit en les exposant à un feu clair qui brûle la suie et l'huile qui les salissent.

Dans le premier cas, après avoir lavé les cylindres, on les rince dans l'eau claire, on les brosse en dedans et en dehors, et on les fait sécher.

Dans le deuxième cas, on fait tourner chaque cylindre pendant une minute seulement sur le feu, et lorsqu'ils sont refroidis, on les brosse pour enlever toute la poussière charbonneuse qui les recouvre.

Cette deuxième méthode est préférée aujourd'hui à la première ; elle altère moins le tissu des cylindres et laisse sur les fils de ce tissu une sorte de vernis qui prévient leur oxydation [1].

15° On visite ensuite toutes les parties de la lampe ; on met au rebut tous les cylindres de toile métallique qui ont quelque défaut, et l'on renvoie aux ateliers les réservoirs et les cages qui ont besoin d'être réparés [2].

16° Quand les cylindres dont la toile est en fil de fer doivent rester quelque temps en magasin sans être employés, et qu'ils ne sont pas encore couverts d'un enduit de rouille, il faut les huiler pour empêcher qu'ils ne se détériorent.

17° On pourra aussi, avant de se servir de ces lampes, éprouver leur sûreté en les plongeant allumées dans un baril qu'on aura rempli d'un mélange détonant de gaz inflammable et d'air ordinaire. Mais cette épreuve une fois faite ne doit pas dispenser de l'examen journalier auquel chaque lampe doit être sévèrement soumise, quand elle revient de la mine et avant qu'on l'y reporte.

7° Réponse à quelques objections qui ont été faites contre les lampes de sûreté.

Quoiqu'une expérience de plusieurs années ait prouvé, dans

---

[1] Un ouvrier un peu exercé peut nettoyer deux cents lampes dans une journée.

[2] Les réparations les plus ordinaires consistent à redresser les barreaux de la cage qui sont courbés, à resserrer les rivures de ces barreaux qui ont pris du jeu, et à ressouder les tubes qui aboutissent au fond du réservoir et qui laisseraient échapper l'huile de la lampe.

un grand nombre de mines de diverses contrées de l'Europe, toute l'efficacité de la lampe de sûreté, il ne sera peut-être pas inutile de réfuter ici tout ce qu'on a objecté pour en rejeter l'usage.

1° On a prétendu que des poussières de matières combustibles suspendues dans l'air pénétreraient dans l'intérieur de l'enveloppe cylindrique, et qu'elles pourraient s'y allumer, en ressortir enflammées et causer l'explosion.

Mais on a jeté, à plusieurs fois de suite, de la poudre à canon pulvérisée et mêlée de poudre de charbon, dans les lampes qui brûlaient dans un mélange de gaz plus explosif que le gaz inflammable des mines, et l'explosion n'a pu être communiquée au dehors. L'explosion n'eut lieu non plus quand on laissa ces matières flotter dans cette atmosphère, ni même quand on les eut amoncelées sur le sommet du cylindre, qui avait acquis la chaleur rouge [1].

2° On a avancé que la combustion prolongée du gaz hydrogène dans l'intérieur du cylindre de toile métallique, quand l'air de la mine est détonant, finirait par altérer, brûler et trouer le tissu de cette enveloppe.

Cet accident, qui aurait lieu sans doute à la longue pour des lampes à simple enveloppe, n'est pas à redouter pour celles qui ont une double enveloppe cylindrique ou un chapiteau de cuivre au sommet, ou dans lesquelles la circulation de l'air est diminuée par un réflecteur en fer ou en cuivre étamé.

3° On a pensé que l'air agité pousserait la flamme à travers les mailles de l'enveloppe, et pourrait causer ainsi une détonation au dehors; mais des essais nombreux ont pleinement dissipé toutes ces craintes. Des courants mélangés d'air atmosphérique et de gaz hydrogène carboné n'ont pu expulser la flamme hors du cylindre de toile métallique, quand cette toile contenait cent quarante ouvertures par centimètre carré.

4° On a craint encore que, lorsqu'il s'établit dans une mine de forts courants de gaz inflammable et d'air ordinaire, agissant parallèlement ou sous différents angles, l'effet de ces cou-

---

[1] Voir les diverses expériences rapportées pages 36, 54 et 93 du *Philos. Magazine*, t. XLVIII, 1816, et les *Annales des mines*, t. I, p. 208.

rants ne fût d'accroître la température du cylindre de toile métallique, et d'augmenter par suite son pouvoir à laisser passer la flamme. Mais l'expérience a encore été cette fois favorable aux lampes de sûreté bien construites.

Des lampes à simple et à double cylindre ayant été exposées à un courant de gaz inflammable, dirigé transversalement à un grand courant d'air atmosphérique, le gaz brûla dans l'intérieur des lampes, mais leur tissu métallique ne fut porté qu'à la chaleur rouge.

On augmenta ensuite la vitesse du courant de gaz inflammable de manière à obtenir un jet impétueux et tel qu'il ne s'en rencontre jamais dans les mines : la lampe à double cylindre fut exposée au concours des deux courants de gaz et d'air ordinaire, son tissu métallique acquit bientôt la chaleur rouge, mais il ne brûla pas et ne communiqua pas l'explosion. La lampe à simple enveloppe ayant été placée au point où la combustion était la plus intense, le fil de son tissu brûla en jetant des étincelles et transmit l'explosion. Mais les lampes simples portant des plaques d'étain pour diminuer la circulation de l'air et réfléchir en même temps la lumière, et des lampes à double cylindre placées dans les mêmes courants que ci-dessus, ne purent jamais s'échauffer jusqu'au degré de la combustion du fer, et elles n'ont point communiqué l'explosion [1].

5° On a objecté que les cylindres en tissu métallique étaient trop faibles pour l'usage des mines, et qu'ils seraient exposés

---

[1] Voir le tome XLVIII du *Philos. Magazine*, p. 198, et le tome I des *Annales des mines*, p. 207. Au reste, si l'on pouvait craindre de rencontrer des courants de gaz qui élevassent la chaleur du tissu métallique au delà du rouge obscur, on parviendrait, avec des tissus de fils tressés, dans lesquels les vides sont plus rétrécis et les surfaces rayonnantes beaucoup plus grandes, à ne pas dépasser ce degré de chaleur, et à éviter ainsi toute explosion. En général, on peut dire qu'on sera toujours maître de maintenir la température du tissu aussi basse qu'on voudra en diminuant les ouvertures, et en augmentant la masse métallique et les surfaces rayonnantes; car cette température cessera toujours de s'accroître, quand le tissu pourra dissiper, par le rayonnement et par le contact de l'air extérieur, toute la quantité de chaleur qu'il recevra de la flamme de la lampe.

à des chocs et à des chutes qui pourraient les plier, les déformer ou les trouer. Mais les gros fils de fer qui les entourent, le réservoir qui les supporte, et le chapeau qui les recouvre, les garantissent de beaucoup d'accidents. Et s'il était vrai qu'ils ne fussent pas assez solides, il serait facile d'employer des tissus plus serrés et plus épais, et même des cages extérieures à barreaux plus nombreux et plus forts, et de donner ainsi à ces lampes toute la solidité désirable en conservant toute leur sûreté.

6° On a souvent répété que les lampes de sûreté donneraient moins de lumière que les lampes libres et découvertes. On a ajouté que les mailles du cylindre de toile métallique s'obstruaient facilement, et se remplissaient de poudre de houille, et que les ouvriers n'étaient pas assez bien éclairés, surtout sur la fin de la journée et lorsqu'ils ont besoin de beaucoup de lumière pour achever certains ouvrages, tels que le triage de la houille et le choix des remblais. Cette objection, il faut en convenir, peut paraître au premier aspect n'être pas sans fondement ; il n'y a aucun doute qu'une flamme renfermée dans un cylindre de toile métallique répande au dehors moins de lumière qu'elle n'en donnerait si cette enveloppe n'existait pas. On a reconnu par des expériences directes que la lampe de sûreté perdait un cinquième ou un quart de lumière, qui est interceptée par les fils de l'enveloppe. Mais si l'on adapte à la lampe une plaque d'étain ou de fer ou cuivre étamé qui serve de réflecteur, ou un verre plan convexe, placé en dehors, qui rassemble les rayons et les empêche de diverger, on obtient, sur tous les points qui sont éclairés en même temps par la lumière directe et par la lumière réfléchie, ou seulement par la lumière réfractée, autant de clarté qu'en pourrait donner la flamme de la lampe libre et découverte.

Le réflecteur peut être placé à volonté en dedans ou en dehors du cylindre de toile métallique ; mais on concevra aisément qu'il produit plus d'effet quand il est placé intérieurement que quand il est appliqué en dehors sur l'enveloppe cylindrique de la lampe, parce que, dans le premier cas, les rayons réfléchis n'ont qu'une fois à traverser les mailles de la toile métallique, tandis que, dans le second, le tissu serait traversé trois fois pas les mêmes rayons, tant avant qu'après leur réflexion [1].

On peut donc par ces moyens simples, le réflecteur ou la lentille, augmenter, quand on le veut, la lumière portée sur les points où le mineur applique son travail, et la rendre égale à celle de la flamme libre de la lampe.

Au reste, quand il ne serait pas possible d'obtenir d'une lampe de sûreté la même lumière que d'une lampe ordinaire, il ne faudrait pas moins préférer l'emploi de la première sorte de lampe dans toutes les mines où l'on peut craindre les détona- tions du gaz hydrogène ; car on pourra toujours multiplier sans danger les lampes de sûreté, si l'on a besoin de plus de lumière, tandis qu'au contraire, dans les mêmes circonstances d'une atmosphère explosive, si l'on se sert de lampes ordi- naires, on sera contraint, pour diminuer les chances d'un péril imminent, de diminuer aussi le nombre de ces lampes, et de réduire les mineurs à travailler presque dans l'obscurité.

7° Enfin, on objecte que plusieurs explosions ont eu lieu dans des mines où l'on faisait un usage habituel des lampes de sûreté.

Mais ces événements déplorables, dont on n'assigne pas la véritable cause, ne peuvent pas diminuer la confiance que doit inspirer l'emploi bien entendu et bien dirigé de ce moyen pré- cieux d'éclairage. Ils doivent être seulement un avertissement utile, que ces lampes ne sont destinées à prévenir que les explosions qui seraient occasionnées par la flamme de leur mèche, si elle était libre et à découvert. Leur sûreté cesse si on les ouvre, si elles sont trouées ou déchirées, si leur enve- loppe métallique, devenue rouge par la combustion longtemps continuée du gaz inflammable, est exposée à un souffle violent qui chasse la flamme au dehors, ou à un courant rapide qui brûle les fils du tissu et les mette en fusion ; enfin, si des im- prudents essayent d'allumer leur pipe, en appuyant le tabac

---

[1] Si l'on n'avait pas besoin de faire servir le réflecteur à diminuer le pas- sage de l'air dans la lanterne, on pourrait le placer en dehors et l'incliner de manière à réfléchir la lumière hors du cylindre, dans telle direction qu'on voudrait.

sur l'enveloppe de la lampe, et en produisant avec la bouche une forte aspiration qui attire la flamme.

Nous ne répéterons pas ici quelles précautions doivent être prises contre tous ces accidents, ni quels autres soins, non moins indispensables, doivent être apportés pour entretenir une circulation d'air continuelle, et empêcher toutes les explosions que pourraient produire beaucoup de causes tout à fait étrangères aux lampes de sûreté.

Il nous suffira de rappeler que, quand l'air d'une mine est mélangé de gaz inflammable, la lampe de sûreté offre le double avantage de garantir le mineur des chances de détonation qui sont les plus ordinaires et les plus fréquentes, et de lui signaler tous les autres dangers, en lui montrant que l'air est devenu explosif : c'est à sa prudence à les prévenir ou à les éviter.

§ 3. — *Moyens de pénétrer sans danger dans les lieux où manque totalement l'air respirable.*

Pour qu'un homme puisse pénétrer et rester sans danger dans un lieu où manque totalement l'air nécessaire à l'entretien de la vie [1], il faut indispensablement que cet air, dont il a besoin pour respirer, lui soit fourni par un appareil particulier.

La forme et la construction de cet appareil doivent varier selon la profondeur et l'éloignement du lieu où l'homme devra pénétrer, et selon le temps pendant lequel il voudra y séjourner.

PREMIÈRE SORTE D'APPAREIL.

Tube respiratoire ouvert à l'air libre.

Lorsqu'il s'agira de descendre au fond d'un puits peu profond ou d'une carrière exploitée à ciel ouvert, et que ce puits et cette carrière sont remplis d'un gaz méphitique, on rencontrera ordinairement peu de difficultés, et l'on conçoit qu'on

---

[1] C'est-à-dire l'air ordinaire ou atmosphérique, qui est composé de 0,79 de gaz azote et de 0,21 de gaz oxygène.

pourra aller, marcher, agir et demeurer sans danger au milieu de cette atmosphère mortelle, si l'on tient appliquée sur la bouche une sorte d'embouchure semblable à celle d'un porte-voix, et si à cette embouchure est adaptée l'extrémité d'un tube flexible qui soit assez long pour que son autre extrémité ouverte reste constamment dans l'air ordinaire, hors du puits ou de la carrière.

A l'aide de ce tube, l'homme respirera par la bouche l'air qui lui est nécessaire, mais il faudra qu'il rejette par les narines l'air des poumons[1].

On pourra encore, et plus facilement, au lieu de l'embouchure dont on vient de parler, faire usage d'un masque ou nez artificiel posé au-dessus de la bouche, attaché par des cordons derrière la tête, et auquel s'adapte aussi le bout d'un long tube flexible, qui a son autre bout ouvert dans l'air ordinaire.

Dans ce dernier cas, on fera les inspirations par le nez, et l'air qui sort des poumons sera expiré par la bouche.

C'est ainsi que Pilâtre de Rosier[2] a pu, en 1785, descendre au fond d'une cuve de brasseur profonde de quatre mètres, et y rester des heures entières au milieu du gaz acide carbonique dont elle était remplie : il y agissait et marchait sans gêne et sans souffrance ; il respirait facilement et rejetait sans peine l'air gâté des poumons ; et plusieurs animaux qu'on a mis auprès de lui ont été promptement asphyxiés.

C'est aussi par un procédé analogue, mais convenablement

---

[1] On lit dans les *Fastes de la marine française*, par TURPIN (in-4°, Paris, 1784, p. 56), que les Cosaques qui exercent la piraterie sur la mer Noire se réfugient dans les Palus-Méotides, et se font couler bas avec leurs barques, lorsqu'ils se voient poursuivis par les Turcs : enfoncés sous l'eau, ils conservent une respiration libre, par le moyen d'un roseau creux dont ils tiennent un bout dans la bouche, et dont l'autre sort de l'eau ; et ils attendent ainsi le retour de la nuit pour relever leurs barques et se soustraire aux poursuites de leurs ennemis.

[2] Voir un mémoire ayant pour titre : *Description et usage du respirateur antiméphitique imaginé par* PILÂTRE DE ROZIER, avec un *Précis des expériences faites par ce physicien sur le méphitisme des fosses d'aisance, des cuves à bière*, etc., par M. DELAUNAYE ; Paris, chez Laurent, libraire, rue de Tournon, 1785. Voir aussi le *Journal de physique*, 1786, et le *Journal des mines*, t. III, n. 14.

modifié, que M. Klingert, de Breslau, et plusieurs de ses ouvriers, en 1797, ont pu descendre dans l'Oder, y travailler sous l'eau, à six ou sept mètres de profondeur, scier des troncs d'arbre, attacher avec des cordes des masses pesantes englouties au fond du fleuve, etc., tandis qu'un aide, placé sur le rivage, tenait les tubes respiratoires ouverts dans l'atmosphère [1].

Nous ne devons pas dissimuler que l'embouchure appliquée sur la bouche et le masque ou nez artificiel demandent une certaine habitude pour faire à propos les inspirations et les expirations sans commettre d'erreur, et pour ne pas courir le risque de respirer, en aucun cas, de gaz méphitique.

Il est facile, au reste, de prévenir cet inconvénient, en ajoutant, à l'embouchure qui se place sur la bouche, un petit tube métallique contenant des soupapes [2]. Ce tube a le même diamètre que le tube flexible qui vient y aboutir, et sa longueur n'a que quatre à cinq centimètres. L'une des soupapes est placée dans le petit tube, près de sa jonction avec le tube flexible, et s'ouvre en dedans pour laisser entrer l'air extérieur; l'autre est ajustée dans une tubulure latérale soudée au tube métallique : elle ne peut s'ouvrir qu'en dehors, pour laisser échapper l'air des poumons et s'opposer à l'entrée des gaz méphitiques.

Cette disposition, qui complique un peu l'appareil, exige aussi qu'on ne fasse aucune inspiration par les narines, ou que, pour s'en empêcher plus sûrement, on se serve d'une pince à ressort qui comprime le nez [3]. Avec cette dernière précaution, on est dispensé de toute expérience, et l'appareil respiratoire devient susceptible d'être employé avec un égal succès par ceux même qui n'auraient jamais essayé d'en faire usage.

L'appareil simple, qui ne consiste que dans une embouchure

---

[1] Voir la *Description de la nouvelle machine à plonger*, par M. K.-H. ELINGERT, Breslau, 1799. Voir aussi les *Annales des arts et manufactures* par OREILLY, t. III.

[2] Cette invention est due à M. DELAUNAYE. Voir la description citée ci-dessus du *respirateur antiméphitique*.

[3] Cette pince peut avoir la forme d'un ressort de lunettes.

et un tube flexible, peut être tenu à la main; ou, ce qui vaut mieux, on peut l'arrêter et le fixer sur la bouche avec des rubans noués derrière la tête.

L'appareil aussi simple que le précédent, le masque qui doit s'appliquer sur le nez, et auquel s'adapte aussi un tube flexible, doit être maintenu au-dessus de la bouche par des courroiesou des rubans.

L'appareilà soupape est composé d'une embouchure adaptée à un petit tube métallique muni de deux soupapes, et auquel aboutit le tube flexible.

Ce même appareil peut contenir un autre tube en forme de bec, qui est destiné à être tenu dans la bouche.

Le tube flexible de ces différents appareils peut être fait en peau ou en taffetas enduit d'un vernis de gomme élastique; il doit être cousu avec soin, et soutenu intérieurement par des espèces de trachées ou de spires en fil de fer [1].

L'embouchure peut être faite en bois, en ivoire ou en métal garni de cuir, et doit s'appliquer exactement autour de la bouche.

Le petit tube qui soutient les soupapes sera en métal, et les soupapes seront en cuir fortifié par une plaque en tôle ou en laiton.

Quant au tube en forme de bec, qui doit être tenu dans la bouche, et autour duquel on doit réunir les lèvres pour empêcher complétement le passage des gaz au milieu desquels on se trouve, il pourra être en ivoire, et sera vissé au centre de l'embouchure, dans le prolongement des tubes des soupapes.

Cette première sorte d'appareil, si le tube flexible a vingt millimètres de diamètre, pourra être employée avec beaucoup de facilité dans les carrières exploitées à ciel ouvert, ou dans les puits et les galeries dont la profondeur et la longueur n'excèdent pas vingt à trente mètres.

Dans des puits plus profonds et des galeries moins longues, une plus grande longueur de tube d'un aussi petit diamètre

[1] Ces fils devront être huilés, pour empêcher que la rouille ne les détériore.

opposerait trop de résistance au mouvement de l'air, et les aspirations ne pourraient se faire qu'avec beaucoup de peine.

Par les expériences qui ont été répétées à Breslau, et que nous avons citées ci-dessus, on a reconnu qu'on respirait beaucoup plus aisément à travers un tuyau de seize mètres (cinquante pieds) de longueur et treize millimètres et demi de diamètre qu'à travers le même tuyau, quand sa longueur était de trente-deux mètres (cent pieds); et l'on a acquis la preuve que, dans ce dernier cas, la poitrine était promptement fatiguée.

Il s'ensuit évidemment que, quand la longueur du tube de conduite augmente, il faut augmenter en même temps le diamètre de ce tube.

Si donc on a à pénétrer dans un puits profond rempli de mofettes, ou si, du fond de ce puits, on doit se transporter dans des galeries dont l'air soit vicié, le premier tube qui est adapté à l'*embouchure* qu'on tient appliquée sur la bouche pourra conserver le diamètre de vingt millimètres sur une longueur de plusieurs mètres; mais il faudra que les tubes d'allonge qui seront successivement ajoutés à mesure qu'on s'éloignera de l'orifice du puits, aient un diamètre proportionné à la distance totale à laquelle on voudra parvenir.

Dans les deux circonstances que nous venons d'indiquer, c'est-à-dire au bas d'un puits profond et dans les galeries plus ou moins étendues, il sera indispensable d'employer une lampe, ou plutôt une bougie [1], pour s'éclairer : cette bougie sera renfermée dans une lanterne en verre épais et bien close, et qui pourra être portée à la main ou accrochée à la boutonnière de l'habit. On fournira à cette bougie l'air qui sera nécessaire à son aliment, en établissant une communication continuelle à l'aide d'un petit tube d'embranchement [2] entre la lanterne et le tube principal qui amène l'air extérieur; et on

---

[1] La bougie doit être préférée, parce qu'elle n'aura pas besoin d'être mouchée.

[2] Il convient que cet embranchement soit plus petit que le tube principal, et que sa jonction avec ce tube soit à quelque distance de l'*embouchure* appliquée sur la bouche.

laissera les gaz, résidus de la combustion, s'échapper sans cesse par une ouverture pratiquée au sommet de la lanterne ou mieux par les nombreux interstices d'un tissu métallique, lorsqu'on aura à craindre l'explosion du gaz inflammable[1].

Remarquons ici que, si l'on avait quelque intérêt à économiser toute la dépense de l'air atmosphérique que consomme cette lanterne[2], on pourrait faire servir à son entretien l'air qui est expiré par les poumons[3], et qui contient encore environ un sixième de gaz oxygène[4].

Il suffira, en effet, pour cela, d'ajouter à l'appareil respiratoire un petit tuyau flexible, dont une extrémité aboutisse au fond de la lanterne, et dont l'autre soit adaptée, ou sur la tubulure qui renferme la soupape d'expiration, si l'appareil a des soupapes, ou sur un masque qui sera appliqué sur la bouche, si les expirations doivent se faire immédiatement sur la bouche. Dans tous les cas, il faudra que l'air rejeté par les poumons parvienne autour de la mèche sans former de courant qui l'éteigne : on remplira cette condition en donnant au tube près de la lanterne une forme conique très-évasée, et en la faisant déboucher sous un double fond percé d'un grand nombre de petits trous.

Nous avons supposé, dans tout ce qui précède, que la mine où il s'agit de pénétrer était entièrement remplie de gaz méphitique dans toute son étendue et jusqu'à la surface du sol; mais si l'air était pur et semblable à l'air de l'atmosphère exté-

---

[1] Dans un petit ouvrage, imprimé chez P. Didot l'aîné, à Paris, en 1811, et ayant pour titre : *Mémoire sur une nouvelle machine à plonger appelée Triton*, M. Frédéric de Drieberg a aussi proposé d'employer une lanterne lorsque le fond de la mer est obscur, et d'entretenir la combustion de la lampe de cette lanterne avec l'air même qui est amené par les tubes respiratoires.

[2] Ce cas aura lieu quand on sera forcé d'employer les appareils de la deuxième sorte, dont il sera question ci-après.

[3] Ce moyen d'éclairer sans augmenter la dépense d'air a été proposé en 1812 par M. A. G. (voir le *Journal des mines*, t. XXXII, p. 75).

[4] L'air ordinaire contient 0,21 de gaz oxygène, lorsqu'il entre dans les poumons; il perd environ 0,03 de ce gaz pendant l'acte de la respiration, qui sont transformés en gaz acide carbonique, de sorte que l'air expiré contient encore 0,18 de gaz oxygène.

rieure, dans quelque partie de la mine, il serait inutile de prolonger le tube flexible jusqu'au dehors du puits ; il suffirait de tenir son extrémité ouverte dans l'endroit où l'on aura reconnu que l'air ne contient aucun mélange de mofettes et peut être respiré.

DEUXIÈME SORTE D'APPAREIL.

Tubes respiratoires adaptés à des réservoirs d'air portatifs.

Quoique les appareils respiratoires dont nous venons de parler puissent être employés pour pénétrer, au milieu d'une atmosphère méphitique, dans des puits profonds, et jusqu'aux extrémités de longues galeries, quand on a soin de proportionner le diamètre des tubes de conduite à leur longueur, il faut cependant reconnaître que ces appareils conviennent mieux pour des exploitations à ciel ouvert, et pour tous les cas où les puits ont peu de profondeur et les galeries peu d'étendue : leur usage pourrait rencontrer plus d'une difficulté, s'il fallait prolonger à une grande distance et à travers tous les détours d'une vaste exploitation le tube flexible dont l'extrémité ouverte doit être maintenue dans un air pur et sans mélange de mofettes.

Une autre sorte d'appareil, qui a été employée dans les mines du Hartz par M. de Humboldt [1], méritera, sans aucun doute, d'être préférée dans les mines profondes, et surtout lorsqu'il s'agira d'arriver promptement au fond des puits et aux extrémités les plus reculées des galeries.

Les appareils de cette deuxième sorte diffèrent de ceux que nous avons décrits, en ce que le tube respiratoire adapté à l'embouchure qui s'applique sur la bouche est toujours très-court et communique par son autre bout au réservoir plus ou moins grand, et qui contient de l'air ordinaire, pur et propre à être respiré.

Le réservoir, qui est une partie essentielle de ces appareils,

---

[1] Voir le tome VIII du *Journal des mines*, p. 849, et le tome II de la *Richesse minérale*, par M. Héron de Villefosse, p. 137 et 140.

peut être porté à dos comme un havre-sac par l'homme même à qui il doit servir, ou bien il peut être transporté dans un petit char à quatre roues, que l'homme pousse devant lui comme un chariot de mine, ou qu'il tire derrière lui à l'aide d'une bricole [1].

Dans tous ces cas, il doit être fait d'une manière souple, soit en peau, soit en taffetas gommé ou en toile vernie, afin qu'il puisse s'affaisser de lui-même à mesure que l'air en est aspiré [2]. On le remplit d'air atmosphérique au moyen d'un soufflet ordinaire, muni d'une soupape, et on le ferme soit par un robinet, soit même en nouant et en étranglant avec un cordon l'orifice qui a servi à y introduire l'air [3].

PREMIER CAS. — Réservoir porté à dos.

Lorsque ce réservoir doit être porté à dos, on peut lui donner une capacité de deux cent dix décimètres cubes, ou un mètre en longueur, six décimètres en largeur et trente-cinq centimètres en épaisseur. Ce volume d'air est à peu près celui qui est nécessaire à un homme pour respirer pendant quinze à seize minutes [4]. Dans beaucoup de circonstances, ce temps

---

[1] On pourrait encore, si on le trouvait plus commode, porter deux réservoirs d'air, pendus de chaque côté aux épaules, comme les deux seaux d'un porteur d'eau.

[2] On pourrait aussi employer à cet usage les vessies des grands animaux.

[3] Si l'on remplissait ce réservoir de gaz oxygène pur et mêlé avec de l'air atmosphérique, il servirait plus longtemps à la respiration : mais ce gaz coûte cher à obtenir ; on n'en aura pas toujours à sa disposition au moment où il faudra se servir de l'appareil, et l'on sait d'ailleurs qu'on ne peut pas le respirer longtemps sans inconvénient.

[4] Le nombre d'inspirations qu'on peut faire dans un temps donné varie selon les individus : les uns n'en font que douze à treize dans une minute ; d'autres en font vingt-six à vingt-sept dans le même temps. Si l'on prend le nombre 20 pour le nombre moyen des inspirations par minute, ou 28,000 inspirations par vingt-quatre heures, et qu'on admette avec Thomson que la quantité d'air inspirée qui entre à chaque fois dans les poumons et qui en sort ensuite par l'expiration est de 656 centimètres cubes (ce qui fait à peu près le septième de toute la quantité d'air que les poumons peuvent contenir ordinairement), on trouve que la quantité d'air inspirée est de 15,120 centi-

suffira pour porter du secours à des ouvriers asphyxiés au fond d'une mine et les ramener au dehors.

On doit enfermer ce réservoir d'air dans une sorte de cage ou de panier en osier, pour qu'il conserve sa forme aplatie quand il est plein d'air, et aussi pour le garantir des frottements et des chocs qui pourraient, dans la traversée de la mine, le déchirer ou le trouer.

L'homme qui veut faire usage de cet appareil pour descendre dans une mine remplie de mofettes, commence par se l'attacher sur les épaules avec des courroies comme celles qui servent à fixer le sac du soldat.

Il applique ensuite et fixe sur la bouche l'embouchure à soupapes à laquelle s'adapte un tube flexible qui n'a que quatre ou cinq décimètres de longueur et quinze millimètres de diamètre, et dont l'autre extrémité aboutit au réservoir et communique avec l'air qui le remplit.

Enfin il accroche en avant à la boutonnière de son habit une lanterne contenant une lampe ou une bougie, et qui reçoit l'air expiré par les poumons, comme nous l'avons précédemment indiqué [1].

L'homme, ainsi armé, peut alors descendre sans crainte dans un puits plein de gaz méphitique et s'avancer d'un pas assuré jusqu'au fond des chambres d'exploitation ; il pourra y agir librement et sans gêne ; mais il devra se hâter ; ses instants sont comptés, et il faut que la petite provision d'air qu'il porte avec lui lui serve encore pour se retirer.

La nécessité de ne donner que de petites dimensions au réservoir qu'on doit porter avec soi a fait imaginer qu'on pourrait augmenter par la compression la quantité d'air qu'il contient, pour qu'il servît plus longtemps à la respiration. C'est dans ce but que M. A. G. a proposé [2] de condenser l'air au tiers de son volume ordinaire, dans un réservoir en cuivre

---

mètres cubes par minute, 787 décimètres cubes deux dixièmes par heure et de 18,822 décimètres cubes ou 19 mètres cubes environ par jour. Cette dernière quantité représente un poids de 24 kilogrammes, ou à peu près.

[1] Voir ci-dessus la page 257.

[2] Voir le *Journal des mines*, t. XXXII, p. 72 et suiv.

laminé, fortifié par des bandelettes de fer, et qu'on porterait appliqué sur la poitrine comme un plastron.

Il est évident qu'on pourrait ainsi augmenter la provision d'air sans faire varier la capacité du réservoir [1]. Mais il faudra régler l'écoulement de l'air, dont la vitesse et la densité diminueront sans cesse depuis le commencement jusqu'à la fin, et fournir aux poumons de l'air réduit à la densité ordinaire, et qu'ils puissent aspirer comme dans leurs fonctions habituelles. Bornons-nous à faire observer que la position du réservoir en avant de la poitrine ne permet de lui donner que peu de hauteur et peu d'épaisseur, afin que l'homme qui le porte ne soit jamais gêné dans ses mouvements, et qu'il puisse au besoin se baisser jusqu'à terre. Il serait plus commode de le porter à dos, ce qui d'ailleurs permettrait de lui donner plus de volume.

Ajoutons que, si l'on voulait augmenter encore la provision d'air par une grande compression, on ne pourrait le faire qu'en augmentant en même temps la résistance et le poids des parois du réservoir.

DEUXIÈME CAS. — Réservoir porté sur un chariot de mineur.

Lorsqu'on prévoit qu'il faudra rester dans une atmosphère méphitique plus longtemps que ne le permet le réservoir dont nous venons de parler, on doit employer un réservoir d'une capacité plus grande.

On peut lui donner deux mètres de longueur, cinq décimètres de largeur et quatre-vingt-cinq centimètres de hauteur. Sa capacité sera ainsi de huit cent cinquante décimètres cubes. Il pourra passer facilement dans les galeries ordinaires, et il suffira pour la respiration d'un homme de taille moyenne pendant

---

[1] L'air étant comprimé au tiers de son volume ordinaire, cette provision ne sera que doublée, parce que les deux tiers seulement s'écouleront par le tube respiratoire, et que l'action des poumons sera insuffisante pour aspirer le dernier tiers. Il est vrai que, dans ce cas, on pourrait faciliter cette aspiration en ouvrant par un robinet une communication avec l'air ambiant; mais le mélange qui se ferait alors ne pourrait pas être respiré sans danger, s'il contenait un dixième de gaz acide carbonique.

plus d'une heure. On l'enfermera dans une cage prismatique à barreaux en bois pour le mettre à l'abri de tout accident, et on le placera sur un petit chariot à quatre roues comme ceux des mineurs [1].

L'homme qui traînera ce chariot tiendra appliquée sur sa bouche l'embouchure dont nous avons parlé ci-dessus, et qui communiquera par un tube flexible avec l'air du réservoir. Il portera aussi une lanterne attachée à sa boutonnière, comme dans le cas précédent, et dont la flamme sera entretenue par l'air expiré des poumons. Le tube de communication entre l'embouchure appliquée sur la bouche et le réservoir porté sur le chariot devra être de plusieurs mètres de longueur, afin que, quand l'homme sera arrivé au lieu où il devra agir, il puisse s'éloigner plus ou moins du chariot et faire librement tout ce que les circonstances exigeront [2].

TROISIÈME CAS. — Réservoirs successivement remplacés.

Si le réservoir de huit cent cinquante décimètres cubes d'air était insuffisant pour le temps qu'on aura besoin de passer au fond de la mine, il ne faudrait pas songer à en employer un de plus grande dimension, parce qu'il arriverait souvent qu'il ne passerait pas dans les galeries basses, étroites ou sinueuses. Il vaudrait mieux essayer de traîner deux chariots et leurs réservoirs l'un à la suite de l'autre. Mais si ce moyen était impraticable, on aurait la ressource de faire amener par un autre ouvrier un nouveau chariot et une nouvelle provision d'air. On pourrait même substituer ainsi successivement des réservoirs pleins aux réservoirs vides.

---

[1] On pourrait aussi mettre au-dessus de ce réservoir un couvercle en bois qui glisserait contre les barreaux de la cage, et aiderait par son poids à la sortie des dernières portions de l'air qui y est contenu.

[2] Si l'on adoptait l'usage des réservoirs métalliques contenant de l'air comprimé, il serait indispensable d'employer ou un sac de peau, ou une sorte de gazomètre, qu'on remplirait successivement avec l'air de ce réservoir, toutes les fois qu'il serait vidé, et ce serait l'air de densité ordinaire contenu dans ce sac ou ce gazomètre que l'homme aspirerait.

On concevra aisément que, pour que ce service puisse s'exécuter avec sûreté, *l'ouvrier pourvoyeur* devra être muni, pour lui-même, d'un réservoir d'air porté à dos, comme on l'a vu page 260, et les réservoirs sur les chariots auront des ajutages en cuivre à robinet et à vis, pour s'adapter aux tubes respiratoires de l'homme qui devra demeurer dans l'atmosphère méphitique du fond de la mine.

Celui-ci n'aura d'autre soin à prendre, pour ne pas manquer d'air, que de dévisser l'extrémité du tube qui tient au réservoir un moment avant qu'il soit entièrement vidé, et à l'assembler sur-le-champ sur un réservoir plein [1].

TROISIÈME SORTE D'APPAREIL.

Tubes respiratoires adaptés à des soufflets et à des tuyaux de conduite d'air.

L'emploi des réservoirs d'air remplacés successivement par de nouveaux réservoirs pleins, à mesure qu'ils se vident, permet de prolonger, pour ainsi dire indéfiniment, le séjour qu'on peut avoir besoin de faire au fond et aux extrémités d'une mine remplie de mofettes, quelles que soient d'ailleurs sa profondeur et son étendue.

Ce moyen simple et facile offre tant d'avantages, qu'on pourrait croire inutile d'en chercher un meilleur. Cependant, comme les ouvrages souterrains pratiqués à différents niveaux peuvent quelquefois ne se communiquer que par des passages si étroits et si tortueux qu'il serait impossible d'y faire passer les réservoirs d'air avec leurs chariots, nous allons indiquer une troisième sorte d'appareil qui pourrait, dans certains cas, avoir une utile application.

Cette troisième sorte d'appareil exige, comme ceux que nous

---

[1] Si c'était un inconvénient que la respiration fût interrompue pendant quelques instants très-courts qui seront nécessaires pour déplacer et replacer le tube respiratoire, on lèverait toute difficulté à cet égard en terminant ce tube par une double branche munie de deux ajutages à robinet et à vis. On commencerait par assembler une des branches sur le réservoir plein, avant d'enlever celle qui tient au réservoir vide.

avons décrits jusqu'ici, une embouchure à laquelle est adapté un tube respiratoire ; mais ce tube, au lieu de communiquer, soit à l'air libre, par le moyen d'un long tube de conduite, soit avec un réservoir plein d'air, par le moyen d'un tube très-court (comme dans les deux premières sortes d'appareils), communique avec des soufflets qui lui transmettent l'air pur et propre à être respiré. L'emploi de ces soufflets a pour but principal d'éviter aux poumons la fatigue que ne manquerait pas de leur causer l'aspiration de l'air longtemps continuée à travers des tuyaux d'un petit diamètre et d'une longueur considérable.

Dans une machine à plonger, imaginée par M. de Drieberg [1], deux soufflets sont portés à dos et mis en mouvement par l'homme même qui veut pénétrer au fond de l'eau ; et ils transmettent immédiatement, dans le tube respiratoire dont cet homme est muni, l'air qu'ils aspirent par un tube d'une longueur plus ou moins grande.

Dans un appareil proposé en 1814, pour faciliter l'enlèvement des asphyxiés [2], M. Brizé-Fradin fait aussi usage d'un soufflet ; mais il le fait porter à dos et mouvoir par un aide qui se tient toujours dans une partie de la mine où l'air est pur et sans mélange de mofettes ; et l'air expulsé par ce soufflet est conduit, par un tuyau de longueur suffisante, jusqu'au tube respiratoire dont il faut que soit muni celui qui doit aller secourir les asphyxiés au fond du puits rempli de gaz méphitique.

On ignore si ces deux moyens, presque semblables, de pénétrer au fond de l'eau et dans une atmosphère où manque l'air respirable, ont été essayés avec des tubes d'une grande longueur, et s'ils l'ont été avec un plein succès. Ils auraient l'avantage de fournir de l'air respirable à toute distance, à travers les passages les plus impraticables et sans aucune discontinuité ; mais il est à craindre qu'ils ne présentent beau-

---

[1] Voir le mémoire déjà cité sur une nouvelle machine à plonger appelée Triton. Paris, Didot aîné, 1811.

[2] Voir un ouvrage ayant pour titre : Secours à employer dans l'exploitation des mines de houille, préservatifs contre les émanations métalliques, suivis d'un moyen nouveau pour enlever les asphyxiés ; par BRIZÉ - FRADIN. Paris, Chaigneau aîné, 1814.

coup de difficultés dans l'usage. L'expérience seule pourra faire apprécier le mérite de ces deux inventions.

On n'entrera ici dans aucun détail sur la disposition, le jeu et l'emploi des différentes parties de ces derniers appareils. On se bornera à faire remarquer que la capacité et la vitesse des soufflets devront être combinées de manière qu'ils puissent fournir treize à quatorze décimètres cubes d'air par minute pour chaque homme dont il faudra entretenir la respiration.

Nota. On renvoie le lecteur aux *Annales des mines*, 1re livraison de 1825, p. 3, qui contiennent la même instruction, accompagnée de figures représentant la lampe de sûreté avec ses différents détails, et en outre les appareils respiratoires, et enfin l'explication des planches qui s'y rapportent.

Circulaire du 22 mars 1829 sur les redevances des mines.

Le conseiller d'État, directeur général des ponts et chaussées et des mines (M. Becquey), aux ingénieurs des mines.

J'ai l'honneur de vous adresser les imprimés nécessaires au travail des redevances annuelles sur les mines de votre arrondissement minéralogique, savoir : 1° états d'exploitation pour les mines concédées ; 2° états d'exploitation pour les mines non concédées ; 3° tableaux résumés.

Vous remarquerez que je ne joins point de tableaux pour la redevance fixe, ni de matrices de rôles pour la redevance proportionnelle, et que les états d'exploitation diffèrent en quelques points de ceux qui vous ont été adressés jusqu'ici.

Je dois, à ce sujet, entrer avec vous dans quelques explications.

Vous n'ignorez pas qu'aux termes de l'article 57 du décret du 6 mai 1811, cinq centimes du fonds de non-valeurs des redevances fixe et proportionnelle étaient mis à la disposition des préfets pour être employés aux frais de confection des états, tableaux, matrices et rôles, aux décharges et réductions, remises et modérations, ainsi qu'aux frais d'expertise et de vérification des réclamations en dégrèvement.

Les cinq centimes qui, dans un grand nombre de départements, excédaient les besoins, ne suffisaient pas, dans plusieurs autres, pour couvrir les dépenses.

Une ordonnance du roi, du 19 novembre 1828, porte « Qu'à compter de 1829 il sera formé, du produit des cinq centimes de non-valeurs des redevances fixe et proportionnelle sur les mines, un fonds commun dont la distribution sera faite par le ministre des finances entre les divers départements où les mines existent, à raison de l'importance de leurs besoins. »

Cette disposition donne les moyens d'assurer partout cette partie du service, et fait cesser les difficultés que le payement des dépenses avait occasionnées pour plusieurs départements.

L'ordonnance royale du 19 novembre a été l'objet d'une circulaire que Son Excellence a adressée le 25 du même mois aux préfets ainsi qu'aux directeurs des contributions directes. Son Excellence y annonce « Qu'à partir de 1829 l'indemnité des directeurs des contributions directes sera calculée à raison de 12 francs pour chacune des communes pour lesquelles il sera fait des rôles, et que, sur cette somme, les directeurs seront tenus de pourvoir aux frais de fourniture et d'impression des cadres nécessaires pour la rédaction des matrices et la confection des rôles. »

Les tableaux de concession de mines, qui servent de matrices de rôles pour la redevance fixe (articles 10 et 14 du décret du 6 mai 1811), et les matrices de rôles pour la redevance proportionnelle, doivent donc, à l'avenir, être fournis par les directeurs des contributions.

Je continuerai à vous adresser les deux espèces d'états d'exploitation et les tableaux résumés.

Les états d'exploitation renferment trois nouvelles colonnes dont deux faisaient partie des tableaux de la redevance fixe : elles sont destinées à indiquer, l'une, le titre de concession de la mine, ou la date de la demande en concession, et l'autre, l'étendue superficielle de la concession ou de l'exploitation provisoire.

La troisième colonne est relative au prix du quintal métrique de la substance minérale sur l'établissement : elle a pour objet d'établir de la régularité et des termes de comparaison faciles dans l'imposition et dans les documents statistiques qui concernent chaque mine.

Les dépenses et frais d'exploitation doivent être détaillés ainsi que le porte le titre de la nouvelle colonne concernant cet objet.

Il est essentiel que la quantité du produit brut soit toujours exprimée en quintaux métriques, comme l'indique la colonne où le produit est porté. Sans doute, lorsque le quintal métrique n'est pas une mesure de vente usitée dans la localité pour le produit brut, il convient d'avoir aussi une évaluation d'après les mesures qui y sont adoptées ; mais cette seconde évaluation doit être mise à part et insérée dans la colonne d'observations.

Il est utile aussi d'indiquer dans cette colonne la quantité de substance minérale qui est consommée sur l'établissement même, et qui, n'étant pas sujette à l'impôt, ne fait pas partie de l'évaluation portée à la colonne *Quantité du produit brut*.

Au titre de la colonne *Observations*, le mot *débouchés* a été ajouté. Je recommande aux ingénieurs de faire connaître particulièrement avec exactitude les lignes de direction que suivent les produits de chaque mine et les lignes de consommation. Ces renseignements sont en effet propres à faire bien apprécier le mouvement et le développement des exploitations.

Je me réfère, au surplus, à ce sujet, à ma circulaire du 28 juin 1820, et je vous prie de consigner sur les états d'exploitation tous les détails qui tendent à indiquer la situation des mines sous le double rapport de l'art et de l'économie.

Je vous prie de distribuer aux ingénieurs ordinaires qui sont sous vos ordres les imprimés qui leur sont nécessaires pour le travail des redevances dans les départements dont le service leur est confié, et d'ajouter aux dispositions que renferme la présente, dont je leur adresse ampliation, les observations que vous jugerez utiles au bien du service.

Je terminerai en vous faisant remarquer que le travail des redevances doit être achevé, chaque année, avant le 15 mai, aux termes de l'article 20 du décret déjà cité. Le ministre des finances insiste pour que les rôles des redevances soient mis en recouvrement à une époque rapprochée du commencement de l'année à laquelle ils s'appliquent.

Je vous invite à veiller à ce que les ingénieurs ne mettent aucun retard à s'occuper de ce travail, qui doit être exécuté chaque année le plus tôt possible, et à faire en sorte que j'aie reçu annuellement au 1er août, pour tout votre arrondissement, la copie des pièces que vous m'adressez pour chaque département.

Circulaire du 5 septembre 1833 sur les chirurgiens attachés aux mines, les médicaments et boîtes de secours.

Monsieur le préfet, les articles 15 et 16 du décret du 3 janvier 1813 ont prescrit des dispositions qui tendent à assurer aux ouvriers mineurs tous les secours nécessaires lorsqu'ils sont victimes des accidents auxquels ils sont si souvent exposés. Aux termes de ces articles, les exploitants doivent entretenir sur leurs établissements des médicaments et des moyens de secours. Ils doivent aussi entretenir à leurs frais un chirurgien, lorsque leur entreprise a de l'importance et qu'ils occupent un nombre notable d'ouvriers. Un seul chirurgien peut être attaché à plusieurs établissements à la fois, si ces établissements se trouvent rapprochés. Son traitement est alors à la charge des propriétaires dans la proportion de leur intérêt.

Je vous invite à vous faire rendre compte par M. l'ingénieur en chef des mines de la manière dont ces dispositions importantes ont été et sont exécutées dans votre département, et à m'adresser, avec le rapport de cet ingénieur, vos observations particulières.

Je désire recevoir votre réponse le plus tôt possible. Je vous prie, en attendant, de m'accuser réception de la présente circulaire, dont j'adresse une ampliation à MM. les ingénieurs des mines.

Circulaire du 4 novembre 1833 sur les procès-verbaux de visite de mines.

Monsieur, vous avez dû, aux termes des articles 6 et 23 du décret du 3 janvier 1813, rédiger, lors de votre dernière tournée sur les mines, des procès-verbaux, des instructions et des observations sur la conduite des travaux, et vous avez sans doute transmis déjà des copies de ces pièces à MM. les préfets; dans le cas où il n'en serait point ainsi, je vous prierais de les leur faire parvenir sans retard.

C'est particulièrement par l'envoi de ces documents que MM. les préfets sont informés de l'état des exploitations, et qu'ils sont à même de prendre ou de proposer les mesures que les circonstances rendraient nécessaires. Il est donc indispensable de leur communiquer régulièrement ces pièces. Mon prédécesseur et moi avons constamment appelé l'attention de MM. les ingénieurs sur cette partie essentielle du service. Il est très-important de constater toujours si l'article 6 du décret de 1813 est exécuté, si le registre et le plan que cet article exige sont régulièrement tenus. Cette disposition et toutes les mesures de surveillance indiquées par les règlements doivent fixer particulièrement notre attention et nos soins.

J'ai remarqué que plusieurs de MM. les ingénieurs ont inscrit, sur les états d'exploitation de 1833 (produits de 1832), les procès-verbaux mêmes de visite. Les documents qu'ils renferment peuvent sans doute être consignés très-utilement sur les états d'exploitation, mais il n'en est pas moins nécessaire que les ingénieurs adressent aux préfets des copies séparées des procès-verbaux, afin que ceux-ci puissent me les transmettre avec leurs observations. Les pièces dont il s'agit doivent du reste être envoyées aux préfets par l'intermédiaire des ingénieurs en chef qui y joignent leurs propositions.

L'article 6 du décret de 1813 porte que le procès-verbal de visite et les observations seront insérés sur le registre et le plan dont il est fait mention au même article. Il est arrivé que des procès-verbaux de visite ont été rédigés dans les bureaux de MM. les ingénieurs et non sur les lieux mêmes ; il convient de s'en tenir toujours aux termes du décret.

Je vous prie de m'accuser réception de la présente, et de me faire connaître l'époque à laquelle vous en aurez rempli l'objet.

Circulaire du 24 juillet 1834 sur les projets d'affiche.

Monsieur, d'après le décret du 18 novembre 1810, MM. les ingénieurs en chef des mines doivent proposer à MM. les préfets et adresser au directeur général les projets d'affiches relatifs aux demandes qui ont pour objet des concessions de mines ou l'établissement d'usines métallurgiques.

Ces projets d'affiches ne me sont pas toujours transmis. Je désire que MM. les ingénieurs me les adressent régulièrement, en même temps qu'ils les soumettent à MM. les préfets. Je les invite également à me faire parvenir deux exemplaires des affiches imprimées relatives à chaque demande. Cette dernière disposition s'exécute déjà dans plusieurs arrondissements, il convient qu'elle devienne générale. C'est ainsi que l'administration peut saisir l'ensemble d'un service qui prend chaque jour une nouvelle importance.

Je vous serai obligé, monsieur, lorsque vous me transmettrez les pièces dont il s'agit, d'y ajouter les documents que vous pourrez avoir sur les circonstances de l'entreprise, surtout lorsqu'il est question d'une mine récemment découverte, ou d'une usine qui peut avoir de l'influence sur la prospérité de la contrée.

Je vous prie de m'accuser réception de la présente, et de m'adresser en même temps un état distinct pour chaque département des diverses affaires aujourd'hui en instance dans l'arrondissement dont vous êtes chargé, avec l'indication de la situation de chacune d'elles. Si quelques obstacles, indépendants de vous et de MM. les ingénieurs ordinaires, en retardent l'instruction, je serai par là en mesure de les connaître et d'aviser aux moyens de les faire cesser.

Circulaire du 30 novembre 1834 sur les formalités à remplir relativement aux demandes en renonciation à des concessions de mines ou en réduction de concession.

Monsieur le préfet, quelques incertitudes existent au sujet de l'instruction que doivent subir les demandes qui ont pour objet la renonciation à une concession de mines ou la réduction de l'espace superficiel concédé; il m'a paru nécessaire d'indiquer la marche à suivre d'après les principes posés par la loi du 21 avril 1810.

Cette loi n'a pas spécifié de règles explicites pour les circonstances dont il s'agit, mais la nature des choses indique que les formalités qui ont précédé l'institution des concessions doivent être remplies également quand il est question d'annuler ces concessions ou de leur donner de nouvelles limites.

Dans le premier cas, il faut que le propriétaire du sol soit prévenu que le gîte minéral situé sous son terrain est demandé en concession, et qu'une sorte de servitude va peser sur sa propriété; il faut aussi avertir tous les tiers qui peuvent avoir des titres à faire valoir sur la mine. La loi ordonne des affiches de quatre mois, afin que les uns et les autres soient en mesure de présenter leurs réclamations. Un pareil laps de temps doit être donné lorsque le concessionnaire se propose de délaisser tout ou partie de l'étendue qui lui a été concédée. Il est possible que d'autres personnes aient l'intention d'y entreprendre de nouveaux travaux, et d'y obtenir une concession; il peut aussi exister des créanciers simples et des créanciers privilégiés qui aient pris des hypothèques sur la mine, aux termes des articles 19 et 20 de la loi de 1810. Il est indispensable que chacun soit mis à même d'être entendu; et sous tous ces rapports des publications et affiches de quatre mois, dans les lieux et suivant les formes indiqués par la loi, sont nécessaires.

Dans quelques occasions on s'est appuyé, pour n'exiger que deux mois d'affiches, sur l'article 2194 du Code civil, qui fixe à cette durée les publications au moyen desquelles l'acquéreur d'un immeuble peut purger les hypothèques non inscrites ; mais la parité n'est pas complète entre la vente d'un immeuble et la renonciation à une concession, et il convient de ne point s'écarter des formes particulières que la loi spéciale sur la matière a déterminées.

Indépendamment de cette publicité donnée à la demande, il faut, pour que la renonciation à la totalité ou à une partie de la concession puisse être acceptée par le gouvernement, que le concessionnaire justifie que la mine n'est pas devenue le gage d'autrui, et qu'à cet effet il produise un certificat du conservateur des hypothèques, constatant qu'aucune inscription n'existe sur cette mine, ou du moins le consentement des personnes inscrites à lever leurs hypothèques, ou à les restreindre à la portion du gîte qu'il entend conserver.

En outre, ainsi que l'indique l'instruction ministérielle du 3 août 1810, il importe, pour la sûreté publique et la sécurité des propriétaires de la surface, qu'au moment de l'abandon la situation des travaux soit constatée par une description exacte. Le concessionnaire doit donc fournir, à l'appui de sa demande, un état descriptif et un plan des ouvrages souterrains qui ont été exécutés depuis l'époque de la concession. Ces documents et ce plan ont dû être constamment tenus à jour pendant toute la durée de l'exploitation, d'après les clauses et conditions du cahier des charges ; leur production est indispensable.

Si pendant l'instruction il survient des oppositions ou réclamations, elles doivent être reçues à la préfecture et notifiées au concessionnaire, comme cela est prescrit par l'article 26 de la loi.

Les ingénieurs des mines sont ensuite consultés ; puis MM. les préfets donnent leur avis, suivant ce qui est indiqué dans l'article 27, et ils me le transmettent avec les rapports des ingénieurs et toutes les pièces produites, pour qu'il soit statué par une ordonnance royale délibérée en Conseil d'Etat.

Telles sont, monsieur le préfet, les règles qu'il y aura lieu de suivre, lorsque des circonstances de la nature de celles qui font l'objet de cette circulaire se présenteront dans votre département.

Je vous invite à m'accuser la réception de la présente, dont j'adresse une ampliation à MM. les ingénieurs des mines.

Circulaire du 30 janvier 1837 sur les procès-verbaux de visite des mines à rédiger par les ingénieurs.

Monsieur, l'examen que j'ai fait en Conseil général des mines des procès-verbaux de visite des mines rédigés par MM. les ingénieurs, pendant ces dernières années, m'a porté à penser qu'il serait utile d'en rappeler l'objet essentiel dans une instruction spéciale, et d'indiquer la forme qu'il convient de leur donner.

Ces procès-verbaux, exigés par le décret du 3 janvier 1813, ont pour but, non-seulement d'éclairer les concessionnaires sur la conduite de leurs travaux, mais encore d'assurer l'exécution des lois et règlements, tant sous le rapport de la sûreté publique et particulière que sous celui des besoins de la consommation. Considérée sous ces divers points de vue, leur importance est fort grande à tous égards. Il est donc indispensable que MM. les ingénieurs, en même temps qu'ils apportent les plus grands soins à la visite des mines, consignent dans leurs procès-verbaux tous les détails qui ont dû frapper leur attention. Ils rempliront parfaitement ainsi la mission qui leur est confiée, et l'administration, éclairée par eux, sera bien plus en mesure de juger des progrès de notre industrie souterraine, des améliorations qu'il peut y avoir à désirer, et des dispositions administratives qui seraient nécessaires à l'égard de chaque exploitation en particulier.

Pour être complet, le procès-verbal de visite doit toujours faire connaître :

1° Le jour et le lieu où il a été dressé ;

2° Le nom et l'emploi de la personne qui, aux termes de l'article 24 du décret précité, a dû accompagner l'ingénieur pendant la durée de sa visite ;

3° L'heure à laquelle cet ingénieur est descendu dans les travaux, et le temps qu'il a consacré à leur examen ;

4° L'indication des parties de ces travaux qu'il a parcourues (il peut être utile, dans certains cas, de joindre au procès-verbal des croquis propres à aider l'intelligence des faits ou à celle des conseils donnés aux exploitants) ;

5° Les faits principaux qu'il a observés, particulièrement ceux qui sont survenus dans l'intervalle d'une visite à l'autre ;

6° L'état des plans et l'indication des améliorations et additions que ces plans peuvent exiger ;

7° L'état des registres dont la tenue est prescrite par les articles 6, 26 et 27 du décret de 1813 ;

8° Si les ouvriers sont, aux termes de l'article 26 du décret, munis de livrets, et si ces livrets sont tenus conformément aux prescriptions de la loi du 9 frimaire an XII ;

9° Si le service de santé est organisé conformément aux articles 13 et suivants du décret, et particulièrement si l'exploitation est pourvue de médicaments et de moyens de secours proportionnés au nombre des ouvriers employés.

Afin de satisfaire à l'article 6 du même décret et à l'article 48 de la loi du 21 avril 1810, il est indispensable que MM. les ingénieurs joignent à leurs procès-verbaux des *observations* détaillées sur la conduite des travaux.

Ces observations sont *spéciales* ou *générales*.

Les observations *spéciales* peuvent être placées dans le corps même du procès-verbal, s'il est nécessaire qu'elles soient rapprochées des faits particuliers auxquels elles se rapportent ; mais, dans ce cas, elles doivent toujours former un paragraphe distinct.

Les observations *générales* terminent le procès-verbal ; elles portent particulièrement sur les avantages qu'il y aurait à substituer à des méthodes imparfaites celles dont l'efficacité aurait été sanctionnée par l'expérience, en ce qui concerne l'abatage, l'épuisement des eaux, l'aérage, le boisage, le levé des plans, le roulage intérieur, etc.

On doit, dans ces observations, et à raison même de leur généralité, faire mention des renseignements recueillis sur les éboulements, les inondations, les incendies et les accidents qui n'étaient pas de nature à être constatés par un procès-verbal spécial.

Le procès-verbal et les observations doivent, aux termes de l'article 6 déjà cité du décret de 1813, être inscrits sur le registre d'avancement journalier des travaux; conformément au même article, l'ingénieur doit laisser en outre à l'exploitant, toutes les fois qu'il le jugera utile, une instruction écrite sur ce registre, contenant les mesures à prendre à l'effet de pourvoir à la sûreté des hommes et à celle des choses.

Ces instructions ne doivent pas, du reste, être confondues, soit avec les rapports que MM. les ingénieurs auraient à remettre à MM. les préfets, conformément à l'article 7 du décret, soit avec les réquisitions qu'ils sont tenus de faire dans le cas prévu par l'article 5.

Je remarquerai ici qu'indépendamment des procès-verbaux de visite ordinaire, le décret de 1813 fait mention : 1º des procès-verbaux de contravention aux mesures de police dont il est question dans ce décret; 2º de ceux qui concernent les accidents survenus dans une mine; 3º de ceux qui ont rapport à l'abandon de tout ou partie des travaux d'une mine.

Ce décret, l'article 50 de la loi du 21 avril 1810, ainsi que les dispositions du titre X de cette loi, indiquent suffisamment dans quelle forme et de quelle manière il convient de dresser les procès-verbaux concernant les contraventions ou les accidents ; quant à ceux de la dernière espèce, savoir, ceux qui sont relatifs à l'abandon de tout ou partie des travaux d'une mine, le chapitre IV de l'instruction ministérielle du 3 août 1810 a donné à cet égard des détails auxquels je ne puis que me référer.

Je viens d'adresser une ampliation de la présente à MM. les préfets. C'est par leur intermédiaire que MM. les ingénieurs en chef doivent continuer à me transmettre, en y joignant leurs observations et propositions, une copie des procès-verbaux rédigés par MM. les ingénieurs ordinaires. Ces magistrats me feront parvenir ensuite cette copie, en me donnant connaissance des mesures qu'ils auront prises ou qu'ils se proposeraient de prendre.

Je vous prie, monsieur, de m'accuser réception de cette lettre ; je recommande particulièrement à vos soins et à votre zèle l'exécution des dispositions qui y sont indiquées [1].

Circulaire du 29 septembre 1837 sur les demandes en concurrence pour des concessions de mines.

Monsieur le préfet, l'article 26 de la loi du 21 avril 1810 a fixé un délai pour l'admission, dans l'instruction locale, des oppositions et des demandes en concurrence formées en matière de concessions de mines.

L'article 28 ajoute que, jusqu'à ce que l'ordonnance qui statue sur la concession ait été rendue, toute opposition sera admissible devant le ministre ou le secrétaire général du Conseil d'Etat.

Bien que ce dernier article ne fasse mention que des oppositions, on a toujours entendu jusqu'ici qu'il s'appliquait également aux demandes en concurrence, et qu'ainsi elles pouvaient être recevables jusqu'à l'émission de l'ordonnance.

L'instruction ministérielle du 3 août 1810, qui a eu pour objet de pourvoir à l'exécution de la loi, s'explique à cet égard formellement ; elle a compris sous une même dénomination les demandes en concurrence et les oppositions. Pareille assimilation se trouve dans un arrêté pris à ce sujet par M. le ministre de l'intérieur le 27 octobre 1812, et dans une circulaire du même ministre du 3 novembre suivant.

---

[1] Voir au chapitre xii du présent ouvrage le texte de deux arrêtés ministériels des 12 et 30 juin 1837 sur les minières de fer.

Si l'on consulte les termes et l'esprit de la loi de 1810, on voit que cette interprétation y est entièrement conforme. Un droit n'est pas conféré aux demandeurs qui se sont pourvus dans les délais indiqués par l'article 26 ; la priorité de la demande est un titre que l'on peut faire valoir ; elle n'est pas une cause d'exclusion pour d'autres prétendants que des circonstances particulières, la découverte qu'ils auraient faite de nouvelles couches ou de nouveaux filons, peuvent déterminer à solliciter une concession pour laquelle ils n'avaient pas d'abord songé à se mettre sur les rangs. Le gouvernement est juge, d'après l'article 16, des motifs ou considérations qui doivent décider de la préférence à accorder à tel ou tel des demandeurs, et il importe à l'intérêt public, première base de la législation en fait de mines, qu'il puisse choisir parmi le plus grand nombre possible de concurrents.

Mais en même temps, par cela que les articles 27 et 28 autorisent à statuer sur la concession à l'expiration du délai des affiches et publications, et après l'accomplissement des formalités prescrites aux articles précédents, l'intervention de nouveaux concurrents, à ce degré de l'instruction, ne saurait contraindre nécessairement à suspendre la marche de l'affaire et à surseoir à la concession. De même que l'existence de demandes antérieures, présentées dans les délais et complètement instruites, ne met pas cependant obstacle à ce que l'administration, lorsqu'elle le juge conforme à l'intérêt général, ajourne la décision et ordonne l'instruction préalable de nouvelles demandes, de même la production de ces dernières ne peut l'empêcher de passer outre, si elle reconnaît que toutes les conditions désirables se trouvent déjà réunies pour que la mine soit concédée. Ce qui est indispensable, c'est que la demande de celui que l'on choisira pour concessionnaire ait été soumise à toutes les formalités voulues par la loi. On n'aurait pas le droit d'accorder la concession à l'un des concurrents dont la demande n'aurait point complétement subi ces formalités ; mais on n'est pas obligé de les recommencer indéfiniment, au gré de nouveaux prétendants qui viendraient se présenter ; autrement, il n'y aurait point de terme aux affaires. Les circonstances propres à chaque espèce et les considérations d'utilité publique doivent seules décider s'il est juste et convenable, suivant tel ou tel cas, de différer la concession ou de l'instituer.

Tels sont les principes qui, à la suite d'un examen récent de ces questions, ont été reconnus par le Conseil d'Etat, sections réunies, devoir servir de règle en ces matières.

On a jugé que, lorsque des demandes en concession de mines ont été instruites conformément aux dispositions prescrites par la loi du 21 avril 1810, le gouvernement peut, nonobstant une nouvelle demande qui serait présentée, accorder la concession à celui des demandeurs dont la pétition se trouverait avoir déjà subi toutes les formalités voulues;

Qu'il est toujours libre aussi, quand des demandes en concurrence interviennent après les délais, de surseoir à la concession, s'il le juge convenable, et d'ordonner l'instruction de ces nouvelles demandes.

C'est d'après ces règles qu'il devra être procédé au sujet des concessions de mines que l'on aura à instituer. Ces points étaient importants à fixer. La solution qui leur est donnée et qui est tirée de l'esprit et des termes de la loi concilie tous les intérêts ; elle prévient les entraves qui pourraient être apportées dans les affaires par des réclamations intempestives ; elle fournit, d'un autre côté, les moyens d'apprécier tous les titres fondés qui, par quelque cause que ce soit, auraient été empêchés de se produire dans une première instance. Ici, comme en tout, l'administration s'est efforcée de chercher ce qui pouvait être utile à l'industrie, favoriser son essor et seconder ses progrès.

Je joins une copie de l'avis du Conseil d'Etat à la suite de la présente circulaire, dont j'adresse une ampliation à MM. les ingénieurs des mines. Je vous prie de m'en accuser réception [1].

---

[1] Voir l'avis du Conseil d'Etat du 3 mai 1837, t. 1, p. 197.

Circulaire du 30 septembre 1837 sur les cessions d'exploiter les minières de fer, faites par les propriétaires du sol.

Monsieur le préfet, la loi du 21 avril 1810 a conféré aux usines régulièrement établies un droit d'usage sur les minières de fer qui sont situées dans leur voisinage. Elle exige que le propriétaire du fonds les exploite pour fournir à leurs approvisionnements ; et, s'il n'exploite pas, elle donne au maître de forges la faculté d'extraire à sa place. Par ces dispositions, la loi a voulu prévenir le chômage des forges et assurer leur existence, qui importe à l'intérêt public.

Mais il arrive quelquefois que des propriétaires de minières cèdent à des tiers leur droit d'exploitation. On s'est demandé si ces sortes de cessions sont valables ; si la déclaration que le propriétaire, aux termes de l'article 59, est tenu de faire pour exploiter peut être présentée en son nom par ses cessionnaires ; et, dans le cas où elle serait accueillie, si c'est toujours au propriétaire ou bien aux cessionnaires que le maître de forges doit s'adresser, si l'exploitation n'a pas lieu, pour mettre le possesseur du terrain en demeure de fournir aux besoins de l'usine dans les circonstances prévues par les articles 60 et 63 de la loi.

Plusieurs maîtres de forges ont représenté qu'ils éprouveraient de grands embarras, de graves préjudices, s'ils étaient obligés, au lieu de s'adresser à un petit nombre de propriétaires, d'avoir des actions à exercer contre différents cessionnaires, qui pourraient leur susciter des difficultés et entraver leurs entreprises : il convenait de déterminer la marche que l'on devait tenir en pareil cas, et de préciser les règles de la matière.

C'est en vue seule de l'intérêt public que la loi a restreint la jouissance du propriétaire sur la disposition du minerai que renferme son terrain ; hors les cas exceptionnels qu'elle a spécifiés, elle n'a point dérogé au droit commun en ce qui concerne ce minerai ; elle n'a pas par conséquent privé le propriétaire de la faculté de céder à des tiers son droit de les exploiter. On doit reconnaître que cette faculté lui appartient, qu'en l'exerçant il agit dans la limite de ses droits, et que ses cessionnaires, s'ils justifient de leur mandat par actes authentiques, peuvent être admis à faire en son nom la déclaration indiquée dans l'article 59.

Mais en même temps le propriétaire de la minière ne peut et ne doit rien changer aux obligations que la loi lui a imposées, et qui sont une servitude inhérente à sa propriété. Il ne saurait par conséquent modifier en aucun cas les rapports qu'elle lui a créés vis-à-vis de l'autorité administrative et des propriétaires d'usines. En énonçant que ces rapports seraient immédiats, que c'est au propriétaire du fonds que l'on s'adresserait, la loi a voulu expressément veiller à ce que l'approvisionnement des forges se fît de la manière la plus sûre et la plus prompte : son but serait éludé si le propriétaire pouvait convertir en une action personnelle contre ses cessionnaires l'action directe, immédiate, que l'administration et les maîtres de forges ont le droit d'exercer contre lui. Il suit de là que le propriétaire de la minière doit rester toujours le véritable obligé; qu'en donnant acte aux cessionnaires de la déclaration par eux présentée, ce n'est qu'à titre de mandataires qu'on reçoit leur intervention, et que la permission qui est délivrée ne peut valoir que pour le propriétaire; qu'en un mot c'est lui seul qu'on doit reconnaître, soit qu'il agisse par lui-même, soit qu'il se présente dans la personne de ses mandataires; et que, si le minerai n'est pas exploité, c'est lui exclusivement qui doit être mis en demeure d'en opérer l'extraction pour les approvisionnements des usines du voisinage.

De cette manière, on respecte et l'on concilie tous les intérêts; les cessions faites par le propriétaire du terrain ne peuvent préjudicier ni à la société ni aux maîtres de forges; l'intention de la loi est remplie, les règles qu'elle a posées reçoivent leur entière exécution.

C'est à l'effet de fixer ces principes que, sur mon rapport, M. le ministre des travaux publics, de l'agriculture et du commerce, a pris l'arrêté dont je vous transmets une ampliation.

Cet arrêté admet que le propriétaire d'un terrain sur lequel il y a du minerai de fer peut céder à des tiers la faculté d'exploiter à sa place, mais sans s'exempter en aucune façon de ses obligations. Il porte en conséquence qu'il ne pourra être donné acte à des cessionnaires de leurs déclarations, qu'à la condition qu'elles seront accompagnées de pièces authentiques attestant qu'ils sont mandataires du propriétaire du sol; que la permission ne vaudra que pour ce propriétaire, et que c'est à lui exclusivement que les maîtres de forges continueront de s'adresser pour le mettre en demeure d'exploiter, si les cessionnaires n'exploitent pas.

Il reste entendu que l'acte de déclaration qui est donné, soit au propriétaire de la minière, soit à ses cessionnaires, doit toujours déterminer les limites de l'exploitation et les règles à suivre sous les rapports de sûreté et de salubrité publiques, conformément à ce que prescrit l'article 58 de la loi.

Il vous appartiendra, monsieur le préfet, de faire l'application de ces dispositions aux espèces sur lesquelles vous aurez à statuer dans votre département.

Je joins une copie de l'arrêté du ministre à la suite de la présente, dont j'adresse une ampliation à MM. les ingénieurs des mines. Je vous prie de m'en accuser réception.

Circulaire du 2 octobre 1837 sur la servitude des minières de fer envers les usines du voisinage.

Monsieur le préfet, d'après l'article 59 de la loi du 21 avril 1810, les propriétaires des minières de fer sont tenus de les exploiter eux-mêmes ou de les laisser exploiter pour les besoins des usines du voisinage.

Deux questions se sont élevées à ce sujet : on a demandé comment devait être interprétée cette expression de voisinage; et, d'autre part, si des cantonnements peuvent être assignés à des usines, dans les minières, pour leurs approvisionnements.

Ces questions, qui intéressent à un haut degré l'industrie des forges, appelaient un sérieux examen.

Lorsque la loi a spécifié que les propriétaires de minières de fer seraient obligés de fournir, autant que possible, aux besoins des usines voisines, elle n'a pas voulu donner au mot *voisinage* une acception rigoureuse, invariable, et telle que le sens n'en pût être restreint ou étendu suivant la diversité des cas qui peuvent se rencontrer. Cela aurait été impraticable, et la nature même des choses s'y opposait.

Beaucoup d'usines sont dans la nécessité de tirer de fort loin tout le minerai qu'elles consomment ; les gîtes de fer les plus rapprochés en sont quelquefois à dix ou quinze lieues, et même davantage. Par exemple, les gîtes de fer de Rancié, dans l'Ariége, alimentent des usines situées à plus de quarante lieues. Dans d'autres localités, les forges ne peuvent être alimentées que par plusieurs minières qui sont placées de différents côtés, et il arrive souvent que les gîtes les plus voisins du côté du Midi sont à une grande distance, tandis que ceux du Nord sont à proximité.

Ainsi, telles usines, quoique éloignées d'une minière, doivent être regardées comme comprises dans le rayon du voisinage, s'il n'existe pas d'exploitation plus prochaine où elles puissent trouver les minerais qui leur sont nécessaires. Pour une même usine, ce rayon varie, lorsqu'ayant besoin des produits de différents gîtes, les uns sont à sa porte, les autres en sont plus ou moins éloignés.

Il était impossible, en un mot, d'établir pour le rayon de voisinage une règle fixe et uniforme : il est de sa nature essentiellement variable ; il se modifie selon les circonstances, les localités et les accidents qui peuvent se rencontrer.

Aussi la loi ne l'a-t-elle point déterminé. Il résulte, des termes mêmes qu'elle a employés, que ces sortes d'affaires doivent donner lieu à des solutions spéciales, relativement à chaque minière.

Par conséquent, lorsque des questions de voisinage se présentent pour des usines, c'est aux préfets, chargés, aux termes de la loi, de régler les exploitations des minières, qu'il appartient de statuer d'après les espèces, les lieux et les circonstances, sauf recours devant l'autorité supérieure, s'il y a réclamation.

Mais il ne saurait être question de désigner dans les minières des cantonnements où certaines usines plus ou moins rapprochées auraient seules la faculté de s'approvisionner. L'article 59 de la loi, en établissant au profit des maîtres de forges une servitude sur les minières de leur voisinage, n'a pas entendu leur conférer ici un droit exclusif, à l'aide duquel ils pourraient évincer les autres établissements qui auraient besoin de ces mêmes minerais. Cet article porte uniquement que tout propriétaire de minière ne pourra refuser de satisfaire, autant que possible, aux besoins des maîtres de forges qui sont établies dans le voisinage. Les dispositions qui suivent confèrent à ces maîtres de forges la faculté d'obliger ce propriétaire à extraire en quantité suffisante pour fournir à leurs approvisionnements, ou de les laisser exploiter à sa place, s'il ne veut pas exploiter lui-même. Elles leur donnent aussi le droit d'être servis les premiers, de préférence aux autres usines qui ne peuvent se dire voisines ; mais, leurs approvisionnements réglés, le propriétaire est libre de vendre du minerai à d'autres, d'en expédier où bon lui semble.

En effet, par ces expressions, qu'il fournira, *autant que faire se pourra*, aux besoins des usines établies dans le voisinage, l'article 59 reconnaît qu'il peut arriver que les produits d'une minière ne suffisent pas pour alimenter les usines voisines, ce qui implique évidemment qu'elles auront la faculté de se pourvoir ailleurs, non plus, il est vrai, avec privilége, mais du moins comme pourra le faire toute manufacture dans d'autres industries. Or, cette faculté leur serait ôtée si chaque minière, dévolue exclusivement aux usines du voisinage, ne pouvait admettre d'autres forges plus éloignées à prendre part dans ses produits.

L'article 64 est plus explicite encore : il spécifie expressément que plusieurs maîtres de forges, sans distinguer entre ceux qui sont ou non voisins de la minière, pourront y exploiter. De même il les autorise indistinctement à venir acheter du minerai au propriétaire du sol, lorsque c'est celui-ci qui exploite. Il veut uniquement que, dans l'un et dans l'autre cas, la part de chacun d'eux soit réglée par le préfet.

Il résulte de l'ensemble de ces dispositions qu'il ne peut y avoir lieu qu'à régler ces proportions entre les usines qui se trouvent en concurrence pour acheter ou pour exploiter sur un même fonds, et non à affecter des cantonnements à tels ou tels établissements ; qu'enfin le droit de voisinage pour un maître de forges se borne à pouvoir exiger du minerai de la minière comprise dans son rayon, et à être servi avant tout autre plus éloigné, dans la proportion de ses besoins actuels. Les décisions que l'administration a eu plusieurs fois occasion de rendre ont été conformes à ces principes. Un grand nombre de points de la France en offrent l'application : on voit les produits qui excèdent la consommation des usines de la localité être annuellement transportés à des distances plus ou moins considérables, sans qu'il s'élève des réclamations, et c'est ainsi notamment que l'on fond à Saint-Etienne des minerais de l'Ain et de la Haute-Saône, et que les usines de la Gironde et même des Landes tirent des minerais de la Dordogne et du département de Lot-et-Garonne.

A la vérité, il existe deux exemples où des minières sont exclusivement affectées à un certain nombre d'usines situées dans leur circonscription : ce sont les minières de Saint-Pancré et celles d'Audun-le-Tiche et d'Aumetz, dans le département de la Moselle. Mais ce n'est là qu'un régime tout à fait exceptionnel, dont l'origine remonte à des temps reculés, et qui a été conservé en raison d'antiques usages du pays, des anciens titres, des droits acquis sur lesquels il était fondé, et de la nature spéciale de ces gîtes, qui exigeait des règles particulières pour leur aménagement, nécessaire à l'intérêt public.

En général, il y aurait de très-graves inconvénients à affecter à des usines des périmètres qui leur seraient exclusivement réservés. L'administration y trouverait sans doute plus de facilité pour prévenir les contestations entre les maîtres de forges, mais une semblable mesure dérogerait au principe de la loi, puisqu'elle équivaudrait à une sorte de régime de concession des minières de fer, régime que le législateur a interdit, sauf les cas exceptionnels qu'il a prévus ; on ajouterait arbitrairement des limites à l'exercice du droit de propriété ; on entraverait les améliorations qui pourraient être obtenues dans les forges par des mélanges de minerais provenant de différents lieux; on compromettrait l'avenir de l'industrie, en créant en faveur de quelques maîtres de forges des droits absolus qui empêcheraient la formation de nouvelles usines, et même, dans certains cas, mettraient obstacle à ce que les usines actuellement existantes pussent prendre de l'accroissement. Il est donc ici dans l'intérêt de tous que l'on n'établisse pas de ces sortes de cantonnements.

Il importait de bien fixer ces principes. M. le ministre des travaux publics, de l'agriculture et du commerce, a pris à cet effet, sur mon rapport, un arrêté dont je vous transmets une expédition [1].

Il porte que les déterminations de rayons de voisinage pour les usines, relativement aux minières de fer, ne pouvant être absolues, et dépendant des circonstances locales, c'est aux préfets à appliquer, dans chacun des cas particuliers sur lesquels ils sont appelés à se prononcer, les dispositions de la loi, à ce sujet, d'après les faits propres à chaque espèce; que pareillement ils doivent, lorsqu'il y a concurrence entre plusieurs maîtres de forges pour exploiter ou pour acheter du minerai sur un même fonds, régler les proportions suivant lesquelles chacun d'eux y participera; mais qu'en aucun cas il ne sera désigné, dans les minières, des cantonnements pour l'approvisionnement de ces usines.

Je vous prie de m'accuser réception de la présente circulaire, dont j'adresse une ampliation à MM. les ingénieurs des mines.

---

[1] Voir les *Annales des mines*, 3e série, t. XI, p. 678.

Arrêté ministériel du 7 octobre 1837, portant modification de l'instruction du 3 août 1810, en ce qui concerne l'exécution des articles 10, 43 et 44 de la loi du 21 avril 1810.

Le ministre secrétaire d'Etat des travaux publics, de l'agriculture et du commerce :

Sur le rapport du conseiller d'Etat, directeur général des ponts et chaussées et des mines, relatif à l'exécution des articles 10, 43 et 44 de la loi du 21 avril 1810, en ce qui concerne le règlement des indemnités dues aux propriétaires du sol par les explorateurs ou concessionnaires de mines pour travaux de recherches ou d'exploitation, et les mises en possession de terrains enclavés dans une concession et nécessaires à un travail d'art, soit passager, soit permanent ; ledit rapport tendant à modifier, comme ayant fait une interprétation inexacte des dispositions de la loi du 21 avril 1810, la partie de l'instruction ministérielle du 3 août 1810 où il est question de ces articles ;

Vu la section B, § 1er, de cette instruction, ainsi conçue :

« Toutes discussions relatives à la propriété des mines, minières, usines et carrières, toutes celles ayant pour objet l'acquittement des indemnités déterminées par le décret de concession ou de permission, ainsi que les contestations sur les dédommagements pour dégâts occasionnés à la surface des terrains, sont du ressort des tribunaux ordinaires. »

Vu les articles 10, 43 et 44 de la loi du 21 avril 1810, portant :

« Art. 10. — Nul ne peut faire des recherches pour découvrir des mines, enfoncer des sondes ou tarières sur un terrain qui ne lui appartient pas, que du consentement du propriétaire de la surface ou avec l'autorisation du gouvernement, donnée après avoir consulté l'administration des mines, à la charge d'une préalable indemnité envers le propriétaire et après qu'il aura été entendu.

« ART. 43. — Les propriétaires de mines sont tenus de payer les indemnités dues aux propriétaires de la surface sur le terrain duquel ils établiront leurs travaux.

« Si les travaux entrepris par les explorateurs ou par les propriétaires de mines ne sont que passagers, et si le sol où ils ont été faits peut être mis en culture au bout d'un an comme il l'était auparavant, l'indemnité sera réglée au double de ce qu'aurait produit net le terrain endommagé.

« ART. 44. — Lorsque l'occupation des terrains pour la recherche ou les travaux des mines prive les propriétaires du sol de la jouissance du revenu au delà du temps d'une année, ou lorsque, après les travaux, les terrains ne sont plus propres à la culture, on peut exiger des propriétaires des mines l'acquisition des terrains à l'usage de l'exploitation. Si le propriétaire de la surface le requiert, les pièces de terre trop endommagées ou dégradées sur une trop grande partie de leur surface devront être achetées en totalité par le propriétaire de la mine.

« L'évaluation du prix sera faite, quant au mode, suivant les règles établies par la loi du 16 septembre 1807, sur le desséchement des marais, etc., tit. XI ; mais le terrain à acquérir sera toujours estimé au double de la valeur qu'il avait avant l'exploitation de la mine. »

Vu les lois des 28 pluviôse an VIII, 16 septembre 1807, 8 mars 1810 et 7 juillet 1833 ;

Vu l'avis du Conseil général des mines, du 21 août 1837 ;

Considérant que les dispositions précitées de la loi du 21 avril 1810 sont corrélatives entre elles ; que le règlement des indemnités dues aux propriétaires du sol par les explorateurs ou concessionnaires de mines pour travaux de recherches ou d'exploitation et les mises en possession de terrains pour travaux d'art, doivent, aux termes de ces dispositions, être faits dans les formes prescrites par le titre XI de la loi du 16 septembre 1807 ;

Que les modifications apportées à la loi du 16 septembre 1807, par les lois des 8 mars 1810 et 7 juillet 1833, n'ont point dessaisi les Conseils de préfecture de la connaissance des questions d'indemnités ou d'occupation de terrains, en matière de mines, que la loi du 21 avril 1810 leur a attribuée ;

Qu'en effet la loi du 8 mars 1810 n'a eu pour but que de régler ce qui concerne les expropriations pour cause d'utilité publique ; qu'elle ne s'applique point au cas où des propriétaires se trouvent seulement obligés de souffrir l'occupation de leurs terrains et peuvent toujours, s'ils le veulent, en conserver la propriété ; que ces derniers cas ont continué d'être régis, selon leur nature, soit par la loi du 16 septembre 1807, soit par celle du 28 pluviôse an VIII ; et que, d'autre part, la loi du 7 juillet 1833 n'a fait que tracer de nouvelles règles de procédure pour les matières que régissait la loi du 8 mars 1810, et qu'elle n'a point changé la juridiction ;

Considérant qu'en fait de mines il n'y a jamais *expropriation* du sol, mais simplement occupation de terrain ; que si, dans les circonstances prévues par l'article 44 de la loi du 21 avril 1810, la propriété du terrain peut passer entre les mains du concessionnaire de la mine, ce n'est pas, comme dans les cas déterminés par les lois des 8 mars 1848 et 7 juillet 1833, par une expropriation du propriétaire et contre son gré, mais au contraire par la volonté de celui-ci, parce qu'il le requiert ;

Que par conséquent la loi du 16 septembre 1807 est restée appliquée à tout ce qui concerne les règlements d'indemnités dues par les explorateurs ou concessionnaires de mines aux propriétaires sur les terrains desquels ils portent leurs travaux et les occupations de ces terrains par des concessionnaires ;

Qu'ainsi c'est aux Conseils de préfecture qu'il appartient de régler les indemnités qui peuvent être dues à un propriétaire du sol, en exécution des articles 10 et 43 de la loi du 21 avril 1810, par un explorateur de mines qui a obtenu du gouvernement la faculté d'étendre ses recherches sur des terrains de ce propriétaire, ou par un concessionnaire dont la concession englobe ces terrains et qui y entreprend des travaux ;

Que c'est pareillement aux Conseils de préfecture, en exécution de l'article 44 de la même loi, que doit s'adresser un concessionnaire de mines, pour être mis en possession d'un terrain compris dans le périmètre de sa concession, et nécessaire pour un travail d'art, soit passager, soit permanent ;

Arrête ce qui suit :

Les dispositions de la section B, § 1er, de l'instruction ministérielle du 3 août 1810 sont rapportées en ce qui concerne l'exécution des articles 10, 43 et 44 de la loi du 21 avril 1810, comme ayant fait à cet égard une fausse interprétation de cette loi.

Circulaire du 31 octobre 1837 sur les demandes en concession de mines.

Monsieur le préfet, la loi du 21 avril 1810 a distingué les cas où il y a lieu de procéder à l'instruction d'une demande en concession de mines et à l'institution de la concession, de ceux où il ne peut encore être question que d'opérer des travaux de recherches.

Il est évident que la première chose à faire pour solliciter la concession d'un gîte minéral, et pour que l'administration puisse donner suite à la demande, c'est de justifier qu'il y a matière à concession.

Cette distinction est souvent oubliée par les personnes qui veulent se livrer à des entreprises de mines. Des concessions sont demandées avant qu'on se soit assuré si des mines existent dans les terrains que l'on indique ; quelquefois, ajoutant trop tôt créance à des découvertes annoncées prématurément, on a commencé l'instruction, fait des publications et affiches, et beaucoup d'inconvénients sont résultés de cette marche trop précipitée : il m'a paru nécessaire de rappeler à cet égard les règles qui doivent être suivies.

La loi a spécifié dans la section 1re du titre III, qui est intitulé : *Des actes qui précèdent la demande en concession de mines,* que des travaux de recherches sont un préliminaire indispensable quand la présence du gîte minéral est encore ignorée ou n'est point suffisamment connue.

Elle laisse à chacun le droit d'opérer ces recherches sur le terrain dont il est propriétaire. Si l'on n'est point possesseur du terrain, et si l'on n'a pas le consentement de celui à qui il appartient, elle donne la faculté de demander une permission pour exécuter ces travaux : c'est une demande de ce genre et non une demande en concession qui doit être formée lorsque la mine n'est point découverte.

L'article 22 porte, il est vrai, que la demande en concession sera publiée et affichée dans les dix jours de sa réception à la préfecture ; mais l'article 23 ajoute que les affiches seront apposées dans le chef-lieu de l'arrondissement *où la mine est située*, ce qui indique clairement qu'il faut qu'on ait d'abord constaté l'existence de la mine.

Le but des publications et affiches est d'appeler les propriétaires du sol, et en général les tiers qui peuvent y avoir intérêt, à faire valoir les observations ou réclamations qu'ils auraient à produire : ce serait induire le public en erreur que de lui donner à penser qu'un gîte est reconnu, lorsqu'il ne l'est point encore.

Toutes les formalités que la loi du 21 avril 1810 et le décret du 18 novembre suivant ont prescrites, montrent que la première condition à remplir est de justifier *qu'une mine existe*.

Un plan régulier de la surface, dressé ou vérifié par l'ingénieur des mines, et certifié par le préfet du département, doit être joint à la demande : ce plan ne saurait être levé ou ne serait qu'illusoire tant que l'on ignore si le sol recèle effectivement un gîte concessible.

Les ingénieurs en chef sont chargés, par le décret du 18 novembre 1810, de rédiger des projets d'affiches : cette désignation des ingénieurs en chef fait assez voir qu'on n'a point entendu que ces affiches fussent une chose de pure forme. L'intervention de ces fonctionnaires était superflue s'il n'y avait eu de leur part aucun examen à faire, si aucune notion n'eût été à fournir par le demandeur, si en un mot, par cela qu'une demande, quelle qu'elle fût, était présentée, l'affiche était de droit.

L'instruction ministérielle du 3 août 1810, qui a eu pour objet de pourvoir à l'exécution de la loi, s'est exprimée positivement à cet égard. Elle porte qu'il y a lieu à demande en concession, soit pour des mines nouvellement découvertes, lorsque le gisement des couches minérales est tellement reconnu qu'il y a certitude d'une exploitation utile, soit pour des mines exploitées et non encore concédées. Sans doute on ne doit pas induire de ces expressions qu'il faut, pour procéder à l'instruction d'une demande, ni même à la concession, que l'on ait acquis la preuve que l'exploitation sera profitable au concessionnaire : c'est là une question qu'il serait toujours difficile et souvent impossible de résoudre par avance. Il appartient à celui qui sollicite une concession de calculer les chances de l'entreprise qu'il veut former. Les ingénieurs doivent l'éclairer de leurs conseils, lui fournir les divers documents qui seraient en leur possession relativement à la nature du terrain, aux succès plus ou moins probables qu'il peut offrir; mais l'incertitude sur le résultat futur d'une exploitation ne serait point, à moins de circonstances spéciales et déterminantes, une cause de rejet ou d'ajournement. Ce qui est exigé, c'est que la demande ait un objet réel dans une mine véritablement existante.

Si cette condition est nécessaire pour que l'on puisse procéder à l'instruction de la demande, elle est à plus forte raison indispensable pour que l'on institue la concession, et même ici des renseignements plus circonstanciés doivent être requis. Dans le premier cas, il peut suffire que l'on sache positivement qu'une mine existe : pendant la durée de l'instruction, les demandeurs pourront exécuter de nouveaux travaux de recherches et fournir des indications plus complètes. Dans le second cas, celui où il s'agit de concéder la mine, il faut que ces indications aient été préalablement réunies, que l'on connaisse, sinon toutes les circonstances du gisement (ce qui sera le fruit de travaux ultérieurs entrepris en grand), du moins les principales allures de la mine, que l'on ait des données assez précises sur ses ramifications et son étendue présumées, autrement il serait impossible d'assigner, avec quelque connaissance de cause, un périmètre à la concession, d'en déterminer les charges : on serait obligé d'agir aveuglément, au hasard.

Tels sont les principes qui dérivent de la loi et d'après lesquels sont intervenues plusieurs décisions récentes portant qu'il n'y avait point lieu de publier et d'afficher des demandes formées avant que l'existence de la mine eût été constatée, et déclarant comme non avenues d'autres demandes qui avaient pour objet des mines découvertes, mais dont le gisement n'était pas suffisamment connu pour que l'on pût procéder à la concession.

Le refus d'afficher une demande et d'instituer une concession en de semblables circonstances ne peut ni décourager les explorations, ni affaiblir l'activité des recherches. La loi réserve à l'inventeur d'une mine une indemnité pour le cas où la concession est dévolue à un autre : elle alloue également des indemnités pour les travaux entrepris antérieurement à l'acte de concession et dont le concessionnaire pourrait profiter. Ainsi, les explorateurs savent qu'ils pourront recueillir le fruit de tous les travaux véritablement utiles qu'ils auront opérés. On favorise les recherches en accordant, lorsqu'il y a lieu, des permissions pour les porter sur les terrains d'autrui ; l'administration met encore tous ses soins à les seconder par les études géologiques qu'elle fait exécuter. Enfin, dans chaque localité, les ingénieurs s'empressent, chaque fois qu'on s'adresse à eux, de fournir le tribut de leurs lumières et de leur expérience aux personnes qui désirent se livrer à ces explorations. C'est là une partie importante de leur mission, et ils s'en acquittent, dans toutes les occasions, avec zèle et dévouement. Mais plus l'administration a le désir de seconder les efforts de l'industrie, plus elle doit éviter tout ce qui pourrait donner crédit à des entreprises qui ne seraient point sérieuses et qui n'offriraient aucune garantie.

Il n'est pas sans exemple que des demandeurs en concession aient abusé d'une publicité prématurément donnée à leur demande, pour engager des tiers à contracter avec eux, à leur remettre des fonds sous prétexte qu'il y avait une mine reconnue, un gage positif pour les contractants, et qu'ils avaient déjà des droits acquis. De même on a vu quelquefois, lorsque des concessions avaient été instituées sans les précautions préalables nécessaires, les titulaires se servir du titre qu'ils avaient entre leurs mains pour induire le public dans de graves erreurs. Il est du devoir de l'administration de chercher par tous les moyens possibles à prévenir de pareils abus. L'un de

ces moyens est de veiller à ce qu'aucune demande en concession ne soit publiée et affichée, et la concession instituée, avant
que toutes les conditions voulues par la loi n'aient été remplies.

Lors donc que des demandes ayant pour but d'obtenir des
concessions de mines vous seront présentées, il conviendra,
monsieur le préfet, avant d'y donner suite, que MM. les ingénieurs aient vérifié avec soin si les mines dont elles font l'objet
existent véritablement.

Ces demandes, aussitôt leur réception, devront être enregistrées à leur date, sur le registre particulier qui doit être
tenu à la préfecture, en conformité de l'article 22 de la loi,
pour servir ultérieurement en tant que de besoin; mais il ne
devra être procédé aux publications et affiches qu'après que
les pétitionnaires auront satisfait à l'obligation qui leur est
imposée de justifier de l'existence de la mine qu'ils sollicitent.

Je me réfère, du reste, quant à la rédaction des projets d'affiches et à l'envoi qui doit m'en être fait, aux dispositions de la
circulaire que j'ai adressée le 24 juillet 1834 à MM. les ingénieurs, et dont vous trouverez ci-joint un exemplaire.

Je vous prie de m'accuser réception de la présente circulaire, dont je transmets une ampliation à MM. les ingénieurs
des mines.

**Circulaire du 5 novembre 1837 sur les indemnités dues
aux propriétaires du sol pour recherches de mines ou
travaux d'exploitation, et les occupations de terrains par
les concessionnaires.**

Monsieur le préfet, les personnes qui entreprennent des
recherches de mines, et les concessionnaires qui exploitent
les gîtes qui leur ont été concédés, sont tenus, aux termes de
la loi du 21 avril 1810, de payer des indemnités aux propriétaires des terrains sur lesquels ils établissent leurs travaux.

L'instruction du 3 août, qui a eu pour objet de pourvoir à
l'exécution de la loi, porte, dans sa dernière section, que toutes

les discussions concernant ces sortes d'indemnités sont du ressort des tribunaux ordinaires.

Il y a eu erreur dans cette indication. En effet, les affaires dont il s'agit rentrent exclusivement dans la compétence des Conseils de préfecture.

D'après l'article 10 de la loi, nul ne peut faire des recherches pour découvrir des mines, enfoncer des sondes ou tarières sur un terrain qui ne lui appartient pas, que du consentement du propriétaire de la surface, ou avec l'autorisation du gouvernement, donnée après avoir consulté l'administration des mines, à la charge d'une préalable indemnité envers le propriétaire et après qu'il aura été entendu.

L'article 43 énonce pareillement que les concessionnaires de mines doivent payer des indemnités au propriétaire sur le terrain duquel ils établiront leurs travaux.

Cet article ajoute que si les travaux entrepris par les explorateurs ou par les propriétaires de mines ne sont que passagers, et si le sol peut être mis en culture au bout d'un an, l'indemnité sera réglée au double de ce qu'aurait produit net le terrain endommagé.

Enfin l'article 44 dispose que si l'occupation de terrains pour recherches ou exploitations prive les propriétaires du sol de la jouissance du revenu au delà d'une année, ou si, après les travaux, les terrains ne sont plus propres à la culture, ces propriétaires auront la faculté d'exiger de l'auteur des recherches, ou de l'exploitant, qu'il achète les pièces de terre trop endommagées ou dégradées. Ce même article porte que l'évaluation du prix sera faite, quant au mode, suivant les règles établies par le titre XI de la loi du 16 septembre 1807 sur le desséchement des marais, mais que le terrain à acquérir sera toujours estimé au double de sa valeur.

Toutes ces dispositions sont corrélatives entre elles. Les articles 10 et 43 posent le principe, que des indemnités sont dues ; le second paragraphe de l'article 43 et l'article 44 déterminent d'après quelles bases ces indemnités seront réglées, dans quel cas le propriétaire de la surface pourra exiger qu'on lui achète son terrain. Enfin le second paragraphe de l'article 44 indique comment il sera procédé dans ces diverses circonstances ; il porte que l'on suivra les règles établies par le titre XI de la loi du 16 septembre 1807.

Cette dernière loi, au titre dont il est question, statue que, lorsqu'il s'agit de terrains nécessaires pour l'ouverture de canaux et rigoles de dessèchement, ou de terrains pour l'ouverture de canaux de navigation, de routes, etc., le Conseil de préfecture réglera, soit le prix de ces terrains, si la cession en doit être exigée des propriétaires, soit le montant des indemnités à payer lorsqu'ils ne devront être occupés que temporairement.

Ainsi c'est aux Conseils de préfecture (déjà saisis, par la loi du 28 pluviôse an VIII, de la connaissance des demandes et contestations relatives aux indemnités dues aux particuliers à raison de fouilles opérées sur leurs terrains pour la confection de chemins, canaux et autres ouvrages publics) que la loi du 21 avril 1810, en se référant à la loi du 16 septembre 1807, a attribué le règlement des indemnités qui seraient à payer pour des travaux de mines, et l'évaluation du prix des terrains lorsqu'il y a lieu à obliger l'explorateur ou le concessionnaire à en faire l'achat.

Cela ressort non-seulement du texte de la loi, mais encore des discussions qui l'ont précédée. Lorsque le projet fut communiqué à la Commission du Corps législatif, cette Commission demanda la suppression de l'article 44 et celle de l'article 46, qui renvoie expressément aux Conseils de préfecture la décision des questions d'indemnités à payer par les propriétaires de mines pour recherches ou travaux faits par des tiers antérieurement à l'acte de concession ; elle proposait de le remplacer par une disposition unique, portant que toutes les questions d'indemnités à payer par les propriétaires de mines ou explorateurs *seraient jugées par les tribunaux et Cours.* Le Conseil d'Etat conserva ces deux articles, ou du moins il ne fit à l'article 44 que quelques modifications qui ne touchaient point à l'ordre des juridictions, maintenant ainsi positivement celle qu'il avait précédemment proposée, et qui a été instituée par la loi. L'intention formelle a donc été de réserver aux Conseils de préfecture le règlement de ces diverses indemnités.

La loi du 16 septembre 1807 a, il est vrai, été modifiée en

plusieurs points par deux lois subséquentes, par la loi du 8 mars 1810 et par celle du 7 juillet 1833. Mais la loi du 7 juillet 1833 n'a fait que tracer de nouvelles règles de procédure pour les matières que régissait la loi du 8 mars 1810 ; elle n'a point changé les juridictions. Quant à la loi du 8 mars 1810, elle a réglé tout ce qui concerne l'expropriation pour *cause d'utilité publique*; elle a déterminé ce qui aurait lieu lorsque, par un motif d'intérêt général, la propriété du sol serait ôtée à ceux qui la possèdent. Elle ne s'applique point aux cas où des propriétaires se trouvent seulement obligés de souffrir l'occupation de leurs terrains, et peuvent toujours, s'ils le veulent, en conserver la propriété. Ces derniers cas ont continué d'être régis, selon leur nature, soit par la loi du 16 septembre 1807, soit par celle du 28 pluviôse an VIII. La jurisprudence est formelle à cet égard ; elle est établie par plusieurs arrêts du Conseil d'Etat, qui ont décidé que, lorsqu'une indemnité est demandée comme dédommagement pour l'occupation momentanée d'un terrain sur lequel des fouilles et extractions ont été effectuées, et non comme le prix d'un fonds dont l'expropriation aurait été ordonnée pour cause d'utilité publique, la fixation de cette indemnité doit être faite par le Conseil de préfecture, conformément aux règles prescrites par les articles 55 et 56 de la loi du 16 septembre 1807.

En matière de mines, il n'y a pas expropriation du sol, mais simplement occupation momentanée du terrain. Ce terrain reste à son propriétaire, une partie de la jouissance lui est seulement ôtée pour un temps plus ou moins long, et elle lui est rendue quand les travaux de recherches ou d'exploitation sont épuisés. Si, dans certaines circonstances, lorsque les travaux durent plus d'une année ou rendent le sol impropre à la culture, la propriété peut passer entre les mains de l'exploitant, ce n'est pas, comme dans les cas prévus dans les lois des 8 mars 1810 et 7 juillet 1833, par une expropriation du propriétaire, contre son gré, c'est au contraire par la volonté de celui-ci, parce qu'il l'exige ; c'est lui qui, usant de la faculté que lui confère l'article 44 de la loi du 21 avril 1810, force l'exploitant à acheter le terrain.

La loi du 16 septembre 1807 est donc restée applicable aux

règlements de ces indemnités et aux occupations de terrains en matière de mines.

Ainsi, c'est aux Conseils de préfecture à fixer les indemnités qui peuvent être dues à un propriétaire du sol, en exécution des articles 10 et 43 de la loi du 21 avril 1810, par un explorateur de mines qui a obtenu du gouvernement la faculté d'étendre ses recherches sur des terrains appartenant à ces propriétaires, ou par un concessionnaire qui y entreprend des travaux.

Pareillement, c'est aux Conseils de préfecture qu'en vertu de l'article 44 de la même loi, et des articles 56 et 57 de la loi du 16 septembre 1807, un concessionnaire de mines doit s'adresser pour être mis en possession d'un terrain compris dans le périmètre de sa concession, et nécessaire pour un travail d'art, soit passager, soit permanent.

L'instruction du 3 août 1810 ayant indiqué à tort une autre juridiction, ayant fait ainsi une fausse interprétation des dispositions de la loi du 21 avril, en ce qui concerne les articles 10, 43 et 44, M. le ministre des travaux publics, de l'agriculture et du commerce, a, sur ma proposition, pris un arrêté qui rapporte les dispositions de la section B, § 1er, de cette instruction, relatives à ces articles.

J'ai l'honneur, monsieur le préfet, de vous transmettre une expédition de cet arrêté.

Je vous prie de m'en accuser réception, ainsi que de la présente circulaire, dont j'adresse une ampliation à MM. les ingénieurs des mines.

Circulaire du 30 mars 1838 sur les ateliers de lavage du minerai.

Monsieur, les ateliers qui servent au lavage du minerai sont sujets à occasionner des dommages aux propriétés riveraines, lorsqu'on ne prend pas toutes les précautions nécessaires pour qu'ils n'altèrent point le cours des eaux et ne déversent pas des matières nuisibles sur les prairies. C'est pour prévenir ces inconvénients que, dans les ordonnances d'autorisation, on impose l'obligation de curer, à certaines époques, les bassins d'épuration qui doivent desservir ces ateliers.

Mais souvent il arrive que cette prescription est éludée. On néglige d'opérer le curage, ou bien il n'est effectué qu'imparfaitement, et les bassins d'épuration, encombrés des résidus que le minerai y a déposés, ne remplissent plus le but auquel ils étaient destinés.

Il convient donc que cette opération de curage soit faite sous les yeux de l'autorité locale et constatée par elle, afin qu'on ne puisse se soustraire aux conditions qui auraient été prescrites à cet égard.

Il m'a paru en conséquence qu'il serait bon d'ajouter, dans les actes de permission relatifs aux usines qui comprennent des ateliers de lavage, une clause ainsi conçue : « Lorsque le curage des bassins d'épuration devra avoir lieu, les permissionnaires en donneront avis au maire de la commune, lequel dressera procès-verbal de ce curage immédiatement après qu'il aura été effectué. »

Je vous invite à insérer dorénavant cette disposition dans les projets que vous auriez à rédiger pour des établissements de cette nature, en y adaptant d'ailleurs les modifications particulières qu'elle pourra recevoir suivant les circonstances et l'état des choses.

Je vous prie de m'accuser réception de la présente et d'en donner connaissance à MM. les ingénieurs placés sous vos ordres.

***

Loi du 27 avril 1838.

Art. 1er. — Lorsque plusieurs mines situées dans des concessions différentes seront atteintes ou menacées d'une inondation commune qui sera de nature à compromettre leur existence, la sûreté publique ou les besoins des consommateurs, le gouvernement pourra obliger les concessionnaires de ces mines à exécuter, en commun et à leurs frais, les travaux nécessaires soit pour assécher tout ou partie des mines inondées, soit pour arrêter les progrès de l'inondation.

L'application de cette mesure sera précédée d'une enquête administrative à laquelle tous les intéressés seront appelés, et dont les formes seront déterminées par un règlement d'administration publique.

ART. 2. — Le ministre décidera, d'après l'enquête, quelles sont les concessions inondées ou menacées d'inondation qui doivent opérer, à frais communs, les travaux d'asséchement.

Cette décision sera notifiée administrativement aux concessionnaires intéressés. Le recours contre cette décision ne sera pas suspensif.

Les concessionnaires ou leurs représentants, désignés ainsi qu'il sera dit à l'article 7 de la présente loi, seront convoqués en assemblée générale à l'effet de nommer un syndicat, composé de trois ou cinq membres, pour la gestion des intérêts communs.

Le nombre des syndics, le mode de convocation et de délibération de l'assemblée générale seront réglés par un arrêté du préfet.

Dans les délibérations de l'assemblée générale, les concessionnaires ou les représentants auront un nombre de voix proportionnel à l'importance de chaque concession.

Cette importance sera déterminée d'après le montant des redevances proportionnelles acquittées par les mines en activité d'exploitation, pendant les trois dernières années d'exploitation, ou par les mines inondées, pendant les trois années qui auront précédé celle où l'inondation aura envahi les mines. La délibération ne sera valide qu'autant que les membres présents surpasseraient en nombre le tiers des concessions, et qu'ils représenteraient entre eux plus de la moitié des voix attribuées à la totalité des concessions comprises dans le syndicat.

En cas de décès ou de cessation des fonctions des syndics, ils seront remplacés par l'assemblée générale dans les formes qui auront été suivies pour leur nomination.

Art. 3. — Une ordonnance royale rendue dans la forme des règlements d'administration publique, et après que les syndics auront été appelés à faire connaître leurs propositions, et les intéressés leurs observations, déterminera l'organisation définitive et les attributions du syndicat, les bases de la répartition, soit provisoire, soit définitive, de la dépense entre les concessionnaires intéressés, et la forme dans laquelle il sera rendu compte des recettes et des dépenses.

Un arrêté ministériel déterminera, sur la proposition des syndics, le système et le mode d'exécution et d'entretien des travaux d'épuisement, ainsi que les époques périodiques où les taxes devront être acquittées par les concessionnaires.

Si le ministre juge nécessaire de modifier la proposition du syndicat, le syndicat sera entendu de nouveau. Il lui sera fixé un délai pour produire ses observations.

Art. 4. — Si l'assemblée générale, dûment convoquée, ne se réunit pas, ou si elle ne nomme point le nombre de syndics fixé par l'arrêté du préfet, le ministre, sur la proposition de ce dernier, instituera d'office une Commission composée de trois ou cinq personnes, qui sera investie de l'autorité et des attributions des syndics.

Si les syndics ne mettent point à exécution les travaux d'asséchement, ou s'ils contreviennent au mode d'exécution et d'entretien réglé par l'arrêté ministériel, le ministre, après que la contravention aura été constatée, les syndics préalablement appelés, et après qu'ils auront été mis en demeure, pourra, sur la proposition du préfet, suspendre les syndics de leurs fonctions, et leur substituer un nombre égal de commissaires.

Les pouvoirs des commissaires cesseront de droit à l'époque fixée pour l'expiration de ceux des syndics. Néanmoins le ministre, sur la proposition du préfet, aura toujours la faculté de les faire cesser plus tôt.

Les commissaires pourront être rétribués ; dans ce cas, le ministre, sur la proposition du préfet, fixera le taux des traitements, et leur montant sera acquitté sur le produit des taxes imposées aux concessionnaires.

Art. 5. — Les rôles de recouvrement des taxes réglées en

vertu des articles précédents seront dressés par les syndics et rendus exécutoires par le préfet.

Les réclamations des concessionnaires sur la fixation de leur quote-part dans lesdites taxes seront jugées par le Conseil de préfecture, sur mémoires des réclamants, communiqués au syndicat, et après avoir pris l'avis de l'ingénieur des mines.

Les réclamations relatives à l'exécution des travaux seront jugées comme en matière de travaux publics.

Le recours, soit au Conseil de préfecture, soit au Conseil d'Etat, ne sera pas suspensif.

Art. 6. — A défaut de payement, dans le délai de deux mois, à dater de la sommation qui aura été faite, la mine sera réputée abandonnée ; le ministre pourra prononcer le retrait de concession, sauf le recours au roi en son Conseil d'Etat, par la voie contentieuse.

La décision du ministre sera notifiée aux concessionnaires déchus, publiée et affichée à la diligence du préfet.

L'administration pourra faire l'avance du montant des taxes dues par la concession abandonnée, jusqu'à ce qu'il ait été procédé à une concession nouvelle, ainsi qu'il sera dit ci-après.

A l'expiration du délai de recours, ou en cas de recours, après la notification de l'ordonnance confirmative de la décision du ministre, il sera procédé publiquement, par voie administrative, à l'adjudication de la mine abandonnée. Les concurrents seront tenus de justifier des facultés suffisantes pour satisfaire aux conditions imposées par le cahier des charges.

Celui des concurrents qui aura fait l'offre la plus favorable sera déclaré concessionnaire, et le prix de l'adjudication, déduction faite des sommes avancées par l'Etat, appartiendra au concessionnaire déchu ou à ses ayants droit. Ce prix, s'il y a lieu, sera distribué judiciairement et par ordre d'hypothèques.

Le concessionnaire déchu pourra, jusqu'au jour de l'adjudication, arrêter les effets de la dépossession en payant toutes les taxes arriérées et en consignant la somme qui sera jugée nécessaire pour sa quote-part dans les travaux qui resteront encore à exécuter.

S'il ne se présente aucun soumissionnaire, la mine restera à la disposition du domaine, libre et franche de toutes charges provenant du fait du concessionnaire déchu. Celui-ci pourra, en ce cas, retirer les chevaux, machines et agrès qu'il aura attachés à l'exploitation, et qui pourront être séparés sans préjudice pour la mine, à la charge de payer toutes les taxes dues jusqu'à la dépossession, et sauf au domaine à retenir, à dire d'experts, les objets qu'il jugera utiles.

Art. 7. — Lorsqu'une concession de mine appartiendra à plusieurs personnes ou à une société, les concessionnaires ou la société devront, quand ils seront requis par le préfet, justifier qu'il est pourvu, par une convention spéciale, à ce que les travaux d'exploitation soient soumis à une direction unique et coordonnés dans un intérêt commun.

Ils seront pareillement tenus de désigner, par une déclaration authentique faite au secrétariat de la préfecture, celui des concessionnaires ou tout autre individu qu'ils auront pourvu des pouvoirs nécessaires pour assister aux assemblées générales, pour recevoir toutes notifications et significations, et, en général, pour les représenter vis-à-vis de l'administration, tant en demandant qu'en défendant.

Faute par les concessionnaires d'avoir fait, dans le délai qui leur aura été assigné, la justification requise par le paragraphe 1er du présent article, ou d'exécuter les clauses de leurs conventions qui auraient pour objet d'assurer l'unité de la concession, la suspension de tout ou de partie des travaux pourra être prononcée par un arrêté du préfet, sauf recours au ministre, et, s'il y a lieu, au Conseil d'Etat, par la voie contentieuse, sans préjudice d'ailleurs de l'application des articles 93 et suivants de la loi du 21 avril 1810.

Art. 8. — Tout puits, toute galerie ou tout autre travail d'exploitation ouvert en contravention aux lois ou règlements sur les mines pourront aussi être interdits dans la forme énoncée en l'article précédent, sans préjudice également de l'application des articles 93 et suivants de la loi du 21 avril 1810.

Art. 9. — Dans tous les cas où les lois et règlements sur les mines autorisent l'administration à faire exécuter des travaux dans les mines aux frais des concessionnaires, le défaut de payement de la part de ceux-ci donnera lieu contre eux à l'application des dispositions de l'article 6 de la présente loi.

ART. 10. — Dans tous les cas prévus par l'article 49 de la loi du 21 avril 1810, le retrait de la concession et l'adjudication de la mine ne pourront avoir lieu que suivant les formes prescrites par le même article de la présente loi.

Circulaire du 22 août 1838 sur les lavoirs à mines alimentés par des eaux pluviales ou des eaux de source.

Monsieur le préfet, une décision de M. le ministre du commerce et des travaux publics, rendue le 25 mars 1831 sur le rapport de mon prédécesseur, conformément à l'avis du Conseil général des mines, a statué qu'il n'y a point lieu, de la part de l'administration, à intervenir dans l'établissement des lavoirs de minerais de fer, dits *lavoirs portatifs*, toutes les fois que ces lavoirs, établis dans les excavations d'où le minerai est tiré ou dans les dépressions naturelles du sol, sont alimentés uniquement par des eaux pluviales, ne sont traversés ni arrosés par aucun cours d'eau, et se trouvent dans des terrains appartenant aux extracteurs de minerais.

Ces sortes de lavage, en effet, doivent être considérés comme une *opération domestique* que chacun est libre de faire chez soi, et pour laquelle, si quelques dommages viennent à être causés aux propriétés voisines, il y aurait uniquement à appliquer les lois ordinaires qui ont prévu le cas où un propriétaire, par abus, incurie ou toute autre cause, préjudicie à ses voisins, ou à pourvoir par voie de mesure municipale, et conformément aux lois de police, aux inconvénients qui résulteraient des opérations exécutées pour la salubrité ou pour d'autres intérêts publics.

Ce n'est pas, du reste, de la circonstance qu'un lavoir est portatif, que l'on a entendu, dans la décision ministérielle du 25 mars 1831, faire dépendre la condition qui l'affranchit de la nécessité d'une autorisation. On a voulu parler des lavoirs, portatifs ou permanents, soit à bras, soit à manége, qu'un propriétaire établit sur son fonds, et dans lesquels on n'emploie que des eaux pluviales, ou des eaux d'une mare, ou des eaux d'un puits ou d'une source, qui, étant ensuite absorbées dans des puisards, ne s'écoulent pas au dehors, et n'occasionnent aucune filtration dans les propriétés voisines. Dans tous ces cas, aucune loi n'exige que l'exploitant se munisse d'une permission ; et il n'est pas même besoin qu'il fasse une déclaration. Cette déclaration n'est prescrite par l'article 59 de la loi du 21 avril 1810 que pour les extractions de minerais.

Mais quand ces lavoirs ou leurs bassins d'épuration sont *construits en relief sur le sol*, bien que la digue d'enceinte fût construite avec soin, il pourrait arriver, si par exemple cette digue était exposée à des courants dans les cas d'inondation, que ces courants fussent détournés de leur cours naturel, et qu'ils emportassent non-seulement la digue, mais encore toute la masse des morées déposée dans les bassins, et qu'il y eût ainsi des dégâts causés aux propriétés plus ou moins voisines. On peut donc se demander s'il ne serait pas nécessaire de ranger ces derniers ateliers dans l'une des trois classes des établissements dangereux, insalubres ou incommodes, que régissent le décret du 15 octobre 1810 et l'ordonnance royale du 14 janvier 1815.

Il n'est pas à la connaissance de l'administration qu'aucun des effets dont je viens de parler soit résulté des lavoirs dont il s'agit, que ces lavoirs aient donné lieu à des plaintes fondées sur des faits bien constatés. Toutefois la question est grave et a besoin d'être examinée.

Je vous prie, monsieur le préfet, de faire procéder à cet égard à des informations exactes sur divers points de votre département où existent des lavoirs auxquels les observations ci-dessus puissent s'appliquer. MM. les ingénieurs des mires devront consigner dans un rapport tous les documents propres à bien faire apprécier la nature et les inconvénients de ces ateliers relativement à la salubrité et aux propriétés voisines. Je vous serai obligé de me transmettre ce rapport avec tous les renseignements que vous auraient fournis les autorités locales, et d'y joindre vos observations.

Circulaire du 29 décembre 1838, contenant des instructions pour la loi du 27 avril 1838.

Monsieur le préfet, la loi du 27 avril 1838, relative à l'assèchement et à l'exploitation des mines, a eu pour objet de remédier à de graves abus qui compromettaient l'avenir de cette partie de la richesse publique. Il convient de pourvoir à l'exécution de cette loi, dont le texte se trouve imprimé à la suite de cette circulaire.

Je m'occupe de préparer le règlement qui doit déterminer, d'après l'article 1er, les formes à suivre dans le cas où des concessionnaires sont tenus d'opérer en commun, à leurs frais, des travaux nécessaires pour assécher leurs mines inondées, ou arrêter les progrès de l'inondation. Ce travail, qui doit être soumis au Conseil d'Etat, sera terminé prochainement.

Indépendamment des dispositions qui se rapportent à cet objet, la loi en contient d'autres d'une grande importance, qui ont pour but d'assurer l'unité de l'exploitation dans chaque concession, d'empêcher toute extraction qui serait ouverte en contravention aux règles, et de fortifier, par des moyens coercitifs qui étaient devenus indispensables, les prescriptions que la loi du 21 avril 1810 et le décret du 3 janvier 1813 avaient établies pour garantir la sûreté publique, celle des ouvriers employés dans les mines et les besoins des consommateurs.

L'unité dans les concessions est la condition première du bon aménagement des substances minérales. On peut dire qu'elle forme véritablement la base de la législation des mines. Les gîtes que la terre renferme doivent être exploités avec ensemble. Ils exigent des travaux convenablement coordonnés, pour en poursuivre, sous le sol, les ramifications, prévenir les envahissements des eaux souterraines, les gaz délétères, les éboulements. C'est afin de les soustraire aux morcellements qui ont lieu à la surface par la division des propriétés qu'on en a fait une classe de biens distincts, dont l'acte de concession circonscrit les limites. La loi du 21 avril

1810, qui a fait cesser les dispositions si incohérentes des législations antérieures, repose sur le principe conservateur de l'indivisibilité des mines. Elle l'a expressément énoncé dans l'article 7, où, en même temps qu'elle déclare que les mines concédées sont des propriétés disponibles et transmissibles, elle interdit de les vendre par lots, de les partager sans une autorisation préalable donnée dans les mêmes formes que la concession.

La loi nouvelle a posé plus explicitement encore le même principe. Elle veut que, lorsqu'une concession de mines appartient à plusieurs personnes ou à une société, les concessionnaires justifient qu'il est pourvu par une convention spéciale à ce que les travaux d'exploitation soient soumis à une direction unique et coordonnés dans un intérêt commun. Elle leur impose aussi l'obligation de désigner par une déclaration authentique, faite au secrétariat de la préfecture, celui qu'ils ont chargé de les représenter vis-à-vis de l'administration. Déjà diverses décisions avaient prescrit ces conditions inhérentes à la nature même des choses; mais comme elles ne donnaient point à l'autorité administrative une action suffisante, elles étaient rarement observées. Une sanction efficace résulte aujourd'hui de la nouvelle loi. Les justifications qu'elle exige doivent être désormais une chose sérieuse et non des actes illusoires.

La convention que les concessionnaires sont tenus de présenter doit nécessairement, pour remplir son but, indiquer un plan de travaux qui s'applique réellement à l'ensemble de la concession, qui fasse connaître comment les travaux existants sont ou seront coordonnés entre eux relativement à l'aérage, à l'expulsion des eaux, à l'aménagement des gîtes, à l'extraction des minerais, et les nouveaux ouvrages que la compagnie se propose d'exécuter comme le développement ou le complément des anciens.

Elle doit aussi instituer au chef-lieu de l'établissement un bureau spécial pour la réunion de tous les plans et coupes des travaux pratiqués dans les mines et des registres d'avancement de ces travaux.

Il faut en outre qu'elle confie à un seul et même directeur

la direction générale des exploitations ouvertes ou à ouvrir dans la concession. Cela ne s'oppose point à ce que des agents secondaires soient chargés de la surveillance et de la conduite de certaines parties de l'exploitation ; mais la loi veut *une direction unique*, et une semblable direction ne peut être le fait de plusieurs personnes. Il doit donc y avoir un agent principal à la direction duquel tout vienne aboutir comme à un centre commun. C'est aux concessionnaires à nommer ce directeur ; l'autorité administrative doit veiller à ce qu'il soit désigné et offre les garanties que requièrent ses fonctions.

Toutes ces obligations dérivent les unes des autres et de l'unité de la concession, qui est le point fondamental en cette matière. La loi a indiqué dans quel but la convention qu'elle prescrit est exigée. C'était dire implicitement ce qu'elle doit contenir pour remplir cette fin, pour être complète et régulière.

Une suite de ces mêmes principes est que toute demande relative à des travaux à ouvrir doit être présentée par le fondé de pouvoir des concessionnaires. Aux termes de l'article 7 de la loi, l'administration ne peut reconnaître que ce correspondant.

Mais il ne suffit pas que la demande soit formée par lui ; il faut encore, pour qu'elle puisse être accueillie, que l'on ait constaté qu'il n'en résultera rien qui soit de nature à compromettre l'unité des travaux.

Il pourrait arriver que des tiers auxquels les concessionnaires auraient loué des portions de leur concession empruntassent l'intervention du correspondant pour faire autoriser leurs extractions, et que celui-ci, par suite de ces traités, se crût obligé de faire des démarches en conséquence ; le premier soin de l'autorité, quand une pétition lui est adressée, doit être d'examiner si elle est d'accord avec la conservation et le bon aménagement des mines. L'ingénieur est consulté, puis le préfet autorise ou refuse, suivant l'état des choses, et conformément à ce qui est indiqué au cahier des charges.

Quant aux amodiations ou louages partiels de concession, l'administration ne peut les admettre. Quelles que soient les transactions que les concessionnaires aient pu faire entre eux, elle n'a point à traiter avec eux isolément, elle n'a de rapports qu'avec leur représentant légal, et elle doit tenir la main à ce que l'exploitation soit conduite dans des vues de bon ordre et d'avenir, avec unité. Les travaux entrepris par des amodiataires. où chacun extrait de son côté, pour son propre compte, rompent cette unité de la concession ; ils peuvent compromettre, de la manière la plus grave, la conservation des gîtes : ce sont des contraventions formelles, et la loi autorise à les interdire, sans égard pour les conventions qui y ont donné lieu, et qui elles-mêmes d'ailleurs étaient des infractions à la loi. On peut, lorsque la disposition des gîtes le permet, et en se conformant aux règles établies, ouvrir plusieurs champs d'exploitation. Mais des traités par lesquels un concessionnaire divise sa concession entre plusieurs personnes, substitue à l'intérêt unique qui devait présider à l'exploitation des intérêts divers et souvent contraires entre eux, aliène, en les affermant, des parties de la mine, car les substances minérales ne se reproduisent plus une fois qu'elles ont été extraites ; ces traités sont de véritables partages, sous quelque nom qu'on les déguise ; ils en ont tous les fâcheux résultats.

Si, dans quelques circonstances, et avant la loi nouvelle, les tribunaux n'avaient pas jugé qu'il y eût lieu d'annuler de pareilles stipulations, c'est qu'ils avaient principalement à les considérer, et qu'ils les envisageaient sous le rapport de leurs effets civils, relativement aux parties contractantes. Mais en même temps ils ont toujours reconnu que l'unité de l'exploitation devrait être maintenue.

C'est le droit de l'administration de l'exiger ; c'est aussi son devoir. La loi du 27 avril 1838 a tranché définitivement la question de manière à faire cesser les doutes qui avaient été soulevés. L'article 7 de cette loi, ainsi que cela est énoncé très-explicitement dans le dernier rapport de la Chambre des pairs, a eu précisément pour objet de donner une sanction positive à l'article 7 de la loi du 21 avril 1810, qui veut que les concessions demeurent indivisibles ; de suppléer à ce qu'il avait laissé sous-entendu en ce qui concerne les amodiations, les baux partiels ; d'empêcher, en un mot, que par des traités de ce genre on n'élude les résultats que l'on avait voulu assurer, *comme une condition de salut pour les mines.* « Où les exploitations présentent unité de plan et de but, et alors, ajoute le même rapport, elles seront maintenues ; ou l'unité n'existe pas, et le gouvernement doit la rétablir en prononçant l'interdiction des travaux qui font obstacle à cette même unité. Il demeure donc bien établi que *tous les travaux d'exploitation doivent être soumis à une direction unique et coordonnés dans un intérêt commun,* et que le droit et le devoir du gouvernement est d'interdire administrativement ceux de ces travaux dont l'existence serait inconciliable avec cet intérêt commun, sans avoir égard aux conventions que les concessionnaires pourraient avoir souscrites en faveur de tierces personnes pour l'exploitation de tout ou partie de leur concession. »

Les dispositions qui précèdent ne sont que l'application bien entendue des véritables principes de la matière ; mais elles ne font nullement obstacle à ce qu'en conformité de la loi du 21 avril 1810 on autorise les partages qui ne présentent point d'inconvénients. L'administration les secondera volontiers toutes les fois qu'ils seront convenables et possibles ; et ce que les concessionnaires qui sont placés aujourd'hui dans une position illégale ont à faire de mieux, c'est de se réunir pour solliciter ces partages. Il faut les en avertir. Leurs demandes seront examinées avec un soin particulier, et il sera statué sur chacune d'elles après une appréciation exacte et approfondie de toutes les considérations qui pourront s'y rattacher. Là où il y aurait refus, c'est que l'intérêt général y mettrait absolument obstacle, et cet intérêt est trop manifeste pour qu'on puisse jamais le perdre de vue.

En procédant comme je viens de le dire, on parviendra à fonder un ordre de choses stable et régulier. Si cependant les avertissements de l'administration n'étaient point entendus, et si l'on persistait dans un système d'opposition illégal, alors elle n'hésiterait plus à user du pouvoir que la loi lui confère ; elle y aurait recours avec d'autant plus d'autorité qu'elle n'aurait rien négligé pour éviter d'en venir à cette extrémité toujours fâcheuse ; la loi devrait être enfin obéie ; et vous auriez, monsieur le préfet, à appliquer l'article 7 de la loi du 27 avril 1838, qui donne le droit de suspendre les travaux (sauf recours au ministre, et, s'il y a lieu, au Conseil d'Etat par la voie contentieuse), sans préjudice de l'application des dispositions pénales portées au titre X de la loi du 21 avril 1810.

D'après l'article 8 de cette même loi, l'administration a un égal pouvoir pour tous les cas où un travail quelconque d'exploitation est ouvert contrairement aux lois et règlements sur les mines.

Ainsi, toutes les fois que des travaux sont entrepris illicitement dans une concession, soit par des tiers qui viendraient troubler le concessionnaire, soit par le titulaire lui-même ou des personnes qui se diraient ses amodiataires, ses représentants, vous êtes autorisé à les faire fermer d'office, sauf au procureur du roi à poursuivre ensuite, si le cas y échoit, les délinquants devant le tribunal de police correctionnelle.

Il y aurait également lieu de dénoncer au procureur du roi tout acte de vente d'une portion de concession fait en violation de l'article 7 de la loi du 21 avril 1810, par l'un des titulaires ou par la compagnie concessionnaire, et d'interdire, en vertu de l'article 8 de la loi du 27 avril 1838, les travaux qui seraient exécutés par suite de cette vente.

Je vous serai obligé, monsieur le préfet, de me donner connaissance des mesures que vous aurez prises dans les diverses circonstances dont il est parlé ci-dessus.

Il peut arriver que, bien qu'il n'y ait pas infraction absolue à l'acte de concession, des travaux soient conduits d'une manière dangereuse, exposent à des éboulements, à des incendies, à une inondation qui, sans s'étendre à un groupe de concessions, menace l'existence d'une mine isolée. Le décret du 3 janvier 1813 avait prévu ces différents cas, et il a donné à l'administration le droit de prescrire les ouvrages de sûreté qui seraient jugés indispensables. Mais il n'avait point indiqué par quels moyens les concessionnaires qui n'obtempéreraient pas à ces prescriptions pourraient être contraints au payement de la dépense que ces travaux de sûreté auraient occasionnée. L'article 9 de la loi nouvelle supplée à cette lacune, en disposant que le défaut de payement de la part de ceux-ci donnera lieu contre eux à l'application de l'article 6, c'est-à-dire au retrait de la concession.

Enfin, si une exploitation se trouvait délaissée, restreinte ou suspendue sans causes légitimes, et de manière à inquiéter pour la sûreté publique ou les besoins des consommateurs, le retrait de la concession pourrait aussi être poursuivi et opéré. L'article 10 applique les dispositions de ce même article 6 aux cas qui ont été prévus par l'article 49 de la loi du 21 avril 1810. La loi du 27 avril est venue, après de longs débats, fixer toutes les indécisions, et elle consacre d'une manière formelle les principes que l'administration avait toujours soutenus, à savoir : que les mines doivent être exploitées, que c'est dans ce but qu'on accorde la concession, que nul concessionnaire ne peut décliner indéfiniment l'exécution des conditions qu'il a volontairement acceptées, et que la révocation de la concession, lorsqu'on n'en accomplit pas les charges, résulte de l'article 49 lui-même de la loi de 1810. Cela ne fait plus de doute maintenant. Toutefois il est bien entendu qu'on ne doit employer qu'avec une grande réserve la faculté de poursuivre la déchéance pour cause d'inexploitation. Beaucoup de circonstances indépendantes du concessionnaire, des revers de fortune, des procès, des affaires de famille, quand une succession vient à s'ouvrir, les difficultés mêmes de l'exploitation ou le manque de débouchés, la baisse des prix dans le commerce, peuvent occasionner des interruptions dans les travaux, et d'un autre côté l'intérêt public n'est pas toujours menacé parce qu'une mine n'est point exploitée. On a quelquefois soutenu, en thèse générale, que les besoins des consommateurs sont effectivement compromis dans une localité, lorsqu'on ne tire aucun parti d'une substance minérale qui y existe et qu'il faut cependant faire venir du dehors ; qu'il pourrait se faire, quelque faible que soit le prix de la matière ainsi importée, qu'une exploitation locale la donnât à un prix encore inférieur ; que si on ne peut rien affirmer à cet égard, il semble qu'il n'y a aucune raison positive non plus à objecter à l'avance contre la possibilité de la réduction. La question ainsi envisagée, on serait assez fondé à dire qu'il y a du moins présomption que le consommateur paye trop cher quand on n'exploite pas une mine qui est à sa portée, et qu'alors ses intérêts sont en souffrance. Mais, dans l'application, ces généralités conduiraient souvent à l'arbitraire ; et quand il s'agit de mesures de rigueur, il faut surtout qu'on ne puisse pas en contester l'application. On sent très-bien qu'en pareille matière il y a un grand nombre de considérations à apprécier, et que c'est dans les faits surtout que l'administration doit chercher sa force et son droit. Elle porterait atteinte elle-même à son autorité si elle procédait autrement ; son action sera d'autant plus efficace qu'elle aura su tenir compte de toutes les circonstances. Il convient donc, quand une mine n'est pas exploitée, d'adresser d'abord des avertissements au propriétaire de la mine, de le prévenir des mesures qui pourront être prises contre lui s'il ne se met pas en règle, et de l'engager à s'expliquer. Il convient aussi de procéder, dans ces circonstances, à une enquête administrative ayant pour objet de faire connaître si, et jusqu'à quel point, cette interruption des travaux est de nature à porter préjudice aux consommateurs. La loi n'exige pas absolument ici cette enquête ; elle ne la prescrit explicitement que lorsqu'il est question de contraindre des concessionnaires à exécuter en commun et à leurs frais des travaux pour assécher leurs mines inondées ou arrêter les progrès de l'inondation. Mais elle se réfère à l'article 49 de la loi de 1810, elle indique que les poursuites ne devront être exercées que s'il y a un véritable intérêt public compromis. Il est donc convenable, avant d'user des voies de rigueur, de bien constater que l'on s'est trouvé obligé d'y recourir ; il faut entendre les intéressés, voir s'il y a des plaintes, recueillir en un mot toutes les informations nécessaires. C'est lorsque ces préliminaires auraient été épuisés qu'alors, s'il y avait lieu, vous prendriez un arrêté spécial qui assignerait au concessionnaire, conformément à l'article 6 précité, un délai de deux mois, passé lequel, si l'exploitation n'était pas remise en activité, vous transmettriez à l'administration, avec un rapport des ingénieurs, vos propositions pour le retrait de la concession, s'il vous paraissait qu'il dût être prononcé. Il serait ensuite, après la décision du ministre et l'expiration des délais de recours, ou après la notification de l'ordonnance confirmative de la décision, procédé publiquement par voie administrative à l'adjudication de la mine, ainsi qu'il est déterminé dans ce même article de la loi.

Si le domicile du titulaire de la concession ou de ses ayants cause était inconnu, la sommation devrait être faite conformément aux articles 68 et 69 du Code de procédure civile[1].

Je rappellerai ici qu'en tout état de cause une mine même non exploitée, dès qu'elle a été concédée, doit rester sur les rôles de la redevance fixe ; que, d'après la loi du 21 avril 1810 et le décret du 6 mai 1811, cette redevance est une charge inhérente à la concession, qui doit subsister tant que la concession elle-même subsiste. Lorsque des concessionnaires ne veulent plus supporter les frais d'une exploitation ou en courir les chances, ils peuvent, ou renoncer à leur concession, qui alors redeviendra disponible et pourra passer en d'autres mains, ou demander une réduction de l'étendue qui leur a été concédée. Ma circulaire du 30 novembre 1834 a indiqué comment il y a lieu de procéder dans les deux cas. Ils sont libres également de solliciter le partage de la mine, s'ils croient que cela leur sera avantageux. Mais tant que l'acte de concession n'a point été rapporté ou modifié, ils doivent en remplir les conditions.

L'administration est actuellement investie du pouvoir qui lui a trop longtemps manqué pour la conservation des précieux intérêts confiés à ses soins, et qui importent tant à la prospérité de notre industrie. Elle doit en faire usage avec cet esprit de modération qui est toujours la règle de sa conduite, et n'épargner, avant de recourir aux moyens coercitifs qui lui sont remis, ni les avertissements ni les conseils. Des ménagements

---

[1] Code de procédure civile : « ART. 68. — Tous exploits seront faits à personne ou domicile : mais si l'huissier ne trouve au domicile ni la partie, ni aucun de ses parents ou serviteurs, il remettra de suite la copie à un voisin qui signera l'original ; si le voisin ne peut ou ne veut signer, l'huissier remettra la copie au maire ou adjoint de la commune, lequel visera l'original sans frais ; l'huissier fera mention du tout, tant sur l'original que sur la copie.

« ART. 69. — Seront assignés... 8° Ceux qui n'ont aucun domicile connu en France, au lieu de leur résidence actuelle : si le lieu n'est pas connu, l'exploit sera affiché à la principale porte de l'auditoire du tribunal où la demande est portée ; une seconde copie sera donnée au procureur du roi, lequel visera l'original. »

sont souvent justes et nécessaires. Mais le but est bien marqué maintenant ; il faut y marcher avec prudence, mais aussi avec fermeté.

Je vous prie, monsieur le préfet, de m'accuser réception de la présente, dont je transmets une ampliation à MM. les ingénieurs des mines.

Circulaire du 15 mai 1839 sur l'instruction des demandes en concession de mines.

Monsieur le préfet, l'industrie minérale ne pouvait rester stationnaire au milieu du développement rapide de tant d'autres industries. Elle leur fournit une matière première indispensable à leur activité, elle a dû s'associer à leurs progrès. L'administration a l'importante mission de seconder ces progrès en tout ce qui dépend d'elle. Il faut qu'elle s'applique constamment à en abréger les délais qu'entraîne l'instruction des affaires, et qu'elle se montre vigilante et active pour des intérêts qui ont besoin d'être protégés.

La loi du 21 avril 1810 et l'instruction ministérielle du 3 août suivant ont indiqué les formalités à remplir à l'égard des demandes en concession de mines. Ces sortes d'affaires présentent souvent des questions graves à résoudre, en raison des intérêts qui s'y trouvent engagés, des oppositions qu'elles excitent et des concurrences qu'elles font naître. Au milieu de toutes ces complications, le choix définitif d'un concessionnaire ne peut résulter que d'un examen approfondi.

La loi veut que toutes les réclamations soient entendues, et que la décision ne soit prise qu'à la suite d'une appréciation exacte et complète de toutes les circonstances de chaque affaire. Mais précisément parce que, dans ce but, elle établit des formes de procéder, parce qu'elle appelle plusieurs fonctionnaires à prendre part à l'instruction, chacun d'eux doit s'efforcer d'exprimer son opinion dans le plus court délai possible ; de telle sorte que le premier et inévitable délai des quatre mois d'affiches et de publications ne soit pas augmenté indéfiniment.

Les causes de retards peuvent souvent être attribuées aux demandeurs eux-mêmes, qui ne font point en temps utile les justifications exigées. La première chose à faire, lorsqu'une pétition est présentée, est donc de vérifier si elle est entièrement conforme aux règles de la matière.

Il faut ensuite s'attacher exactement à suivre les formes tracées par les lois et les règlements.

Les demandes en concession ne doivent être affichées que lorsqu'on a réuni les indications exigées relativement aux gîtes qui en sont l'objet. Je me réfère particulièrement à cet égard à ma circulaire du 31 octobre 1837. Quand ces indications sont acquises, l'instruction peut et doit suivre son cours.

Il est indispensable que les affiches soient apposées dans tous les lieux indiqués par la loi, c'est-à-dire au chef-lieu du département, au chef-lieu de l'arrondissement où la mine est située, au domicile des demandeurs et dans chacune des communes sur lesquelles la concession pourra s'étendre. Elles doivent être aussi insérées dans l'un des journaux du département.

Si le domicile des demandeurs est dans un autre département que celui où la mine est située, il faut avoir soin d'envoyer des affiches au préfet de ce département, afin qu'elles soient apposées dans la commune où ils résident.

Le projet d'affiche est la base de l'instruction. On ne saurait mettre trop de soin à sa rédaction [1].

A l'expiration du délai des affiches, il convient de réunir promptement les certificats qui doivent constater qu'elles ont été apposées pendant quatre mois, et faire en outre mention

---

[1] Je rappellerai ici qu'une copie de ce projet doit toujours m'être adressée par M. l'ingénieur en chef des mines, ainsi que deux exemplaires de l'affiche imprimée. Il est nécessaire aussi qu'il me donne toujours avis exactement des demandes en concurrence qui peuvent survenir pendant la durée des publications et affiches. Aux termes de l'article 26 de la loi du 21 avril 1810, ces demandes sont inscrites sur le registre spécial indiqué par l'article 22 et qui est ouvert à tous ceux qui désirent en avoir communication. Leurs auteurs doivent les notifier à la préfecture par actes extrajudiciaires, et les signifier au demandeur primitif, pour qu'il puisse produire ses observations.

de l'accomplissement des publications prescrites par l'article 24 de la loi du 21 avril 1810. J'ai remarqué que ces mentions sont parfois oubliées, et que de longs retards viennent souvent soit du défaut de production de ces certificats de publications et affiches, soit de ce qu'ils sont incomplets.

Un extrait des rôles des impositions constatant la cote du demandeur, et un plan de la surface, en triple expédition, sur une échelle de 10 millimètres pour 100 mètres, doivent être annexés à la demande. On ne doit admettre que des plans dressés avec soin, qui portent la signature du demandeur ou de son représentant; qui indiquent, au moyen d'une légende, le nom de ce demandeur, celui du département, des communes, et l'étendue de la concession sollicitée. Il faut également que l'on figure sur ces plans le périmètre demandé, la direction et l'inclinaison des couches minérales, les explorations déjà exécutées. Les limites doivent être déterminées le plus possible par des lignes droites menées d'un point à un autre, et dirigées de préférence sur des points immuables. MM. les ingénieurs signent ces plans après les avoir vérifiés, et ils y tracent les modifications qu'ils jugent convenables. Chacune des expéditions est revêtue du visa du préfet.

L'avis de ce magistrat doit viser dans le préambule toutes les pièces produites. Il est de règle qu'il soit rédigé sous la forme d'arrêté et contienne les clauses à prescrire. Le dispositif doit être précédé de considérants qui l'expliquent et le justifient. Enfin il est nécessaire qu'un bordereau des pièces, et par ordre chronologique pour chaque demande, soit joint au dossier.

Aux termes de la loi, dans toute affaire de concession de mines, l'avis de MM. les préfets devrait intervenir un mois au plus tard après l'expiration des délais exigés pour la publicité des demandes. Si la force des choses ne permet pas toujours de se conformer exactement à cette prescription, on doit s'appliquer à ne dépasser ce terme que le moins possible.

De même, lorsque les décisions sont rendues, et que MM. les préfets en sont informés officiellement, il convient qu'ils en donnent immédiatement connaissance aux parties qu'elles intéressent. A cet égard, on m'a plus d'une fois adressé des réclamations sur les délais que ces notifications ont éprouvés.

J'appelle votre attention, monsieur le préfet, et celle de MM. les ingénieurs, sur les observations qui précèdent. Il ne suffit pas que l'administration prouve son zèle par un soin consciencieux dans l'examen des affaires, il faut encore qu'elle fasse tout ce qui est en son pouvoir pour hâter leur expédition ; autrement les parties intéressées se découragent, et l'industrie reste en souffrance. Si nous devons tous repousser et flétrir les spéculations immorales, c'est un devoir aussi pour nous de donner appui et encouragement aux personnes qui consacrent sérieusement leurs efforts et leurs capitaux à la recherche et à l'exploitation des mines, et qui se montrent animées de vues honorables. Sans doute les plaintes qui se sont élevées sur les lenteurs administratives sont fort exagérées. On ne tient pas assez compte de la multiplicité des travaux de l'administration, des obstacles qu'elle rencontre, des retards qui doivent être imputés aux parties elles-mêmes, des oppositions qu'il faut examiner et discuter, de la maturité qui doit présider aux décisions définitives pour qu'elles soient conformes au bon droit, de tout ce qui complique et entrave forcément, dans la pratique, la marche des affaires. Cependant il est juste de reconnaître que les plaintes sont quelquefois fondées. Notre premier soin doit être d'éviter tout retard qui peut donner lieu à des réclamations.

Je vous prie de m'accuser réception de la présente circulaire, dont j'adresse une ampliation à MM. les ingénieurs des mines.

Circulaire du 16 mai 1839 sur l'instruction des affaires d'usines métallurgiques.

Monsieur le préfet, les observations contenues dans ma circulaire du 15 de ce mois, relative aux demandes en concession de mines, s'appliquent entièrement aux affaires d'usines métallurgiques. Le nombre de ces affaires se multiplie chaque jour, et il importe de ne rien négliger pour éviter, dans l'instruction à laquelle elles donnent lieu, des retards préjudiciables à l'industrie. Souvent, pour former de pareils établissements, il faut réunir de grands capitaux : quand les décisions se font attendre longtemps, des intérêts nombreux sont compromis. Sans doute il ne dépend pas toujours de l'administration de seconder l'impatience des industriels ; sans doute il est des causes en dehors de son pouvoir, qui retardent forcément la solution des affaires ; quelquefois même c'est aux demandeurs que ces retards doivent être imputés. Toujours est-il qu'en ce qui est de son ressort, l'administration doit s'appliquer sans cesse à donner une impulsion rapide à toutes les parties du service. Je compte à cet égard, monsieur le préfet, sur votre sollicitude et sur le zèle de MM. les ingénieurs.

L'expérience a fait reconnaître que, dans l'instruction des demandes qui font particulièrement l'objet de la présente circulaire, on a souvent omis des formalités essentielles ; les omissions qu'il a fallu réparer ont entraîné des lenteurs qu'il est bien désirable d'éviter à l'avenir.

Toute demande relative à l'établissement d'une usine doit indiquer :

Sa consistance ;

L'espèce et la quantité tant du minerai ou du métal à traiter annuellement que du combustible à employer ;

Le cours d'eau, quand on fait usage d'un pareil moteur.

Elle doit aussi être accompagnée :

1° De la justification que le demandeur est propriétaire de la partie des rives sur laquelle des ouvrages d'art seraient à construire, ou qu'il a le consentement de ceux à qui le terrain appartient ;

2° De plans en triple expédition, signés par le demandeur ou son représentant, et qui indiquent, au moyen d'une légende, le nom de ce demandeur, celui de la commune et du département. Conformément à l'arrêté du 4 février 1811, ces plans doivent être tracés, savoir : les plans généraux d'usines et cours d'eau en dépendant, sur une échelle de 2 millimètres pour mètre, ou 1/500 de mètre, et les plans de détails, sur une échelle cinq fois plus grande, ou de 1/100 de mètre.

Les ingénieurs vérifient et signent ces plans, que le préfet vise ensuite.

S'il était question d'une usine déjà existante, qui n'eût pas de permission, et qu'il s'agirait d'augmenter ou de modifier, il faudrait que la demande d'autorisation comprît l'ensemble des additions à une usine qui n'a point encore de titre légal ; mais la permission à délivrer pour les anciens et les nouveaux artifices peut être l'objet d'une seule et même instruction.

Des affiches de quatre mois sont prescrites par la loi du 21 avril 1810. Elles doivent être apposées dans le chef-lieu du département, dans celui de l'arrondissement, dans la commune où sera située l'usine, et dans le lieu du domicile du demandeur.

S'il survient des oppositions pendant le délai légal des affiches, elles sont communiquées au demandeur pour qu'il puisse y répondre.

Quand ces préliminaires ont eu lieu, il est nécessaire de consulter les ingénieurs des ponts et chaussées, s'il y a un règlement d'eau à fixer ; les agents forestiers, si l'on emploie du combustible végétal ; le directeur des douanes, si l'usine se trouve dans le rayon de douanes, et les ingénieurs des mines, en ce qui concerne l'établissement métallurgique proprement dit. Ces derniers doivent en outre donner leur avis sur la taxe, une fois payée, à laquelle les permissions sont assujetties.

Les grandes occupations de MM. les ingénieurs des ponts et chaussées ne leur permettent pas toujours de traiter les affaires d'usines aussi promptement que le désirent les parties intéressées. Mais vous voudrez bien leur faire remarquer que le développement de l'industrie minérale est une des grandes nécessités de notre époque, et qu'ils ne doivent négliger aucun effort pour contribuer à ce développement.

Aujourd'hui la vapeur est souvent employée comme force motrice, et vient prendre la place des cours d'eau, dont quelquefois la rareté ou l'intermittence fait obstacle au succès d'un établissement : en demandant à établir une usine, on demande en même temps la permission d'y adapter une ou plusieurs machines à vapeur. Dans ce cas, les formalités spéciales prescrites par les ordonnances pour les établissements des appareils à vapeur doivent être remplies, indépendamment de ce qui est exigé par les articles 73 et 74 de la loi du 21 avril 1810, relativement aux usines régies par cette loi. La demande doit alors faire connaître, en outre des détails qui se rapportent spécialement à l'usine, ceux qui s'appliquent aux machines à vapeur que l'on se propose d'employer, c'est-à-dire la pression sous laquelle elles fonctionnent, la force des machines, etc. Une instruction particulière, en ce qui les concerne, doit suivre son cours pendant la durée des affiches relatives à l'usine. Les ingénieurs chargés de la surveillance des appareils à vapeur dans le département indiquent les conditions de sûreté à imposer, en conformité des ordonnances sur la matière. Les pièces de cette instruction et votre arrêté, ou celui qui aura été pris par le sous-préfet, selon la nature de la machine, seront réunis au dossier de l'affaire dont ils feront partie. Ce dossier doit m'être ensuite transmis quand ces formalités et celles qui se rattachent à l'établissement de l'usine elle-même sont terminées.

Les formalités que je viens de détailler sont longues et nombreuses; mais la loi les exige, et nous ne pouvons nous y soustraire. Toutefois, si chacun des fonctionnaires appelés à y concourir se hâte de remplir la mission qui lui est confiée par les règlements, nous arriverons plus sûrement et plus promptement que par le passé à la conclusion d'un grand nombre d'affaires qui intéressent à un haut degré l'industrie et le commerce. C'est de vous surtout, monsieur le préfet, que dépend cet important résultat, si vous voulez bien, à certains intervalles, vous faire rendre compte de l'état des affaires en cours d'instruction, et me signaler les obstacles qui peuvent en retarder la marche. Je ne saurais trop vous inviter à prendre ce soin, et à faire tout ce qui dépendra de vous pour que vos avis interviennent le plus tôt possible après la réunion de ceux qui doivent vous être donnés.

Indépendamment des demandes qui concernent de nouvelles usines, il en existe un grand nombre qui ont pour objet le maintien d'usines anciennes qui n'ont point de titre légal. L'instruction de ces dernières affaires doit se poursuivre aussi avec célérité. Ces établissements, dont l'existence n'est point régulière, sont exposés à des éventualités fâcheuses. Le bon ordre et l'intérêt même des propriétaires veulent qu'aucune usine n'existe sans titre.

Je rappellerai ici que les avis de MM. les préfets doivent être rédigés dans la forme d'arrêtés contenant toutes les clauses à prescrire, qu'il y a lieu d'y viser les pièces produites et d'y énoncer les considérants qui expliquent le dispositif de ces actes, auxquels un bordereau desdites pièces par ordre chronologique est annexé.

J'adresse une ampliation de la présente circulaire à MM. les ingénieurs des mines et à MM. les ingénieurs des ponts et chaussées. Je vous prie de m'en accuser réception.

Circulaire du 12 septembre 1839 sur les accidents qui arrivent dans les mines, minières et carrières.

Monsieur le préfet, aux termes des circulaires des 2 septembre 1833 et 27 février 1835, MM. les ingénieurs des mines sont chargés de fournir chaque année, dans les premiers jours de janvier, un état, par département, des accidents arrivés dans les mines, minières et carrières, pendant l'année précédente.

D'après le modèle qui leur a été indiqué, des renseignements devaient être donnés relativement aux produits des exploitations. Ce n'est guère, en général, que vers le milieu de chaque année que MM. les ingénieurs recueillent à cet égard les indications nécessaires pour le travail des redevances de l'année précédente. Il en résultait qu'ils ne pouvaient s'occuper que tardivement de l'état des accidents, puisqu'ils étaient obligés d'y faire entrer les chiffres de la production. Ce dernier élément ne paraît pas indispensable pour l'objet qu'on se propose ici, et je ne vois pas d'inconvénient à le supprimer désormais dans l'état dont il s'agit. De cette manière, MM. les ingénieurs, qui doivent être régulièrement avertis de chaque événement, seront en mesure de rédiger, dès le commencement de chaque année, le tableau des accidents arrivés pendant l'année qui l'aura précédée. Je vous invite, monsieur le préfet, à me le transmettre exactement avec vos observations particulières.

Pour simplifier le travail et le rendre uniforme, j'ai arrêté un nouveau modèle qui est ci-joint. On devra envoyer un état négatif lorsqu'il n'y aura eu aucun accident.

Aux termes de l'article 11 du décret du 3 janvier 1813 sur la police souterraine, les exploitants sont tenus, en cas d'accident, d'en prévenir immédiatement le maire de la commune et l'ingénieur des mines, de manière que l'on puisse aviser aux mesures à prendre pour faire cesser le danger. Cette disposition importe à la sûreté des hommes et des choses. Si elle n'était point exécutée dans votre département, il faudrait la rappeler aux exploitants. Toute négligence de leur part à ce sujet serait une convention qui devrait être poursuivie conformément au titre V du décret précité.

La surveillance exercée par les ingénieurs continue d'être fort active. Il est permis d'espérer qu'elle produira des résultats de plus en plus satisfaisants. Je n'ai pas besoin de leur recommander d'insister auprès des exploitants sur les mesures qu'il convient de prendre dans l'intérêt des ouvriers. On ne peut trop engager ces derniers à se montrer prévoyants dans leurs travaux. L'expérience a appris que bien des accidents sont dus à leur propre imprudence. Il faut les avertir sans cesse de se mettre en garde contre une confiance aveugle qui amène souvent de cruels malheurs.

C'est un devoir pour les propriétaires de mines d'apporter dans leurs exploitations toutes les améliorations désirables. Les ingénieurs, par leurs conseils, l'administration, par la publicité qu'elle donne aux méthodes perfectionnées qui sont introduites successivement, concourent de tous leurs efforts à augmenter les gages de sécurité; mais ces efforts, cette sollicitude doivent être secondés par les exploitants, qui, eux aussi, ont à prendre une honorable initiative. On pourrait leur adresser de justes reproches s'ils manquaient à ce que leur commandent à la fois et leur intérêt et l'humanité.

Si, malgré toutes les précautions prises, des accidents surviennent, il faut que les ouvriers qui ont survécu trouvent à l'instant les secours dont ils ont besoin. Les règlements y ont pourvu, et on y doit tenir la main sévèrement.

Les ouvriers mineurs exercent une profession pénible et qui est éminemment utile à la société. S'ils sont exposés à des dangers que la prévoyance humaine ne peut toujours prévenir, c'est une raison de plus pour qu'on veille sans cesse à ce que rien du moins ne soit négligé dans leur intérêt. Je ne doute pas, monsieur le préfet, que cet intérêt ne soit l'objet constant de votre préoccupation et de vos soins.

Veuillez m'accuser réception de la présente circulaire, dont j'adresse une expédition à MM. les ingénieurs des mines.

Extrait de l'arrêté du ministre des travaux publics, du 18 février 1840, relatif à l'institution des gardes-mines.

ART. 1er. — Des agents spéciaux, désignés sous le titre de *gardes-mines*, sont institués pour seconder MM. les ingénieurs des mines dans les divers détails de leur service.

Quand leur surveillance s'étendra aux carrières, tourbières, usines, etc., ils seront désignés sous le titre de *gardes-mines surveillants des carrières, des tourbières, des usines*, etc.

ART. 3. — Les gardes-mines sont chargés de concourir, sous les ordres des ingénieurs, à l'exécution des lois et règlements, ainsi qu'aux diverses opérations ayant pour objet :

1º *A l'égard des mines :* De reconnaître comment chaque partie de l'exploitation est conduite ;

De signaler sur-le-champ toutes les causes des dangers qu'ils y découvrent ;

De constater par des procès-verbaux les infractions aux cahiers de charges et aux règlements de police souterraine ;

De prendre, en cas de péril imminent, toutes les mesures provisoires que comporte l'état des choses ;

De vérifier les plans produits par les exploitants, de lever ceux dont l'exécution est ordonnée d'office, d'assembler ceux de ces plans qui sont relatifs à un même groupe de mines ;

D'exécuter les opérations trigonométriques et les travaux

de recherches qui sont entrepris pour définir les gîtes de minéraux utiles.

2° *A l'égard des carrières :* De veiller, selon les règles tracées par les lois et par les règlements, à la sûreté des personnes et à celle des choses.

3° *A l'égard des minières et des tourbières :* D'en régulariser les travaux par l'application du régime des permissions.

4° *A l'égard des usines et particulièrement des ateliers de lavage :* De veiller à la stricte exécution des clauses des permissions en vertu desquelles ces établissements ont été créés.

5° *A l'égard des appareils à vapeur :* D'éprouver les chaudières et de veiller à ce que ces appareils ne fonctionnent jamais avec des pressions supérieures à celles qui sont indiquées dans les arrêtés d'autorisation.

Chacun de ces agents recevra, d'ailleurs, des instructions spéciales au service dont il sera chargé. Ces instructions seront rédigées par les ingénieurs des mines et soumises, par l'intermédiaire de MM. les préfets, à l'approbation du sous-secrétaire d'Etat des travaux publics.

ART. 4. — Dans les premiers jours de chaque mois, les gardes-mines rendront, aux ingénieurs, compte de leurs opérations pendant le mois précédent. Les ingénieurs présenteront, à la fin de chaque année, le résumé de ces comptes mensuels au sous-secrétaire d'Etat des travaux publics ; ils y joindront leurs observations.

Loi sur le sel, du 17 juin 1840.

ART. 1er. — Nulle exploitation de mines de sel, de sources ou de puits d'eau salée naturellement ou artificiellement, ne peut avoir lieu qu'en vertu d'une concession consentie par ordonnance royale, délibérée en Conseil d'Etat.

ART. 2. — Les lois et règlements généraux sur les mines sont applicables aux exploitations des mines de sel.

Un règlement d'administration publique déterminera, selon

la nature de la concession, les conditions auxquelles l'exploitation sera soumise.

Le même règlement déterminera aussi les formes des enquêtes qui devront précéder les concessions de sources ou de puits d'eau salée.

Seront applicables à ces concessions les dispositions des titres V et X de la loi du 21 avril 1810.

Art. 3. — Les concessions seront faites de préférence aux propriétaires des établissements légalement existants.

Art. 4.—Les concessions ne pourront excéder vingt kilomètres carrés, s'il s'agit d'une mine de sel, et un kilomètre carré pour l'exploitation d'une source ou d'un puits d'eau salée.

Dans l'un et l'autre cas, les actes de concessions régleront les droits du propriétaire de la surface conformément aux articles 6 et 42 de la loi du 21 avril 1810.

Aucune redevance proportionnelle ne sera exigée au profit de l'Etat.

Art. 5. — Les concessionnaires de mines de sel, de sources ou de puits d'eau salée, seront tenus :

1° De faire, avant toute exploitation ou fabrication, la déclaration prescrite par l'article 51 de la loi du 24 avril 1806 ;

2° D'extraire ou de fabriquer au minimum et annuellement une quantité de 500,000 kilogrammes de sel, pour être livrée à la consommation intérieure et assujettis à l'impôt.

Toutefois une ordonnance royale pourra, dans des circonstances particulières, autoriser la fabrication au-dessous du minimum. Cette autorisation pourra toujours être retirée.

Des règlements d'administration publique détermineront, dans l'intérêt de l'impôt, les conditions auxquelles l'exploitation et la fabrication seront soumises, ainsi que le mode de surveillance à exercer, de manière à ce que le droit soit perçu sur les quantités de sel réellement fabriquées.

Les dispositions du présent article sont applicables aux exploitations ou fabriques actuellement existantes.

Art. 6. — Tout concessionnaire ou fabricant qui voudra cesser d'exploiter ou de fabriquer est tenu d'en faire la déclaration au moins un mois d'avance.

Le droit de consommation sur les sels extraits ou fabriqués, qui seraient encore en la possession du concessionnaire ou du fabricant un mois après la cessation de l'exploitation ou de la fabrication, sera exigible immédiatement.

L'exploitation ou la fabrication ne pourront être reprises qu'après un nouvel accomplissement des obligations mentionnées en l'article 5.

ART. 7. — Toute exploitation ou fabrication du sel, entreprise avant l'accomplissement des formalités prescrites par l'article 5, sera frappée d'interdiction, par voie administrative; le tout sans préjudice, s'il y a lieu, des peines portées en l'article 10.

Les arrêtés d'interdiction rendus par les préfets seront exécutoires par provision, nonobstant tout recours de droit.

ART. 8. — Tout exploitant ou fabricant de sel dont les produits n'auront pas atteint le minimum déterminé par l'article 5, sera passible d'une amende égale au droit qui aurait été perçu sur les quantités de sel manquant pour atteindre le minimum.

ART. 9. — L'enlèvement et le transport des eaux salées et des matières salifères sont interdits pour toute destination autre que celle d'une fabrique régulièrement autorisée, sauf l'exception portée en l'article 12.

Des règlements d'administration publique détermineront les formalités à observer pour l'enlèvement et la circulation.

ART. 10. — Toute contravention aux dispositions des articles 5, 6, 7 et 9, et des ordonnances qui en régleront l'application, sera punie de la confiscation des eaux salées, matières salifères, sels fabriqués, ustensiles de fabrication, moyens de transport, d'une amende de cinq cents francs à cinq mille francs, et, dans tous les cas, du payement du double droit sur le sel pur, mélangé ou dissous dans l'eau, fabriqué, transporté ou soustrait à la surveillance.

En cas de récidive, le maximum de l'amende sera prononcé. L'amende pourra même être portée jusqu'au double.

ART. 11. — Les dispositions des articles 5, 6, 7, 9 et 10, sauf *l'obligation du minimum de fabrication*, sont applicables aux établissements de produits chimiques dans lesquels il se produit en même temps du sel marin.

Dans les fabriques de salpêtre qui n'opèrent pas exclusivement sur les matériaux de démolition, et dans les fabriques de produits chimiques, la quantité de sel marin résultant des préparations sera constatée par les exercices des employés des contributions indirectes.

ART. 12. — Des règlements d'administration publique détermineront les conditions auxquelles pourront être autorisés l'enlèvement, le transport et l'emploi en franchise, ou avec modération de droits, du sel de toute origine, des eaux salées ou de matières salifères, à destination des exploitations agricoles ou manufacturières, et de la salaison, soit en mer, soit à terre, des poissons de toute sorte.

ART. 13. — Toute infraction aux conditions sous lesquelles la franchise ou la modération de droits aura été accordée en vertu de l'article précédent sera punie de l'amende prononcée par l'article 10, et, en outre, du payement du double droit sur toute quantité de sel pur ou contenu dans les eaux salées et les matières salifères, qui aura été détournée en fraude.

La disposition précédente est applicable aux quantités de sel que représenteront, d'après les allocations qui auront été déterminées, les salaisons à l'égard desquelles il aura été contrevenu aux règlements.

Quant aux salaisons qui jouissent du droit d'employer le sel étranger, le double droit à payer pour amende sera calculé à raison de 60 francs pour 100 kilogrammes, sans remise.

Les fabriques ou établissements, ainsi que les salaisons en mer ou à terre, jouissant déjà de la franchise, sont également soumis aux dispositions du présent article.

ART. 14. — Les contraventions prévues par la présente loi seront poursuivies devant les tribunaux de police correctionnelle, à la requête de l'administration des douanes ou de celle des contributions indirectes.

ART. 15. — Avant le 1er juillet 1841, une ordonnance royale réglera la remise accordée à titre de déchet, en raison des lieux de production, et après les expériences qui auront constaté la déperdition réelle des sels, sans que, dans aucun cas, cette remise puisse excéder 5 pour 100.

Il n'est rien changé aux autres dispositions des lois et règlements relatifs à l'exploitation des marais salants.

ART. 16. — Jusqu'au 1er janvier 1851, des ordonnances royales régleront :

1° L'exploitation des petites salines des côtes de la Manche;

2° Les allocations et franchises sur le sel dit *de troque*, dans les départements du Morbihan et de la Loire-Inférieure.

A cette époque, toutes les ordonnances rendues en vertu du présent article cesseront d'être exécutoires, et toutes les salines seront soumises aux prescriptions de la présente loi.

ART. 17. — Les salines, salins et marais salants, seront cotisés à la contribution foncière, conformément au décret du 15 octobre 1810, savoir : les bâtiments qui en dépendent, d'après leur valeur locative; et les terrains et emplacements, sur le pied des meilleures terres labourables.

La somme dont les salines, salins et marais salants, auront été dégrévés par suite de cette cotisation sera reportée sur l'ensemble de chacun des départements où ces propriétés sont situées.

ART. 18. — Les clauses et conditions du traité consenti entre le ministre des finances et la compagnie des salines et mines de sel de l'Est, pour la résiliation du bail passé le 31 octobre 1825, sont et demeurent approuvées. Ce traité restera annexé à la présente loi.

Le ministre des finances est autorisé à effectuer les payements ou restitutions qui devront être opérés pour l'exécution dudit traité.

Il sera tenu un compte spécial où les dépenses seront successivement portées, ainsi que les recouvrements qui seront opérés jusqu'au terme de l'exploitation.

Il est ouvert au ministre des finances, sur l'exercice 1841, un crédit de 5 millions, montant présumé de l'excédant de dépense qui pourra résulter de cette liquidation, dont le compte sera présenté aux Chambres.

ART. 19. — Les dispositions de la présente loi qui pourraient porter atteinte aux droits de la concession faite au domaine de l'Etat, en exécution de la loi du 6 avril 1825, n'auront effet, dans les départements dénommés en ladite loi, qu'après le 1er octobre 1841.

Jusqu'à cette époque, les lois et règlements existants continueront de recevoir leur application dans lesdits départements.

Ordonnance sur le sel, du 7 mars 1841.

Titre 1er. — *Des mines de sel.*

Art. 1er. — Il ne pourra être fait de concession de mines de sel sans que l'existence du dépôt de sel ait été constatée par des puits, des galeries ou des trous de sonde.

Art. 2. — Les demandes en concession seront instruites conformément aux dispositions de la loi du 21 avril 1810; elles contiendront les propositions du demandeur dans le but de satisfaire aux droits attribués aux propriétaires de la surface par les articles 6 et 42 de la loi du 21 avril 1810.

Art. 3. — L'exploitation d'une mine de sel, soit à l'état solide, par puits ou galeries, soit par dissolution, au moyen de trous de sonde ou autrement, ne pourra être commencée qu'après que le projet des travaux aura été approuvé par l'administration.

A cet effet, le concessionnaire soumettra au préfet un mémoire indiquant la manière dont il entend procéder à l'exploitation, la disposition générale des travaux qu'il se propose d'exécuter, et la situation des puits, galeries et trous de sonde par rapport aux habitations, routes et chemins. Il y joindra les plans et coupes nécessaires à l'intelligence de son projet.

Lorsque le projet d'exploitation aura été approuvé, il ne pourra être changé sans une nouvelle autorisation.

L'approbation de l'administration sera également nécessaire pour l'ouverture de tout nouveau champ d'exploitation.

Les projets de travaux énoncés aux paragraphes précédents devront être, ainsi que les plans à l'appui, portés, avant toute décision, à la connaissance du public. A cet effet, des affiches seront apposées, pendant un mois, dans les communes comprises dans lesdits projets, et une copie des plans sera déposée dans chaque mairie.

TITRE II. — *Des sources et puits d'eau salée.*

ART. 4. — Les articles 10, 11 et 12 de la loi du 21 avril 1810 sont applicables aux recherches d'eau salée.

ART. 5. — Tout demandeur en concession d'une source ou d'un puits d'eau salée devra justifier que la source ou le puits peut fournir des eaux salées en quantité suffisante pour une fabrication annuelle de 500,000 kilogrammes de sel au moins.

ART. 6. — Il devra justifier des facultés nécessaires pour entreprendre et conduire les travaux, et des moyens de satisfaire aux indemnités et charges qui seront imposées par l'acte de concession.

ART. 7. — La demande en concession sera adressée au préfet et enregistrée à sa date sur un registre spécial, conformément à l'article 22 de la loi du 21 avril 1810 ; le secrétaire général de la préfecture délivrera au requérant un extrait certifié de cet enregistrement.

La demande contiendra l'indication exigée par l'article 2 ci-dessus.

Le pétitionnaire y joindra le plan en quadruple expédition, et à l'échelle de 5 millimètres pour 10 mètres, des terrains désignés dans sa demande. Ce plan devra indiquer l'emplacement de la source ou du puits salé et sa situation par rapport aux habitations, routes et chemins ; il ne sera admis qu'après vérification par l'ingénieur des mines. Il sera visé par le préfet.

ART. 8. — Les publications et affiches de la demande auront lieu à la diligence du préfet et conformément aux articles 23 et 24 de la loi du 21 avril 1810. Leur durée sera de deux mois à compter du jour de l'apposition des affiches dans chaque localité. La demande sera insérée dans l'un des journaux du département.

Les frais d'affiches, publications et insertions dans les journaux, seront à la charge du demandeur.

ART. 9. — Les demandes en concurrence ne seront admises que jusqu'au dernier jour de la durée des affiches.

Elles seront notifiées par actes extrajudiciaires au demandeur, ainsi qu'au préfet, qui les fera transcrire à leur date sur le registre mentionné en l'article 7 ci-dessus. Il sera donné communication de ce registre à toutes les personnes qui voudront prendre connaissance desdites demandes.

ART. 10. — Les oppositions à la demande en concession, les réclamations relatives à la quotité des offres faites aux propriétaires de la surface, les demandes en indemnité d'invention, seront notifiées au demandeur et aux préfets par actes extrajudiciaires.

ART. 11. — Jusqu'à ce qu'il ait été statué définitivement sur la demande en concession, les oppositions, réclamations et demandes mentionnées en l'article 10 ci-dessus, seront admissibles devant notre ministre des travaux publics. Elles seront notifiées par leurs auteurs aux parties intéressées.

ART. 12. — Le gouvernement jugera des motifs ou considérations d'après lesquels la préférence doit être accordée aux divers demandeurs en concession, qu'ils soient propriétaires de la surface, inventeurs ou autres, sans préjudice de la disposition transitoire de l'article 3 de la loi du 17 juin 1840, relative aux propriétaires des établissements actuellement existants.

ART. 13. — Il sera définitivement statué par une ordonnance royale délibérée en Conseil d'Etat.

Cette ordonnance purgera, en faveur du concessionnaire, tous les droits des propriétaires de la surface et des inventeurs ou de leurs ayants cause.

ART. 14. — L'étendue de la concession sera déterminée par ladite ordonnance ; elle sera limitée par des points fixes pris à la surface du sol.

ART. 15. — Lorsque, dans l'étendue du périmètre qui lui est concédé, le concessionnaire voudra pratiquer, pour l'exploitation de l'eau salée, une ouverture autre que celle désignée par l'acte de concession, il adressera au préfet, avec un plan à l'appui, une demande qui sera affichée pendant un mois dans chacune des communes sur lesquelles s'étend la concession. Une copie de ce plan sera déposée dans chaque mairie.

S'il ne s'élève aucune réclamation contre la demande, l'autorisation sera accordée par le préfet. Dans le cas contraire, il sera statué par notre ministre des travaux publics.

ART. 16. — Toutes les questions d'indemnités à payer par le concessionnaire d'une source ou d'un puits d'eau salée, à raison des recherches ou travaux antérieurs à l'acte de concession, seront décidées conformément à l'article 4 de la loi du 28 pluviôse an VIII.

ART. 17. — Les indemnités à payer par le concessionnaire aux propriétaires de la surface, à raison de l'occupation des terrains nécessaires à l'exploitation des eaux salées, seront réglées conformément aux articles 43 et 44 de la loi du 21 avril 1810.

ART. 18. — Aucune concession de source ou de puits d'eau salée ne peut être vendue par lots ou partagée sans une autorisation préalable du gouvernement, donnée dans les mêmes formes que la concession.

TITRE III. — *Dispositions communes aux concessions de mines de sel et aux concessions de sources et de puits d'eau salée.*

ART. 19. — Aucune recherche de mine de sel ou d'eau salée, soit par les propriétaires de la surface, soit par des tiers autorisés en vertu de l'article 10 de la loi du 21 avril 1810, ne pourra être commencée qu'un mois après la déclaration faite à la préfecture. Le préfet en donnera avis immédiatement au directeur des contributions indirectes ou au directeur des douanes, suivant les cas.

ART. 20. — Il ne pourra être fait, dans le même périmètre, à deux personnes différentes, une concession de mine de sel et une concession de source ou de puits d'eau salée.

Mais tout concessionnaire de source ou de puits d'eau salée, qui aura justifié de l'existence d'un dépôt de sel dans le périmètre à lui concédé, pourra obtenir une nouvelle concession, conformément au titre Ier de la présente ordonnance.

Jusque-là, tout puits, toute galerie, ou tout autre ouvrage d'exploitation de mine, est interdit au concessionnaire de la source ou du puits d'eau salée.

ART. 21. — Dans tous les cas où l'exploitation, soit des mines de sel, soit des sources ou des puits d'eau salée, compromettrait la sûreté publique, la conservation des travaux, la sûreté des ouvriers ou des habitations de la surface, il y sera pourvu ainsi qu'il est dit en l'article 50 de la loi du 21 avril 1810.

ART. 22. — Tout puits, toute galerie, tout trou de sonde, ou tout autre ouvrage d'exploitation ouvert sans autorisation, seront interdits, conformément aux dispositions de l'article 8 de la loi du 27 avril 1838.

Néanmoins, les exploitations en activité à l'époque de la promulgation de la loi du 17 juin 1840 sont provisoirement maintenues, à charge par les exploitants de former, dans un délai de trois mois, à compter de la promulgation de la présente ordonnance, des demandes en concession, conformément aux dispositions qu'elle prescrit.

Si la concession n'est point accordée, l'exploitation cessera de plein droit, et, au besoin, elle sera interdite, conformément au premier paragraphe du présent article.

ART. 23. — Les concessions pourront être révoquées dans les cas prévus par l'article 49 de la loi du 21 avril 1810. Il sera alors procédé conformément aux règles établies par la loi du 27 avril 1838.

ART. 24. — Le directeur des contributions indirectes ou des douanes, selon les cas, sera consulté par le préfet sur toute demande en concession de mine de sel, de source ou de puits d'eau salée.

Le préfet consultera ensuite les ingénieurs des mines, et transmettra les pièces à notre ministre des travaux publics, avec leurs rapports et son avis.

Les pièces relatives à chaque demande seront communiquées par notre ministre des travaux publics à notre ministre des finances.

TITRE IV. — *Des permissions relatives à l'établissement des usines pour la fabrication du sel.*

ART. 25. — Les usines destinées à l'élaboration du sel gemme ou au traitement des eaux salées ne pourront être établies, soit par les concessionnaires des mines de sel, de sources ou de puits d'eau salée, soit par tous autres, qu'en vertu d'une permission accordée par une ordonnance royale, après l'accomplissement des formalités prescrites par l'article 74 de la loi du 21 avril 1810. Toutefois le délai des affiches est réduit à un mois.

Le demandeur devra justifier que l'usine pourra suffire à la fabrication annuelle d'au moins 500,000 kilogrammes de sel, sauf l'application de la faculté ouverte par le deuxième alinéa de l'article 5 de la loi du 17 juin 1840.

Seront, d'ailleurs, observées les dispositions des lois et règlements sur les établissements dangereux, incommodes ou insalubres.

Art. 26. — La demande en permission devra être accompagnée d'un plan en quadruple expédition, à l'échelle de deux millimètres par mètre, indiquant la situation et la consistance de l'usine. Ce plan sera vérifié et certifié par les ingénieurs des mines et visé par le préfet.

Les oppositions auxquelles la demande pourra donner lieu seront notifiées au demandeur et au préfet par actes extrajudiciaires.

Art. 27. — Les dispositions de l'article 24 ci-dessus, relatives aux demandes en concession de mines de sel ou de sources et de puits d'eau salée, seront également observées à l'égard des demandes en permission d'usines.

Art. 28. — Les permissions seront données à la charge d'en faire usage dans un délai déterminé. Elles auront une durée indéfinie, à moins que l'ordonnance d'autorisation n'en ait décidé autrement.

Art. 29. — Elles pourront être révoquées pour cause d'inexécution des conditions auxquelles elles auront été accordées.

La révocation sera prononcée par arrêté de notre ministre des travaux publics. Cet arrêté sera exécutoire par provision, nonobstant tout recours de droit.

Art. 30. — Les fabriques légalement en activité à l'époque de la promulgation de la loi du 17 juin 1840 sont maintenues provisoirement, à charge par les propriétaires de former une demande en permission dans un délai de trois mois à partir de la promulgation de la présente ordonnance.

Dans le cas où cette permission ne serait point accordée, les établissements seront interdits dans les formes indiquées au second paragraphe de l'article précédent.

Art. 31. — Nos ministres secrétaires d'Etat aux départements des travaux publics et des finances sont chargés, chacun en ce qui le concerne, de l'exécution de la présente ordonnance, qui sera insérée au *Bulletin des lois*.

Circulaire du 30 mars 1841 sur l'exécution de la loi sur le sel.

Monsieur le préfet, l'article 1er de la loi sur le sel, du 17 juin 1840, porte que nulle exploitation de mines de sel, de sources ou de puits d'eau salée naturellement ou artificiellement, ne peut avoir lieu qu'en vertu d'une concession consentie par ordonnance royale, délibérée en Conseil d'Etat.

L'article 2 énonce que les lois et règlements généraux sur les mines sont applicables aux exploitations de mines de sel; qu'un règlement d'administration publique déterminera, selon la nature de la concession, les conditions auxquelles l'exploitation sera soumise, et les formes des enquêtes qui devront précéder les concessions des sources ou de puits d'eau salée.

J'ai l'honneur de vous transmettre une ampliation de l'ordonnance du 7 mars, relative à l'exécution de cet article 2 de la loi. Celle-ci est également imprimée à la suite de cette circulaire.

Le titre Ier de l'ordonnance concerne spécialement les mines de sel.

Il impose, pour l'obtention des concessions, les mêmes conditions que celles qui sont prescrites, par la loi du 21 avril 1810, pour les mines en général. On a dû y ajouter, toutefois, les dispositions que la nature de la substance minérale et le caractère particulier de ces exploitations rendaient nécessaires.

Aux termes de l'article 1er, il ne pourra être fait de concession de mines de sel sans que l'existence du dépôt de sel ait été constatée par des puits, des galeries ou des trous de sonde. C'est une règle générale, en effet (et je l'ai rappelée par ma circulaire du 31 octobre 1837), qu'il ne peut y avoir matière à concession tant qu'on n'a point recueilli des notions suffisantes sur le gîte qu'il est question d'exploiter.

La loi du 17 juin 1840 ayant assimilé les mines de sel à toutes les autres mines, les propriétaires de la surface ont droit ici à la rétribution qui leur est réservée par la loi de 1810 sur le produit des mines concédées. Cette rétribution se règle dans l'acte de concession ; et il convient que l'offre faite par le demandeur soit portée, par les affiches, à la connaissance du public, afin que les tiers intéressés puissent produire, s'il y a lieu, leurs observations. Tel est le but de l'article 2 de l'ordonnance.

La mine de sel, une fois concédée, peut être exploitée de deux manières : ou à l'état solide par puits et galeries, ou par dissolution, au moyen de trous de sonde ou autrement. Une surveillance spéciale est également nécessaire dans les deux systèmes. Il y a certaines mesures à prendre dans l'intérêt des bâtiments, des édifices et de la conservation des voies publiques. Une exploitation par dissolution pourrait, en particulier, causer de grands dommages, si elle était trop rapprochée des édifices ou pratiquée sans précaution. Il convient donc que le public soit mis à même de connaître le projet du concessionnaire, et que ce projet ne puisse être exécuté qu'après avoir été approuvé par le préfet, sur le rapport des ingénieurs des mines, ni changé qu'en vertu d'une nouvelle autorisation ; qu'enfin aucun nouveau champ d'exploitation ne soit ouvert sans une permission. Ces dispositions sont commandées par le bon ordre : elles font l'objet de l'article 3 de l'ordonnance.

Le titre II est relatif aux sources et puits d'eau salée.

On applique aux recherches qui les concernent les dispositions établies à cet égard par les articles 10, 11 et 12 de la loi du 21 avril 1810.

Tout concessionnaire étant tenu, aux termes de la loi du
17 juin, de fabriquer annuellement 500,000 kilogrammes de
sel, au moins, pour être livrés à la consommation intérieure et
assujettis à l'impôt, sauf l'autorisation spéciale de fabriquer
au-dessous de ce minimum, l'article 5 de l'ordonnance oblige
le demandeur en concession d'une source ou d'un puits d'eau
salée à justifier que la source ou le puits peut fournir des eaux
salées en quantité suffisante pour cette fabrication.

Le demandeur devra également justifier, d'après l'article 6,
des facultés nécessaires pour entreprendre et conduire les
travaux, et des moyens de satisfaire aux indemnités et charges
qui seront imposées par l'acte de concession. Cet acte crée une
propriété qui soumet le titulaire à certaines obligations, telles
que de payer une rétribution aux propriétaires de la surface,
de les indemniser des dégâts que ces travaux pourraient leur
occasionner, enfin d'exploiter conformément aux règles prescrites et de manière à pourvoir aux besoins des consommateurs. Il est donc nécessaire que celui qui demande une concession de cette nature fournisse la preuve que ses facultés
pécuniaires le mettent en état de remplir ces diverses obligations, indépendamment des conditions particulières qui pourront lui être prescrites, dans l'intérêt du fisc, par les autres
règlements sur la matière. L'article 14 de la loi du 21 avril
1810 a exigé les mêmes justifications de tout individu ou société qui sollicite une concession de mine.

La demande sera adressée au préfet et enregistrée conformément à l'article 22 de cette loi. L'article 7 de l'ordonnance
ajoute qu'elle devra être accompagnée d'un plan fourni en
quatre expéditions. L'une de ces expéditions est destinée à être
jointe à l'acte de concession; l'autre sera déposée dans les archives du ministère des travaux publics; la troisième, renvoyée
à la préfecture, après l'émission de l'ordonnance de concession.
Enfin, la quatrième est destinée à l'administration financière,
appelée à exercer ici une surveillance spéciale dans l'intérêt
de l'impôt.

La durée des publications et affiches est fixée à deux mois
par l'article 8; elle est de quatre mois pour les mines de sel.
Il a paru qu'on pouvait, sans inconvénients, abréger ce délai,

lorsqu'il s'agit de sources ou de puits d'eau salée. Le mode de publicité sera, d'ailleurs, le même que celui qui est prescrit à l'égard des concessions de mines.

Pour ces dernières concessions, les demandes en concurrence sont admissibles devant le préfet jusqu'au dernier jour du quatrième mois, et, d'après la jurisprudence du Conseil d'Etat, devant le ministre ou le Conseil d'Etat jusqu'à l'émission de l'ordonnance. Les articles 9, 10 et 11 de l'ordonnance ci-jointe établissent une autre règle relativement aux sources et puits d'eau salée ; les demandes en concurrence ne seront admises que jusqu'au dernier jour de la durée des affiches. Les oppositions, les réclamations concernant les offres faites aux propriétaires de la surface, les demandes en indemnité d'invention, pourront seules être reçues après ce délai, jusqu'à ce qu'il ait été statué définitivement sur la concession. On a pensé que, s'il pouvait être utile de maintenir la règle établie à l'égard des mines, les exploitations de sources ou de puits salés ne devant pas, en général, avoir la même importance, il y avait lieu d'abréger les retards autant que possible.

Du reste, ainsi que pour les concessions de mines, le gouvernement jugera des motifs ou considérations qui devront le diriger dans le choix du concessionnaire, sans préjudice, toutefois, comme l'exprime l'article 12, de la disposition transitoire réservée, par la loi du 17 juin, en faveur des propriétaires des établissements actuellement existants.

Le titre III renferme les dispositions communes à toutes les concessions de mines de sel ou de sources et de puits d'eau salée. On conçoit effectivement qu'il en est plusieurs qui leur sont également applicables, en ce qui a rapport à la surveillance, à la sûreté publique, etc.

En thèse générale, aux termes de la loi du 21 avril 1810, tout propriétaire peut faire des recherches dans sa propriété, sans permission, ou déléguer cette faculté à autrui. Sur son refus, le gouvernement peut donner l'autorisation à un tiers. L'ordonnance ajoute quelques précautions pour éviter que, sous le prétexte d'opérer des recherches, on entreprenne des exploitations clandestines. D'après l'article 19, celui qui a droit d'effectuer les recherches ne pourra les commencer qu'un mois après la déclaration qu'il en aura faite à la préfecture. Le préfet avertira immédiatement le directeur des contributions indirectes ou des douanes, suivant les cas.

Conformément à la nouvelle loi, les concessions doivent avoir pour objet, ou des mines de sel gemme ou des sources ou puits d'eau salée ; leur étendue est différente à raison de la différence du mode d'exploitation. Il ne saurait donc être accordé, dans le même périmètre, des concessions de natures diverses à plusieurs personnes à la fois ; il en résulterait des inconvénients et des dangers que l'on doit prévenir. Mais il est évident que, si le concessionnaire d'une source ou d'un puits salé reconnaissait, dans les limites du terrain qui lui est concédé, l'existence d'un gîte de sel, rien ne ferait obstacle à ce qu'il pût réclamer et obtenir la concession de ce gîte ; mais, dans ce cas, il devra se soumettre à l'accomplissement des formalités relatives aux mines de sel : tel est l'objet de l'article 20.

Les articles 21 et 22 disposent que, dans les circonstances où une exploitation compromettrait la sûreté publique, la conservation des travaux, la sûreté des ouvriers ou des habitations de la surface, elle pourra être interdite conformément à l'article 50 de la loi du 21 avril 1810 ; que, si elle a lieu sans autorisation, la même interdiction sera prononcée en vertu de l'article 8 de la loi du 27 avril 1838.

Une distinction, néanmoins, a dû être faite, sous le dernier rapport, relativement aux exploitations qui se trouvaient en activité lors de la promulgation de la loi du 17 juin et qui n'auraient été l'objet d'aucune poursuite. A l'instar de ce qui a été réglé par la loi du 21 avril 1810 pour les exploitations entreprises avant la promulgation de cette loi, un régime transitoire était ici nécessaire. L'article 22 maintient provisoirement les exploitations en activité à l'époque de la promulgation de la nouvelle loi, mais à charge par les exploitants de former, dans un délai de trois mois à compter de la promulgation du présent règlement, des demandes en concession. Si elles ne sont point accueillies, l'exploitation cessera de plein droit.

L'exploitation des mines concédées doit avoir lieu sans interruption. Si elle est suspendue de manière à inquiéter sur les besoins des consommateurs, la révocation peut s'ensuivre, en exécution de l'article 49 de la loi du 21 avril 1810. Sans doute, un concessionnaire ou un fabricant de sel a la faculté, aux termes de l'article 6 de la nouvelle loi, de cesser son exploitation ou sa fabrication en prévenant un mois d'avance. Mais, en tant que concessionnaire de mine, il est soumis aux dispositions spéciales de la législation des mines ; et, si les besoins des consommateurs se trouvent compromis par l'inactivité de son exploitation, l'article 49 de la loi du 21 avril 1810, adopté précisément dans cette prévision, autorise à lui retirer la concession, qui ne lui a été délivrée que dans l'intérêt public, et dont le public ne profite plus. La loi du 27 avril 1838 a donné les moyens d'appliquer cet article 49. Ainsi que je l'ai remarqué dans ma circulaire du 29 décembre 1838, à laquelle je me réfère, on ne doit recourir à ces mesures extrêmes que dans les cas de nécessité absolue ; mais il y avait lieu de rappeler explicitement la règle : c'est ce que fait l'article 23 du règlement.

D'après l'article 24, le directeur des contributions indirectes ou des douanes, selon les circonstances, seront consultés sur toute demande en concession. Les ingénieurs des mines feront leurs rapports ; puis les pièces seront transmises par MM. les préfets, avec leur avis, au ministère des travaux publics, qui les communiquera au département des finances. De cette manière, les garanties qu'exige la perception de l'impôt se trouveront assurées.

Le titre IV et dernier contient les prescriptions relatives aux usines destinées à la fabrication du sel, et qui, aux termes de l'article 9 de la loi du 17 juin, doivent être autorisées régulièrement.

Il y avait lieu d'appliquer à ces usines les dispositions de la loi du 21 avril 1810 qui exigent des permissions pour les établissements destinés à élaborer les produits des substances minérales. Si une liberté absolue avait été laissée au fabricant, plusieurs intérêts auraient pu en souffrir. Il est essentiel que le public soit averti des demandes qui seront formées, et qu'il soit appelé à faire ses observations. Du reste, le règlement réduit à un mois le délai des affiches.

Eu égard à l'impôt spécial que supporte l'exploitation du sel, la loi du 17 juin affranchit les concessions de mines de sel, de sources ou de puits d'eau salée, des redevances au profit de l'Etat. Il est juste que les usines destinées au traitement de cette substance jouissent de la même exemption. Aussi ne les a-t-on point assujetties à la taxe fixe établie par l'article 75 de la loi de 1810.

Enfin, par analogie avec ce qui est réglé pour les exploitations d'eau salée actuellement existantes, on maintient provisoirement les fabriques de sel qui sont aujourd'hui légalement en activité ; et, de même que pour les premières, il est accordé un délai de trois mois aux propriétaires de ces fabriques, pour former leurs demandes. Dans le cas où les permissions ne seraient point accordées, les établissements seront interdits.

Je vous invite, monsieur le préfet, à tenir la main, en ce qui vous concerne, à l'exécution de l'ordonnance du 7 mars dernier. Un régime nouveau est maintenant établi pour l'exploitation des mines de sel gemme, des sources ou des puits d'eau salée : il importe d'en assurer partout l'exacte observation. Il importe aussi de hâter autant que possible l'instruction des demandes qui seront formées, et d'éviter que des retards qui ne se justifieraient pas donnent lieu à des plaintes fondées. Je me réfère, sur ce point, à mes circulaires des 15 et 16 mai 1839.

Je vous prie de m'adresser réception de la présente, dont je transmets une ampliation à MM. les ingénieurs des mines.

Ordonnance du 23 mai 1841 sur les mines menacées d'inondation.

(Voir t. Ier, p. 428.)

Circulaire du 29 juin 1841 sur les mines inondées ou menacées d'inondation.

Monsieur le préfet, j'ai l'honneur de vous adresser une ampliation de l'ordonnance royale rendue le 23 mai dernier, et qui contient le règlement d'administration publique exigé par le second paragraphe de l'article 1er de la loi du 27 avril 1838, relative aux mines inondées ou menacées d'inondation.

Il me paraît superflu d'entrer ici dans aucun commentaire sur les articles dont se compose ce règlement, et qui s'expliquent suffisamment par leur seul énoncé.

Je me bornerai à vous faire remarquer que, d'après l'article 1er, l'enquête qui doit précéder l'application des mesures autorisées par la loi du 27 avril 1838 ne peut être ordonnée que par le ministre des travaux publics.

Il est donc nécessaire que les pièces mentionnées en l'article 2 de ce règlement, et qui doivent servir de base à l'enquête, soient préalablement communiquées à l'administration supérieure. Le ministre décidera, sur le vu de ces pièces, s'il y a lieu de recourir à la loi de 1838.

J'appellerai aussi votre attention sur l'article 6 relatif à la composition de la Commission d'enquête. C'est à vous, monsieur le préfet, qu'il appartient d'en désigner les membres et le président. Ce choix est difficile et délicat. Il ne suffit pas, en effet, que les membres de la Commission possèdent les connaissances nécessaires pour apprécier et discuter les questions qui leur sont soumises ; il faut encore qu'ils soient, autant que possible, dégagés de tout intérêt personnel dans ces questions, et que l'impartialité de leur opinion ne puisse être mise en doute. Lorsqu'il s'agit de prendre une mesure qui peut entraîner dans des dépenses considérables les particuliers ou les associations qui en sont l'objet, vous concevez, monsieur le préfet, combien il importe que l'administration soit parfaitement éclairée, et que ses décisions ne reposent que sur des motifs incontestables d'intérêt public.

Je vous prie de m'accuser réception de la présente, dont j'adresse une ampliation à MM. les ingénieurs des mines.

Ordonnance du 18 avril 1842 sur l'élection de domicile à faire par les concessionnaires de mines.

Vu l'article 7 de la loi du 21 avril 1810, d'après lequel les mines, lorsqu'elles sont concédées, deviennent disponibles et transmissibles comme tous autres biens, sauf seulement le cas énoncé au second paragraphe du même article, et relatif aux ventes par lots ou à des partages ;

Vu les dispositions de ladite loi et celles du décret du 3 janvier 1813 et de la loi du 27 avril 1838, qui ont chargé l'administration d'une surveillance spéciale sur les mines, et l'appellent en diverses circonstances à faire des notifications aux concessionnaires ;

Considérant que, pour assurer l'exercice de cette surveillance, tout concessionnaire de mine doit indiquer un domicile où puissent lui être adressés les actes administratifs qui seraient à lui notifier en sa qualité de concessionnaire ;

Qu'il en doit être de même lorsque la concession passe en d'autres mains, à quelque titre que ce soit ;

Que ces formalités, en même temps qu'elles sont d'ordre public, importent aux concessionnaires eux-mêmes, puisqu'elles ont pour objet de les mettre en mesure de se faire entendre lorsqu'il s'agit d'appliquer à leur égard les dispositions prescrites par les lois ;

Notre Conseil d'Etat entendu,

Nous avons ordonné et ordonnons ce qui suit :

ART. 1er. — Tout concessionnaire de mine devra élire un domicile administratif, qu'il fera connaître par une déclaration adressée au préfet du département où la mine est située.

ART. 2. — En cas de transfert de la propriété de la mine, à quelque titre que ce soit, l'obligation énoncée en l'article précédent est également imposée au nouveau propriétaire.

ART. 3. — Notre ministre secrétaire d'Etat des travaux publics est chargé de l'exécution de la présente ordonnance, qui sera insérée au *Bulletin des lois*.

Circulaire du 16 mai 1842 sur l'élection de domicile à faire par les concessionnaires de mines.

Monsieur le préfet, aux termes de l'article 7 de la loi du 21 avril 1810, l'acte de concession d'une mine en donne la propriété perpétuelle, et elle est dès lors disponible et transmissible comme tous autres biens.

En même temps, le concessionnaire se trouve assujetti, par son titre, à certaines obligations qui passent à ses représentants, s'il vend, cède ou transporte d'une manière quelconque à autrui sa propriété.

L'administration, chargée d'une surveillance spéciale sur les mines, a souvent besoin, dans l'exercice de cette surveillance, de s'adresser aux concessionnaires, de leur transmettre des avertissements, des injonctions même. Et, par exemple, quand une exploitation est restreinte ou suspendue de manière à inquiéter les consommateurs, une sommation de reprendre les travaux doit, d'après les articles 6 et 10 de la loi du 27 avril 1838, être faite au concessionnaire, et si ces travaux ne sont point repris dans le délai de deux mois, le retrait de la concession peut être poursuivi. Pareillement, quand plusieurs mines sont atteintes ou menacées d'une inondation de nature à compromettre leur existence, la sûreté ou l'intérêt public, le gouvernement peut, en vertu de la même loi, obliger, sous peine de déchéance, les concessionnaires à opérer en commun, et à leurs frais, des travaux d'asséchement, et diverses notifications doivent également avoir lieu dans l'exécution de cette mesure.

Mais lorsque la mine passe en d'autres mains que celles du titulaire primitif, il arrive souvent que l'administration ignore le nom, le domicile du nouveau propriétaire, et alors elle éprouve des difficultés pour faire parvenir les avertissements et les prescriptions nécessaires.

A la vérité, on peut, dans les circonstances où il y a des significations à faire aux concessionnaires de mines, remplir les formalités qu'indiquent les lois civiles, en faisant afficher dans

l'auditoire du tribunal du lieu où la mine est située, en re-
mettant au procureur du roi copie desdites significations, etc.
Mais ces formalités, quoique régulières, laissent néanmoins
en doute si les intéressés ont pu être réellement avertis; et
lorsqu'il s'agit surtout d'une mesure aussi grave que le retrait
d'une concession de mines, il convient, avant de prononcer
cette déchéance, qu'il soit bien constaté que le concessionnaire a été prévenu, et que, s'il n'a point obtempéré aux injonctions qui lui ont été faites, c'est qu'il ne veut point remplir
ses engagements.

Autrefois, d'après l'arrêté du 3 nivôse an VI, aucunes ventes,
cessions ou autres actes translatifs des droits accordés par les
concessions de mines ou les permissions d'usines ne pouvaient
avoir leur effet qu'en vertu d'une autorisation spéciale du gouvernement, et les cessionnaires, héritiers ou autres ayant
cause, étaient tenus de se pourvoir pour obtenir cette autorisation, en sorte que l'autorité se trouvait ainsi informée des
mutations qui avaient lieu.

Ces dispositions n'ont point été reproduites dans la loi du
21 avril 1810, excepté le cas où il est question de partager
une mine ou de la vendre par lots ; alors, suivant l'article 7,
une autorisation du gouvernement est indispensable.

On peut regretter, à beaucoup d'égards, que la même obligation n'ait point été maintenue dans les autres circonstances.
La loi exigeant que, pour obtenir une concession de mines,
on justifie de certaines garanties, il eût semblé convenable
que, lorsque cette propriété change de mains, le gouvernement fût pareillement appelé à examiner si le nouveau titulaire présente ces mêmes garanties : on eût ainsi prévenu bien
des abus. Toutefois d'autres considérations ont prévalu : on a
pensé que l'obligation de soumettre chaque transport, par
vente ou hérédité, à l'approbation de l'autorité était incompatible avec le caractère de propriété imprimé par la loi aux
concessions de mines; que, dans l'intérêt même de la bonne
exploitation, il fallait qu'elles fussent assimilées aux autres
héritages.

Mais, sans faire revivre l'arrêté de l'an VI, on peut du moins
exiger certaines formalités qui auront pour objet de mettre

l'administration à même de connaître toujours quel est le propriétaire de la mine ou son représentant.

L'article 7 de la loi du 27 avril 1838 renferme une disposition qui consacre les règles que l'administration avait déjà établies, et qui porte que, quand une concession de mines appartient à plusieurs personnes ou à une société, les concessionnaires seront tenus de désigner, par une déclaration authentique faite au secrétariat de la préfecture, celui des concessionnaires ou tout autre individu qu'ils auront pourvu des pouvoirs nécessaires pour recevoir toutes notifications et significations, et en général pour les représenter vis-à-vis de l'administration, tant en demandant qu'en défendant.

Il résulte de cette disposition, ainsi que de celles de la même loi et de la loi du 21 avril 1810 et du décret du 3 janvier 1813, qui ont chargé l'autorité administrative d'une surveillance spéciale sur les mines, que tout propriétaire de mines doit indiquer un domicile où puissent lui être faites les significations que l'administration serait dans le cas de lui adresser, et que, toutes les fois qu'il y a mutation de propriété, par vente, succession ou autrement, la même indication doit être faite par le nouveau propriétaire.

Il m'a paru néanmoins qu'il y avait lieu d'établir explicitement ces prescriptions par un règlement d'administration publique. L'expérience en a montré la nécessité : elles sont toutes dans l'intérêt des concessionnaires, et, sans gêner aucunement la transmission de la propriété des mines, elles auront pour effet de prévenir beaucoup de difficultés.

J'ai l'honneur de vous adresser, monsieur le préfet, une expédition de l'ordonnance du roi, en date du 18 avril dernier, qui a statué sur cet objet. Je vous prie d'assurer l'exécution de cette ordonnance, et de m'en accuser réception, ainsi que de la présente circulaire.

Ordonnance du 26 mars 1843, portant règlement pour l'exécution de l'article 50 de la loi du 21 avril 1810.

(Voir t. Ier, p. 424.)

Circulaire du 10 mai 1843, relative à l'exécution de l'ordonnance du 26 mars 1843 sur la police des mines.

Monsieur le préfet, l'article 50 de la loi du 21 avril 1810 porte que, si une exploitation compromet la sûreté publique, la conservation des puits, la solidité des travaux, la sûreté des ouvriers mineurs ou des habitations de la surface, il y sera pourvu par le préfet, ainsi qu'il est pratiqué en matière de grande voirie et selon les lois.

L'application de cette disposition a, dans la pratique, rencontré des difficultés, notamment en ce qui concerne la marche à suivre pour faire exécuter d'office les mesures nécessaires quand les obligations prescrites ne sont pas remplies. Le décret du 3 janvier 1813, sur la police souterraine, a bien indiqué à cet égard certains modes de procéder ; mais l'expérience a fait reconnaître qu'ils sont insuffisants. D'une part, le recours au ministre, énoncé par l'article 4, entraîne des lenteurs là où la célérité est au contraire une condition indispensable, puisqu'il s'agit de dangers qui pourraient souvent causer de grands désastres si l'on n'y remédiait immédiatement. D'autre part, le renvoi que fait l'article 10, en ce qui concerne les mesures à exécuter d'office, aux formes établies par l'article 37 du décret du 18 novembre 1810 est tout à fait inefficace. Ce dernier article, qui ne se rapporte qu'à la surveillance à exercer par les ingénieurs dans les circonstances où une exploitation est délaissée, porte que les frais occasionnés par cette surveillance seront prélevés sur les valeurs existant dans la mine, telles que machines ou ustensiles servant à l'exploitation. Mais saisir ces machines, ce serait aller contre le but même qu'on se propose. En privant l'exploitant des moyens d'opérer les travaux, on compromettrait la conservation de la mine, on aggraverait le mal au lieu d'y remédier.

Il importait d'établir des règles plus promptes et plus sûres. L'article 50 de la loi de 1810 contient en lui-même les moyens d'action nécessaires. Il ne s'agit que de tirer les conséquences des principes qu'il a posés.

Cet article veut que, dans les circonstances qu'il énumère, il soit pourvu par le préfet ainsi qu'il est pratiqué en matière de grande voirie. C'est donc aux règles de la grande voirie qu'on doit recourir.

Des doutes s'étaient élevés à cet égard dans l'application.

Il a paru qu'il convenait, pour les dissiper, de formuler dans un règlement d'administration publique les dispositions fondamentales qui concernent cet objet important du service des mines, de manière à garantir pleinement les intérêts auxquels il s'agit de pourvoir.

Une ordonnance royale, délibérée en Conseil d'Etat, a été rendue dans ce but le 26 mars dernier; vous en trouverez, monsieur le préfet, une expédition à la suite de cette circulaire.

L'article 1er de cette ordonnance enjoint à tout exploitant d'avertir immédiatement l'ingénieur des mines et le maire de la commune lorsque quelque danger se manifeste dans les travaux.

L'article 3 du décret de 1813 n'était point assez explicite à cet égard. La présence de l'ingénieur est essentielle en effet pour organiser convenablement les premiers secours, indiquer et diriger au besoin les ouvrages à effectuer quand une invasion subite des eaux, quand des gaz délétères ou inflammables, des éboulements viennent mettre la vie des ouvriers en péril. Le zèle et le dévouement des ingénieurs sont assez connus. On peut et on doit toujours s'adresser à eux avec une confiance entière. Bien des malheurs auraient pu être évités sans doute si l'on n'eût pas négligé de les avertir lorsqu'il était temps encore de prévenir le danger. L'intérêt de l'exploitant est ici d'accord avec son devoir.

Aux termes des articles 2 et 3, l'ingénieur, ou, en son absence, le garde-mines, se transportera sur les lieux. Il dressera un procès-verbal qu'il transmettra au préfet, en indiquant les mesures qui lui paraîtront devoir être prises. Le maire, de son côté, devra également adresser au préfet ses observations et propositions en ce qui concernera la sûreté des personnes et celle des propriétés. Le préfet ordonnera, après avoir entendu le concessionnaire, telles dispositions qu'il appartiendra. Il fallait du reste prévoir le cas où l'imminence du péril exigerait des mesures immédiates. Alors l'ingénieur fera les réquisitions nécessaires à l'autorité locale pour qu'il y soit pourvu sur-le-champ, conformément aux dispositions de l'article 5 du décret de 1813.

L'arrêté du préfet est notifié au concessionnaire ; s'il n'y obtempère pas, il y est, d'après l'article 4 de l'ordonnance, pourvu d'office à ses frais, et par les soins des ingénieurs des mines.

Après cette exécution d'office, les frais de confection des travaux et tous autres frais seront, en vertu de l'article 5, réglés par le préfet, qui rendra les états exécutoires. C'est un principe consacré depuis longtemps [1], que les administrateurs auxquels les lois ont attribué le droit de prononcer des condamnations, ou de décerner des contraintes, sont de véritables juges dont les actes doivent produire les mêmes effets et obtenir la même exécution que ceux des tribunaux ordinaires ; que ces condamnations et ces contraintes emportent hypothèque de la même manière et aux mêmes conditions que celles de l'autorité judiciaire. Lorsqu'un préfet ordonne ce que de droit en matière de grande voirie, pour faire cesser un dommage, sa décision est un véritable jugement ; elle doit en avoir tous les effets. Les lois de finances, qui interdisent la perception de toute espèce d'impôts non ordonnés par ces lois, n'empêchent nullement l'exécution de cette disposition, parce qu'il ne s'agit pas dans ces circonstances de payements qui aient le caractère d'un impôt. Les poursuites à exercer dans les cas prévus par la nouvelle ordonnance ne se rattachent non plus à aucune perception de contributions publiques, et dès lors la marche tracée jusqu'ici doit être suivie également. Toutefois, il pourra arriver que le règlement des frais sera attaqué. Dans ce cas, la réclamation devra être portée devant le Conseil de préfecture, sauf recours au Conseil d'Etat. Cette réclamation ne peut d'ailleurs suspendre le recouvrement des frais, sauf restitution ultérieure, s'il y a lieu. Ce recouvrement sera, ainsi que l'indique l'article 5,

---

[1] Avis du Conseil d'Etat des 16 thermidor an XII, 29 octobre 1811, 24 mars 1812, approuvés par l'Empereur. (Bulletin des lois, 1er semestre 1812, p. 281.)

opéré par les préposés de l'enregistrement et des domaines, comme en matière d'amendes, frais et autres objets se rattachant à la grande voirie[1].

L'article 6 dispose qu'il sera procédé comme il est dit aux articles précédents à l'égard de tout concessionnaire qui négligerait, soit de produire, dans les délais fixés, les plans de ses travaux souterrains, soit de tenir sur son exploitation le registre et le plan d'avancement journalier des travaux, soit enfin d'entretenir constamment sur ses établissements les médicaments et autres moyens de secours. Ces prescriptions si essentielles, établies par le décret du 3 janvier 1813 et par l'instruction ministérielle du 3 août 1810, ont été trop longtemps négligées, et il était tout à fait indispensable d'en assurer l'exécution. On sait que la tenue des plans importe extrêmement à la bonne direction des exploitations, à la sûreté des ouvriers et des habitations de la surface. Ils fournissent le seul moyen de reconnaître à quelle partie du sol correspondent les excavations qui menacent ruine ; de se diriger, en cas d'éboulement, dans les ateliers souterrains pour pénétrer jusqu'aux ouvriers qui s'y trouveraient ensevelis. Ils font partie de cet ensemble de précautions que réclame l'exploitation des mines. Il en est de même des médicaments et appareils destinés à donner les premiers secours ; rien n'est plus nécessaire au milieu des accidents auxquels les ouvriers sont exposés dans les mines. L'exploitant qui n'entretient pas ces appareils sur son établissement compromet la vie de ses ouvriers, puisqu'il néglige les moyens de pourvoir à leur salut. La négligence à cet

---

[1] Une décision de M. le ministre des finances, du 15 octobre 1828, a chargé les receveurs de l'enregistrement de recouvrer, sur les mandats exécutoires des préfets, les frais dus par les particuliers pour expertises, démolitions et autres opérations faites d'office, concernant la grande voirie, le desséchement des marais, l'exploitation des mines. Une autre décision, du 29 mars 1830, rappelée, ainsi que la première, dans une instruction du 20 avril, même année, de l'administration de l'enregistrement et des domaines, porte que ces dispositions s'étendent à tous les mandements exécutoires, soit collectifs, soit individuels, que les préfets délivrent pour le recouvrement des frais ou honoraires de toute nature, auxquels donnent lieu les travaux d'intérêt public exécutés d'office à la charge des particuliers.

égard, de même qu'en ce qui a rapport au plan des travaux, est une de ces infractions qui rentrent dans les prévisions de l'article 50 de la loi de 1810, et la même répression devait naturellement l'atteindre.

Les règles établies par la nouvelle ordonnance ne devaient point empêcher l'action répressive des tribunaux. Aussi l'article 7 réserve-t-il expressément l'application, s'il y a lieu, des articles 93 et suivants de la loi du 21 avril 1810. C'est l'autorité administrative qui doit prescrire et faire exécuter d'office les mesures nécessaires pour garantir la sûreté publique. L'article 50 et les autres dispositions contenues au titre V de cette loi l'ont chargée de veiller à tout ce qui peut intéresser la conservation des hommes et des choses. Mais, en même temps, si le danger qui s'est manifesté provient d'une contravention, s'il y a eu infraction aux règlements, des poursuites doivent être exercées devant les tribunaux pour la réparation des dommages et la répression des délits. C'est ainsi que la loi du 27 avril 1838 donne aux préfets la faculté d'interdire tout travail d'exploitation contraire aux règlements sur les mines, sans préjudice également de l'application du titre X de la loi du 21 avril 1810.

La loi de 1838 et l'ordonnance du 23 mai 1841, rendue pour son exécution, ont établi des dispositions spéciales pour les cas où plusieurs mines sont atteintes ou menacées d'une inondation commune. Indépendamment de ces dispositions, cette loi en renferme d'autres qui s'appliquent à tous les cas où l'exploitant, en s'écartant de ses obligations, compromettrait la vie de ses ouvriers ou la sûreté publique. L'article 9 énonce que, dans les circonstances où les lois et règlements autorisent l'administration à faire exécuter des travaux dans les mines aux frais des concessionnaires, le défaut de payement de la part de ceux-ci donnera lieu contre eux au retrait de la concession. C'est une mesure qu'on pourra aussi appliquer au besoin. Mais, par cela même qu'il serait d'une extrême rigueur de procéder toujours ainsi, on conçoit qu'elle doit être réservée pour des circonstances extraordinaires et lorsqu'il y a une absolue nécessité à y recourir. Il est permis d'espérer qu'on trouvera dans les dispositions de la nouvelle ordonnance tous les moyens d'action suffisants, et que même on ne sera que rarement obligé de les mettre à exécution. Ceux des propriétaires de mines qui jusqu'ici ne se sont pas soumis aux obligations que les règlements leur imposent comprendront qu'il est de leur intérêt d'éviter qu'on emploie à leur égard des moyens coercitifs. Investie désormais d'un pouvoir nettement défini, l'administration ne saurait hésiter à l'exercer, parce qu'elle doit veiller aux grands intérêts qui lui sont commis ; mais elle a la confiance que l'ordre s'établira généralement et que les bons exemples donnés dans quelques exploitations deviendront bientôt la règle commune.

Quand on songe à tous les dangers auxquels sont exposés les ouvriers mineurs, on ne peut trop se préoccuper des moyens de les protéger contre ces périls. S'ils sont souvent victimes de leur propre imprudence, trop souvent aussi le défaut de précautions amène des malheurs déplorables. C'est un devoir pour l'administration, non moins que pour les concessionnaires, de veiller sans cesse à tout ce qui peut prévenir des catastrophes qui plongent tant de familles dans la misère. Cette classe laborieuse et si digne d'intérêt doit exciter toutes les sympathies. Aussi ne terminerai-je pas cette lettre, monsieur le préfet, sans appeler particulièrement votre attention sur une mesure qui lui serait d'un grand avantage : je veux parler de l'organisation de caisses de secours, qui donneraient, en cas d'accidents, les moyens de venir en aide aux ouvriers et à leurs familles. Il n'en existe encore en France qu'un bien petit nombre, et cela est fort regrettable. Il serait à souhaiter que, à l'instar de ce qui s'est fait récemment dans un pays voisin, ces institutions pussent se multiplier, et que les résistances qui les ont entravées jusqu'à ce moment vinssent à disparaître devant l'accord de toutes les volontés, devant cette émulation généreuse pour le bien, qui a créé tant de choses utiles. Vous chercherez, je n'en doute pas, à donner ici une impulsion efficace. Rien n'est plus digne assurément de votre sollicitude.

Je vous prie, monsieur le préfet, d'assurer l'exécution de l'ordonnance du 26 mars et de m'en accuser réception, ainsi que de la présente circulaire, dont je transmets une expédition à MM. les ingénieurs des mines.

Circulaire du 30 mai 1843 sur les demandes en concurrence pour concession de mines.

Monsieur le préfet, la question s'est présentée de savoir si les demandes en concurrence pour des concessions de mines, qui interviennent dans les quatre mois des publications et affiches de la demande primitive, doivent être aussi publiées et affichées. Un assez grand nombre de précédents avaient déjà résolu cette question négativement. Toutefois, des doutes ayant été élevés depuis l'avis du Conseil d'Etat du 3 mai 1837, il m'a paru qu'il y avait lieu de la déférer au Conseil lui-même, qui expliquerait ainsi le sens réel de cet avis. Je la lui ai en conséquence soumise, et la solution a confirmé l'opinion qui avait jusqu'alors prévalu.

Je crois devoir entrer dans quelques explications à cet égard.

Trois demandes en concession étaient présentées à l'administration dans une affaire récente.

Les deux premières l'ayant été à peu près dans le même temps, on les avait affichées simultanément. Elles avaient été également l'objet de publications, conformément à la loi du 21 avril 1810.

Pendant que ces formalités suivaient leur cours, une troisième fut formée, et s'appuya sur des recherches dispendieuses faites par les nouveaux demandeurs. Il n'y eut, à cette occasion, ni publications ni affiches, mais seulement notification à l'un des premiers demandeurs, en raison de la concurrence qui résultait de ce que les mêmes terrains étaient compris dans l'une et l'autre demande. La dernière fut, indépendamment de cette notification, inscrite sur le registre spécial ouvert à la préfecture du département, en exécution de l'article 26 de la loi de 1810.

De là la question de savoir si la notification et l'inscription suffisaient pour accomplir le vœu de la loi, et s'il ne fallait pas, en outre, exiger que la dernière demande fût publiée et affichée. On faisait observer que cette publicité était ordonnée par la loi, non-seulement dans l'intérêt des prétendants aux concessions, mais encore pour la conservation des droits des tiers intéressés, à quelque titre que ce fût, et l'on s'appuyait d'ailleurs sur l'avis du Conseil d'Etat du 3 mai 1837.

Il s'agissait donc d'examiner : 1° si les demandes qui interviennent dans le délai de quatre mois de la demande primitive ont dû, avant l'avis du 3 mai 1837, être soumises aux formalités d'affiches et de publications ; 2° si cet avis avait changé les règles suivies antérieurement.

Peu de temps après la promulgation de la loi de 1810, la première de ces questions fut soumise au ministre de l'intérieur, qui la résolut ainsi qu'il suit dans sa circulaire aux préfets, du 3 novembre 1812 :

« Nulle part la loi n'a prescrit que les oppositions fussent affichées ni publiées ; il ne s'est élevé aucun doute à ce sujet de la part des fonctionnaires chargés de la faire exécuter.

« Il n'en est pas de même des demandes en concurrence.

« Elles ont donné lieu à la question de savoir si elles doivent être soumises aux formalités des publications et affiches.

« Une demande en concurrence n'est qu'une opposition à la demande primitive ; et le législateur lui a imprimé ce caractère, en la mentionnant cumulativement, dans l'article 26, avec les oppositions.

« En effet, si cette demande avait lieu à la fin du quatrième mois, et qu'elle dût être affichée pendant quatre mois, l'instruction se prolongerait jusqu'au huitième mois ; si, à cette époque, il se présentait un nouveau concurrent, sa réclamation reporterait l'instruction au douzième mois, et alors il n'y aurait pas de raison de voir le terme de ces retardements administratifs.

« Le législateur n'a pu avoir l'intention d'exposer l'administration à un semblable résultat.

« Il a donc évidemment assimilé les demandes en concurrence aux oppositions, pour lesquelles il n'a pas exigé la publication et l'affiche, mais qui doivent être notifiées aux parties.

« C'est dans ce sens que la loi doit être exécutée.

« Les demandes en concurrence devant être mises, comme les oppositions, sous les yeux de l'autorité supérieure, examinées par elle et discutées, s'il y a lieu, en Conseil d'État, les demandeurs en concurrence ont la certitude d'obtenir justice, sans qu'ils aient droit de réclamer la formalité d'affiche et de publication, formalité inutile en elle-même, non prescrite par la loi, et qui n'aurait d'autre effet que d'éterniser les affaires. »

L'intention formelle de la loi a été que le délai de quatre mois fixé pour les publications et affiches ne fût point dépassé.

Cette intention n'est pas douteuse, quand on voit le législateur dire, art. 23, que *les affiches et publications dureront quatre mois ;* art. 27, que *le préfet donnera son avis dans le mois qui suivra, au plus tard, à l'expiration du délai des publications et affiches.*

Le délai fixé par la loi du 28 juillet 1791 était de six mois;

Celui de la loi du 13 pluviôse an IX, de deux mois.

On a pris un terme moyen qui a été jugé suffisant.

Ce qui importe surtout, en cette matière, c'est que les propriétaires de la surface sachent quelles sont les propriétés comprises dans le périmètre qu'on demande; quelles sont les indemnités offertes par les demandeurs.

Il y a pour cela deux éléments de publicité :

Les affiches et les publications ;

L'inscription sur le registre spécial tenu à la préfecture.

Ce registre, ouvert à tout le monde, a précisément pour but d'empêcher que les affaires s'éternisent, ce qui arriverait infailliblement s'il fallait, à chaque demande, à toute époque, recommencer des publications et affiches.

Si telle n'était pas la volonté de la loi, le registre spécial serait absolument sans objet.

Lors donc que la demande nouvelle a été formée dans les quatre mois, l'inscription sur le registre suffit pour les propriétaires du sol.

Quant au demandeur primitif, il est suffisamment averti par la notification directe qu'il reçoit, et l'administration conserve, du reste, la faculté de recueillir sur les personnes les informations qui lui paraîtraient nécessaires.

Telle était la règle suivie jusqu'à l'avis du Conseil d'État du 3 mai 1837.

Cet avis a-t-il apporté quelque changement à la pratique antérieure?

En aucune façon.

Il est intervenu dans des circonstances qui n'entraient pas dans les termes de la question.

En effet, il s'agissait uniquement, dans ce dernier cas, de savoir si la concession pouvait être faite à un demandeur qui ne s'était présenté que plus de quatre mois après les publications et affiches d'une autre demande, ou si, au contraire, la seconde demande ne devait pas être rejetée comme tardive.

Jusque-là, l'admissibilité n'avait pas été mise en doute, et, dès le 27 octobre 1812, le ministre de l'intérieur s'était expliqué formellement, en décidant que de telles demandes ne devaient point faire partie de l'instruction principale, mais que les préfets les transmettraient séparément à l'administration supérieure avec un avis motivé.

Elles n'étaient donc point rejetées par le fait seul qu'elles se trouvaient tardives[1].

On se réservait de les examiner.

Mais puisque, nonobstant une jurisprudence constante, on remettait en question le principe lui-même, il parut nécessaire de consulter le Conseil d'Etat sur le point de savoir si *les demandes en concurrence pour des concessions de mines sont, comme les oppositions, admissibles après l'expiration du délai des affiches et jusqu'à ce qu'il ait été statué sur la concession.*

Les termes de l'avis exprimé à cet égard par le Conseil[2] ne prêtent à aucune équivoque. Ils montrent clairement quel en est l'objet. Cet avis porte que, « lorsque les demandes en

---

[1] L'article 9 de l'ordonnance du 7 mars 1841, relatif aux sources et puits d'eau salée, n'admet pas de demandes en concurrence après quatre mois. C'est une exception qu'on a voulu faire à la règle générale. On avait à cette occasion élevé la question de savoir si cette règle ne devait pas être modifiée pour les mines; mais on a reconnu qu'il n'y avait pas lieu de revenir, à cet égard, sur l'avis du 3 mai 1837. (Voir la circulaire du 30 mars 1841.)

[2] Cet avis a été adressé à MM. les préfets et à MM. les ingénieurs des mines avec la circulaire de M. le directeur général des ponts et chaussées et des mines, du 29 septembre 1837.

concession de mines ont été instruites conformément aux règles prescrites par la loi du 21 avril 1810, le gouvernement
peut accorder la concession nonobstant une nouvelle demande
qui serait présentée après les délais déterminés par la loi ;

« Que le gouvernement peut toujours aussi, si des demandes
en concurrence sont présentées *après les délais*, et s'il le juge
convenable, surseoir à la concession ;

« Que, *dans ce cas*, avant de statuer sur les nouvelles demandes, il est indispensable de procéder à une instruction
complète, conformément aux prescriptions du titre IV de la
loi du 21 avril 1810. »

Cet avis du 3 mai 1837 ne s'applique bien évidemment
qu'aux demandes tardives, qu'à celles qui sont intervenues
après les délais fixés par la loi de 1810. Et l'on comprend
très-bien que la formalité des affiches et publications devienne
absolument nécessaire ici, puisqu'il n'y avait eu ni inscription
sur le registre de la préfecture, ni notification aux parties.
L'avis du Conseil, qui l'exige, s'explique de lui-même. C'est la
conséquence naturelle de l'admissibilité, à toute époque, des
demandes en concurrence pour lesquelles on n'avait rempli
dès l'abord aucune formalité.

La discussion qui a eu lieu dernièrement au Conseil d'État
l'a conduit à reconnaître :

1° Que l'inscription sur le registre de la préfecture des demandes en concurrence formées dans le délai de quatre mois,
leur notification aux premiers demandeurs, suffisent pour la
publicité ;

2° Que les demandes en concurrence présentées après les
quatre mois ne doivent pas faire partie de l'instruction locale ;
et que, par cela même, si plus tard on juge qu'elles méritent
d'être prises en considération, il est indispensable de procéder, à leur égard, à une instruction spéciale, puisque le public n'en a eu connaissance ni par les affiches ni par l'inscription au registre ;

3° Que l'avis du 3 mai 1837 ne s'applique qu'à ces demandes
tardives et nullement à celles qui ont été présentées dans le
délai fixé par l'article 26 de la loi.

Ainsi, monsieur le préfet, se trouvent complétement et définitivement consacrées les règles qui ont été observées jusqu'à ce jour.

Il conviendra de ne jamais omettre de transcrire sur le registre spécial de la préfecture les demandes en concurrence qui seront présentées dans le délai légal, et de mentionner sur ces pièces que cette transcription a en effet eu lieu. Il faudra aussi veiller à ce qu'elles soient notifiées par les parties aux premiers demandeurs, pour qu'ils puissent y répondre.

Rien ne fait d'ailleurs obstacle à ce que diverses demandes soient portées à la connaissance du public par le moyen d'affiches simultanées et collectives, lorsqu'aucune d'elles n'a encore été l'objet d'un arrêté qui en prescrive la publication.

Quant aux demandes en concurrence formées après les quatre mois, il continuera d'être procédé à leur égard conformément à l'arrêté du ministre de l'intérieur du 27 octobre 1812.

On conçoit très-bien, du reste, qu'il pourra, comme cela est déjà arrivé, se présenter des circonstances qui donneront lieu d'examiner des questions toutes spéciales. Souvent, dans la marche des affaires, il survient des incidents que les règles générales n'ont pu prévoir, et qui sont de nature à motiver des dispositions particulières. Dans ces diverses circonstances, MM. les préfets auront à en référer à l'administration supérieure, qui jugera si elles sont en effet de nature à rendre nécessaires de nouvelles affiches et publications.

Je vous prie, monsieur le préfet, de m'accuser réception de la présente circulaire, dont j'adresse une expédition à MM. les ingénieurs des mines.

Circulaire du 20 septembre 1843 sur l'exploitation des minerais de fer dans les bois communaux.

Monsieur le préfet, la loi de finances du 25 juin 1841 porte, art. 5, que, pour indemniser l'Etat des frais d'administration des bois des communes et des établissements publics, il sera perçu au profit du Trésor, sur les produits tant principaux qu'accessoires desdits bois, cinq centimes par franc en sus du prix principal d'adjudication ou cession, ou le vingtième de leur valeur, quand les produits seront délivrés en nature.

Le département des finances a demandé que, pour l'application de ces dispositions en ce qui concerne les extractions de minerai dans les bois communaux, il fût inséré à l'avenir dans les actes d'autorisation une clause portant que les permissionnaires payeront au Trésor une indemnité représentant le vingtième de la somme allouée à la commune pour le prix du minerai.

Le prélèvement dont il s'agit doit venir en déduction de ce qui est payé à la commune pour la valeur du minerai. C'est, en effet, exclusivement aux communes à supporter cette contribution, puisqu'elle est uniquement imposée en raison des frais de gestion et de surveillance de leurs bois. Elle ne constitue point, d'ailleurs, une charge nouvelle. Cette taxe existait déjà sous une autre forme avant la loi de 1841.

Anciennement, les frais d'administration des bois des communes et des établissements publics étaient payés au Trésor sous le titre de *vacations forestières*.

Plus tard, l'article 106 du Code forestier disposa que, pour indemniser le gouvernement de ces frais, il serait ajouté annuellement à la contribution foncière établie sur ces bois une somme équivalente auxdites dépenses.

Cette contribution, de même que les anciennes vacations forestières, atteignait le revenu des bois dans son ensemble. Il n'y avait pas lieu, dès lors, tant qu'elle est restée en vigueur, d'exiger un droit quelconque sur le minerai en particulier.

L'article 5 de la loi du 25 juin 1841 ayant remplacé l'article 106 du Code forestier en frappant tous les produits, tant principaux qu'accessoires des bois communaux, d'un prélèvement de cinq centimes par franc, on conçoit que toutes les extractions dans ces terrains se trouvent maintenant passibles de cette perception, en tant qu'on les considère comme des produits accessoires du sol.

Mais, à cet égard, rien n'est réellement changé dans ce qui se pratiquait autrefois; seulement le prélèvement en question, au lieu de frapper comme par le passé sur l'ensemble du revenu des bois, se trouve actuellement réparti sur chaque sorte de produits provenant des diverses extractions qui s'y opèrent. Ce n'est, en définitive, qu'un mode de perception qui est remplacé par un autre.

On ne pourrait donc s'autoriser de cette mesure pour augmenter le prix du minerai.

La loi du 21 avril 1810 a déterminé les charges auxquelles seraient assujettis les maîtres de forges. Aux termes des articles 65 et 66, lorsqu'ils achètent le minerai au propriétaire du sol, ou lorsqu'ils l'exploitent eux-mêmes, le prix doit être fixé de gré à gré ou par des experts choisis ou nommés d'office. Ces mêmes articles ont expressément réglé de quelle manière les experts auraient à procéder dans leurs estimations; *ils doivent avoir égard à la situation des lieux, à la valeur du minerai, aux frais de l'extraction, aux dommages qu'elle a occasionnés.* Enfin, d'après l'article 67, lorsqu'il s'agit d'une extraction dans des bois de l'Etat, d'une commune ou d'un établissement public, les exploitants sont tenus, en outre, de *repiquer en glands ou plants les places endommagées, ou une autre étendue proportionnelle déterminée par la permission.*

Les expertises doivent continuer à être faites conformément à ces bases. Aucune autre charge que celles que la loi de 1810 a prévues ne doit être imposée aux maîtres de forges. Elle a eu précisément en vue, dans les règles spéciales qu'elle a établies pour ces exploitations, de maintenir à un taux convenable le minerai de fer, afin que les produits des usines pussent être obtenus à des prix modérés. Cette loi a fait une part équitable aux droits des propriétaires et aux intérêts des exploitants. Aujourd'hui surtout que la production du fer en France est appelée à prendre un grand développement, il importe extrêmement au pays que rien ne nuise à son essor.

Je vous prie, monsieur le préfet, de m'accuser réception de la présente, dont j'adresse une ampliation à MM. les ingénieurs des mines.

———

Circulaire du 8 octobre 1843, portant envoi de formules pour les clauses générales et spéciales à insérer dans les actes de concession de mines et cahiers des charges.

Monsieur le préfet, les projets d'ordonnances et de cahiers de charges préparés par MM. les ingénieurs et proposés par MM. les préfets, pour des concessions de mines, offrent souvent des différences notables dans les dispositions dont ils se composent et dans le texte de leur rédaction, quoique s'appliquant aux mêmes circonstances. Il m'a paru utile de mettre de l'uniformité dans cette partie de l'administration.

Il est indispensable que tout concessionnaire soit soumis, dans l'intérêt public et pour la conservation des hommes et des choses, à des obligations générales dont l'énoncé, par conséquent, doit se retrouver dans tous les actes de concession. Il importe également de trouver dans ces actes les conditions spéciales, qui varient selon la nature du gîte et selon les faits qui ont précédé ou qui doivent suivre la concession; mais, bien que variables, ces dernières conditions s'appliquent à un assez petit nombre de cas qui sont connus; il est possible de les rédiger à l'avance d'après un type convenu.

Après avoir consulté le Conseil général des mines, j'ai arrêté les modèles dont j'ai l'honneur de vous transmettre un exemplaire imprimé.

Pour leur rédaction, on a comparé les différents actes intervenus depuis la législation de 1810; on a recueilli tout ce qui a été réglé en chaque occasion. Ce travail, qui reproduit les clauses adoptées par le Conseil d'Etat dans les affaires de cette nature, offre ainsi le résumé de ce que la pratique a appris, de ce que la jurisprudence a consacré.

Le modèle relatif aux projets d'ordonnances indique non-seulement les dispositions générales, mais encore les dispositions spéciales à insérer suivant la situation des choses. Il en est de même pour les cahiers de charges, qui sont arrêtés par le ministre et annexés aux ordonnances comme en faisant partie essentielle.

Ainsi MM. les ingénieurs auront désormais un guide pour les projets qu'ils ont à fournir. Les dispositions générales et les dispositions spéciales énoncées dans les modèles ci-joints sont clairement distinguées. Les premières devront être portées dans tous les projets d'ordonnance et de cahiers de charges; les autres y seront ajoutées lorsqu'il y aura lieu, et on suivra, pour la série des articles, l'ordre indiqué dans ces modèles.

Comme, malgré l'attention apportée dans ce travail, il serait possible que la diversité des affaires offrît des circonstances qui n'auraient pas été prévues, on y suppléera, dans l'occurrence, en proposant les clauses nouvelles qui paraîtraient devoir être ajoutées, soit dans l'ordonnance, soit dans le cahier des charges de la concession qu'il s'agira d'instituer.

La mesure que j'ai adoptée aura, entre autres avantages, celui d'abréger le travail et de le rendre plus facile. Toutes les dispositions qui tendent à simplifier l'administration et à lui imprimer une marche plus rapide doivent fixer particulièrement notre attention, et nous ne devons rien négliger pour obtenir un résultat aussi important.

Je vous prie, monsieur le préfet, de m'accuser réception de la présente circulaire, dont j'adresse une ampliation à MM. les ingénieurs des mines.

Modèle des clauses à insérer dans les projets d'ordonnances de concession de mines [1].

ART. A. — Il est fait concession au sieur . . . . des mines de . . . . comprises dans les limites ci-après définies, commune de . . . . arrondissement de . . . . .département de . . . .

ART. B. — Cette concession, qui prendra le nom de *conces-*

----

[1] Les clauses générales sont indiquées par les lettres A, B, C, etc.; les clauses spéciales, par les mêmes lettres, avec un chiffre placé à la droite comme exposant.

sion de. . . . ., est limitée, conformément au plan annexé à la présente ordonnance, ainsi qu'il suit, savoir :

. . . .

. . . .

Lesdites limites renfermant une étendue superficielle de. . . . . kilomètres carrés. . . . . . .hectares.

Pour les concessions de mines de fer. Art. B'. — La présente concession est faite sous toutes réserves des droits qui résultent, pour les propriétaires de la surface, des articles 59 à 69 de la loi du 21 avril 1810, tant à l'égard des minerais de fer dits *d'alluvion* que relativement aux minerais en filons ou en couches qui seraient situés près de la surface, et susceptibles d'être exploités à ciel ouvert, pourvu que ce mode d'exploitation ne rende pas impossible l'exploitation ultérieure, par travaux souterrains, des minerais situés dans la profondeur.

Sont pareillement réservés tous les droits résultant, pour les propriétaires de la surface, de l'article 70 de la même loi, à raison des exploitations qui auraient été faites au profit de ces propriétaires antérieurement à la concession.

En cas de contestation entre les propriétaires du sol et le concessionnaire, sur la question de savoir si un gîte de minerai doit ou non être exploité à ciel ouvert, ou si ce genre d'exploitation, déjà entrepris, doit cesser, il sera statué par le préfet, sur le rapport des ingénieurs des mines, les parties ayant été entendues, sauf le recours au ministre des travaux publics.

Art. C. — Il n'est rien préjugé sur l'exploitation des gîtes de tout minerai étranger a. . . . .* qui peuvent exister dans l'étendue de la concession de. . . . . La concession de ces gîtes de minerai sera accordée, s'il y a lieu, après une instruction particulière, soit au concessionnaire des mines d. . . . ., soit à une autre personne. Les cahiers des charges des deux concessions régleront, dans ce dernier cas, les rapports des deux concessionnaires entre

---

* Quand il s'agit d'une mine de houille, à la suite des mots : *étranger à la houille*. . . . ., on insère ceux-ci : *et spécialement du minerai de fer carbonaté lithoïde*.

eux pour la conservation de leurs droits mutuels et pour la bonne exploitation des deux substances.

ART. D*. — Les droits attribués au propriétaire de la surface, par les articles 6 et 42 de la loi du 21 avril 1810, sur le produit des mines concédées, sont réglés à. . . . .

. . . .

Ces dispositions seront applicables nonobstant les stipulations contraires qui pourraient résulter de conventions antérieures entre le concessionnaire et les propriétaires de la surface.

ART. E**. — Le concessionnaire payera, en outre, aux propriétaires de la surface, les indemnités déterminées par les articles 43 et 44 de la loi du 21 avril 1810, pour les dégâts et non-jouissance de terrains occasionnés par l'exploitation des mines.

ART. E¹. — Le concessionnaire payera au sieur. . . . . ., en exécution de l'article 16 de la loi du 21 avril 1810, et à titre d'indemnité pour l'invention de. . . . . ., la somme de. . .

S'il y a un droit d'invention à payer.

ART. F. — En exécution de l'article 46 de la loi du 21 avril 1810, toutes les questions d'indemnités à payer par le concessionnaire, à raison de recherches ou travaux antérieurs à la présente ordonnance, seront décidées par le Conseil de préfecture.

ART. G. — Le concessionnaire payera à l'Etat, entre les mains du receveur de l'arrondissement de. . . . . . ., les redevances fixe et proportionnelle établies par la loi du 21 avril 1810, et conformément à ce qui est déterminé par le décret du 6 mai 1811.

ART. H. — Le concessionaire se conformera exactement aux dispositions du cahier des charges annexé à la présente or-

---

* Pour les concessions anciennes maintenues par l'article 53 de la loi du 21 avril 1810, et qu'il s'agit seulement de délimiter, l'article D est supprimé; dans l'article E, on supprime les mots *en outre*, et on ajoute à cet article E celui qui suit :

ART. . . . . — Ils seront tenus en outre, conformément à l'article 53 de la loi du 21 avril 1810, d'exécuter les conventions qui seraient intervenues entre eux et les propriétaires du sol.

** Voir la note * ci-dessus.

donnance, et qui est considéré comme en faisant partie essentielle.

ART. I. — En exécution de l'ordonnance royale du 18 avril 1842, il devra élire un domicile administratif, qu'il fera connaître par une déclaration adressée au préfet du département.

Cas où la concession est accordée à une société.

ART. I'. — La Compagnie concessionnaire sera tenue, conformément à l'article 7 de la loi du 27 avril 1838, de désigner, par une déclaration authentique faite au secrétariat de la préfecture, celui de ses membres ou toute autre personne à qui elle aura donné les pouvoirs nécessaires pour correspondre en son nom avec l'autorité administrative, et, en général, pour la représenter vis-à-vis de l'administration, tant en demandant qu'en défendant.

Elle devra, en outre, justifier, aux termes du même article 7, qu'il a été pourvu, par une convention spéciale, à ce que les travaux d'exploitation soient soumis à une direction unique et coordonnés dans un intérêt commun.

Faute par la Compagnie d'avoir fait, dans le délai qui lui aura été assigné, la déclaration et la justification requises par le présent article, ou d'exécuter les clauses de la convention qui auraient pour objet d'assurer l'unité de la concession, les dispositions dudit article 7 de la loi du 27 avril 1838 et celles des articles 93 et suivants de la loi du 21 avril 1810 pourront lui être appliquées.

ART. J*. — Il y aura particulièrement lieu à l'exercice de la surveillance de l'administration des mines, en exécution des articles 47, 49 et 50 de la loi du 21 avril 1810, et du titre II du décret du 3 janvier 1813, si la propriété de la concession vient à être transmise d'une manière quelconque à une autre per-

---

* Si la concession est accordée à une Compagnie, on remplacera, dans le premier paragraphe de l'article J, les mots : *vient à être transmise d'une manière quelconque à une autre personne par le concessionnaire,* par ceux-ci : *vient à être transmise d'une manière quelconque à une seule personne ou à une autre société.* Et on remplacera les mots : *ce cas arrivant, le nouveau propriétaire de la concession sera tenu,* par ceux-ci : *ce cas arrivant, le nouveau ou les nouveaux propriétaires de la concession seront tenus,* etc.

En outre, on supprimera le deuxième paragraphe de l'article J.

somme par le concessionnaire. Ce cas arrivant, le nouveau propriétaire de la concession sera tenu de se conformer exactement aux conditions prescrites par la présente ordonnance et par le cahier des charges y annexé.

Dans le cas où la concession serait transmise à une société, celle-ci sera tenue de se conformer à ce qui est exigé par l'article 7 de la loi du 27 avril 1838, sous peine de l'application, s'il y a lieu, des mesures prescrites par ce même article et des dispositions des articles 93 et suivants de la loi du 21 avril 1810.

ART. K. — Dans le cas prévu par l'article 49 de la loi du 21 avril 1810, où l'exploitation serait restreinte ou suspendue sans cause reconnue légitime, le préfet assignera au concessionnaire un délai de rigueur qui ne pourra excéder. . . . . Faute par le concessionnaire de justifier, dans ce délai, de la reprise d'une exploitation régulière et des moyens de la continuer, il en sera rendu compte, conformément audit article 49, au ministre des travaux publics, qui prononcera, s'il y a lieu, le retrait de la concession, en exécution de l'article 10 de la loi du 27 avril 1838, et suivant les formes prescrites par l'article 6 de la même loi.

ART. K¹. — Provisoirement et jusqu'à ce que la décision du ministre soit rendue, le préfet déterminera, par un arrêté, le mode suivant lequel il conviendra de procéder à l'exploitation des minerais de fer qui seraient nécessaires aux usines du voisinage.

Pour les concessions de mines de fer.

Cet arrêté sera soumis à l'approbation du ministre des travaux publics.

ART. K². — La présente concession ne préjudicie en rien aux droits acquis au concessionnaire des mines de. . . . . . par l'ordonnance du. . . . ., dans l'étendue aujourd'hui concédée pour l. . . . ., de pratiquer toutes les ouvertures qui seront reconnues utiles à l'exploitation de. . . . ., soit près de la surface, soit dans la profondeur, sauf l'application réciproque, s'il y a lieu, des dispositions de l'article 45 de la loi du 21 avril 1810.

Si la concession s'étend sur des terrains déjà concédés pour l'exploitation des gîtes de minéraux d'une autre nature.

ART. L. — Si le concessionnaire veut renoncer à la totalité ou à une portion de la concession, il s'adressera, par voie de pétition, au préfet, six mois au moins avant l'époque à laquelle il aurait l'intention d'abandonner les travaux de ses mines, et il joindra à ladite pétition :

1° Le plan et l'état descriptif de ses exploitations ;

2° Un certificat du conservateur des hypothèques, constatant qu'il n'existe point d'inscriptions hypothécaires sur la concession, ou, dans le cas contraire, un état de celles qui pourraient avoir été prises.

Lorsque ces pièces auront été fournies, la pétition sera publiée et affichée, pendant quatre mois, dans les lieux et suivant les formes déterminés par les articles 24 et 25 de la loi du 21 avril 1810, pour les demandes en concession de mines.

Les oppositions, s'il s'en présente, seront reçues et notifiées dans les formes déterminées par l'article 26 de la même loi.

La renonciation ne sera valable que lorsqu'elle aura été acceptée, s'il y a lieu, par une ordonnance délibérée en Conseil d'Etat.

Art. M. — La présente ordonnance sera publiée et affichée, aux frais du concessionnaire, dans l. . . . . commune de. . . . . sur l. . . . . . . quelle. . . . . s'étend la concession.

Modèle des clauses à insérer dans les projets de cahiers des charges des concessions de mines [1].

Art. A. — Dans le délai de trois mois, à dater de la notification de l'ordonnance de concession, il sera planté des bornes sur tous les points servant de limites à la concession où cela sera reconnu nécessaire. L'opération aura lieu aux frais du concessionnaire, à la diligence du préfet, et en présence de l'ingénieur des mines, qui en dressera procès-verbal. Expédi-

---

[1] Les clauses générales sont indiquées par les lettres A, B, C, etc.; les clauses spéciales, par les mêmes lettres, avec un chiffre placé à la droite comme exposant.

tions de ce procès-verbal seront déposées aux archives de la préfecture du département de. . . . . et à celles de la commune de. . . . .

ART. B. — *(Articles prescrivant l'exécution immédiate de travaux pour l'exploration et la reconnaissance des gîtes concédés, de travaux d'art préparatoires ou nécessaires à l'aménagement des mines ou le mode de continuation des travaux déjà en activité.)*

ART. C. — Le concessionnaire exécutera, en outre, conformément à ce qui lui sera prescrit par le préfet, et sous la surveillance spéciale des ingénieurs des mines, les travaux qui seront jugés nécessaires pour compléter l'exploration des terrains compris dans la concession.

ART. D. — Les travaux prescrits ci-dessus devront être exécutés dans un délai de. . . . . . mois à dater de la notification de l'ordonnance de concession.

ART. E*. — Après l'achèvement de ces travaux, et au plus tard dans un délai de. . . . ., le concessionnaire adressera au préfet les plans et coupes de ses mines et des travaux déjà exécutés, ces plans étant dressés à l'échelle d'un millimètre par mètre et divisés en carreaux de dix en dix millimètres. Il y joindra un mémoire indiquant, avec détails. le mode d'exploitation qu'il se proposera de suivre. L'indication de ce mode d'exploitation sera aussi tracée sur les plans et coupes.

ART. E¹. — Les plans et le mémoire fournis en exécution du précédent article contiendront le tracé et la déclaration des propriétés territoriales que le champ d'exploitation devra embrasser. Un extrait de la déclaration, rédigé par l'ingénieur des mines, sera affiché pendant un mois, à la porte des mairies, dans toutes les communes où s'étend la concession.

Cas où le concessionnaire est soumis à une redevance proportionnelle aux produits de l'extraction en faveur des propriétaires des terrains sous lesquels l'exploitation a lieu.

ART. F. — Le préfet, sur le vu de ces pièces, et après avoir consulté les ingénieurs des mines, autorisera, s'il y a lieu, l'exécution du projet de travaux.

S'il est reconnu que ce projet peut occasionner quelques-

---

* Lorsqu'il n'y a pas eu lieu à l'application des articles B, C et D, l'article E commence comme il suit : *Dans le délai de. . ., à partir de la notification de l'ordonnance de concession, le concessionnaire adressera,* etc.

uns des inconvénients ou dangers énoncés, tant dans le titre V de la loi du 21 avril 1810 que dans les titres II et III du décret du 3 janvier 1813 ; qu'il n'assure pas aux mines une exploitation régulière et durable ; qu'il ne se coordonne pas convenablement avec la marche des exploitations voisines ; enfin, qu'il serait un obstacle aux travaux d'intérêt général que l'administration peut avoir ultérieurement à prescrire, le préfet n'en autorisera l'exécution qu'en y apportant les modifications nécessaires.

En cas de réclamation de la part du concessionnaire, il sera définitivement statué par le ministre des travaux publics.

Art. F¹. — Aussitôt que le concessionnaire portera l'extraction sous une propriété nouvelle, il sera tenu d'en prévenir le propriétaire du sol. Ce propriétaire pourra placer, à ses frais, sur la mine, un préposé pour vérifier la quotité des produits journaliers de l'exploitation.

Art. G. — Il ne pourra être procédé à l'ouverture de puits ou galeries partant du jour, pour être mis en communication avec des travaux existants, sans une autorisation du préfet, accordée sur la demande du concessionnaire et sur le rapport des ingénieurs des mines.

Art. H. — Lorsque le concessionnaire voudra ouvrir un nouveau champ d'exploitation, il adressera au préfet un plan qui devra se rattacher au plan général de la concession, et un mémoire indiquant son projet de travaux ; le tout dressé conformément à ce qui est prescrit par l'article E ci-dessus. Le préfet, sur le rapport des ingénieurs des mines, approuvera ou modifiera ce projet, ainsi qu'il est dit à l'article F.

Art. H¹. — Dans le cas où les travaux projetés par le concessionnaire devraient s'étendre sous. . . . ., ces travaux ne pourront être exécutés qu'en vertu d'une autorisation spéciale du préfet, donnée sur le rapport des ingénieurs des mines, après que le Conseil municipal et les propriétaires intéressés auront été entendus, et après que le concessionnaire aura donné caution de payer l'indemnité exigée par l'article 15 de la loi du 21 avril 1810. Les contestations relatives soit à la caution, soit à l'indemnité, seront

(marginal note) Même cas que pour l'article E ci-dessus.

(marginal note) Cas où les travaux doivent s'étendre sous une ville, sous des habitations ou des édifices.

portées devant les tribunaux et Cours, conformément audit article.

L'autorisation d'exécuter les travaux sera refusée par le préfet, s'il est reconnu que l'exploitation peut compromettre la sûreté du sol, celle des habitants ou la conservation des édifices.

ART. H². — Dans le cas où les travaux projetés par le concessionnaire devraient s'étendre sous. . . . ., ou à une distance de ses bords moindre de. . . . ., mètres, ces travaux ne pourront être exécutés qu'en vertu d'une autorisation du préfet, donnée sur le rapport des ingénieurs des mines, après que les propriétaires et les ingénieurs d . . . . auront été entendus, et après que le concessionnaire aura donné caution de payer l'indemnité exigée par l'article 15 de la loi du 21 avril 1810. Les contestations relatives soit à la caution, soit à l'indemnité, seront portées devant les tribunaux et Cours, conformément audit article.

Cas où les travaux sont situés dans le voisinage d'un canal, d'un bassin, d'un cours d'eau, d'une route ou d'un chemin de fer.

S'il est reconnu que l'autorisation peut être accordée, l'arrêté du préfet prescrira toutes les mesures de conservation et de sûreté qui seront jugées nécessaires.

ART. H³. — Le concessionnaire ne pourra pratiquer aucune ouverture de travaux dans la forêt de. . . . . . avant qu'il ait été dressé contradictoirement procès-verbal de l'état des lieux par les agents de l'administration des forêts, afin que l'on puisse constater, au bout d'un an, et successivement chaque année, les indemnités qui seront dues.

Cas où les travaux doivent être ouverts dans une forêt domaniale ou communale.

Les déblais extraits de ces travaux seront déposés aussi près qu'il sera possible de l'entrée des mines, dans les endroits les moins dommageables, lesquels seront désignés par le préfet, sur la proposition des agents forestiers locaux, le concessionnaire et l'ingénieur des mines ayant été entendus.

ART. H⁴. — Le concessionnaire sera civilement responsable des dégâts commis dans la forêt par ses ouvriers ou par ses bestiaux, dans la distance fixée par l'article 31 du Code forestier.

Même cas que ci-dessus.

ART. H⁵. — Lorsque le concessionnaire abandonnera une ouverture de mine, il pourra être tenu de la faire combler en nivelant le terrain, et de faire repeupler ce terrain en essence

Même cas que ci-dessus.

de bois convenable au sol. Cette disposition sera ordonnée, s'il y a lieu, par un arrêté du préfet, sur le rapport des agents de l'administration forestière et de l'ingénieur des mines, le concessionnaire ayant été entendu, et sauf recours devant le ministre des travaux publics.

ART. I. — Chaque année, dans le courant de janvier, le concessionnaire adressera au préfet les plans et coupes des travaux exécutés dans le cours de l'année précédente. Ces plans, dressés à l'échelle d'un millimètre par mètre, de manière à pouvoir être rattachés aux plans généraux désignés dans les articles précédents, et renfermant toutes les indications mentionnées auxdits articles, seront vérifiés par l'ingénieur des mines.

ART. J. — Dans le cas où, soit par suite de circonstances imprévues, soit par le fait seul de l'approfondissement des mines, il deviendrait nécessaire de changer le mode d'exploitation qui aura été déterminé, conformément aux articles E et F ci-dessus, il y sera pourvu de la manière indiquée auxdits articles, sur la proposition du concessionnaire ou sur le rapport des ingénieurs des mines, mais toujours après que le concessionnaire et les ingénieurs auront été entendus.

ART. K. — Aucune portion des travaux souterrains ne pourra être abandonnée qu'en vertu d'un arrêté du préfet.

La déclaration d'abandon devra être faite à la préfecture par le concessionnaire ; un plan des travaux sera joint à ladite déclaration. L'arrêté du préfet, pris sur le rapport de l'ingénieur des mines, prescrira, conformément aux articles 8 et 9 du décret du 3 janvier 1813, les mesures de police, de sûreté et de conservation jugées nécessaires.

Les ouvertures au jour des puits ou galeries qui deviendront inutiles seront comblées ou bouchées par le concessionnaire ou à ses frais, suivant le mode qui sera prescrit par le préfet, sur la proposition de l'ingénieur des mines, et à la diligence des maires des communes sur le territoire desquelles les ouvertures seront situées.

Cas où le concessionnaire est soumis à une redevance

ART. K¹. — La déclaration du concessionnaire contiendra la désignation des propriétés auxquelles correspondra le champ de travaux qu'il s'agira d'abandonner. Cette déclaration sera affichée, ainsi qu'il est dit à l'article E¹ ci-dessus. La décision du préfet sera notifiée aux propriétaires intéressés, à la diligence de ce magistrat, et aux frais du concessionnaire.

proportion nelle aux produits de l'extraction en faveur des propriétaires des terrains sous lesquels l'exploitation a lieu.

ART. L. — Le concessionnaire tiendra l'exploitation de ses mines en activité constante, et ne pourra la suspendre sans cause reconnue légitime par l'administration.

ART. M. — Le concessionnaire devra exploiter de manière à pourvoir aux besoins des consommateurs et à ne compromettre ni la sûreté publique, ni celle des ouvriers, ni la conservation de la mine. Il se conformera, à cet effet, aux instructions qui lui seront adressées par l'administration et par les ingénieurs des mines, d'après les observations auxquelles la visite et la surveillance des mines pourront donner lieu.

ART. N. — Dans les cas prévus par l'article 50 de la loi du 21 avril 1810, et généralement lorsque, par une cause quelconque, l'exploitation compromettra la sûreté publique ou celle des ouvriers, la solidité des travaux, la conservation du sol et des habitations de la surface, le concessionnaire sera tenu d'en donner immédiatement avis à l'ingénieur des mines, ou, à son défaut, au garde-mines et au maire de la commune où l'exploitation sera située.

Si le concessionnaire, sur la notification qui lui sera faite de l'arrêté que prendra le préfet pour faire cesser la cause de danger, n'obtempère pas à cet arrêté, il y sera pourvu selon ce qui est prescrit par les articles 4 et 5 de l'ordonnance royale du 26 mars 1843.

ART. O. — Le concessionnaire sera tenu de placer à l'orifice des puits, tant d'extraction que d'épuisement, des machines assez puissantes pour suffire aux besoins de la consommation, et pour assécher convenablement les travaux.

Ces machines devront toujours être garnies d'un frein en bon état.

ART. O¹. — La houille menue et les matières susceptibles de s'enflammer spontanément dans l'intérieur des mines seront transportées au jour, au fur et à mesure de l'avancement des travaux, à moins d'une autorisation spéciale du préfet, délivrée sur le rapport de l'ingénieur des mines.

Pour les mines de houille, de lignite ou d'anthracite.

ART. O². — Le concessionnaire sera tenu de se conformer

Idem.

aux mesures qui seraient prescrites par l'administration pour prévenir les dangers résultant de la présence du gaz inflammable et de son explosion dans les mines, et de supporter les charges qui pourraient à cet effet lui être imposées.

Pour les concessions de mines de fer.

ART. O³ *. — En exécution de l'article 70 de la loi du 21 avril 1810, le concessionnaire fournira a. . . . . usine d. . . . . ., qui s'approvisionnai. . sur des gîtes compris dans sa concession, la quantité de minerai nécessaire à l'alimentation de ce. . usine, au prix qui sera fixé par l'administration.

Idem.

ART. O⁴. — Lorsque l'approvisionnement de l'usine ci-dessus désignée aura été assuré, le concessionnaire sera tenu de fournir, autant que ses exploitations le permettront, à la consommation des usines établies ou à établir dans le voisinage avec autorisation légale. Le prix des minerais sera alors fixé de gré à gré ou à dire d'experts, ainsi qu'il est dit en l'article 65 de la loi du 21 avril 1810, pour les exploitations de minières de fer.

Idem.

ART. O⁵. — En cas de contestation entre plusieurs maîtres de forges, relativement à leur approvisionnement en minerai, il sera statué par le préfet, conformément à l'article 64 de la même loi.

Pour les concessions de mines de sel gemme qui peuvent être exploitées par dissolution.

ART. O⁶. — Dans le cas où l'exploitation du sel aurait lieu par dissolution, le concessionnaire sera tenu d'exécuter tous les travaux qui seront prescrits par le préfet, sur le rapport des ingénieurs des mines, à l'effet de déterminer la situation et l'étendue des excavations souterraines produites par l'action des eaux.

S'il est reconnu que ce mode d'exploitation compromet la sûreté publique ou celle des habitations de la surface, il y sera

---

* Pour les anciennes concessions maintenues par l'article 53 de la loi du 21 avril 1810, et qu'il s'agit seulement de délimiter, les articles O³, O⁴ et O⁵ devront être remplacés par l'article suivant :

ART. . . . . — Le concessionnaire sera tenu de fournir aux usines qui auraient eu, antérieurement à l'ordonnance de délimitation, le droit de s'approvisionner de minerai de fer sur des exploitations comprises dans la concession, la quantité de minerai de fer qui sera fixée par l'administration, en se conformant aux anciens usages.

pourvu par le préfet, selon ce qui est prescrit par l'article 50 de la loi du 21 avril 1810.

En cas de péril imminent, le préfet pourra ordonner, conformément à l'article 4 du décret du 3 janvier 1813, que son arrêté sera provisoirement exécuté.

Si le concessionnaire n'exécute pas les travaux prescrits, il sera procédé d'office, et à ses frais, à l'exécution de ces travaux, ainsi qu'il est dit aux articles 4 et 5 de l'ordonnance royale du 26 mars 1843.

ART. P. — Conformément à l'article 14 de la loi du 21 avril 1810 et à l'article 25 du décret du 3 janvier 1813, le concessionnaire ne pourra confier la direction de ses mines qu'à une personne qui aura justifié de la capacité suffisante pour bien conduire les travaux. Il ne pourra employer, en qualité de maîtres mineurs ou de chefs d'ateliers souterrains, que des personnes qui auront travaillé au moins pendant trois ans dans les mines, comme mineurs, boiseurs ou charpentiers, ou des élèves de l'Ecole des mineurs de Saint-Etienne ou de l'Ecole des maîtres ouvriers mineurs d'Alais, ayant achevé leurs cours d'études et pourvus d'un brevet.

Aux termes de l'article 26 du décret du 3 janvier 1813, le concessionnaire n'emploiera que des mineurs et ouvriers porteurs de livrets.

ART. Q. — En exécution des décrets des 18 novembre 1810 et 3 janvier 1813, il tiendra constamment en ordre et à jour sur chaque mine :

1° Les plans et coupes des travaux souterrains, dressés sur l'échelle d'un millimètre pour mètre ;

2° Un registre constatant l'avancement journalier des travaux et les circonstances de l'exploitation dont il sera utile de conserver le souvenir, telle que l'allure des gîtes, leur épaisseur, la qualité d. . . . ., la nature du toit et du mur, le jaugeage des eaux affluant dans la mine, etc., etc.;

3° Un registre de contrôle journalier des ouvriers employés aux travaux intérieurs et extérieurs;

4° Un registre d'extraction et de vente.

En exécution des articles 6, 27 et 28 du décret du 3 janvier 1813, le concessionnaire communiquera ces plans et registres aux ingénieurs des mines, toutes les fois qu'ils'lui en feront la demande.

Conformément aux articles 36 du décret du 18 novembre 1810 et 27 du décret du 6 mai 1811, le concessionnaire transmettra au préfet, dans la forme et aux époques qui lui seront indiquées, l'état de ses ouvriers, celui des produits extraits dans le cours de l'année précédente, et la déclaration du revenu net imposable de son exploitation.

Art. Q¹. — Les plans et registres mentionnés en l'article précédent contiendront l'indication des propriétés territoriales sous lesquelles l'exploitation aura lieu.

Cas où le concessionnaire est soumis à une redevance proportionnelle aux produits de l'extraction en faveur des propriétaires des terrains sous lesquels l'exploitation a lieu.

Art. R. — Le concessionnaire sera tenu, en exécution de l'article 15 du décret du 3 janvier 1813, d'entretenir sur son établissement, dans la proportion du nombre des ouvriers et de l'importance de l'exploitation, les médicaments et autres moyens de secours qui lui seront indiqués par le préfet.

Art. S. — Dans le cas où il négligerait, soit d'adresser au préfet, dans les délais fixés, les plans dont il est question dans les articles E et I, soit de tenir sur ses exploitations le registre et le plan d'avancement journalier des travaux exigés par l'article Q, soit enfin d'entretenir constamment sur ses mines les médicaments et autres moyens de secours, il y sera pourvu par le préfet, conformément aux dispositions de l'ordonnance royale du 26 mars 1843.

Le préfet pourra également ordonner la levée d'office, et aux frais du concessionnaire, des plans dont l'inexactitude aurait été constatée par les ingénieurs des mines.

Art. T. — Faute par le concessionnaire d'adresser au préfet le projet d'exploitation exigé par l'article E, ou de se conformer dans ses travaux au mode d'exploitation qui aura été déterminé par le préfet, d'après l'article F, ses exploitations seront considérées comme pouvant compromettre la sûreté publique ou la conservation de la mine, et il y sera pourvu en exécution de l'article 50 de la loi du 21 avril 1810. En conséquence, la contravention ayant été constatée par un procès-verbal de l'ingénieur des mines, la mine sera mise en surveillance spéciale, et il y sera placé, aux frais du concessionnaire, un garde-mines ou tout autre préposé nommé par le préfet, à l'effet de lui rendre un compte journalier de l'état des travaux et de proposer telle mesure de police dont il reconnaîtra la nécessité.

Sur les propositions de cet agent et sur le rapport des ingénieurs des mines, le préfet ordonnera l'exécution des travaux jugés nécessaires à la sûreté publique ou à la conservation de la mine, et la suspension ou l'interdiction des ouvrages dangereux, sauf à en rendre compte immédiatement au ministre des travaux publics.

Les frais auxquels donnera lieu l'application de ces dispositions seront réglés par le préfet, et recouvrés conformément à ce qui est prescrit par l'article 5 de l'ordonnance royale du 26 mars 1843.

Art. T¹. — Le concessionnaire sera tenu de souffrir toutes les ouvertures qui seraient pratiquées pour l'exploitation des mines de. . . . . par le concessionnaire de ces dernières mines, ou même le passage à travers ses propres travaux, s'il est reconnu nécessaire ; le tout, s'il y a lieu, moyennant une indemnité qui sera réglée de gré à gré ou à dire d'experts. En cas de contestation sur la nécessité ou l'utilité de ces ouvertures, il sera statué par le préfet, sur le rapport des ingénieurs des mines, les parties ayant été entendues, et sauf le recours au ministre des travaux publics.

Cas où la concession s'étend sur des terrains déjà concédés pour l'exploitation de mines d'une autre nature.

Art. T². — Si l'exploitation des gîtes de. . . . ., objet de la présente concession, fait reconnaître qu'ils s'approchent des gîtes de. . . . ., objet de la concession de. . . . ., le concessionnaire ne pourra exploiter que la partie de ces gîtes où l'extraction sera reconnue n'offrir aucun inconvénient pour les mines de la concession de. . . . . situées dans le voisinage. . . . . En cas de contestation à ce sujet, il sera statué par le préfet, ainsi qu'il est dit à l'article ci-dessus, et le concessionnaire devra se conformer aux mesures qui seront prescrites par l'administration, dans l'intérêt de la bonne exploitation des deux substances.

Même cas que ci-dessus.

Art. U. — Si les gîtes à exploiter dans la concession de. . . . . se prolongent hors de cette concession, le préfet du département pourra ordonner, sur le rapport des ingénieurs des mines, le concessionnaire ayant été entendu, qu'un massif soit réservé intact sur chaque gîte, près de la limite de la concession, pour éviter que les exploitations soient mises en communication avec celles qui auraient lieu dans une concession voisine, d'une manière préjudiciable à l'une ou à l'autre mine. L'épaisseur des massifs sera déterminée par l'arrêté du préfet qui en ordonnera la réserve.

Les massifs ne pourront être traversés ou entamés par un ouvrage quelconque que dans le cas où le préfet, après avoir entendu les concessionnaires intéressés, et sur le rapport des ingénieurs des mines, aura autorisé cet ouvrage et prescrit le mode suivant lequel il devra être exécuté. Dans le cas où l'utilité des massifs aurait cessé, un arrêté du préfet sera nécessaire pour autoriser les concessionnaires à exploiter la partie qui leur appartiendra.

ART. V. — Toutes les fois que le concessionnaire exécutera des travaux sous des exploitations dépendant d'une autre concession ou dans leur voisinage immédiat, il sera tenu, aux termes de l'article 15 de la loi du 21 avril 1810, de donner caution de payer toute indemnité en cas d'accident. Les contestations relatives soit à la caution, soit à l'indemnité, seront portées devant les tribunaux et Cours, conformément audit article.

ART. W. — Dans le cas où il serait reconnu nécessaire à l'exploitation de la concession ou d'une concession limitrophe d'exécuter des travaux ayant pour but, soit de mettre en communication les mines des deux concessions, pour l'aérage ou pour l'écoulement des eaux, soit d'ouvrir des voies d'aérage, d'écoulement ou de secours, destinées au service des mines de la concession voisine, le concessionnaire sera tenu de souffrir l'exécution de ces travaux et d'y participer dans la proportion de son intérêt.

Ces ouvrages seront ordonnés par le préfet, sur le rapport des ingénieurs des mines, le concessionnaire ayant été entendu, et sauf recours au ministre des travaux publics.

En cas d'urgence, les travaux pourront être entrepris sur la simple réquisition de l'ingénieur des mines du département, conformément à l'article 14 du décret du 3 janvier 1813.

Dans ces divers cas, il pourra y avoir lieu à indemnité d'une mine en faveur de l'autre, et le règlement s'en fera par experts, conformément à ce qui est prescrit par l'article 45 de la loi du 21 avril 1810, pour les travaux servant à l'évacuation des eaux d'une mine dans une autre mine.

ART. X. — Dans le cas où le gouvernement reconnaîtrait la nécessité de travaux communs à plusieurs exploitations situées dans des concessions différentes, soit pour assécher des mines inondées, soit pour garantir de l'inondation des mines qui n'en seraient pas encore atteintes, le concessionnaire se conformera à tout ce qui sera prescrit en vertu de la loi du 27 avril 1838, relativement au système et au mode d'exécution et d'entretien des travaux d'épuisement, ainsi qu'à la répartition des taxes que les différents concessionnaires auront à acquitter.

Le refus de payement de la quote-part attribuée au concessionnaire donnera lieu, contre lui, à l'application de l'article 6 de la loi du 27 avril 1838.

ART. Y. — L'exécution et la conservation des travaux dont il est question dans les deux articles précédents seront soumises à la surveillance spéciale des ingénieurs des mines.

ART. Z. — Si des gîtes de minerais étrangers à*. . . . . . ., compris dans l'étendue de la concession de. . . . ., sont exploités légalement par les propriétaires du sol, ou deviennent l'objet d'une concession particulière accordée à des tiers, le concessionnaire des mines de. . . . . sera tenu de souffrir les travaux que l'administration reconnaîtrait utiles à l'exploitation desdits minerais, et même, si cela est nécessaire, le passage dans ses propres travaux; le tout, s'il y a lieu, moyennant indemnité, laquelle sera, selon les cas, réglée de gré à gré ou à dire d'experts, ou renvoyée au jugement du Conseil de préfecture, en exécution de l'article 46 de la loi du 21 avril 1810.

ART. Z'. — Le concessionnaire ne pourra établir des usines pour la préparation mécanique ou le traitement minéralurgique des produits de ses mines, qu'après avoir obtenu une

Pour les mines métalliques de sels alumineux et vitrioliques.

---

* Quand il s'agit d'une mine de houille, après les mots *étrangers à* on insère ceux-ci : *la houille, et spécialement des gîtes de fer carbonaté lithoïde.*

permission à cet effet, dans les formes déterminées par les articles 73 et suivants de la loi du 21 avril 1810.

Pour les mines de sel gemme, les sources et les puits d'eau salée.

ART. Z². — Le concessionnaire ne pourra établir des usines destinées (*à l'élaboration du sel gemne* ou *au traitement des eaux salées*) qu'après avoir obtenu une permission à cet effet, dans les formes déterminées par les articles 25 et suivants de l'ordonnance du 7 mars 1841.

Circulaire du 28 novembre 1844 sur les procès-verbaux de visite et de surveillance des mines.

Monsieur le préfet, aux termes des articles 6 et 23 du décret du 3 janvier 1813, MM. les ingénieurs des mines doivent rédiger des procès-verbaux de visite des mines dont la surveillance leur est confiée.

Je vous prie de demander ceux qui ont été dressés pour votre département dans le courant de la présente campagne. Veuillez vous faire remettre en même temps un rapport général indiquant les principaux faits constatés, les améliorations qui ont eu lieu et celles qui restent à réaliser. Plusieurs de MM. les ingénieurs sont dans l'usage de fournir annuellement de semblables résumés; ce sont des compléments fort utiles des procès-verbaux de visite, et il est fort désirable que cette disposition soit suivie dans tous les départements.

D'après l'article 50 de la loi du 21 avril 1810, il vous appartient, monsieur le préfet, de pourvoir à ce qu'exigeraient la sûreté publique, la conservation des puits, la solidité des travaux, la sûreté des ouvriers mineurs ou des habitations de la surface. 'appelle particulièrement votre attention sur cet objet important. L'ordonnance royale du 26 mars 1843 donne les moyens de faire exécuter d'office les travaux qui seraient jugés nécessaires, ainsi que les prescriptions des règlements sur la police souterraine, qui sont relatives à la tenue des plans et registre d'avancement des ouvrages intérieurs, à l'établissement du service de santé. Il conviendra de recourir aux dispositions de cette ordonnance, si les exploitants ne se conformaient pas aux injonctions qui leur seraient adressées.

Je vous serai obligé de me faire parvenir le plus tôt possible les documents dont il s'agit, en m'informant des mesures que vous auriez prises ou que vous vous proposeriez de prendre à l'égard de chaque mine. Je me réfère, du reste, aux instructions contenues dans les circulaires des 30 janvier 1837 et 10 mai 1843.

Circulaire du 19 juin 1845 sur la nomenclature et le classement des usines minéralurgiques.

Monsieur le préfet, le classement des usines minéralurgiques, considérées sous le rapport des règlements qui leur sont applicables, a souvent donné lieu à des incertitudes et à des difficultés. Il en est résulté, dans l'instruction des demandes relatives à l'établissement de ces usines, des retards ou des complications qu'il importe d'éviter à l'avenir.

J'ai pensé que, pour assurer partout une marche uniforme et régulière, il était indispensable de dresser une nomenclature désignant nominativement toutes les usines minéralurgiques qui sont régies soit par la loi du 21 avril 1810, soit par le décret du 15 octobre 1810, et par l'ordonnance royale du 14 janvier 1815, sur les ateliers insalubres, incommodes ou dangereux, soit à la fois par ladite loi et par lesdits décret et ordonnance, et indiquant, en outre, les règlements qui sont applicables à ces usines, selon que la force motrice dont elles ont besoin leur est fournie par un cours d'eau ou par une machine à vapeur.

Je joins ici cette nomenclature, qui a été rédigée par le Conseil général des mines, et que j'ai adoptée après l'avoir communiquée à M. le ministre de l'agriculture et du commerce, qui a pensé comme moi qu'elle serait d'une grande utilité pour l'instruction des affaires de cette espèce, sauf à examiner plus tard, quand on s'occupera d'une nouvelle ordonnance sur la classification des divers établissements insalubres ou

incommodes, s'il y aurait lieu d'apporter quelques modifications au tableau ci-annexé.

Je crois devoir entrer ici dans quelques développements sur
les motifs du classement, tel qu'il résulte de ce tableau.

Les usines minéralurgiques qui ne peuvent être établies
qu'en vertu d'une ordonnance royale accordée après l'accomplissement des formalités prescrites par la loi du 21 avril 1810,
sont, aux termes de l'article 73 de cette loi : 1° *Les fourneaux
à fondre le minerai de fer et autres substances métalliques ; 2° les
forges et martinets pour ouvrer le fer et le cuivre ; 3° les usines
servant de patouillets et bocards ; 4° les usines pour le traitement
des substances salines et pyriteuses dans lesquelles on consomme des
combustibles.*

On doit évidemment ranger dans la première de ces classifications toutes les usines dans lesquelles on retire les métaux
de leurs minerais à l'état de métal proprement dit, ou à l'état
de combinaison avec une autre substance. Telles sont les usines qui renferment les hauts fourneaux et les foyers où l'on
traite directement les minerais de fer pour en obtenir la fonte,
le fer et l'acier, ainsi que les usines renfermant les fours, fourneaux et appareils au moyen desquels on retire de leurs minerais le cuivre, le plomb, le zinc, l'antimoine, l'arsenic, le
cobalt et le nickel, à l'état de métal, d'oxyde ou de sulfure ;
mais on irait au delà des intentions de la loi si l'on plaçait
dans cette classe les fours et fourneaux dans lesquels on fait
subir une seconde fusion aux métaux ou aux substances métalliques provenant du traitement des minerais pour les allier
ensemble, ou pour leur donner, par le moulage, les formes
que réclament les besoins du commerce, cette nouvelle fusion
étant une opération secondaire qui ne change pas la nature
des produits. On ne doit pas non plus y comprendre les usines
où l'on fabrique le laiton en fondant ensemble le cuivre et un
minerai de zinc, attendu que le résultat de l'opération est un
alliage que l'on obtient également par la seconde fusion du
cuivre et du zinc à l'état métallique.

Par la dénomination de *forges et martinets*, le législateur n'a
pas eu seulement en vue les forges proprement dites, dans
lesquelles on convertit la fonte en fer ou en acier, et qui, très-

anciennement, ont pu, dans quelques localités, être désignées sous le nom de *martinets;* il a encore entendu les usines qui étaient généralement connues à l'époque de la promulgation de la loi du 24 avril 1810 sous le nom de *martinets,* comme elles le sont aujourd'hui, et où l'on donne des formes marchandes à du fer en grosses barres qui n'a point cours encore dans le commerce ordinaire des fers, n'étant ni paré, ni parfaitement calibré. On ne saurait voir aucune synonymie dans les termes de *forges* et *martinets,* énoncés en l'article 73 de la loi. Ils y sont, en effet, considérés distinctement, ainsi que ces expressions mêmes l'indiquent, et non point indifféremment l'un pour l'autre. D'ailleurs, on y met sur la même ligne les martinets à ouvrer le fer et les martinets pour ouvrer le cuivre, lesquels sont de très-petites usines, où l'on transforme le cuivre brut en produits marchands présentant les formes requises par le commerce, de même que, dans les martinets pour le fer, on donne à ce métal certaines formes qui le rendent propre à des transformations ultérieures. D'un autre côté, l'ensemble des dispositions de la section IV du titre VII de la loi indique suffisamment que, par la dénomination de *martinets pour ouvrer le fer et le cuivre,* le législateur a voulu désigner les usines qui, destinées à donner au fer et au cuivre les formes premières dont ils ont besoin pour devenir des substances généralement commerçables, sont d'un ordre inférieur aux usines où s'obtiennent ces deux métaux, et qui cependant ont une certaine importance, tant par la quantité du combustible qu'elles consomment que par la force motrice dont elles font usage.

On ne doit pas comprendre parmi les forges et martinets les établissements dans lesquels le fer et le cuivre, déjà à l'état de produits marchands, reçoivent, au moyen d'élaborations secondaires, les formes distinctives qui les rendent propres à différents usages. Si l'on posait en principe que la loi du 24 avril 1810 doit atteindre tous les établissements dans lesquels le fer et le cuivre sont façonnés et transformés de diverses manières, on serait conduit à appliquer les formalités voulues par la loi à une foule de petits ateliers qui sont évidemment en dehors de ses prescriptions.

Des observations générales qui précèdent il résulte : 1° que la loi est applicable à tous les fours, foyers ou feux au moyen desquels le fer, l'acier et le cuivre, à l'état de produits épurés, mais non encore susceptibles, par leurs formes, d'être versés dans le commerce ordinaire, sont transformés en produits commerçables avec le secours des marteaux, des martinets, des cylindres, des laminoirs ou des fenderies; qu'elle s'applique aussi aux forges dans lesquelles on traite les riblons, soit parce que le travail de ces usines n'a pas pour objet l'élaboration d'un produit déjà ouvré, mais bien une fabrication du fer avec des morceaux de vieux fer ou des rognures de tôle, matières toujours plus ou moins oxydées, qu'on se procure comme un minerai par la voie du commerce ; soit parce que les riblons sont souvent accompagnés de morceaux de vieilles fontes ; soit encore parce que ces sortes d'usines ont de l'analogie, par la quantité du combustible qu'elles consomment et par la force motrice qu'elles emploient, avec les petites forges qui, dans plusieurs départements, servent pour l'affinage de la fonte ; 2° qu'elle n'est pas applicable aux usines où l'on fabrique l'acier de cémentation et l'acier fondu, lorsque ces établissements sont isolés des appareils de corroyage et d'étirage au moyen desquels on fait subir à l'acier poule et à l'acier de fusion brut des transformations semblables à celles que le fer reçoit sous le martinet, les usines dont il s'agit consommant peu de combustible et pouvant être tenues en activité sans force motrice ; aux taillanderies, aux fabriques de faux, de scies, de limes, de clous et de vis ; aux ferblanteries, aux tréfileries, où l'étirage des fils de fer, d'acier et de cuivre a lieu à froid ; aux manufactures d'armes ; aux ateliers de casserie, de grosse serrurerie, de quincaillerie et de coutellerie; aux ateliers de construction de machines à vapeur, ni, en général, aux ateliers consommant peu de combustible, où le fer, l'acier et le cuivre, déjà ouvrés, sont transformés par les opérations secondaires en d'autres produits marchands.

Le fer et le cuivre étant les seuls métaux mentionnés dans l'article 73 de la loi de 1810, en ce qui concerne les élaborations qu'ils peuvent recevoir à l'aide des martinets ou d'autres appareils de compression, les usines dans lesquelles on ouvre le plomb, le zinc, l'étain et d'autres métaux ne doivent pas être régies par cette loi.

On doit entendre, par *usines servant de patouillets et bocards* (art. 73 de la loi de 1810), les ateliers de lavage des minerais de fer et des autres minerais, et ceux destinés à pulvériser les minerais, les laitiers et scories. Quant aux lavoirs à cheval et à bras, bien qu'ils ne soient pas explicitement désignés dans l'article 73 de la loi de 1810, et qu'il n'y ait point lieu d'appliquer, en ce qui les concerne, la taxe fixe imposée par l'article 75, ils n'en doivent pas moins être l'objet d'ordonnances royales, attendu qu'il y a un règlement d'eau à prescrire. Il est indispensable, d'ailleurs, que l'administration intervienne pour régler les dispositions relatives à la clarification des eaux bourbeuses provenant du lavage des minerais, dispositions qui importent si essentiellement aux propriétés riveraines. La seule exception à la règle générale en matière de lavoirs s'applique aux *lavoirs portatifs*, toutes les fois que ces ateliers, établis dans les excavations d'où le minerai est tiré ou dans les dépressions naturelles du sol, sont alimentés uniquement par les eaux pluviales, ne sont traversés ni arrosés par aucun cours d'eau, et se trouvent dans des terrains appartenant aux extracteurs de minerais. Dans de telles circonstances, il n'est pas besoin d'autorisation.

Les usines destinées au traitement des substances salines et pyriteuses comprennent les établissements où l'on fabrique les sulfates de fer, de cuivre, d'alumine et d'alun avec les substances minérales, pyriteuses, vitrioliques, alumineuses ou alunifères, ainsi que ceux qui servent à l'élaboration du sel gemme et au traitement des eaux salées; mais, à l'égard de ces derniers, ils sont maintenant soumis à une législation spéciale (loi du 17 juin 1840, ordonnance du 7 mars 1841). Ils n'en doivent pas moins figurer dans la nomenclature et le classement des usines minéralurgiques.

A l'exception des bocards et des patouillets, les usines régies par la loi du 21 avril 1810 sont plus ou moins sujettes au danger du feu ou aux inconvénients de la fumée, puisque toutes renferment des fourneaux, des fours, des foyers ou feux. Celles où il existe des marteaux ou des bocards peuvent être incommodes par le bruit qu'elles produisent. Plusieurs de ces usines donnent lieu à des vapeurs dangereuses pour la santé ou nuisibles à la végétation : telles sont celles où l'on traite des minerais contenant du soufre ou de l'arsenic. Les considérations qui ont motivé les classifications adoptées pour les ateliers et établissements incommodes, insalubres ou dangereux, s'appliquaient donc, les patouillets exceptés, à toutes les usines minéralurgiques, et l'on a dû, à l'égard de celles qui n'étaient pas encore comprises dans ces classifications, adopter le classement qui était indiqué par l'analogie. En ce qui concerne les formalités applicables aux usines qui sont régies à la fois par la loi du 21 avril 1810 et par les décret et ordonnances sur les établissements insalubres, incommodes ou dangereux, l'instruction administrative prescrite par ladite loi a pour objet la protection des intérêts qui se rattachent aux approvisionnements en minerais, à la consommation du combustible et à l'usage des eaux, et les formalités prescrites par le décret du 15 octobre 1810 et par l'ordonnance réglementaire du 14 janvier 1815 se rapportent aux garanties contre le danger du feu, les inconvénients de la fumée ou du bruit et l'insalubrité des vapeurs produites. Ces dernières formalités comprennent des affiches qui seraient superflues, puisque, aux termes de l'article 74 de la loi précitée, la demande en permission doit être affichée, pendant quatre mois consécutifs, dans le chef-lieu du département, dans celui de l'arrondissement, dans la commune où doit se trouver l'usine projetée et dans le lieu du domicile du demandeur. Il convient seulement que les Conseils de préfecture soient consultés sur les oppositions qui s'élèveraient sous le rapport des dangers du feu ou des autres inconvénients de l'établissement, ces conseils étant formellement désignés dans l'article 4 de l'ordonnance du 14 janvier 1815, et les tiers ne pouvant être privés d'une garantie que la législation leur assure. D'ailleurs les préfets, qui sont appelés à donner leur avis sur l'ensemble de chaque affaire, doivent, après avoir reçu les avis des ingénieurs, énoncer dans celui qu'ils ont à émettre les conditions qui leur paraissent nécessaires, eu égard aux oppositions qui se sont produites.

En ce qui concerne les usines minéralurgiques régies uniquement par les décret et ordonnances sur les ateliers insalubres, incommodes ou dangereux, et qui se trouveraient annexées à d'autres usines auxquelles les formalités de la loi du 21 avril 1810 seraient applicables, l'instruction administrative relative à celles-ci dispense pour celles-là de l'exécution des formalités voulues par les règlements sur lesdits ateliers, sauf toujours l'avis du Conseil de préfecture sur les oppositions que la crainte des dangers, de l'incommodité ou de l'insalubrité aurait fait naître.

Quand des usines minéralurgiques doivent être mises en mouvement par un cours d'eau, une ordonnance royale est toujours nécessaire pour leur établissement, lors même qu'elles appartiennent à la deuxième ou à la troisième classe des ateliers dangereux, insalubres ou incommodes, et que l'avis des ingénieurs des mines n'est point exigé : on continuera à suivre à cet égard la marche adoptée, et à transmettre ces sortes d'affaires au ministre des travaux publics, pour qu'il y soit donné la suite convenable.

Les formalités à remplir relativement au régime hydraulique sont celles qu'indiquent l'arrêté du 19 ventôse an VI (9 mars 1798), l'instruction ministérielle du 19 thermidor, même année (6 août 1798), et la circulaire du 16 novembre 1834. La publicité prescrite par la loi du 21 avril 1810, pour celles de ces usines qu'elle régit, rend d'ailleurs inutiles les publications et affiches, pendant vingt jours, exigées par l'instruction du 19 thermidor an VI.

Enfin, dans tous les cas où les usines minéralurgiques empruntent à des machines à vapeur leur force motrice, ces machines ne peuvent être établies qu'en vertu d'une autorisation spéciale accordée après l'accomplissement des formalités prescrites par l'ordonnance réglementaire du 22 mai 1843. L'autorisation, ainsi que l'avait déjà recommandé la circulaire du 16 mai 1839, doit être jointe au dossier de la demande en permission de l'usine à laquelle la machine à vapeur est destinée. Et il demeure bien entendu que celle-ci ne peut être mise en mouvement que lorsque l'usine elle-même est autorisée.

Telles sont, monsieur le préfet, les considérations qui ont

motivé les classifications adoptées pour les usines minéralurgiques. Au moyen de ces explications et de la nomenclature ci-jointe, il vous sera facile de juger de la marche à suivre dans chaque circonstance.

L'administration a voulu ici, comme en toute occasion, simplifier autant que possible l'expédition des affaires. C'est un résultat auquel doivent tendre constamment nos communs efforts.

Je vous prie de m'accuser réception de cette circulaire, dont je transmets une ampliation à MM. les ingénieurs.

(Voir *p.* 390 *les Tableaux de nomenclature et classement des usines minéralurgiques.*)

NOMENCLATURE ET CLASSEMENT

DES USINES MINÉRALURGIQUES.

(1) On n'a pas fait mention de la force motrice produite par les animaux, attendu que l'emploi de ce moteur n'est soumis à l'accomplissement d'aucune formalité spéciale.

(2) Lorsque le moteur d'une usine régie par la loi du 21 avril 1810 est un cours d'eau, la publicité prescrite par ladite loi supplée aux affiches et publications pendant vingt jours exigées par l'instruction ministérielle du 16 thermidor an VI.

(3) Dans une usine quelconque, régie ou non par la loi du 21 avril 1810, une machine à vapeur ne peut être établie qu'en vertu d'une autorisation spéciale.

DÉSIGNATION de L'USINE.	MATIÈRES à ÉLABORER.	PRODUITS.	MOTEUR EMPLOYÉ (1).		LOIS ET QUI RÉGISSENT
			Cours d'eau. (2).	Machines à vapeur (3).	à raison des appareils de l'usine.
USINES RÉGIES A LA FOIS PAR LA LOI DU 21 AVRIL 1810 ET PAR LES DÉCRET ET					*PREMIÈRE*
HAUTS FOURNEAUX...	Minerais de fer...	Fonte pour affinage ou pour moulage de 1re fusion.	Cours d'eau.	Machine à vapeur	Loi du 21 avril 1810, décret du 15 octobre 1810, ordonnance du 14 janvier 1815
FOYERS CATALANS ET CORSES.	Idem.	Fer, acier.......	Idem.	Idem.	Idem.
FOYERS DE MAZERIE pour le fer et l'acier.	Fonte brute......	Fonte mazée, gâteaux d'acier.	Idem.	Idem.	Idem.
BAS FOURNEAUX dits fineries.	Idem.	Fine-métal.	Idem.	Idem.	Idem.
FOYERS D'AFFINERIE de toute espèce pour le fer et l'acier	Fonte brute, fonte mazée, gâteaux d'acier.	Fer en massiaux, fer en barres, acier de forge.	Idem.	Idem.	Idem.
FOURS A PUDDLER...	Fonte brute, fine-métal.	Fer en massiaux.	Idem.	Idem.	Idem.

des usines minéralurgiques.

(4) La seule formalité à remplir pour les usines minéralurgiques régies à la fois par la loi du 21 avril 1810 et par les règlements sur les ateliers insalubres, incommodes ou dangereux, consiste, en ce qui concerne l'exécution de ces règlements, dans le renvoi au Conseil de préfecture, pour avoir son avis, des oppositions qui s'élèveraient sous le rapport des dangers, de l'insalubrité ou de l'incommodité de l'établissement. Les sous-préfets ne sont pas consultés. — Lorsque l'établissement est régi seulement par les règlements sur les ateliers insalubres, incommodes ou dangereux, et qu'il se trouve annexé à une usine à laquelle les formalités de la loi du 21 avril 1810 sont applicables, une seule instruction doit avoir lieu pour l'ensemble des ateliers, conformément aux prescriptions de ladite loi, et cette instruction dispense de l'exécution des formalités exigées par lesdits règlements, sauf toujours l'avis du Conseil de préfecture sur les oppositions relatives aux dangers, à l'insalubrité ou à l'incommodité.

RÈGLEMENTS L'ÉTABLISSEMENT, à raison du moteur.		CLASSEMENT parmi les ÉTABLISSEMENTS régis par la loi du 21 avril 1810, et motifs de ce classement.	CLASSEMENT parmi les établissements insalubres, incommodes ou dangereux (4).		OBSERVATIONS.
Cours d'eau.	Machines à vapeur.		Classe à laquelle l'établissement appartient déjà et ordonnance de classement.	Classe dans laquelle l'établissement doit être placé, et motifs de ce classement.	

CATÉGORIE.

ORDONNANCES SUR LES ÉTABLISSEMENTS INSALUBRES, INCOMMODES OU DANGEREUX.

Arrêté du 19 ventôse an VI, instruc. du 19 therm. an VI, circulaire du 16 nov. 1834.	Ordonnance du 22 mai 1843.	Texte de l'art. 73.	1re classe. — Ordonnance du 14 janv. 1815.		
Idem.	Idem.	Idem.	....	1re classe. — Mêmes inconvénients que pour les hauts fourn. Idem.	
Idem.	Idem.	Ces foyers rentrent dans la catégorie des forges.	....	Idem.	Les foyers de mazerie sont employés pour blanchir ou décarburer la fonte dans la fabrication du fer par la méthode nivernaise et dans la fabrication de l'acier de forge.
Idem.	Idem.	Idem.	....	Idem.	Les fineries sont employées pour blanchir ou décarburer la fonte dans l'affinage par la méthode anglaise. Un moteur est nécessaire pour leur soufflerie.
Idem.	Idem.	Texte de l'art. 73.	....	Idem.	
Idem.	Idem.	L'opération dite *puddlage* est analogue à l'affinage de la fonte dans les foyers d'affinerie.	....	Idem.	Les fours à puddler sont toujours accompagnés de machines de compression pour lesquelles un moteur est nécessaire.

DÉSIGNATION de L'USINE.	MATIÈRES à ÉLABORER.	PRODUITS.	MOTEUR EMPLOYÉ.		LOIS ET QUI RÉGISSENT à raison des appareils de l'usine.
			Cours d'eau.	Machines à vapeur	
FOYERS DE CHAUF-FERIE du fer en massiaux.	Fer en massiaux..	Fer en barres.	Cours d'eau.	Machine à vapeur	Loi du 21 avril 1810, décret du 15 octobre 1810, ordonnance du 10 janvier 1815. Idem.
FOURS A RÉVERBÈRE pour chauffer le fer à étirer.	Fer en massiaux, trousses ou paquets de fer déjà étiré.	Fer étiré de diverses formes et dimensions.	Idem.	Idem.	Idem.
FOYERS DE CHAUFFE-RIE dits *martinets*.	Fer en massiaux, fer en grosses barres.	Petit fer en barres ou en verges, dit *fermartiné*.	Idem.	Idem.	Idem.
FOURS A RÉVERBÈRE de chaufferie pour la fabrication du petit fer ou pour le corroyage de l'acier au martinet ou au cylindre.	Fer en massiaux, fer en grosses barres, acier de forge, acier poule ou de cémentation, acier de fusion en barres.	Petit fer en barres ou en verges, dit *fer martiné*, fer cylindré, acier raffiné et corroyé de forge, de cémentation ou de fusion.	Idem.	Idem.	
FOYERS DE CHAUF-FERIE pour la fabrication du fer de fenderie.	Fer en barres plates.	Verge, vergine, feuillard.	Idem.	Idem.	Idem.
FOURS A RÉVERBÈRE de chaufferie pour la fabrication du fer de fenderie.	Idem.	Idem.	Idem.	Idem.	Idem.
FOYERS DE CHAUF-FERIE pour la fabrication de la tôle de fer platinée ou laminée.	Fer en plaques...	Tôle platinée, tôle laminée.	Idem.	Idem.	Idem.
FOURS A RÉVERBÈRE de chaufferie pour la fabrication de la tôle de fer platinée ou laminée ou de la tôle d'acier.	Fer en plaques, acier corroyé en plaques.	Tôle platinée, tôle laminée, tôle d'acier.	Idem.	Idem.	Idem.

RÈGLEMENTS D'ÉTABLISSEMENT, à raison du moteur.		CLASSEMENT parmi les ÉTABLISSEMENTS régis par la loi du 21 avril 1810, et motifs de ce classement.	CLASSEMENT parmi les établissements insalubres, incommodes ou dangereux.		OBSERVATIONS.
Cours d'eau.	Machines à vapeur		Classe à laquelle l'établissement appartient déjà et ordonnance de classement.	Classe dans laquelle l'établissement doit être placé, et motifs de ce classement.	
Arrêté du 19 ventôse an VI, instruction du 19 thermidor an VI, circ. du 16 nov. 1854.	Ordonnance du 22 mai 1843.	Ces foyers rentrent dans la catégorie des forges.	. . . .	1re classe. — Mêmes inconvénients que pour les hauts fourneaux.	Le fer est étiré sous le marteau ou au moyen de cylindres.
Idem.	Idem.	Idem.	. . . .	Idem.	Idem.
Idem.	Idem.	Texte de l'art. 73.	. . . .	Idem.	Le fer est étiré sous les petits marteaux appelés martinets.
Idem.	Idem.	Ces fours rentrent dans la catégorie des martinets.	. . . .	Idem.	Le fer et l'acier sont étirés tantôt sous le martinet, tantôt au moyen des cylindres.
Idem.	Idem.	L'opération est analogue à celle qu'on exécute au moyen des cylindres.	. . . .	Idem.	On appelle fenderies des usines qui consistent : 1° en foyers de chaufferies semblables à ceux des martinets, ou plus généralement en fours à réverbère dans lesquels on chauffe le fer en barres plates destinées à être fendues ; 2° en cylindres dits *espatards*, qui servent pour amincir les barres plates ; 3° en cylindres dits *découpoirs*, au moyen desquels le fer, aminci convenablement, est divisé en verge, vergine ou feuillard.
Idem.	Idem.	Idem.	. . . .	Idem.	
Idem.	Idem.	L'opération est comparable à celle qui donne le petit fer au moyen du martinet ou des cylindres.	. . . .	Idem.	
Idem.	Idem.	Idem.	. . . .	Idem.	

DÉSIGNATION de L'USINE.	MATIÈRES à ÉLABORER.	PRODUITS.	MOTEUR EMPLOYÉ.		LOIS ET QUI RÉGISSENT à raison des appareils de l'usine.
			Cours d'eau.	Machines à vapeur.	
FOYERS DE CHAUFFE-RIE pour le traite-ment des riblons.	Vieux fer dit ri-blons.	Fer en massiaux, fer en barres, ou-tils, et instru-ments divers.	Cours d'eau.	Machine à vapeur	Loi du 21 avril 1810, décret du 15 octobre 1810, ordon-nance du 14 janvier 1815.
FOURS À RÉVERBÈRE de chaufferie pour le traitement des ri-blons.	Idem.	Fer en massiaux, fer en barres.	Idem.	Idem.	Idem.
USINES pour le traite-ment des minerais de cuivre.	Minerais de cui-vre.	Cuivre noir, cuivre rosette.	Idem.	Idem.	Idem.
USINES servant pour raffiner, marteler ou laminer le cuivre.	Cuivre noir, cui-vre brut, vieux cuivre.	Cuivre raffiné, cui-vre battu, cuivre laminé.	Idem.	Idem.	Idem.
USINES pour le traite-ment des minerais de zinc.	Minerais de zinc	Zinc brut........	Idem.	Idem.	Idem.
USINES pour le traite-ment des minerais de plomb.	Miner. de plomb	Plomb, litharge, ar-gent.	Idem.	Idem.	Idem.
USINES pour le traite-ment des minerais d'argent.	Minerais de cui-vre, de plomb, d'antimoine, de zinc argentifère, quartz argentif., argent rouge.	Argent, cuivre, zinc, litharge.	Idem.	Idem.	Idem.

RÉGLEMENTS L'ÉTABLISSEMENT, à raison du moteur.		CLASSEMENT parmi les ÉTABLISSEMENTS régis par la loi du 21 avril 1810, et motifs de ce classement.	CLASSEMENT parmi les établissements insalubres, incommodes ou dangereux.		OBSERVATIONS.
Cours d'eau.	Machines à vapeur		Classe à laquelle l'établissement appartient déjà et ordonnance de classement.	Classe dans laquelle l'établissement doit être placé, et motifs de ce classement.	
Arrêté du 19 ventôse an VI, instruc. du 19 therm. an VI, circulaire du 16 nov. 1834.	Ordonnance du 22 mai 1843.	L'opération a pour objet une fabrication du fer et non une élaboration d'un produit déjà ouvré.	....	....	Les foyers où l'on traite les riblons sont désignés, dans plusieurs localités, sous le nom de *taillanderie*, lorsqu'on fabrique immédiatement avec le fer qui en provient des outils et instruments. On ne doit pas les confondre avec les taillanderies proprement dites, qui servent pour transformer le fer marchand en outils et instruments divers.
Idem.	Idem.	Idem.	....	....	
Idem.	Idem.	Texte de l'art. 73.	1re classe. — Ordonnance du 14 janvier 1815.	....	Ces usines rentrent dans la catégorie de celles qui sont désignées dans l'ordonnance du 14 janvier 1815 sous la dénomination d'établissements servant à l'affinage des métaux.
Idem.	Idem.	Ces usines sont des annexes de celles qui servent au traitement des minerais de cuivre, ou sont comprises dans l'art. 73, sous la dénomination de martinets à cuivre, ou bien sont analogues aux martinets.	2e classe. — Ordonnance du 14 janvier 1815.	....	Ces usines rentrent dans la catégorie de celles qui sont désignées dans l'ordonnance du 14 janvier 1815, soit sous la dénomination de fondeurs en grand ou au fourneau à réverbère, soit sous celle de fonte et laminage de cuivre.
Idem.	Idem.	Texte de l'art. 73.	1re classe. — Ordonnance du 14 janvier 1815.	....	Ces usines rentrent dans la catégorie de celles qui sont indiquées dans l'ordonnance du 14 janvier 1815 comme servant à l'affinage des métaux.
Idem.	Idem.	Idem.	Idem.	....	Ces usines rentrent dans la catégorie de celles qui sont indiquées dans l'ordonnance du 14 janvier 1815 comme servant à la fabrication de la litharge.
Idem.	Idem.	Idem.	Idem.	....	Idem.

DÉSIGNATION de L'USINE.	MATIÈRES à ÉLABORER.	PRODUITS.	MOTEUR EMPLOYÉ.		LOIS ET QUI RÉGISSENT à raison des appareils de l'usine.
			Cours d'eau.	Machines à vapeur	
Usines pour le traitement des minerais d'arsenic.	Minerais d'arsenic.	Acide arsenieux, arsenic métallique, sulfure d'arsenic, dit *réalgar*.	Cours d'eau.	Machine à vapeur	Loi du 21 avril 1810, décret du 15 octobre 1810, ordonnance du 21 janvier 1815.
Usines pour le traitement des minerais d'antimoine.	Minerais d'antimoine.	Sulfure d'antimoine, dit *antimoine cru*; antimoine métallique, dit *régule*.	Idem.	Idem.	Idem.
Usines pour le traitement des minerais de cobalt et de nickel.	Minerais de cobalt, de nickel.	Acide arsenieux, soufre, smalt, azur, nickel.	Idem.	Idem.	Idem.
Bocards à minerais.	Minerais de fer et autres, accompagnés d'une gangue plus ou moins dure.	Minerais de fer et autres.	Idem.	Idem.	Idem.
Bocards à crasse.	Laitiers et scories accompagnés de matières métalliques.	Matières métalliques diverses.	Idem.	Idem.	Idem.
Usines pour le traitement des matières pyriteuses, vitrioliques, alumineuses ou alunifères.	Substances minérales pyriteuses, vitrioliques, alumineuses ou alunifères.	Sulfate de fer, sulfate d'alumine, alun.	......	....	Idem.
Usines pour l'élaboration du sel gemme et le traitement des eaux salées.	Sel gemme, eaux provenant de sources ou de puits d'eau salée.	Sel commun, dit *sel marin*.	......	....	....

APPEN

RÈGLEMENTS L'ÉTABLISSEMENT, à raison du moteur.		CLASSEMENT parmi les ÉTABLISSEMENTS régis par la loi du 21 avril 1810, et motifs de ce classement.	CLASSEMENT parmi les établissements insalubres, incommodes ou dangereux.		OBSERVATIONS.
Cours d'eau.	Machines à vapeur		Classe à laquelle l'établissement appartient déjà et ordonnance de classement.	Classe dans laquelle l'établissement doit être placé, et motifs de ce classement.	
Arrêté du 19 ventôse an VI, instruction du 19 thermidor an VI, circulaire du 16 nov. 1834.	Ordonnance du 22 mai 1843.	Texte de l'art. 73.	1re classe. — Ordonnance du 14 janvier 1815.	....	Ces usines rentrent dans la catégorie de celles qui sont désignées dans l'ordonnance royale du 14 janvier 1815 sous la dénomination d'établissements servant à l'affinage des métaux.
Idem.	Idem.	Idem.	Idem.	....	Idem.
Idem.	Idem.	Idem.	Idem.	....	Idem.
Idem.	Idem.	Idem.	....	3e classe. — Bruit.	
Idem.	Idem.	Idem.	....	Idem.	
Idem.	Idem.	Idem.	3e classe. — Ordonnance du 14 janvier 1815.	....	Les usines dans lesquelles on fabrique directement la couperose, au moyen du fer et de l'acide sulfurique, ne sont pas considérées comme usines minéralurgiques.
....	....	....	3e classe. — Ordonnance du 7 mars 1841.	....	Les usines destinées à l'élaboration du sel gemme et du traitement des eaux salées sont régies par la loi du 17 juin 1840 et par l'ordonnance du 7 mars 1841. Elles doivent être classées, relativement aux inconvénients qui peuvent résulter de leur voisinage, parmi les établissements désignés dans l'ordonnance royale du 14 janvier 1815 sous la dénomination de raffineries de sel.

DÉSIGNATION de L'USINE.	MATIÈRES à ÉLABORER.	PRODUITS.	MOTEUR, EMPLOYÉ.		LOIS ET QUI RÉGISSENT
			Cours d'eau.	Machines à vapeur	à raison des appareils de l'usine.

USINES RÉGIES SEULEMENT PAR

PATOUILLETS........	Minerais de fer avec matières ter-reuses.	Minerais de fer propres à la fu-sion.	Cours d'eau.	Machine à vapeur	Loi du 21 avril 1810.

ÉTABLISSEMENTS RÉGIS SEULEMENT PAR LES DÉCRET ET ORDONNANCES

CALCINATION et gril-lage des minerais de fer à l'air libre	Minerais de fer brut.	Minerais de fer grillés.	......	....	Décret du 15 oct. 1810, or-donnance du 14 janv. 1815.
CALCINATION et gril-lage des minerais de fer dans des fours dits vases clos.	Idem.	Idem.	....	....	Idem.
GRILLAGE des sulfu-res métalliques à l'air libre.	Pyrites de fer et de cuivre.	Soufre, sulfure métalliques gril-lés.	....	....	Idem.
GRILLAGE des sulfu-res métalliques dans des appareils pro-pres à recueillir le soufre et à utiliser l'acide sulfureux qui se dégage.	Idem.	Idem.	....	....	Idem.

RÈGLEMENTS D'ÉTABLISSEMENT, à raison du moteur.		CLASSEMENT parmi les ÉTABLISSEMENTS régis par la loi du 21 avril 1810, et motifs de ce classement.	CLASSEMENT parmi les établissements insalubres, incommodes ou dangereux.		OBSERVATIONS.
Cours d'eau.	Machines à vapeur		Classe à laquelle l'établissement appartient déjà et ordonnance de classement.	Classe dans laquelle l'établissement doit être placé, et motifs de ce classement.	

CATÉGORIE.

LA LOI DU 21 AVRIL 1810.

arrêté du 19 vse an VI, instruc. du 19 therm. an VI, circ. du 15 nov. 1834.	Ordonnance du 22 mai 1843.	Texte de l'art. 73.	»	3e classe. — Bruit.	

CATÉGORIE.

SUR LES ATELIERS INSALUBRES, INCOMMODES OU DANGEREUX.

....	....	....	....	1re classe. — L'opération est analogue à la fabrication du coke à l'air libre, que l'ordonnance du 14 janv. 1815 a placée dans la 1re classe.	
....	....	....	....	2e classe. — L'opération est analogue à la fabrication du coke dans des fours dits *vases clos*, que l'ordonnance du 14 janvier 1815 a placée dans la 2e classe.	
....	....	....	1re classe. — Ordonnance du 14 janvier 1815.		
....	....	....	2e classe. — Ordonnance du 14 janvier 1815.		

DÉSIGNATION de L'USINE.	MATIÈRES à ÉLABORER.	PRODUITS.	MOTEUR EMPLOYÉ.		LOIS ET QUI RÉGISSENT à raison des appareils de l'usine.
			Cours d'eau.	Machines à vapeur	
CUBILOTS dits *fours à la Wilkinson*, pour la deuxième fusion de la fonte.	Fonte brute......	Objets moulés en fonte de deuxième fusion.	Cours d'eau.	Machine à vapeur	Décret du 15 octobre 1810, ordonn. du 14 janv. 1815.
FOURS à réverbère pour la deuxième fusion de la fonte.	Idem.	Idem.	....	....	Idem.
FOURS de cémentation.	Fer en barreaux.	Acier poule.....	....	....	Idem.
FABRIQUE d'acier fondu.	Acier brut, fonte, etc.	Acier fondu en barres.	....	....	Idem.
TRÉFILERIES pour fil de fer ou d'acier.	Fer ou acier cylindré, fer martiné.	Fil de fer ou d'acier.	Idem.	Idem.	Idem.
FERBLANTERIES........	Tôle de fer........	Fer-blanc........	....	....	
FORGES de grosses œuvres, c'est-à-dire celles où l'on fait usage de moyens mécaniques pour mouvoir soit des marteaux, soit les masses soumises au travail.	Fer, acier, cuivre.	Casserie, essieux, ancres, objets de grosse serrurerie, de quincaillerie et de coutellerie; vis à bois, pièces d'horlogerie, etc., etc.	Idem.	Idem.	Idem.
FABRIQUES de faux..	Acier...........	Faux, faucilles...	Idem.	Idem.	Idem.

RÈGLEMENTS L'ÉTABLISSEMENT, à raison du moteur.		CLASSEMENT parmi les ÉTABLISSEMENTS régis par la loi du 21 avril 1810, et motifs de ce classement.	CLASSEMENT parmi les établissements insalubres, incommodes ou dangereux.		OBSERVATIONS.
Cours d'eau.	Machines à vapeur.		Classe à laquelle l'établissement appartient déjà, et ordonnance de classement.	Classe dans laquelle l'établissement doit être placé, et motifs de ce classement.	
Arrêté du 19 ventôse an VI, Instruct. du 19 therm. an VI, circulaire du 18 nov. 1834.	Ordonnance du 22 mai 1843.	....	2ᵉ classe. — Ordonnance du 9 février 1825.	....	Les cubilots ont besoin d'un moteur pour leur machine soufflante.
....	....	....		2ᵉ classe. — Mêmes inconvénients que pour les cubilots.	
....	....	....	....	2ᵉ classe. — Mêmes inconvénients que pour les fours à réverbère. Idem.	
Idem.	Idem.	....	3ᵉ classe. — Ordonnance du 20 sept. 1838.	....	On entend par tréfileries les usines où l'étirage du fer ou de l'acier a lieu à froid, et où l'on n'emploie d'autres fours que ceux qui servent pour recuire les fils de fer ou d'acier, et pour chauffer les extrémités à appointer. Il ne faut pas les confondre avec les tireries où le fer est étiré à chaud
....	....	....	3ᵉ classe. — Ordonnance du 14 janv. 1815.	....	On entend par ferblanteries les usines dans lesquelles on étame le fer noir en feuilles pour le convertir en fer-blanc.
Idem.	Idem.	....	2ᵉ classe. — Ordonnance du 5 nov. 1826.	....	Les forges de grosses œuvres comprennent tous les ateliers avec martinets ou petits laminoirs dans lesquels on fait subir au fer et à l'acier des élaborations secondaires, en consommant peu de combustible.
Idem.	Idem.	....	....	2ᵉ classe. — Mêmes inconvénients que pour les forges de grosses œuvres.	

DÉSIGNATION de L'USINE.	MATIÈRES à ÉLABORER.	PRODUITS.	MOTEUR EMPLOYÉ.		LOIS ET [...] QUI RÉGISSENT à raison des apparei[...] de l'usine.
			Cours d'eau.	Machines à vapeur.	
FABRIQUES de scies..	Acier............	Scies de diverses formes.	Cours d'eau.	Machine à vapeur	Décret du 15 octobre 1810, [...] ordonn. [...] 14 janv. 1815.
FABRIQUES de limes..	Idem.	Limes, râpes....	Idem.	Idem.	Idem.
TAILLANDERIES proprement dites.	Fer, acier.......	Socs, pelles, haches, serpes, cognées, outils et instruments divers.	Idem.	Idem.	Idem.
MANUFACTURES d'armes.	Fer, acier, cuivre, laiton.	Canons de fusils et de pistolets, baïonnettes, sabres, cuirasses, casques, etc.	Idem.	Idem.	Idem.
ATELIERS de construction de machines à vapeur.	Fonte, fer, acier, tôle, cuivre, laiton.	Machines à vapeur.	Idem.	Idem.	Idem.
ATELIERS pour la fonte et le laminage du plomb.	Plomb brut.....	Plomb en feuilles, en tuyaux.	Idem.	Idem.	Idem.
ATELIERS pour la fabrication du plomb de chasse.	Plomb, sulfure d'arsenic.	Plomb de chasse.	....	....	Idem.
ATELIERS pour la fabrication de la litharge.	Plomb brut......	Litharge........	....	....	Idem.
ATELIERS pour la fabrication du massicot et du minium.	Idem.	Massicot, minium	....	....	Idem.
ATELIERS pour le laminage du zinc.	Zinc brut........	Zinc laminé.....	Idem.	Idem.	Idem.

RÉGLEMENTS L'ÉTABLISSEMENT, à raison du moteur.		CLASSEMENT parmi les ÉTABLISSEMENTS régis par la loi du 21 avril 1810, et motifs de ce classement.	CLASSEMENT parmi les établissements insalubres, incommodes ou dangereux.		OBSERVATIONS.
Cours d'eau.	Machines à vapeur		Classe à laquelle l'établissement appartient déjà et ordonnance de classement.	Classe dans laquelle l'établissement doit être placé, et motifs de ce classement.	
Arrêté du 19 ventôse an VI, instruct. du 19 therm. an VI, circulaire du 16 nov. 1834.	Ordonnance du 22 mai 1843.	....	....	2e classe. — Mêmes inconvénients que pour les forges de grosses œuvres.	
Idem.	Idem	....	....	Idem.	Lorsqu'il n'y a pas de martinet, ces établissements peuvent exister sans permission.
Idem.	Idem.	....	....	Idem.	
Idem.	Idem.	....	....	Idem.	Les manufactures d'armes, par les foyers et fours, et par les machines de compression qu'on y emploie, rentrent dans la catégorie des forges de grosses œuvres.
Idem.	Idem.	....	....	Idem.	Ces ateliers rentrent aussi dans la catégorie des forges de grosses œuvres.
Idem.	Idem.	....	2e classe. — Ordonnance du 14 janv. 1815.		
....	....	....	3e classe. — Ordonnance du 14 janv. 1815.		
....	....	....	1re classe. — Ordonnance du 14 janv. 1815.		
....	....	....	Idem.		
Idem.	Idem.	....	2e classe. — Ordonnance du 20 sept. 1828.		

DÉSIGNATION de L'USINE.	MATIÈRES à ÉLABORER.	PRODUITS.	MOTEUR EMPLOYÉ.		LOIS ET QUI RÉGISSENT à raison des appareils de l'usine.
			Cours d'eau.	Machines à vapeur	
FONDERIES de cuivre.	Cuivre affiné.....	Objets moulés en cuivre.	....	....	Décret du 15 octobre 1810, ordonn. du 14 janv. 1815.
ATELIERS pour la fabrication du laiton.	Cuivre et zinc ou calamine.	Laiton brut......	....	....	Idem.
ATELIERS pour le laminage ou l'étirage du laiton.	Laiton brut.......	Laiton en feuilles ou en fils.	Cours d'eau.	Machine à vapeur	Idem.
ATELIERS pour le laminage de l'étain.	Étain brut........	Étain en feuilles.	Idem.	Idem.	Idem.
FONDERIES de bronze.	Cuivre, étain, vieux bronze.	Canons, cloches, grands objets d'ornements.	....	....	Idem.
ATELIERS pour la coupellation en grand.	Matières argentifères.	Argent..........	....	....	Idem.
USINES destinées au traitement des minerais par la voie humide.	Minerais de cuivre, d'argent et d'autres métaux.	Cuivre, argent et autres métaux.	Idem.	Idem.	Idem.

CLEMENTS ÉTABLISSEMENT, à raison du moteur.		CLASSEMENT parmi les ÉTABLISSEMENTS régis par la loi du 21 avril 1810, et motifs de ce classement.	CLASSEMENT parmi les établissements insalubres, incommodes ou dangereux.		OBSERVATIONS.
Cours d'eau.	Machines à vapeur		Classe à laquelle l'établissement appartient déjà, et ordonnance de classement.	Classe dans laquelle l'établissement doit être placé, et motifs de ce classement.	
....	....		2e classe. — Ordonnance du 14 janv. 1815.		
....				2e classe. — Mêmes in-convénients que pour les fonderies de cuivre.	
Arrêté du 19 ventôse an VI, instruct. du 19 therm. an VI, circulaire du 18 nov. 1834.	Ordon-nance du 22 mai 1843.	....		2e classe. — Mêmes in-convénients que pour les usines à la-miner le cui-vre et le zinc.	
Idem.	Idem.		3e classe. — Ordonnance du 14 janv. 1815.		
....	....			2e classe. — Mêmes in-convénients que pour les fonderies de cuivre et les usines à lai-ton.	Les fonderies dont il s'agit sont celles où le bronze est obtenu en grand au fourneau à ré-verbère, et qui rentrent dans la catégorie des usines que l'ordonnance du 14 janvier 1815 indique sous la dénomination d'é-tablissements de fondeurs en grand au fourneau à réverbère.
....	....		1re classe. — Ordonnance du 14 janv. 1815.		
Idem.	Idem.	....		1re classe. — Si les gaz dé-gagés se ren-dent dans l'atmosph. 2e classe. — Si les gaz dégagés sont condensés. Mêmes in-convénients que pour les deux sortes d'ateliers in-diqués ci-après.	

DÉSIGNATION de L'USINE.	MATIÈRES à ÉLABORER.	PRODUITS.	MOTEUR EMPLOYÉ.		LOIS ET QUI RÉGISSENT à raison des appareils de l'usine.
			Cours d'eau.	Machines à vapeur	
ATELIERS pour l'affinage de l'or ou de l'argent par l'acide sulfurique, quand les gaz dégagés par cette opération sont versés dans l'atmosphère.	Matières aurifères, argentifères.	Or, argent......	....	....	Décret du 15 octobre 1810, du ordonn. 14 janv. 1815.
ATELIERS pour l'affinage de l'or ou de l'argent par l'acide sulfurique, quand les gaz dégagés pendant cette opération sont condensés.	Idem.	Idem.	....	....	....
ATELIERS pour le battage, le laminage ou l'étirage de l'or ou de l'argent.	Or, argent........	Or ou argent en feuilles ou en fils.	....	....	Idem.

RÈGLEMENTS L'ÉTABLISSEMENT, À raison du moteur.		CLASSEMENT parmi les ÉTABLISSEMENTS régis par la loi du 21 avril 1810, et motifs de ce classement.	CLASSEMENT parmi les établissements insalubres, incommodes ou dangereux.		OBSERVATIONS.
Cours d'eau.	Machines à vapeur		Classe à laquelle l'établissement appartient déjà et ordonnance de classement.	Classe dans laquelle l'établissement doit être placé, et motifs de ce classement.	
....	....	....	1re classe.— Ordonnance du 9 février 1825.		
....	....	....	2e classe.— Ordonnance du 9 février 1825.	....	
....	....	....	3e classe.— Ordonnance du 14 janv. 1815.	....	Ces ateliers sont désignés, dans l'ordonnance du 14 janvier 1815, sous la dénomination d'établissements de batteur d'or et d'argent.

Circulaire du 4 octobre 1845 sur les plans et registres des travaux souterrains.

Monsieur le préfet, l'article 6 du décret du 3 janvier 1813, relatif à la police souterraine, prescrit de tenir sur chaque mine un registre et un plan constatant l'avancement journalier des travaux et les principales circonstances de l'exploitation.

Cette prescription, rappelée dans les cahiers de charges annexés aux actes de concession, n'est pas seulement une condition essentielle de toute exploitation régulière, elle a aussi une grande importance pour la sûreté des ouvriers mineurs.

Lorsqu'il arrive de ces accidents auxquels les mines ne sont que trop souvent exposées, lorsque de malheureux ouvriers se trouvent ensevelis sous un éboulement, tous les moyens de secours pourraient être paralysés si l'on n'avait, pour se guider, pour reconnaître les points où il faut pratiquer les fouilles, un plan indiquant la situation des galeries, leurs communications, la position des chantiers souterrains.

Dernièrement l'une des mines du centre de la France a été le théâtre d'une de ces tristes catastrophes. Un éboulement considérable s'y est produit et a englouti cinq ouvriers sous les décombres. Il n'existait pas de plan sur l'exploitation. On a été réduit à y suppléer par quelques indices extérieurs, par quelques renseignements recueillis à la hâte sur les lieux, et ce n'est qu'après dix jours de travaux, par une sorte de miracle, qu'on est parvenu à délivrer ces infortunés. Un puits et une galerie de sauvetage ont été dirigés avec assez d'habileté et de bonheur pour pénétrer précisément au point où ils avaient trouvé un refuge : exemple qui montre, du reste, que dans de pareils événements, et quelques difficultés qu'on ait à surmonter, on ne doit jamais désespérer du succès, et que des ouvriers ne doivent jamais être abandonnés, même lorsque tout semblerait annoncer qu'ils ont péri. Mais cet exemple fait voir aussi que les travaux eussent été dirigés avec bien plus de certitude si les plans prescrits par les règlements avaient existé. La tenue des plans et registres des travaux souterrains est une obligation impérieuse, dont les concessionnaires ne sauraient, sous aucun prétexte, s'affranchir. On doit veiller à ce qu'elle soit toujours et exactement remplie.

Aux termes du décret précité, ces plans et registres doivent être représentés à l'ingénieur des mines, à chacune de ses visites. En outre, les plans et coupes doivent être adressés chaque année à la préfecture. Si ces conditions ne sont pas exécutées ponctuellement, l'autorité a le droit d'y pourvoir d'office, conformément à l'ordonnance royale du 26 mars 1843.

D'après l'article 6 de cette ordonnance, faute par les concessionnaires de transmettre dans les délais fixés les plans de leurs travaux souterrains ou d'avoir sur leurs exploitations les plans et registres d'avancement journalier des travaux, le préfet peut, après la mise en demeure indiquée aux articles 3 et 4, les faire lever à leurs frais par les soins des ingénieurs des mines : le tout sans préjudice des poursuites judiciaires qui pourraient être à exercer, en vertu des articles 93 et suivants de la loi du 21 avril 1810, pour le fait de contravention.

Ces dispositions donnent le pouvoir nécessaire pour faire exécuter les prescriptions des règlements. Je vous invite, monsieur le préfet, à y tenir la main dans votre département. Je me réfère aussi, à ce sujet, aux instructions contenues dans la circulaire du 10 mai 1843.

Veuillez m'accuser réception de la présente, dont je transmets une ampliation à MM. les ingénieurs des mines.

Circulaire du 2 juin 1846 sur l'exploitation du minerai de fer dans les bois communaux.

Monsieur le préfet, la circulaire du 20 septembre 1843 a indiqué comment devait s'effectuer le prélèvement, au profit du Trésor, d'un vingtième de l'indemnité revenant aux communes pour le prix du minerai de fer extrait dans des bois communaux.

Ce prélèvement était la conséquence de l'article 5 de la loi de finances du 25 juin 1841, portant que, pour dédommager l'Etat des frais d'administration des bois des communes et des établissements publics, il serait perçu un vingtième de la valeur des produits principaux ou accessoires desdits bois.

Aux termes de l'article 6 de la loi du 19 juillet 1845, relative à la fixation du budget des recettes de l'exercice 1846, les prélèvements sur les ventes ou délivrances en nature des produits des bois des communes et des établissements publics cessent d'être appliqués aux produits accessoires.

Il en résulte que le prélèvement qui s'opérait sur le prix du minerai ne doit plus subsister, puisqu'il n'avait lieu qu'en tant que ces extractions de minerai étaient considérées comme un produit accessoire du sol boisé.

Et ainsi la clause que l'on insérait dans les arrêtés qui ont pour objet d'autoriser les exploitations ne devra plus, à l'avenir, y figurer.

Je vous prie, monsieur le préfet, de m'accuser réception de cette circulaire, dont je transmets une ampliation à MM. les ingénieurs des mines.

Circulaire du 26 août 1846 sur les plans et registres des travaux souterrains.

Monsieur le préfet, par ma circulaire du 4 octobre dernier, j'ai entretenu MM. les préfets de la nécessité d'assurer sur chaque mine l'exécution des prescriptions des règlements, relative à la tenue des plans et registres des travaux souterrains.

Je vous prie de me faire connaître les dispositions que vous avez prises à ce sujet, en ce qui concerne les exploitations de votre département.

Je ne puis, du reste, que me référer aux observations contenues dans la circulaire précitée, dont il importe de remplir l'objet. Je compte à cet égard sur vos soins et le zèle de MM. les ingénieurs et sur votre sollicitude.

Circulaire du 15 novembre 1848 sur les renonciations à des concessions de mines.

Monsieur le préfet, une circulaire du 30 novembre 1834 a indiqué les formalités auxquelles l'instruction des renonciations à des concessions de mines doit être soumise.

Quelquefois des concessionnaires, après avoir fait 'une déclaration d'abandon, ont voulu revenir sur cette déclaration et reprendre leurs travaux.

Ils en avaient le droit : en effet, tant que la renonciation n'a pas été acceptée par une décision de l'autorité administrative, la concession subsiste ; le concessionnaire n'en est point dépossédé. Il est donc libre de conserver le gîte, s'il y trouve son intérêt.

Il est aussi arrivé que des tiers, croyant que la déclaration de délaissement avait suffi pour annuler la concession, et que leurs terrains étaient ainsi affranchis de toute servitude, ont entrepris des recherches dans le périmètre concédé, sans que l'administration en fût avertie. Le concessionnaire venant ensuite à retirer sa renonciation, ils ont perdu, en se livrant prématurément à ces explorations, le fruit des dépenses qu'ils avaient faites.

Afin de lever toute incertitude et d'éclairer chacun sur ses droits, il convient, quand on publie une déclaration de renonciation, d'avoir soin d'énoncer dans les affiches que cette déclaration n'aura d'effet que lorsqu'elle aura été acceptée, s'il y a lieu, par un acte rendu dans les mêmes formes que la concession.

Je vous prie, monsieur le préfet, de veiller à ce que ces affiches contiennent toujours, à l'avenir, cette mention expresse.

Veuillez m'accuser réception de la présente circulaire, dont je transmets des ampliations à MM. les ingénieurs des mines.

Circulaire du 16 décembre 1848 sur les minières de fer dans les forêts de l'Etat, des établissements publics ou des communes.

Monsieur le préfet, aux termes de l'article 67 de la loi du 21 avril 1810, les permissions d'exploiter des minerais de fer dans les forêts de l'Etat, dans celles des établissements publics ou des communes, ne doivent être accordées qu'après avoir entendu l'administration forestière, et l'acte de permission détermine l'étendue des terrains dans lesquels les fouilles peuvent être faites.

J'ai reconnu, avec le Conseil général des mines, que, pour garantir à la fois la conservation du sol forestier et le bon aménagement des gîtes, il est essentiel que MM. les ingénieurs des mines puissent, par eux-mêmes ou par les soins des garde-mines placés sous leurs ordres, rapporter successivement sur un plan général, comme cela se pratique déjà sur plusieurs groupes de minières, les différentes fouilles d'extraction au fur et à mesure qu'elles sont entreprises. A cet effet, il est nécessaire qu'une expédition du plan qui est dressé pour chaque démarcation soit remise à l'ingénieur des mines, comme il en est remis une à la préfecture et une autre à l'administration des forêts.

Je vous invite, en conséquence, monsieur le préfet, à insérer à l'avenir, dans vos arrêtés ayant pour objet d'autoriser des exploitations de minerais de fer dans les bois ou forêts dont il s'agit, une clause portant que le plan levé par l'arpenteur forestier devra être dressé en trois expéditions, dont l'une sera transmise à l'ingénieur des mines par l'intermédiaire de la préfecture.

MM. les ingénieurs devront veiller à ce que ces plans soient exactement tenus au courant. Je leur transmets, à cet effet, une ampliation de la présente.

Là, d'ailleurs, où les exploitations auraient reçu assez de développement pour qu'il y eût lieu de les soumettre à un règlement spécial, vous adresseriez au ministère des travaux publics, avec les rapports des ingénieurs, vos propositions sur les dispositions à prendre. Je me réfère, à ce sujet, à la circulaire du 17 avril 1845.

Circulaire du 12 avril 1849 contenant des instructions pour l'assiette de la redevance proportionnelle sur les mines.

Monsieur le préfet, quelques-unes des règles posées dans la circulaire du directeur général des mines, du 26 mai 1812, pour l'assiette de la redevance proportionnelle à percevoir sur les mines, en exécution de la loi du 21 avril 1810 et du décret du 6 mai 1811, ont donné lieu, dès l'origine de leur application, à des observations justement fondées; et l'on a fini presque généralement par porter en déduction de la valeur du produit brut, pour la fixation du revenu net imposable à la redevance, divers articles de dépenses dont cette circulaire prescrivait formellement le rejet.

L'administration des mines a reconnu depuis longtemps la nécessité de reviser, à cet égard, la circulaire de 1812, et de consacrer, par une instruction nouvelle, les principes passés en usage, principes qui sont conformes à l'esprit de la loi et du décret précité, et basés sur une appréciation équitable des intérêts du Trésor et de ceux de l'industrie minérale. Cette question importante a été l'objet de discussions approfondies entre le ministère des travaux publics et celui des finances, et c'est d'accord avec ce dernier que je vous adresse la présente circulaire.

Voici les règles qui permettront, à l'avenir, d'asseoir la redevance proportionnelle régulièrement et d'une manière uniforme, dans tous les départements.

La valeur du produit brut doit être déterminée, soit d'après le prix de vente de la substance minérale sur le carreau de la mine, soit d'après l'estimation qui en est faite, eu égard à divers renseignements comparatifs, lorsque la substance minérale n'est pas vendue, ainsi que cela a lieu dans un grand nombre de localités, pour les minerais de plomb, de cuivre et de fer, qui sont soumis au traitement métallurgique par les exploitants eux-mêmes.

On ne doit défalquer de la valeur du produit brut, pour la fixation du revenu net imposable, que les dépenses relatives à l'exploitation proprement dite. Chacune d'elles doit être évaluée suivant son coût réel, c'est-à-dire suivant le chiffre auquel elle s'élève sur l'établissement.

Les dépenses à admettre, et seulement pour l'année où elles ont été faites, sont les suivantes :

A. Salaires d'ouvriers ;

B. Achat et entretien de chevaux servant à l'exploitation ;

C. Entretien de tous les travaux souterrains de la mine, puits, galeries et autres ouvrages d'art ;

D. Mise en action et entretien de moteurs, machines et appareils (machines d'extraction, appareils pour la descente et la remonte des ouvriers, machines d'épuisement, appareils d'aérage) ;

E. Entretien de bâtiments d'exploitation ;

F. Entretien et renouvellement de l'outillage proprement dit ;

G. Entretien de voies de communication (routes, chemins de fer, etc.), soit entre les différents centres d'exploitation de la mine, soit entre les centres d'exploitation et les lieux où s'opère la vente des produits, lorsque ces voies de communication font partie intégrante de la mine ;

H. Premier établissement de puits, galeries et autres ouvrages d'art ;

I. Premier établissement de machines, appareils et moteurs ;

K. Premier établissement de bâtiments d'exploitation ;

L. Premier établissement des voies de communication dont il est question à l'article G ci-dessus ;

M. Frais de bureau qui ont lieu au siége de l'exploitation, mais en les réduisant à ceux qui sont strictement nécessaires pour la marche de l'entreprise.

Seront rejetées toutes dépenses autres que celles qui viennent d'être indiquées, et notamment les intérêts d'emprunts, d'actions, de mises de fonds ou de capitaux quelconques engagés dans l'entreprise.

Relativement aux mines de combustible, on devra indiquer les diverses sortes et qualités du combustible extrait, ainsi que leurs prix.

Il en sera de même pour les mines métalliques, lorsque l'extraction produira des minerais de diverses sortes.

La redevance proportionnelle de ces dernières mines se règle d'après la valeur des minerais extraits, et non d'après celle des produits de leur élaboration. La valeur à assigner à ces minerais, lorsqu'ils ne sont pas l'objet d'un commerce, dépend d'ailleurs de la valeur des produits marchands qui en sont retirés, et l'on ne saurait admettre des calculs desquels il résulterait que l'exploitant perd sur l'extraction des minerais et gagne sur leur élaboration.

Pour toutes les mines, l'imposition de la redevance proportionnelle continuera d'avoir lieu d'après les résultats de l'exploitation pendant l'année précédente. On ne tiendra ainsi compte que de faits accomplis et non d'éventualités, ce qui permettra d'établir l'impôt d'une manière équitable.

Toutefois, pour la première année de l'exploitation, l'imposition sera réglée d'après le revenu net présumé de cette même année, sans avoir égard aux dépenses faites avant l'institution de la concession.

De même, si une mine dont l'exploitation était suspendue vient à être exploitée de nouveau, l'imposition aura lieu d'après le revenu net présumé de l'année de la reprise des travaux.

Les dépenses de premier établissement (art. H à L) seront précomptées en totalité pour l'année dans laquelle elles auront été faites, ainsi qu'il est dit ci-dessus, et sans jamais donner lieu, soit à un report, soit à un prélèvement par annuités, dans le cas où elles excéderaient la valeur du produit brut.

En général, on doit avoir égard, dans l'assiette de la redevance, à tout ce qui concerne immédiatement la mine, et nullement aux avantages que les concessionnaires peuvent trouver dans les accessoires de l'exploitation, tels que chemins de fer, canaux, ateliers d'élaboration.

Lorsqu'une mine concédée est affermée et exploitée, le taux du bail ne doit pas nécessairement servir de base à la redevance proportionnelle, puisque ce taux sera bien rarement égal au revenu net sur lequel l'impôt doit être établi. Si la mine affermée n'est pas exploitée, il n'y a pas lieu au payement de la redevance proportionnelle, la mine ne donnant pas de produit et par conséquent de revenu net imposable. Mais alors l'administration se fera un devoir d'examiner si les causes de la suspension sont légitimes, et si l'intérêt public n'exige pas la mise en activité de l'exploitation, auquel cas la concession pourrait être retirée, en vertu de la loi du 27 avril 1838.

Les règles qui précèdent sont d'une application facile, et ne paraissent pouvoir donner lieu à aucune interprétation équivoque. Toutefois, il ne sera pas inutile d'entrer dans quelques développements à l'égard des articles G et L, qui concernent les dépenses relatives aux voies de communication.

Les frais d'établissement et d'entretien des voies de communication peuvent être admis en déduction de la valeur du produit brut, mais seulement, ainsi qu'on l'a dit ci-dessus, lorsque ces voies de transport font *partie intégrante* de la mine. Ce caractère est facilement reconnaissable à cette circonstance, qu'il n'y a pas de différence entre le prix de la substance minérale sur le puits ou la galerie d'extraction et le prix de cette substance rendue *à la gare*, de telle sorte qu'on puisse dire que c'est réellement *à la gare* que se trouve *le carreau de la mine*.

L'article 35 de la loi du 21 avril 1810 donne aux concessionnaires de mines la faculté d'acquitter par abonnement la redevance proportionnelle. Voici comment cet abonnement, qui n'est pas institué d'ailleurs en vue de favoriser les concessionnaires aux dépens du Trésor, devra être fixé.

Si la mine est dans un état stationnaire, on doit prendre pour base de l'abonnement la moyenne du revenu net pendant une période comprenant au moins les trois années antérieures.

Si la mine est en progrès continu, le calcul s'établira sur le même nombre d'années au moins, et l'on appliquera aux années que l'abonnement devra embrasser la progression moyenne présentée par les années antérieures, de manière que le chiffre proposé pour l'abonnement soit lui-même la moyenne des revenus nets probables, ainsi calculés.

Lorsque l'exploitant aura exécuté, pendant les années auxquelles on se reporte, des travaux extraordinaires devant donner à la mine un grand développement pendant les années de l'abonnement demandé, on ne tiendra pas compte, pour la fixation du chiffre de l'abonnement, des dépenses que ces travaux auront occasionnées.

J'ajouterai que l'abonnement ne devra pas être consenti lorsqu'on sera en droit de supposer de grandes variations dans l'état commercial de la mine pendant la durée de l'abonnement sollicité. En effet, il serait alors très-difficile, si ce n'est impossible, d'évaluer d'une manière suffisamment rigoureuse la base de l'abonnement.

La durée de l'abonnement ne pourra, conformément à l'instruction ministérielle du 3 août 1810, excéder cinq années.

Les exploitants qui désireront obtenir, soit un abonnement, soit le renouvellement d'un abonnement précédemment accordé, devront, pour faire utilement leur demande, la présenter avant le 15 avril, conformément à l'article 31 du décret du 6 mai 1811. Les demandes de cette nature seront instruites dans la forme prescrite par le titre III du même décret.

Lorsqu'un abonnement a été consenti, et qu'ainsi la redevance proportionnelle est déterminée pour toutes les années qu'il comprend, on pourrait, à la rigueur, s'abstenir, pendant cette période, des enquêtes et des formalités ordinaires relatives à l'assiette de l'impôt. Cependant, comme il importe de suivre les progrès de l'exploitation, afin de régler convenablement l'imposition d'office lorsque l'abonnement en cours de durée sera expiré, ou de statuer équitablement sur le nouvel abonnement qui serait demandé, il sera utile que le Comité de proposition et l'ingénieur des mines réunissent chaque année et indiquent, à titre de simples renseignements sur l'état d'exploitation, les données qui seront de nature à éclairer sur la véritable situation des mines abonnées.

Il me reste, monsieur le préfet, à vous faire connaître d'autres mesures concertées, comme les précédentes, avec M. le mi-

nistre des finances, et spécialement destinées à régulariser les
opérations des Comités.

Le préfet déterminera, selon la nature des exploitations, la
forme des déclarations détaillées que les exploitants devront
lui adresser chaque année, avant le 1er mai, en exécution de
l'article 27 du décret du 6 mai 1811, et il réunira à l'avance
tous les renseignements qu'il jugera utile de porter à la connaissance du Comité d'évaluation, pour la fixation du revenu
net imposable de chaque mine.

Les Comités de proposition se réuniront tous les ans, avant
le 15 mai, pour la confection des états d'exploitation, conformément aux prescriptions des articles 17, 18 et 19 du décret
du 6 mai 1811. Ces états devront présenter la quantité de matière minérale extraite pendant l'année précédente, le prix de
vente ou le prix qui lui aura été assigné si elle n'est pas vendue, le détail des différentes déductions opérées sur le produit brut, et l'évaluation du revenu net imposable. L'ingénieur
y joindra un rapport sur chaque mine renfermant tous les renseignements propres à éclairer le Comité d'évaluation au sujet
de l'appréciation du revenu net imposable qui aura été faite
par le Comité de proposition.

Les états d'exploitation et les rapports de l'ingénieur seront,
avant le travail du Comité d'évaluation, communiqués par le
préfet au directeur des contributions directes, qui donnera son
avis, motivé sur les chiffres du produit brut et du revenu net
adoptés par les Comités de proposition.

Le Comité d'évaluation sera convoqué dans le courant du
mois de juin, et ses délibérations seront consignées dans un
procès-verbal détaillé dressé par l'un de ses membres.

Des expéditions des états d'exploitation, des rapports de
l'ingénieur des mines, des avis du directeur des contributions
directes et du procès-verbal des délibérations du Comité d'évaluation, seront transmises par le préfet, tous les ans, dans le
courant du mois de juillet, au ministre des travaux publics et
au ministre des finances.

Les dispositions que je viens de porter à votre connaissance
seront appliquées à partir du prochain travail des redevances
de 1849 (produits de 1848).

Je vous prie, monsieur le préfet, de m'accuser réception de la présente circulaire, dont j'adresse des ampliations à MM. les ingénieurs des mines, et que M. le ministre des finances transmet, de son côté, à MM. les directeurs des contributions directes.

Circulaire du 6 juillet 1850, concernant l'examen de diverses questions relatives aux tourbières.

Monsieur le préfet, le Conseil général de l'agriculture, du commerce et des manufactures a, dans sa dernière session, exprimé le vœu suivant, savoir :

1° Que l'administration fasse surveiller avec vigilance, dans l'intérêt de la salubrité publique, l'exploitation des tourbières, et qu'elle exige que les exploitants se conforment aux dispositions des articles 83 à 86 de la loi du 21 avril 1810 ;

2° Que l'administration fasse étudier les questions relatives aux tourbières à exploiter, pour en saisir le Conseil général dans sa prochaine session.

La première partie de ce vœu a uniquement pour but de réclamer de l'administration la vigilance la plus active pour que les dispositions de la loi du 21 avril 1810 relatives aux tourbières soient strictement exécutées, et elle suppose par là même que jusqu'ici cette vigilance a fait défaut dans un assez grand nombre de localités.

S'il en était ainsi, monsieur le préfet, je ne pourrais que vivement regretter, avec le Conseil général des manufactures, que MM. les ingénieurs des mines n'aient pas apporté dans la surveillance de l'exploitation des tourbières l'activité et le soin que l'administration supérieure était en droit d'attendre d'eux. Veuillez, je vous prie, signaler ce fait à toute leur attention, les inviter, lors de leur prochaine tournée, à prendre une connaissance très-exacte du mode suivant lequel s'exploitent les tourbières, soit particulières, soit communales, situées dans leur service ; à examiner si les exploitants, quels qu'ils soient, se conforment exactement aux dispositions des articles 83 à 86 de la loi de 1810 ; si, notamment, toutes les mesures prescrites pour l'écoulement des eaux et l'atterrissement des entailles tourbées sont rigoureusement exécutées ; enfin, s'il y a lieu, pour l'administration, d'intervenir, aux termes de l'article 85 de la loi, pour régler les conditions générales auxquelles les exploitants sont tenus de se soumettre.

MM. les ingénieurs devront, à la suite de leur visite, rédiger un rapport spécial dans lequel ils rendront compte des faits qu'ils auront constatés, et indiqueront les mesures qu'il y aurait lieu de prendre pour assurer l'exécution de la loi là où elle n'aurait pas été régulièrement observée. Les rapports de MM. les ingénieurs vous seront remis, monsieur le préfet, et vous voudrez bien à votre tour me les adresser avec telles observations et propositions que vous jugeriez utile d'y ajouter.

Quant à la seconde partie du vœu exprimé par le Conseil général de l'agriculture, des manufactures et du commerce, elle soulève diverses questions dont l'importance est facile à saisir. En vertu de la loi de 1810, les tourbières ne peuvent être exploitées que par le propriétaire du sol ou de son consentement : le législateur n'avait pas pensé qu'il y eût aucune circonstance où l'intérêt public exigeât qu'il fût dérogé sur ce point au droit absolu de propriété, comme il l'avait fait pour les minières, en autorisant les maîtres de forges à les exploiter, dans certains cas, contre le consentement des propriétaires, et l'on conçoit sa réserve à cet égard, si on se reporte à l'époque où la loi a été rendue. A cette époque, en effet, la tourbe ne servait, à proprement parler, qu'au chauffage domestique ; de plus, dans une foule de localités, les tourbières, ainsi que l'a fort bien rappelé le rapporteur au Conseil général des manufactures, sont, en raison de l'humidité et de la fraîcheur de leur sol, d'une grande utilité pour les pacages des bestiaux, et il convenait dès lors de laisser le propriétaire seul juge de la convenance d'exploiter ou de ne pas exploiter sa tourbière.

Mais aujourd'hui la situation des choses n'est plus la même, à beaucoup d'égards : la tourbe a été employée depuis quelques années, et avec avantage, dans certaines localités, pour le travail du fer, et cette circonstance explique pourquoi les maîtres de forges de ces localités, qui ne peuvent se procurer soit la houille, soit le charbon de bois, qu'à très-grands frais, voudraient pouvoir user de la tourbe qui est à leur porte, lorsque les propriétaires de cette tourbe refusent de l'exploiter.

On conçoit qu'il pourrait y avoir quelques cas particuliers où, sans porter une atteinte réelle au droit des propriétaires, sans nuire à aucun intérêt, il fût possible de donner satisfaction, dans une certaine mesure, aux plaintes qui se sont élevées, et c'est dans cette pensée que le Conseil général de l'agriculture, des manufactures et du commerce a pensé qu'il convenait de faire étudier par les ingénieurs des mines les questions relatives à la mise en valeur des tourbières non exploitées, au double point de vue du respect des droits de propriété et du besoin du combustible.

Cette étude me paraît en effet très-utile, et je viens, en conséquence, vous prier, monsieur le préfet, dans le cas où il existerait dans votre département quelques tourbières non exploitées, d'inviter MM. les ingénieurs des mines à s'occuper sans retard de constater avec soin dans quelles conditions particulières ces tourbières sont placées ; quelle est la nature et la qualité du sol supérieur et à quel usage il est affecté ; pour quelle cause ces tourbières ne sont pas exploitées ; si les produits du tourbage peuvent trouver un emploi utile dans l'industrie du fer ou dans toute autre ; dans le cas de l'affirmative, si, à défaut du propriétaire, il conviendrait de donner à un tiers le droit d'extraire la tourbe ; d'après quel mode et à quelles conditions cette autorisation devrait être accordée.

Lorsque le travail et les propositions de MM. les ingénieurs vous auront été adressés, vous voudrez bien, monsieur le préfet, les soumettre à une enquête locale dans chacune des communes intéressées, entendre les Conseils municipaux, prendre également l'avis des Chambres de commerce et Chambres consultatives existant dans votre département ; le résultat de l'enquête serait communiqué aux ingénieurs, qui en feraient l'objet d'un nouveau rapport, et enfin, à votre tour, monsieur le préfet, vous me feriez parvenir tout le dossier de l'affaire avec votre avis et vos observations.

Je n'ai d'ailleurs pas besoin de vous faire remarquer, monsieur le préfet, d'importance de la question qu'il s'agit de mettre à l'étude; il appartient à MM. les ingénieurs des mines d'en préparer la solution par les recherches auxquelles je les invite à se livrer, et je compte à cet égard sur leur zèle et leur dévouement accoutumés.

Je vous prie, monsieur le préfet, de m'accuser réception de la présente circulaire, dont j'adresse ampliation à MM. les ingénieurs.

Circulaire du 1er décembre 1850, relative à l'établissement de la redevance proportionnelle sur les mines.

Monsieur le préfet, les instructions données à la date du 12 avril 1849, par mon prédécesseur, pour l'établissement de la redevance proportionnelle des mines, ont réalisé, en très-grande partie, le résultat que l'administration s'en était promis. Les bases d'après lesquelles MM. les ingénieurs ont eu à évaluer le produit net imposable ont été posées d'une manière plus précise et plus conforme à l'esprit des règlements; en même temps, quelques points douteux dans ces règlements eux-mêmes ont été éclaircis, et, par suite, l'ensemble du travail des redevances, en 1849, a présenté généralement ce caractère d'uniformité si désirable surtout dans l'application des lois d'impôt.

Toutefois, l'examen que j'ai fait de ce travail m'a permis de reconnaître qu'il y avait encore, dans l'esprit de MM. les ingénieurs et des membres des Comités d'évaluation appelés à régler le produit net imposable des mines, incertitude sur un certain nombre de questions de détail que n'avait pas explicitement tranchées la circulaire du 12 avril 1849. Ces questions n'ont pas été résolues partout de la même manière, et de cette diversité a dû nécessairement naître quelque inégalité dans la perception de l'impôt entre les exploitants de mines sur les différents points du territoire.

Il m'a paru qu'il y avait lieu de faire cesser le plus promptement possible un aussi grave inconvénient, et je viens, après m'être concerté avec M. le ministre des finances, vous faire connaître, monsieur le préfet, les solutions auxquelles l'administration s'est arrêtée sur les questions en litige.

Ces questions peuvent, d'ailleurs, se résumer ainsi qu'il suit :

Convient-il d'admettre comme dépenses de l'exploitation proprement dite, et devant, à ce titre, être déduites du produit brut de cette exploitation :

1° Les frais d'occupation temporaire de terrains?

2° Les frais auxquels donne lieu la vente hors du carreau de la mine, tels que salaires de garde-magasins, mesureurs, manœuvres, etc.?

3° Les frais de direction et les frais généraux?

4° Les indemnités pour les dommages causés par les eaux des mines ou par les éboulements?

5° Les secours accordés aux ouvriers blessés ou aux familles des ouvriers tués sur les travaux, ainsi que les dépenses faites pour le traitement des ouvriers blessés, telles qu'honoraires de médecins et achat de médicaments?

6° Le prix des acquisitions de terrains nécessaires pour l'exploitation?

En second lieu, doit-on :

1° Ne considérer comme chemins faisant partie intégrante d'une mine, et rentrant, par suite, dans la catégorie désignée par la lettre G dans la circulaire du 12 avril 1849, que ceux pour lesquels le concessionnaire peut, en vertu des articles 43 et 44 de la loi du 21 avril 1810, requérir l'expropriation?

2° Défalquer des prix nominaux de vente les primes et les escomptes que l'on accorde aux acheteurs?

3° Déduire également des prix de vente les pertes de place, les frais de voyageurs?

Enfin, pour les mines qui avaient obtenu un abonnement antérieurement à la circulaire du 12 avril 1849, doit-on continuer à procéder comme on le faisait à cette époque, c'est-à-dire ne porter chaque année parmi les dépenses à déduire du produit brut que le dixième des dépenses de premier établissement, de telle sorte qu'à l'égard de ces mines la disposition de la circulaire qui prescrit de précompter ces dépenses en une seule fois sur l'année où elles ont été effectuées ne fût intégralement appliquée qu'après l'expiration des abonnements ?

Sur le premier ordre de questions ci-dessus indiqué, il a été décidé :

1° Que les frais d'occupation temporaire de terrains étaient du nombre de ceux qui doivent être défalqués du produit brut pour établir le revenu net de l'exploitation, et qu'ils sont virtuellement compris parmi les dépenses d'entretien C, E ou G (voir la circulaire du 12 avril 1849), selon que les terrains dont il s'agit sont occupés pour les travaux souterrains, pour des bâtiments d'exploitation, ou pour des voies de communication ;

2° Qu'il en était de même des frais auxquels donne lieu la vente hors du carreau de la mine, tels que salaires de garde-magasins, mesureurs, manœuvres, etc., mais seulement lorsque les lieux de dépôt où s'opère la vente sont réunis au carreau de la mine par des voies de communication qui en font partie intégrante, de telle sorte que le prix de vente, à ces lieux de dépôt et sur le carreau même, soit identique ;

Les appointements des employés rentrent dans la catégorie M, *Frais de bureau*, et les salaires des manœuvres dans la catégorie A, *Salaires d'ouvriers ;*

3° Que les frais de direction et les frais généraux rentraient aussi dans la catégorie M ci-dessus rappelée, mais en les réduisant, ainsi qu'il est dit d'ailleurs dans la circulaire du 12 avril 1849, à ce qui est strictement nécessaire pour la marche de l'entreprise ;

4° Que les indemnités pour les dommages occasionnés par les eaux des mines ou par les éboulements étaient comprises dans la catégorie C, *Entretien de travaux souterrains ;*

5° Que les secours donnés aux ouvriers blessés sur les travaux, soit en visites de médecins, soit en médicaments, en vertu de l'obligation imposée aux exploitants par les articles 15, 16 et 20 du décret du 3 janvier 1813, devaient être admis en compte et rangés, quant aux honoraires de médecins, dans la catégorie M, et pour le surplus dans la catégorie G, mais que l'on ne devait pas compter les dépenses pour secours aux ouvriers ou à leurs familles que font spontanément les concessionnaires ;

6° Que le prix des acquisitions de terrains devait être compté comme implicitement compris dans les catégories H, I, K ou L, suivant qu'il s'agit de puits ou galeries, de machines, de bâtiments d'exploitation ou de voies de communication, mais sous la condition expresse qu'il serait justifié de l'appropriation de ces terrains auxdites destinations.

A l'égard des voies de communication à considérer comme faisant partie intégrante d'une mine, il a été décidé que l'on ne devait ranger dans cette catégorie que celles pour lesquelles le concessionnaire peut requérir l'expropriation en vertu des articles 43 et 44 de la loi du 21 avril 1810.

Il a été également résolu que l'on ne compterait pas dans le prix de vente, qui sert à établir le produit brut, les primes et les escomptes accordés aux acheteurs, et dont il serait justifié, mais que l'on ne devait pas déduire de ce prix les pertes de places, frais de voyageurs, et autres frais analogues qui sont étrangers au prix convenu entre l'acheteur et le concessionnaire.

Enfin, à l'égard des mines qui ont fait des abonnements pour la redevance proportionnelle antérieurement à la circulaire du 12 avril 1849, et sous l'empire de l'usage établi d'amortir en annuités les frais de premier établissement, il a été décidé, à titre de mesure transitoire, que l'on dresserait les états d'exploitation comme par le passé jusqu'à l'expiration des abonnements, mais en tant seulement qu'il s'agit des dépenses de premier établissement faites avant ces abonnements. Les annuités, en quelque nombre qu'elles fussent, qui resteraient encore à amortir après l'expiration de l'abonnement, seraient défalquées en une seule fois du produit brut de l'exercice suivant.

Telles sont, monsieur le préfet, sur les divers points ci-dessus mentionnés, les dispositions arrêtées de concert entre l'administration des travaux publics et l'administration des finances. Ces dispositions s'expliquent par leur simple énoncé, et je crois inutile, dès lors, d'entrer, en ce qui les concerne, dans de plus amples développements : je suis tout prêt, d'ailleurs, si elles vous paraissaient présenter quelque ambiguïté, à vous donner tous les éclaircissements qui vous paraîtraient nécessaires.

Veuillez, je vous prie, m'accuser réception de la présente circulaire, dont j'adresse ampliation à MM. les ingénieurs des mines.

Circulaire du 9 avril 1854, concernant l'établissement de la redevance proportionnelle sur la houille extraite et convertie en coke par les concessionnaires.

Monsieur le préfet, des réclamations présentées par des propriétaires de mines, qui avaient été portés au rôle des patentes comme fabriquant du coke avec des houilles provenant de leurs exploitations, ont donné lieu d'examiner la question de savoir si ce fait de la conversion du charbon en coke, par les concessionnaires, devait être sujet au droit de patente.

Cette question a été résolue négativement par des décisions en date du 30 novembre 1850, de la section du contentieux du Conseil d'Etat, intervenues sur les pourvois de diverses Compagnies.

La section du contentieux a considéré, à cet égard, qu'aux termes de l'article 32 de la loi du 21 avril 1810, l'exploitation des mines n'est pas considérée comme un commerce et n'est pas sujette à patente ; qu'elle doit seulement être soumise au payement des redevances fixe et proportionnelle, ainsi qu'il est déterminé dans les articles 33 et suivants de ladite loi et dans le décret du 6 mai 1811 ; que la nouvelle loi sur les patentes n'a rien changé, au fond, à ces dispositions, et que l'opération par laquelle des concessionnaires de mines se bornent à convertir en coke les charbons qu'ils exploitent n'est qu'un mode de l'exploitation même desdites mines.

Par suite de cette jurisprudence, il conviendra d'apporter une modification dans l'assiette de la redevance proportionnelle en ce qui concerne la houille ainsi extraite et convertie en coke.

Aux termes des articles 33 et 34 de la loi précitée du 21 avril 1810, la redevance proportionnelle sur les mines doit être réglée d'après la valeur des produits.

Du moment donc que l'on assimile la fabrication du coke par les concessionnaires à l'exploitation de la mine, la redevance proportionnelle pour cette partie des produits devra être basée sur la valeur elle-même du coke obtenu, en tenant compte des frais d'extraction de la houille employée, des frais de fabrication du coke et du bénéfice retiré par les concessionnaires.

L'appréciation de ces divers éléments exigera une attention particulière; je n'ai pas besoin de recommander à MM. les ingénieurs d'y procéder avec ces soins et ce discernement éclairé qu'ils apportent dans tout l'ensemble du travail des redevances.

Je vous prie, monsieur le préfet, de m'accuser réception de la présente circulaire, dont j'adresse des ampliations à MM. les ingénieurs.

Circulaire du 20 février 1852 sur l'instruction des demandes en autorisation de lavoirs à mines.

Monsieur le préfet, les demandes en concession de mines ou en autorisation d'usines métallurgiques sont assujetties, par la loi du 21 avril 1810, à de longues et nombreuses formalités qui en retardent naturellement la solution.

Ces demandes doivent toujours subir des publications et affiches de quatre mois; puis, s'il s'agit d'une concession de mines, MM. les ingénieurs doivent, avant de donner leur avis, se livrer à des recherches et à des vérifications qui exigent quelquefois un très-long temps; s'il s'agit d'une usine, la demande doit être le plus souvent communiquée aux ingénieurs des ponts et chaussées et à l'administration forestière, quelquefois même à l'administration des douanes : de là, on le conçoit, des retards souvent très-prolongés qu'il n'est pas au pouvoir de l'administration des mines d'éviter ; tout ce qu'on peut lui demander, c'est d'imprimer aux affaires, par elle-même ou par ses agents, à tous les degrés de l'instruction, toute la célérité compatible avec l'intérêt des tiers, et sous ce rapport, monsieur le préfet, j'attends de votre dévouement et de celui de vos collaborateurs que les affaires ne resteront jamais soit dans vos mains, soit dans les leurs, que le temps strictement nécessaire à un examen attentif et consciencieux.

Mais à côté des usines métallurgiques proprement dites, pour lesquelles il faut se résigner aux longs délais que la loi elle-même rend obligatoires, il y a une classe très-nombreuse d'établissements, les lavoirs à mines, qui ne sont pas désignés dans la loi de 1810, et pour lesquels on se borne à remplir les formalités prescrites pour les usines ordinaires : c'est-à-dire qu'au lieu de les soumettre à une enquête de quatre mois, on ne les assujettit qu'à une enquête de vingt jours, conformément à l'instruction du 19 thermidor an VI.

On devrait croire que, réduite à des termes aussi simples, l'instruction des affaires de lavoirs ne doit exiger qu'un temps relativement très-court ; il n'en est malheureusement pas ainsi ; l'on pourrait citer telle affaire de lavoir à mines qui a duré plusieurs années, et ces retards sont d'autant plus regrettables que souvent les lavoirs à mines s'établissent là où se trouve du minerai exploitable, et qu'une fois ce minerai enlevé, on détruit le lavoir pour le reporter sur le point où doivent se faire de nouvelles exploitations de mines ; il peut donc arriver, avec les retards que je signale, qu'au moment où l'autorisation est accordée pour l'établissement d'un lavoir dans telle ou telle localité, ce lavoir n'ait plus de raison d'exister, et l'on voit de suite tout ce qu'il y a de fâcheux dans une semblable situation.

J'ai dû, monsieur le préfet, rechercher les moyens propres à remédier à cette situation, et je viens, après avoir pris l'avis du Conseil général des ponts et chaussées et du Conseil général des mines, vous faire connaître les mesures qui m'ont paru pouvoir conduire au but qu'il s'agit d'atteindre.

Aujourd'hui, lorsqu'a eu lieu dans une affaire de lavoir la première enquête de vingt jours prescrite par l'instruction du 19 thermidor an VI, le dossier de cette enquête est adressé à l'ingénieur des ponts et chaussées; cet ingénieur, d'après les règlements, doit faire une descente sur les lieux, après avoir convoqué tous les intéressés; à la suite de sa visite, dont il dresse procès-verbal, il fait un rapport dans lequel il indique les mesures à adopter suivant lui pour le règlement d'eau; l'ingénieur en chef donne son avis, puis toutes les pièces sont, conformément à la circulaire du 16 novembre 1834, soumises à une seconde enquête semblable en tout à la première, sauf réduction du délai à quinze jours.

MM. les ingénieurs des ponts et chaussées ont à donner un nouvel avis sur le résultat de cette seconde enquête, et ce n'est qu'après la clôture définitive de cette première partie de l'information que le dossier est transmis à MM. les ingénieurs des mines. Ces ingénieurs ont à leur tour, en ce qui concerne les conditions relatives au lavage du minerai, à refaire exactement ce qu'ont fait les ingénieurs des ponts et chaussées pour le règlement d'eau proprement dit; ils doivent faire une visite des lieux, examiner l'emplacement qu'on veut donner aux bassins d'épuration, s'il est reconnu nécessaire d'en établir, calculer la disposition et l'étendue de ces bassins, de manière que les eaux qui en sortent ne puissent nuire aux terres riveraines, puis ils rédigent un rapport dans lequel ils résument les conditions qui doivent être imposées au permissionnaire.

Ainsi, une double instruction a lieu en réalité sur le même objet, les eaux employées au lavage des minerais; la première, pour régler les conditions de retenue et d'écoulement de ces eaux, soit en amont, soit en aval des ateliers ou bassins dans lesquels elles doivent passer; la seconde, pour fixer les conditions d'épuration qu'elles doivent subir: il est évident que ces deux points de vue sont au moins connexes, et que l'on pourrait sans inconvénient les réunir dans l'instruction; celle-ci serait plus complète, les intéressés ou opposants apprécieraient mieux les effets probables de l'établissement projeté, et en même temps on y gagnerait moitié au moins du temps employé jusqu'ici à ces sortes d'affaires.

Il m'a paru d'ailleurs qu'il y avait un moyen très-simple de réaliser ce résultat, sans enlever à chacun de MM. les ingénieurs des ponts et chaussées et des mines la part qui leur appartient dans l'instruction, c'est de décider qu'ils se réuniront pour faire en commun cette instruction, ainsi que le font toujours MM. les ingénieurs des ponts et chaussées et les ingénieurs militaires pour les projets des travaux compris dans la zone de défense, ainsi que le font eux-mêmes entre eux MM. les ingénieurs des ponts et chaussées chargés de divers services, pour les travaux dans lesquels ces divers services sont intéressés. Voici donc, monsieur le préfet, comment à l'avenir devra se faire l'instruction des demandes en établissement de lavoirs à mines : l'affiche destinée à annoncer l'ouverture de l'enquête sera, comme par le passé, rédigée par MM. les ingénieurs des mines ; puis, après la clôture de cette enquête, les ingénieurs ordinaires des deux services devront se concerter pour faire ensemble la visite des lieux ; ils dresseront en commun le procès-verbal de cette visite ; ils rédigeront en commun, autant que possible, leur rapport et leurs propositions, et s'entendront aussi pour simplifier autant que possible la préparation et la présentation des plans qui devront y être annexés.

Dans le cas où, par suite de l'éloignement de leurs résidences respectives ou par toute autre cause, les ingénieurs des deux services ne pourraient faire leur rapport en commun, ils le rédigeront chacun de son côté et en ne s'occupant chacun que de la partie de l'affaire qui le concerne ; mais il doit être bien entendu que ce ne sera que l'exception, et que le travail en commun sera la règle.

Lorsque MM. les ingénieurs auront rédigé leur rapport, une expédition en sera transmise par chacun d'eux à l'ingénieur en chef sous les ordres duquel il est placé : MM. les ingénieurs en chef formuleront à leur tour leur avis et leurs propositions ; puis toutes les pièces vous seront renvoyées, monsieur le préfet, et vous les soumettrez toutes ensemble à la seconde enquête. Le public sera ainsi à même de faire ses observations aussi bien sur la partie relative à l'épuration des eaux que sur ce qui concerne le régime hydraulique proprement dit, et cette mesure ne pourra qu'être avantageuse à tous les intérêts.

Le résultat de la seconde enquête sera communiqué à MM. les ingénieurs pour qu'ils rédigent leurs conclusions définitives, et lorsque, ce qui sera d'ailleurs le cas le plus fréquent, aucune observation n'aura été produite contre le règlement d'eau proprement dit, il suffira d'entendre de nouveau MM. les ingénieurs des mines.

Telles sont, monsieur le préfet, les dispositions qui devront être observées à l'avenir dans l'instruction des demandes en établissement de lavoirs à mines; j'espère qu'elles auront pour effet de réduire notablement la durée de cette instruction, et que nous aurons ainsi rendu un véritable service à l'industrie métallurgique, qui a été si cruellement éprouvée en France depuis quelques années. Je vous prie, monsieur le préfet, de vous concerter d'urgence avec MM. les ingénieurs des deux services pour que ces dispositions soient appliquées de suite aux affaires de lavoirs en instance dans votre département.

Ainsi que vous l'avez vu, monsieur le préfet, dans ce qui précède, les propositions de MM. les ingénieurs des mines, en ce qui touche l'épuration des eaux servant à l'alimentation des lavoirs à mines, devront être, comme les propositions de MM. les ingénieurs des ponts et chaussées, soumises in extenso à la seconde enquête prescrite par la circulaire du 16 novembre 1834. Le Conseil général des mines a fait observer que cette disposition lui paraissait devoir être appliquée à fortiori dans l'instruction des demandes en autorisation de patouillets. Cette observation est parfaitement fondée; les patouillets ne se distinguent des lavoirs que par l'importance des artifices qui les composent et par la plus grande quantité d'eau qu'ils consomment; ils peuvent donc affecter, à un plus haut degré encore que les lavoirs, les intérêts des tiers, et par là même, il est plus nécessaire encore que ceux-ci soient mis en mesure de connaître les conditions sous lesquelles l'administration serait disposée à les autoriser.

Je vous prie en conséquence, monsieur le préfet, de veiller à ce que, pour les patouillets comme pour les lavoirs, les propositions des ingénieurs des mines soient soumises à la seconde enquête en même temps que celles des ingénieurs des ponts et chaussées.

Veuillez, monsieur le préfet, m'accuser réception de la présente circulaire, dont j'adresse ampliation à MM. les ingénieurs des deux services des ponts et chaussées et des mines.

Circulaire du 14 juin 1852, concernant la redevance proportionnelle sur les mines.

Monsieur le préfet, depuis que, par le concours de l'administration des finances et de l'administration des mines, la plupart des questions encore douteuses quant à l'établissement de la redevance proportionnelle des mines ont été résolues, le travail des redevances s'opère dans presque tous les départements avec cette uniformité et cette régularité qui sont si désirables dans l'application des lois d'impôt.

En examinant toutefois le résultat des opérations relatives aux redevances pour l'année 1851, j'ai reconnu qu'il y avait encore une question sur laquelle les opinions étaient divisées et sur laquelle il est indispensable, dès lors, que l'administration centrale prenne un parti définitif. Il s'agit de savoir si, pour calculer le revenu brut de l'exploitation des mines, il faut prendre les produits extraits ou les produits livrés au commerce : jusqu'ici l'administration paraît avoir admis que, d'après l'esprit comme d'après la lettre des règlements, l'on ne devait avoir égard, pour l'établissement du revenu brut, qu'aux produits de l'extraction ; mais néanmoins, puisque la question a été soulevée de nouveau sur divers points, il est nécessaire de la résoudre.

Je l'ai en conséquence présentée à l'examen du Conseil général des mines, et ce Conseil a émis l'avis suivant :

Le Conseil ;

Vu l'article 33 (sect. II) de la loi du 21 avril 1810, ensemble les articles 34, § 2, et 37, § 1er, de la même loi, portant :

« Les propriétaires de mines sont tenus de payer à l'État

une redevance fixe et une redevance proportionnée au *produit de l'extraction.* »

« . . . . . La redevance proportionnelle sera une contribution annuelle. . . . . »

« . . . . . La redevance proportionnelle sera imposée et perçue comme la contribution foncière. . . . . »

Vu l'article 28 (titre II, section Iʳᵉ) du décret du 6 mai 1811, relatif à l'établissement de l'assiette des redevances sur les mines, portant :

« Pour éclairer le Comité, le préfet et l'ingénieur des mines réuniront d'avance tous les renseignements qu'ils jugeront nécessaires, notamment ceux concernant le produit brut de chaque mine, la valeur des *matières extraites* ou fabriquées, etc. ; »

Vu le paragraphe ci-après de la circulaire de M. le directeur général des mines, en date du 26 mai 1812, adressée aux ingénieurs :

« Vous devez chercher avec soin, et cependant avec tous les ménagements que la prudence pourra vous suggérer, à connaître la quantité des *produits extraits* ou élaborés dans l'année, etc. ; »

Vu le paragraphe de la circulaire de M. le ministre des travaux publics, du 1ᵉʳ décembre 1850, ainsi conçu :

« Il a été également résolu que l'on ne compterait pas, dans le prix de vente qui sert à établir le produit brut, les primes et les escomptes accordés aux acheteurs, et dont il serait justifié, etc. ; »

Considérant qu'il résulte du texte de la loi, aussi bien que des termes des instructions administratives, que la redevance proportionnelle doit porter sur la totalité des produits extraits ;

Que l'assimilation de cette redevance à la contribution foncière, quant au mode d'imposition, ne peut laisser aucun doute sur les intentions du législateur à cet égard ;

Que les droits du trésor public sont absolus et indépendants de l'usage qu'il plairait au concessionnaire de faire des produits de sa mine, comme, par exemple, d'en appliquer une partie à sa consommation propre ou à des donations gratuites ;

Considérant que si la circulaire ministérielle du 1ᵉʳ décembre 1850 mentionne les primes et escomptes accordés aux acheteurs, elle ne les admet qu'en vue d'établir le prix de vente moyen des produits de la mine, et nullement avec la pensée que les produits vendus seront seuls imposés à la redevance proportionnelle,

Est d'avis

Que le revenu brut de l'exploitation des mines, destiné à servir de base à l'établissement de la redevance proportionnelle, doit être calculé d'après la totalité des produits extraits.

J'ai adopté, pour ce qui me concerne, cet avis du Conseil général des mines; M. le ministre des finances, de son côté, y a donné son adhésion. En conséquence, c'est d'après la totalité des produits extraits que devra être calculé à l'avenir, sur tous les points du territoire, le revenu brut de l'exploitation des mines sur lequel est établie la redevance proportionnelle à payer à l'État.

Je m'empresse, monsieur le préfet, de vous informer de ces dispositions, en vous priant de veiller à ce que MM. les ingénieurs des mines s'y conforment dans la rédaction du travail des redevances de l'exercice suivant.

Veuillez m'accuser réception de la présente circulaire, dont j'adresse ampliation à MM. les ingénieur des mines.

Circulaire du 16 octobre 1852 sur le règlement des patouillets, bocards et lavoirs à mines.

Monsieur le préfet, le tableau D, annexé au décret du 25 mars 1852, sur la décentralisation administrative, comprend, au nombre des établissements sur lesquels il vous appartient de statuer, *les moulins, usines, barrages, prises d'eau d'irrigation, patouillets, bocards et lavoirs à mines* situés sur les cours d'eau non navigables ni flottables.

Bien que cette rédaction ne parût devoir laisser aucune obscurité, et qu'il dût sembler évident qu'en désignant nominativement *les patouillets, bocards et lavoirs à mines*, le gouvernement entendait se réserver le droit de statuer, comme par le passé, sur toutes les autres usines métallurgiques régies par la loi du 21 avril 1810, la formule ci-dessus a été, dans quelques départements, interprétée en ce sens qu'à l'avenir toutes les usines métallurgiques, sur les cours d'eau non navigables ni flottables, étaient laissées à la réglementation de MM. les préfets.

Cette interprétation, monsieur le préfet, comme vous l'avez vu déjà, ne pouvait, en la forme, se concilier avec la rédaction même du tableau annexé au décret du 25 mars; elle conduisait, d'ailleurs, à cette singulière conséquence, que les usines métallurgiques, mues par les cours d'eau, seraient autorisées par MM. les préfets, tandis qu'au gouvernement seul il eût appartenu, comme par le passé, de statuer sur les mêmes usines quand elles n'eussent pas eu l'eau pour moteur.

Au fond, les établissements métallurgiques, autres que les patouillets, les bocards et les lavoirs à mines, ont une trop grande importance pour que le gouvernement ait pu vouloir modifier, en ce qui les concerne, le régime consacré par la loi du 21 avril 1810. Sous l'ancienne monarchie, les usines à fer, les forges, n'étaient autorisées que par des arrêts du Conseil, et c'est avec juste raison que la loi de 1810 a voulu qu'elles ne fussent permissionnées que par un décret du souverain. Le plus souvent la création d'une usine métallurgique dans une localité affecte de grands et nombreux intérêts; elle modifie quelquefois, sur une large échelle, les conditions d'approvisionnement du pays en combustible; elle apporte, dans les prix du fer et des autres métaux, des changements qui doivent influer sur les autres industries locales; elle donne aux permissionnaires eux-mêmes certains droits de servitude sur les terrains d'autrui, et, par tous ces motifs, les décisions à prendre ne sauraient être entourées de trop de soins et de prudence.

Comme le veut la loi de 1810, si l'usine est mue par un cours d'eau, l'administration des ponts et chaussées doit être consultée; si elle doit brûler du combustible végétal, l'administration forestière doit être entendue, de même quand il s'agit de construire une usine dans le rayon des douanes, l'administration des douanes doit être aussi appelée à fournir ses observations. Il ne peut évidemment appartenir à l'autorité préfectorale seule de prononcer entre toutes ces administrations, et le gouvernement doit nécessairement intervenir.

Je me résume donc, monsieur le préfet, en disant que, dans tous les cas où il s'agit de demandes relatives à des usines métallurgiques autres que les patouillets et bocards et lavoirs à mines, vous devez, comme précédemment, me transmettre le dossier de l'instruction pour y être statué par un décret du président de la République, et non pas seulement quant à l'établissement métallurgique, mais aussi quant au régime des eaux, pour les usines mises en mouvement par un moteur hydraulique. Il est de règle, d'abord, que dans les affaires connexes et dont chacune, prise isolément, ressortit à des juridictions différentes, c'est à la plus élevée qu'il appartient de prononcer ; et en second lieu, la force motrice dont l'usine a besoin, par suite de la hauteur de la retenue des eaux, dépend évidemment de la circonstance même de cette usine ; on ne peut donc régler l'une indépendamment de l'autre.

Ce premier point bien établi, monsieur le préfet, il me reste à vous indiquer comment vous devez procéder pour les patouillets, bocards et lavoirs à mines sur lesquels vous aurez à statuer à l'avenir.

En ce qui touche le règlement d'eau, je ne puis que me référer à ma circulaire du 27 juillet dernier, qui retrace sommairement les formalités à observer ; je ne puis également que vous prier de vous reporter à cette circulaire pour tous les cas de recours des parties intéressées contre les arrêtés que vous aurez pris, de récolement des ouvrages autorisés, et pour les communications que vous devez faire de vos arrêtés à l'administration supérieure. Je n'ai que quelques courtes observations à vous adresser en ce qui touche les conditions relatives à la trituration et au lavage du minerai proprement dit.

Je ne crois pas inutile de vous rappeler d'abord, monsieur le préfet, les dispositions de la circulaire de mon prédécesseur, en date du 20 février 1852, qui, pour les affaires de lavoirs à mines, prescrivent à MM. les ingénieurs des ponts et chaussées et des mines d'en faire en commun l'instruction. Il importe que ces dispositions soient strictement exécutées, et je vous prie d'y veiller avec le plus grand soin.

Quant aux mesures relatives à l'épuration des eaux, il n'est pas possible, évidemment, d'arrêter des formules générales applicables à tous les cas. Le plus souvent, il sera nécessaire d'obliger les demandeurs à établir des bassins d'épuration; mais quelquefois aussi, à raison de l'abondance et de la rapidité des eaux de la rivière dans laquelle les morées devront s'écouler, MM. les ingénieurs pourront juger inutiles les bassins d'épuration, et se borner à exiger la suspension du lavage pendant la saison des basses eaux ou à l'époque de la germination et de la maturation des récoltes, c'est-à-dire à partir du 15 avril jusqu'au 15 octobre; d'autres fois, il sera nécessaire de cumuler l'interdiction du lavage pendant l'été avec les bassins d'épuration; d'autres fois encore, il sera possible, moyennant des bassins d'une certaine dimension et moyennant certaines conditions particulières, de permettre le lavage pendant toute l'année. C'est à MM. les ingénieurs des mines à étudier avec soin, dans chaque cas particulier, les dispositions qu'il convient de prescrire. Leurs propositions seront d'ailleurs toujours soumises à la seconde enquête, et les observations dont elles seront l'objet, soit de la part du public, soit de la part des demandeurs eux-mêmes, permettront de s'arrêter, en définitive, aux mesures les plus propres à concilier tous les intérêts.

Pour vous faciliter, au surplus, monsieur le préfet, le travail que vous aurez à faire dans les cas dont il s'agit, et pour arriver, dans tous les départements, à des règles aussi uniformes que possible, j'ai l'honneur de vous adresser ci-joints deux modèles de formules où les bassins d'épuration sont indiqués comme obligatoires, l'une, dans l'hypothèse du chômage d'été, l'autre dans l'hypothèse où le lavage serait permis pendant toute l'année.

Quant au cas où il n'y aurait pas à prescrire de bassins d'épuration, il y serait suppléé par des clauses spéciales à étudier dans chaque espèce, et il n'est pas possible de les convertir à l'avance en formules.

Enfin, vous voudrez bien ne pas oublier, monsieur le préfet, que, s'il s'agit de patouillets et de bocards, vous aurez, aux termes de l'article 75 de la loi du 21 avril 1810, à imposer une taxe fixe aux permissionnaires : dans le cas de simples lavoirs à mines, aucune taxe ne devra être imposée.

Telles sont, monsieur le préfet, les instructions qu'il m'a paru nécessaire de vous adresser pour l'exécution du décret du 25 mars 1852, en ce qui concerne les établissements métallurgiques sur lesquels vous avez le droit de statuer, aux termes de ce décret. Si elles laissaient quelque obscurité dans votre esprit, je m'empresserais d'y ajouter tous les éclaircissements que vous pourriez désirer.

Je vous prie de m'accuser réception de la présente circulaire, dont j'adresse ampliation à MM. les ingénieurs des ponts et chaussées et des mines.

Circulaire du 30 avril 1861, concernant les demandes en concession de mines.

Monsieur le préfet, la loi du 21 avril 1810 a, comme vous le savez, fixé des délais pour l'instruction des demandes en concession de mines : aux termes des articles 23 et 24, des affiches et publications ont lieu pendant quatre mois ; puis l'article 27 dispose qu'à l'expiration de ces formalités, et dans le mois qui suivra, le préfet du département, sur le rapport des ingénieurs, donnera son avis et le transmettra au ministre.

Ces délais, déjà en soi assez longs, sont souvent dépassés de beaucoup dans la pratique. Dans un grand nombre de cas, les retards tiennent à l'insuffisance des renseignements fournis par les demandeurs eux-mêmes, ou à des complications qui surviennent dans le cours des enquêtes, par suite de la rivalité des intérêts en présence ; mais quelquefois aussi les affaires de cette nature ne sont pas examinées avec toute la célérité possible. En industrie surtout le temps est un capital ; nous devons nous attacher soigneusement à le ménager, en évitant toutes les lenteurs qui ne seraient pas rigoureusement indispensables.

Je désire donc qu'à l'avenir, et d'une manière générale, MM. les ingénieurs fassent tous leurs efforts, je ne dis pas pour se renfermer dans les délais réglementaires, mais pour s'en rapprocher autant que possible.

Aussitôt après l'expiration des publications, les certificats des maires constatant l'accomplissement de ces formalités doivent leur être transmis avec la demande originaire et les oppositions ou demandes en concurrence qui ont pu surgir dans l'intervalle. Ils doivent s'occuper de suite de l'examen du dossier ; si une visite des lieux est nécessaire, ils doivent, à moins d'impossibilité absolue, y procéder sans délai et sans attendre l'époque de leurs tournées annuelles. Si quelques documents essentiels à fournir par les demandeurs manquent au dossier, ils doivent les réclamer d'urgence, en fixant un court délai, passé lequel ils termineront leur rapport. Dans le cas d'ailleurs où, par suite de leur visite des lieux, ils reconnaîtraient que les travaux faits n'établissent pas suffisamment la concessibilité du gîte, ce n'est pas un motif pour eux de suspendre leur travail ; ils ne doivent pas prendre sur eux de donner du temps aux intéressés; ils doivent arrêter leurs conclusions dans l'état de l'affaire, et les adresser sans retard à MM. les préfets, qui devront, à leur tour, les envoyer au ministre avec leur avis.

Telle est, monsieur le préfet, la marche que désormais et sans exception MM. les ingénieurs devront suivre dans l'examen qu'ils auront à faire des demandes en concession de mines; en suivant cette marche, nous empêcherons que des affaires ne restent, comme il n'est que trop fréquemment arrivé jusqu'ici, en suspens pendant des années entières. Les demandes susceptibles d'une solution immédiate la recevront sans retard, conformément au vœu de la loi ; et quant à celles qui ne pourraient être accueillies immédiatement, leurs auteurs seront du moins prévenus de ce qu'ils doivent faire pour qu'elles aboutissent. Une fâcheuse incertitude ne sera plus laissée aux capitaux engagés dans les entreprises, et en même temps tout motif fondé sera enlevé aux plaintes et aux réclamations.

J'appelle, monsieur le préfet, sur les présentes instructions votre attention la plus sérieuse, et je vous prie d'en assurer l'exécution pour ce qui concerne votre département.

J'en transmets d'ailleurs ampliation à MM. les ingénieurs des mines ; je vous prie de vouloir bien m'en accuser réception.

Recevez, monsieur le préfet, l'assurance de ma considération la plus distinguée.

Circulaire du 20 mai 1861 sur les redevances de l'exercice 1861.

Monsieur, le moment est arrivé où MM. les ingénieurs des mines ont à préparer le travail des redevances de l'exercice 1861 (produits de 1860).

Je viens vous prier de vous occuper sans retard de ce travail, en ce qui concerne les mines du sous-arrondissement qui vous est confié, et j'ai l'honneur de vous adresser à cet effet les formules d'états d'exploitation et de tableaux récapitulatifs qui vous sont nécessaires.

Je ne saurais trop vous recommander, monsieur, de bien vous pénétrer, pour la rédaction de ces états, des dernières instructions contenues dans ma circulaire du 6 décembre 1860. Il s'agit aujourd'hui d'appliquer des dispositions qui diffèrent à plusieurs égards de celles qui étaient prescrites antérieurement, et cet objet appelle toute votre attention.

Vous aurez d'ailleurs, comme à l'ordinaire, à dresser trois expéditions desdits états et tableaux, dont l'une pour la préfecture du département, la deuxième pour les archives de votre bureau, la troisième devra m'être envoyée avant le 1er. août, par l'intermédiaire de M. l'ingénieur en chef et de M. le préfet, accompagnée des expéditions de vos rapports, des avis du directeur et du procès-verbal des délibérations du Comité d'évaluation.

Je vous prie, monsieur, de vouloir bien m'accuser réception de la présente.

Recevez, monsieur, l'assurance de ma considération très-distinguée.

Circulaire du 10 mai 1861, sur les redevances de l'exercice 1861.

Monsieur le préfet, l'époque étant arrivée où MM. les ingénieurs des mines doivent s'occuper du travail des redevances de l'exercice 1861 (produits 1860), je viens de leur adresser à cet effet les formules d'états d'exploitation et de tableaux récapitulatifs qui leur sont nécessaires.

Je les invite en même temps à bien se pénétrer, pour la rédaction de ces états, des dernières instructions contenues dans ma circulaire du 6 décembre 1860. Il s'agit aujourd'hui d'appliquer des dispositions qui diffèrent à plusieurs égards de celles qui étaient prescrites antérieurement, et cet objet exige une attention spéciale.

Je vous prie, d'ailleurs, monsieur le préfet, de veiller à ce que les opérations aient lieu avec toute la célérité possible, et je vous serai obligé, aussitôt qu'elles seront terminées, de me faire parvenir, comme à l'ordinaire, les pièces destinées à en constater les résultats.

Vous aurez également à transmettre à M. le ministre des finances les duplicata qu'il doit lui-même recevoir, et je vous envoie à cet effet, par le courrier de ce jour, un nombre suffisant de formules ; je vous prie de m'accuser réception.

Recevez, monsieur le préfet, l'assurance de ma considération la plus distinguée.

Redevance proportionnelle sur les mines, exercice 186 .

MINES CONCÉDÉES DU DÉPARTEMENT D

État d'exploitation, pour l'exercice 186 (travaux et produits de 186 [1]), de la mine [2] de , commune d [3] , canton d , arrondissement d

Numéro de l'État :			Noms, professions et demeures des concessionnaires.
Désignation du titre de concession de la mine.	Communes sur lesquelles portent.	la concession	
Étendue de la concession en hectares.		les travaux d'exploitation	Noms, professions et demeures des exploitants.
Quotité de la redevance fixe annuelle résultant de cette étendue.	Communes où les redevances sont perçues [bis].		

Désignation des ouvrages entretenus et exploités ou en cours d'exécution, tels que puits, galeries et autres excavations régulières et irrégulières et machines.				SITUATION, NOMBRE, NATURE ET SUPERFICIE MÉTRIQUE des bâtiments et ateliers.
NOMBRE ET ESPÈCES.	Longueur. m. cour.	Cubage. m. cubes.	MACHINES. (Désigner l'espèce et la puissance, évaluée en force de cheval, des machines à vapeur.)	

[1] Extrait de la circulaire du 12 avril 1849, adressée aux préfets par le ministre des travaux publics, et concertée avec le ministre des finances, « Pour toutes les mines, l'imposition de la redevance proportionnelle continuera d'avoir lieu d'après les résultats de l'exploitation pendant l'année précédente. On ne tiendra ainsi compte que de faits accomplis et non d'éventualités, ce qui permettra d'établir l'impôt d'une manière équitable. — Toutefois, pour la première année de l'exploitation, l'imposition sera réglée d'après le revenu net présumé de cette même année, sans avoir égard aux dépenses faites avant l'institution de la concession. — De même, si une mine, après avoir cessé d'être en activité, vient à être exploitée de nouveau, l'imposition aura lieu d'après le revenu net présumé de l'année de la reprise des travaux. »

[2] Désigner la nature de la mine, et donner le nom qui lui est assigné par l'acte de concession, ou le nom sous lequel elle est connue, si un nom spécial ne lui est pas attribué par l'acte de concession.

[3] Art. 21 du décret du 6 mai 1811 : « Les mines dont la concession superficielle s'étendra sur deux ou plusieurs communes seront portées sur les états d'exploitation au nom de la commune où sont situés les bâtiments d'exploitation, usines et maisons de direction. Il en sera de même des mines dont la concession superficielle s'étendra sur les frontières de deux ou plusieurs départements. »

[bis] Art. 40 du décret du 6 mai 1811 : « Le recouvrement des redevances fixes et proportionnelles sera effectué par le percepteur des contributions de la commune où est située la mine. Lorsque le terrain concédé ou provisoirement assigné et attribué aux exploitants non concessionnaires embrassera plusieurs communes, le percepteur de la commune où seront situés les bâtiments, usines et maisons de direction sera seul chargé du recouvrement. »

La suite de l'État au verso.

Suite dè l'*État d'exploitation de la mine de*   , *département d'*

NOMBRE des ouvriers de chaque espèce		NOMBRE des chevaux		PRODUIT BRUT. (Circ. du 6 déc. 1860.) — (Distinguer les diverses sortes et qualités.) Circ. du 12 avr. 1849.)		VALEUR du quintal métrique de chaque sorte et qualité.	VALEUR du produit brut. (Circ. des 12 avr. 1849, 1er déc. 1850 et 6 déc. 1860.)	DÉPENSES A DÉDUIRE DE LA VALEUR DE LA FIXATION DU REVENU (Circ. des 12 avr. 1849, 1er déc.)		
à l'intérieur.	à l'extérieur.	à l'intérieur.	à l'extérieur.	Quantités extraites quint mét	Quantités vendues. quint. mét.	francs.	francs.	selon les exploitants. francs.	selon le comité de proposition. francs.	selon l'ingénieur des mines. francs.

DÉCLARATION DES

(Aux termes de l'article 27 du décret du 6 mai 1811, les exploi-
que année avant le 1er mai, la déclaration détaillée du produit
aura lieu d'office. — Conformément à la circulaire du 12 avril
de ces déclarations, et il réunit à l'avance tous les renseignements
tion pour la fixation du revenu net imposable de chaque mine.

ESTIMATION DU COMITÉ

(Aux termes de l'article 18 du décret du 6 mai 1811, ce comité
commune ou des communes sur lesquelles s'étendent les conces-
— Le comité de proposition appelle et entend les concession-

PROPOSITION DE

(Aux termes de la circulaire du 12 avril 1849, l'ingénieur doit
renfermant tous les renseignements propres à éclairer le comité
qui aura été faite par le comité de proposition. — L'ingénieur consi-
les chiffres correspondants extraits du rapport qu'il aura rédigé.)

AVIS DU DIRECTEUR DES

(Aux termes de la circulaire du 12 avril 1849, le directeur des
du produit brut et du revenu net adoptés par les comités de pro-
cialement réservée, les chiffres correspondants extraits de l'avis

DÉCISION DU

(Le comité d'évaluation est composé du préfet, de deux mem-
contributions, de l'ingénieur des mines et de deux des principaux
d'exploitations suffisant. *Art. 24 du décret du 6 mai* 1811 — Ce
duit net imposable de chaque mine. *Art. 25 du décret précité.* — Il
les divers éléments de ses évaluations. — Les délibérations du co-
consignées dans un procès-verbal dressé par l'un de ses membres.)

Total..   Total..   Total..

, *pour l'exercice* 186   (*travaux et produits de* 186   ).

...UY BRUT POUR ...IMPOSABLE. ...) et 6 déc. 1860.) ... des contrib. directes. ...ancs.	selon le comité d'évaluation. francs.	REVENU NET IMPOSABLE. (Circulaires des 12 avril 1849 et 9 avril 1851.)	REVENU NET FIXÉ par abonnement.

EXPLOITANTS.
tants sont tenus de remettre au secrétariat de la préfecture, cha-
net imposable de leurs exploitations, faute de quoi l'appréciation
1849, le préfet détermine, selon la nature des exploitations, la forme
qu'il juge utile de porter à la connaissance du comité d'évalua_

  Valeur du produit brut..........
  Dépenses.....................
  Revenu net imposable..........
        . A   le
  Signatures des exploitants (noms et qualités).

DE PROPOSITION.
se compose de l'ingénieur des mines, des maires et adjoints de la
sions, et des deux répartiteurs communaux les plus fort imposés.
naires ou leurs agents.)

  Valeur du produit brut..........
  Dépenses................
  Revenu net imposable..........
        A   le
  Signatures des membres du comité de proposition. (Chaque si-
gnature doit être suivie de l'indication de la qualité du signataire.)

L'INGÉNIEUR DES MINES.
joindre à chaque état d'exploitation un rapport sur chaque mine,
d'évaluation au sujet de l'appréciation du revenu net imposable
gnera, dans la partie de l'état qui lui est spécialement réservée,

  Valeur du produit brut..........
  Dépenses...................
  Revenu net imposable..........
        A   le
  Signature de l'ingénieur des mines.

CONTRIBUTIONS DIRECTES.
contributions directes doit donner son avis motivé sur les chiffres
position. — Il consignera, dans la partie de l'état qui lui est spé-
qu'il aura émis.)

  Valeur du produit brut..........
  Dépenses.....................
  Revenu net imposable..........
        A   le
  Signature du directeur des contributions directes.

COMITÉ D'ÉVALUATION.
bres du conseil général nommé par le préfet, du directeur des
propriétaires de mines dans les départements où il y a un nombre
comité est chargé de déterminer les évaluations définitives du pro-
indiquera, dans la partie de l'état d'exploitation qui lui est réservée,
mité doivent être, aux termes de la circulaire du 12 avril 1849.

  Valeur du produit brut..........
  Dépenses.....................
  Revenu net imposable..........
        A   le
  Signatures des membres du comité d'évaluation. (Chaque signa-
ture doit être suivie de l'indication de la qualité du signataire.)

Colonne de droite (REVENU NET FIXÉ par abonnement) :

« A dater de l'année 1861, l'abonnement à la redevance proportionnelle des mines sera réglé, pour les exploitants qui le demanderont, en
prenant pour base le produit net moyen des deux années antérieures.
— Le taux de l'abonnement, fixé comme il est dit ci-dessus, sera maintenu sans modification pendant une durée de cinq ans. » *Décret du
30 juin 1860.*
(*Voir, d'ailleurs, pour les formalités d'in-
struction des demandes d'abonnements, le tit III du décr. du 6 mai 1811.
— Voir aussi les instruc-
tions contenues dans la circul. du 12 avr. 1849.*)

Par décision du

en date du

la mine de

est abonnée à la rede-
vance proportionnelle
pour les années

sur le pied d'un revenu
net de

Total... | Total... |

DÉBOUCHÉS ET OBSERVATIONS.

Redevance proportionnelle sur les mines, exercice 186 .

MINES NON CONCÉDÉES [1] DU DÉPARTEMENT D

...t d'exploitation, pour l'exercice 186 (*travaux et produits de 186* [2]), *de la*
...mine d
...rrondissement d ..., *commune d* [4] ..., *canton d* ...,

Numéro de l'État :				
Désignation de la demande de concession	Communes sur lesquelles portent	l'étendue provisoire.		Noms, professions et demeures des particuliers exploitant sans concession.
Étendue provisoire assignée à l'exploitation exprimée en hectares.		les travaux d'exploitation.		
Quotité de la redevance fixe annuelle résultant de cette étendue.	Communes où les redevances sont perçues [4] *bis*.			

Désignation des ouvrages entretenus et exploités ou en cours d'exécution, tels que puits, galeries et autres excavations régulières et irrégulières et machines.				SITUATION, NOMBRE. NATURE ET SUPERFICIE MÉTRIQUE des bâtiments et ateliers.
NOMBRE ET ESPÈCES.	Longueur. m.cour.	Cubage. m.cubes.	MACHINES. (Désigner l'espèce et la puissance, évaluée en force de cheval, des machines à vapeur.)	
			.	

Extrait du *titre II, sect. II, du décret du 6 mai 1811* : « Assiette de la redevance proportionnelle sur les mines non concédées. — Art. 30. Il sera procédé, pour les mines non concédées régulièrement ou exploitées sans aucune concession, comme pour les mines concédées ; mais les
états de la circulaire du 12 avril 1849, *adressée aux préfets par le ministre des travaux
publics et concertée avec le ministre des finances.* « Pour toutes les mines, l'imposition de la redevance proportionnelle continuera d'avoir lieu d'après les résultats de l'exploitation pendant l'année
précédente. On ne tiendra ainsi compte que de faits accomplis et non d'éventualités, ce qui permettra d'établir l'impôt d'une manière équitable. — Toutefois, pour la première année de l'explication, l'imposition sera réglée d'après le revenu net présumé de cette année, sans avoir égard
aux dépenses faites avant l'institution de la concession. — De même, si une mine, après avoir cessé
d'être en activité, vient à être exploitée de nouveau, l'imposition aura lieu d'après le revenu net
présumé de l'année de la reprise des travaux. »
... 21 *du décret du 6 mai 1811* : « Les mines dont la concession superficielle s'étendra sur deux
ou plusieurs communes seront portées sur les états d'exploitation au nom de la commune où sont
situés les bâtiments d'exploitation, usines et maisons de direction. Il en sera de même des mines
dont la concession superficielle s'étendra sur les frontières de deux ou plusieurs départements. »
Art. 40 *du décret du 6 mai 1811* : « Le recouvrement des redevances fixes et proportionnel est
effectué par le percepteur des contributions de la commune où est située la mine. Lorsque le
sol concédé, ou provisoirement assigné et attribué aux exploitants non concessionnaires,
sera sur plusieurs communes, le percepteur de la commune où seront situés les bâtiments,
usines et maisons de direction sera seul chargé du recouvrement. »

La suite de l'État au verso.

Suite de l'*Etat d'exploitation de la mine de* , département de

NOMBRE des ouvriers de chaque espèce		NOMBRE des chevaux		PRODUIT BRUT (Circ. du 6 déc. 1860.) (Distinguer les diverses sortes et qualités.) (Circ. du 12 avr. 1849.)		VALEUR du quintal métrique de chaque sorte et qualité.	VALEUR du produit brut.	DÉPENSES A DÉDUIRE DE LA VALEUR DE LA FIXATION DU REVENU (Circ. des 11 avr. 1849, 1er déc.		
à l'intérieur.	à l'extérieur.	à l'intérieur.	à l'extérieur.	Quantités extraites. quint. mét.	Quantités vendues. quint. mét.	francs.	francs.	selon les exploitants. francs.	selon le comité de proposition. francs.	selon l'ingénieur des mines. francs.
							DÉCLARATION DES			

(Aux termes de l'article 27 du décret du 6 mai 1811, les exploi-
année avant le 1er mai, la déclaration détaillée du produit net im-
lieu d'office. — Conformément à la circulaire du 12 avril 1849, le
ces déclarations, et il réunit tous les renseignements qu'il juge
fixation du revenu net imposable de chaque mois.)

ESTIMATION DU COMITÉ

(Conformément aux articles 18 et 30 du décret du 6 mai 1811, ce
joints de la commune ou des communes sur lesquelles s'étend
titeurs communaux les plus imposés. — Le comité de proposition

PROPOSITION DE

(Aux termes de la circulaire du 12 avril 1849, l'ingénieur doit
renfermant tous les renseignements propres à éclairer le comité
qui aura été faite par le comité de proposition. L'ingénieur consi-
les chiffres correspondants extraits du rapport qu'il aura rédigé.)

AVIS DU DIRECTEUR DES

(Aux termes de la circulaire du 12 avril 1849, le directeur des
du produit brut et du revenu net adoptés par les comités de pro-
cialement réservée, les chiffres correspondants extraits de l'avis

DÉCISION DU

(Le comité d'évaluation est composé du préfet, de deux mem-
contributions, de l'ingénieur des mines et de deux des principaux
d'exploitations suffisant. *Art. 24 du décret du 6 mai 1811.* — Ce
duit net imposable de chaque mine. *Art. 25 du décret précité.* —
servée, les divers éléments de ses évaluations — Les délibérations
consignées dans un procès-verbal dressé par l'un de ses membres.)

Total... Total... Total...

, pour l'exercice 186   (travaux et produits de 186   ).

PRODUIT BRUT POUR NET IMPOSABLE. (1850 et 6 déc. 1860.)		REVENU NET IMPOSABLE. (Circulaires des 12 avril 1849 et 9 avril 1851.)	REVENU NET FIXÉ par abonnement.
selon le directeur des contrib. directes. francs.	selon le comité d'évaluation. francs.		

		EXPLOITANTS. tants sont tenus de remettre au secrétariat de la préfecture, chaque posable de leurs exploitations ; faute de quoi, l'appréciation aura préfet détermine, selon la nature des exploitations, la forme de utile de porter à la connaissance du comité d'évaluation, pour la Valeur du produit brut......... Dépenses..................... Revenu net imposable........... A le Signatures des exploitants (noms et qualités).	« A dater de l'année 1861, l'abonnement à la redevance proportionnelle des mines sera réglé, pour les exploitants qui le demanderont, en prenant pour base le produit net moyen des deux années antérieures — Le taux de l'abonnement, fixé comme il est dit ci-dessus, sera maintenu sans modification pendant une durée de cinq ans. » *Décret du 30 juin 1860.*
		DE PROPOSITION. comité se compose de l'ingénieur des mines, des maires et ad- l'étendue provisoire assignée aux exploitations, et des deux répar- appelle et entend les exploitants ou leurs agents.) Valeur du produit brut......... Dépenses..................... Revenu net imposable.......... A le Signatures des membres du comité de proposition. (Chaque signature doit être suivie de l'indication de la qualité du signataire.	*(Voir d'ailleurs, pour les formalités d'instruction des demandes d'abonnements, le tit. III du décr. du 3 mai 1811. Voir aussi les instructions contenues dans la circul. du 12 avr. 1849.)*
		L'INGÉNIEUR DES MINES. joindre à chaque état d'exploitation un rapport sur chaque mine, d'évaluation au sujet de l'appréciation du revenu net imposable gnera, dans la partie de l'état qui lui est spécialement réservée, Valeur du produit brut........... Dépenses..................... Revenu net imposable.......... A le Signature de l'ingénieur des mines.	Par décision du en date du la mine de est abonnée à la redevance proportionnelle pour les années
		CONTRIBUTIONS DIRECTES. contributions directes doit donner son avis motivé sur les chiffres position. — Il consignera, dans la partie de l'état qui lui est spé- qu'il aura émis.) Valeur du produit brut......... Dépenses..................... Revenu net imposable........... A le Signature du directeur des contributions directes.	sur le pied d'un revenu net de
		COMITÉ D'ÉVALUATION. bres du conseil général nommés par le préfet, du directeur des propriétaires de mines dans les départements où il y a un nombre comité est chargé de déterminer les évaluations définitives du pro- Il indiquera dans la partie de l'état d'exploitation qui lui est ré- du comité doivent être, aux termes de la circul. du 12 avril 1849, Valeur du produit brut........... Dépenses..................... Revenu net imposable........... A le Signatures des membres du comité d'évaluation. (Chaque signature doit être suivie de l'indication de la qualité du signataire.)	
Total...	Total...		

DEBOUCHÉS ET OBSERVATIONS.

TABLEAU, PAR MINE,

DES RÉSULTATS DU TRAVAIL DES REDEVANCES IMPOSÉES

EN 186 (PRODUITS DE 186),

SUR LES MINES DU DÉPARTEMENT DE

DÉPARTEMENT

d

des résultats du travail des redevances imposées, en 186 (produits

Nota. Il faut porter sur ce tableau d'abord les mines d'une même espèce, totaliser les résultats
et ainsi de suite. — Au bas du tableau, il faut faire un total général

NOMS ET ESPÈCES DES MINES.	INDICATION DE CELLES QUI SONT		ÉTENDUE DE LA SURFACE		NOMS des exploitants.	NOMBRE DES				NOMBRE ET ESPÈCES des Machines.
						OUVRIERS		CHEVAUX		
	concé- dées.	non concé- dées.	concé- dée. hect.	attribuée provisoi- rement. hect.		à l'intérieur.	à l'extérieur.	à l'intérieur.	à l'extérieur.	

PAR MINE,

186), sur les mines du département d

ticuliers qu'elles présentent; puis porter les mines d'une autre espèce, faire un nouveau total, chaque colonne dont les nombres sont susceptibles d'être additionnés.

PRODUIT BRUT.		PRIX du quintal métrique	VALEUR du produit brut.	REVENU NET		REDE-VANCE proportionnelle en principal	REDE-VANCE fixe en principal	DIX CENTIMES pour fonds de non-valeurs des deux rede-vances.	TOTAL des deux rede-vances en principal et centimes addi-tionnels.	OBSERVATIONS.
Quantités extraites q. mét.	Quantités vendues. q. mét.	francs.	francs.	fixé par le comité d'éva-luation. francs.	corres-pondant à l'abonne-ment. francs.	francs.	francs.	francs.	francs.	

TABLE DES MATIÈRES

CONTENUES

DANS LE TROISIÈME VOLUME.

————

FIN DE LA TABLE.

ERRATA.

Page 438, entre les lignes 14 et 15, ont été omis les documents suivants.

Circulaire du 16 novembre 1852 sur le bornage des concessions de mines.

Monsieur le préfet, les cahiers de charges annexés aux actes de concessions de mines disposent que dans le délai de trois mois, à dater de la notification du décret qui concède la mine, il sera planté des bornes sur tous les points servant de limites à la concession, où cette mesure sera reconnue nécessaire; que l'opération aura lieu aux frais du concessionnaire, à la diligence du préfet et en présence de l'ingénieur des mines, qui en dressera procès-verbal.

Cette opération du bornage est fort essentielle ; elle forme le complément indispensable de toute fixation de limites, en marquant d'une manière stable sur le terrain les points de repère des périmètres définis dans les actes de concession, et il est nécessaire dès lors qu'elle s'exécute dans les délais prescrits.

Malheureusement les administrations locales n'ont pas toujours suffisamment tenu la main à ce que ces délais fussent observés, et je pourrais citer telle concession de mines instituée depuis dix ans et plus, et dont le bornage n'a pas encore été effectué.

Il est facile de comprendre combien ces retards peuvent

entraîner d'inconvénients. Le plus souvent, en effet, dans l'espace d'une ou de deux années, la face des lieux où une concession a été créée change : les points choisis comme repères s'effacent et disparaissent; et lorsque ensuite on veut procéder au bornage, on éprouve des difficultés quelquefois inextricables, d'où quelquefois aussi naissent des procès, des contestations, que l'on eût évités si l'on eût opéré le bornage dans les trois mois de la concession.

Il conviendra donc de veiller strictement à l'avenir, monsieur le préfet, à ce que le bornage de chaque concession de mines qui sera instituée dans votre département soit effectué dans les formes et dans le délai fixés par le cahier des charges.

Quant aux concessions déjà existantes, et dont l'abornement aurait jusqu'ici été omis, je vous invite à mettre les propriétaires en demeure de l'accomplir immédiatement, et, au besoin, à le faire opérer d'office.

Une expédition de chacun des procès-verbaux de bornage devra, d'ailleurs, être adressée au ministre des travaux publics, indépendamment de celles qui doivent être déposées aux archives de la préfecture et de la mairie de chacune des communes sur lesquelles s'étend la concession; je vous serai obligé de prendre les mesures nécessaires pour que l'envoi de ces procès-verbaux me soit fait régulièrement.

Veuillez, monsieur le préfet, m'accuser réception de la présente, dont je transmets ampliation à MM. les ingénieurs des mines.

Recevez, monsieur le préfet, l'assurance de ma considération la plus distinguée.

Circulaire du 20 novembre 1852 sur les réunions de concessions.

Monsieur le préfet, j'ai l'honneur de vous adresser ci-jointe ampliation du décret, en date du 23 octobre dernier, du prince-président de la république, qui interdit les réunions des concessions de mines, à un titre quelconque, sans l'autorisation du gouvernement[1].

Cette mesure, impérieusement réclamée depuis longtemps par l'opinion publique, était rendue plus que jamais nécessaire par diverses réunions qui se préparaient, et, cette fois, non plus seulement entre les mines d'un même bassin, mais entre les mines de régions situées à de grandes distances les unes des autres. Des faits semblables, consommés sans l'examen préalable de l'autorité, pouvaient renfermer en eux-mêmes les périls les plus redoutables pour le commerce et l'industrie du pays; ils pouvaient aussi, sur certains points et dans certaines circonstances données, devenir compromettants pour l'ordre public : le gouvernement aurait donc manqué au plus rigoureux de ses devoirs si, fidèle à l'esprit de la législation sur les mines, il n'avait usé, pour prévenir les projets en cours de négociation, des pouvoirs que la Constitution met dans ses mains.

Tel est, monsieur le préfet, le but du décret du 23 octobre dernier. Je vous prie de lui donner immédiatement la plus grande publicité, et de veiller, de concert avec MM. les ingénieurs des mines, à sa stricte et complète exécution.

Vous remarquerez que le décret interdit toutes les réunions, à un titre quelconque, non autorisées, aussi bien celles par location que par association et acquisition; aussi bien celles par hérédité et expropriation judiciaire que celles par acquisition et donation à titre gratuit ou onéreux. Vous devrez donc, monsieur le préfet, inviter M. l'ingénieur en chef des mines de votre département à vous rendre un compte immédiat de tous les faits qui lui paraîtraient constituer une infraction au décret, et pour lesquels l'autorisation administrative n'aurait pas été préalablement réclamée. Vous voudrez bien, à votre tour, me donner connaissance de ces faits, et je prendrai ou provoquerai telles mesures que de droit.

Je vous prie, monsieur le préfet, de m'accuser réception de

---

[1] *Annales des mines*, 5e série, t. I, partie administrative, p. 213.

la présente, dont j'adresse ampliation à MM. les ingénieurs des mines.

Recevez, monsieur le préfet, l'assurance de ma considération la plus distinguée.

Circulaire du 1er décembre 1852 sur les procès-verbaux de visite de mines.

Monsieur le préfet, au moment où MM. les ingénieurs des mines se préparent à transmettre à l'administration les procès-verbaux de visite dressés dans le cours de la présente campagne, je crois devoir vous faire part de quelques observations générales auxquelles l'examen des procès-verbaux de 1852 a donné lieu :

1° J'ai remarqué que MM. les ingénieurs avaient quelquefois confondu dans un même procès-verbal les constatations relatives à plusieurs concessions distinctes, ou bien les constatations faites pendant des visites successivement opérées dans la même mine. Chaque concession, et pour chaque concession, chaque visite doivent faire l'objet de procès-verbaux particuliers.

2° MM. les ingénieurs se sont abstenus souvent d'inspecter les mines inexploitées et, par suite, de produire des procès-verbaux en ce qui les concerne. Mais je rappellerai que les circulaires des 24 janvier 1834, 30 janvier 1837 et 28 novembre 1844, prescrivent la rédaction de procès-verbaux de visites pour toutes les mines exploitées ou inexploitées sans distinction ; et il importe, en effet, que l'administration soit informée, chaque année, des circonstances et des causes du chômage, des inconvénients qui en peuvent résulter soit pour les consommateurs, soit pour la conservation des ouvrages souterrains et la sûreté publique, et qu'elle soit par là mise à même de juger s'il y a quelques mesures à prendre.

Je crois devoir faire observer à ce sujet que, lorsque des mines sont définitivement abandonnées, les plans de l'exploitation doivent être conservés dans les bureaux de l'ingénieur ordinaire, avec des notes précises et circonstanciées sur l'allure des couches, les faits observés avant l'abandon et les causes qui l'ont déterminé.

3° Les procès-verbaux ne sont pas toujours accompagnés d'un rapport général, ainsi que l'a prescrit la circulaire du 28 novembre 1844. Ce document, qui doit présenter dans son ensemble la situation de l'industrie minérale dans le département, est cependant fort utile en ce qu'il sert à la fois de résumé et de complément aux procès-verbaux ; et MM. les ingénieurs ne doivent jamais omettre de l'y réunir.

4° Le travail de MM. les ingénieurs ordinaires n'a pas été partout soumis à l'examen de MM. les ingénieurs en chef. Il importe qu'il parvienne à MM. les préfets par l'intermédiaire de ces chefs de service, conformément à ce qui est indiqué dans la circulaire du 30 janvier 1837.

5° J'ai remarqué que le travail relatif aux procès-verbaux de visite a été souvent tardivement produit. Il est indispensable que MM. les ingénieurs en chef reçoivent vers la fin du mois de décembre, au plus tard, les procès-verbaux dressés dans l'année courante, pour que ces documents puissent à leur tour m'être transmis en temps utile par MM. les préfets.

Je vous prie, monsieur le préfet, de vouloir bien m'accuser réception de la présente, dont j'adresse une expédition à MM. les ingénieurs.

Recevez, monsieur le préfet, l'assurance de ma considération la plus distinguée.

Circulaire du 20 juin 1854 sur le travail des enfants dans les mines.

Monsieur le préfet, j'ai été informé que, dans quelques départements, les autorités locales regardaient comme applicables aux travaux des mines les dispositions de la loi du 22 mars 1841 sur le travail des enfants dans les usines et manufactures.

Cette interprétation, qui est d'ailleurs formellement contraire à l'intention du législateur, pouvant occasionner de sérieux embarras à un assez grand nombre d'exploitants de mines, je crois devoir vous adresser quelques explications sommaires de nature à lever les doutes qui peuvent subsister encore sur la question.

D'après les termes mêmes de la loi du 22 mars 1841, cette loi a pour but de régler les conditions sous lesquelles les enfants peuvent être employés : 1° dans les manufactures, usines et ateliers à moteurs mécaniques ou à feu continu ; 2° dans toute fabrique occupant plus de vingt ouvriers réunis en atelier.

Les mines ne peuvent être, évidemment, rangées ni dans l'une ni dans l'autre des catégories ci-dessus, et, par cela seul, on peut dire qu'elles sont en dehors des prévisions de la loi ; mais si l'on se reporte, en outre, à la discussion du projet de loi dans la Chambre des députés, on voit qu'un membre ayant proposé, par amendement, d'ajouter à la nomenclature écrite dans la loi *toutes les espèces de mines, ainsi que les minières et carrières exploitées par galeries souterraines*, le ministre des travaux publics d'alors combattit l'amendement, et l'amendement fut repoussé. En fait donc, il est constant que la loi du 22 mars 1841, dans la pensée de ses auteurs, ne concerne pas les travaux des mines.

Au fond, l'exploitation des mines est soumise à des nécessités spéciales qui ne permettraient pas d'une manière absolue de ne faire travailler les enfants que suivant les conditions de la loi de 1841, par exemple, de ne pas les employer la nuit, ou de ne les retenir au travail que huit heures ; sous ce rapport, ladite loi eût été absolument inexécutable dans les mines, et c'est à bien juste titre que le législateur a refusé de la leur rendre applicable.

Ce serait, d'ailleurs, une erreur de croire qu'à défaut de la loi de 1841 le travail des enfants dans les mines soit libre de toute réglementation ; dès l'année 1813, la loi, plus prévoyante en cette matière qu'en toutes les autres, a pourvu au sort des enfants employés dans les mines, en défendant de les y faire travailler avant l'âge de dix ans révolus ; elle est plus sévère sur ce point que la loi de 1841, qui permet de faire travailler les enfants dans les manufactures et fabriques dès l'âge de huit ans ; mais en même temps elle a dû ne pas prescrire autant que cette dernière sur d'autres points, sous peine de désorganiser le travail ; et comme d'ailleurs l'exploitation des mines est soumise à la surveillance incessante de l'administration publique, celle-ci serait toujours à même de remédier aux abus qui viendraient à se révéler.

Il peut se faire qu'aujourd'hui, et dans quelques localités, les dispositions du décret de 1813 doivent être considérées comme insuffisantes à quelques égards. S'il en était ainsi, monsieur le préfet, pour ce qui concerne les mines exploitées dans votre département, je vous prie de vouloir bien, après vous être concerté avec M. l'ingénieur en chef des mines, me signaler toutes les modifications qui vous paraîtraient devoir être apportées aux règlements actuels ; je donnerai à vos observations l'attention la plus sérieuse, et j'aviserai aux mesures qui pourraient être reconnues nécessaires ; mais, en attendant, il demeure établi que la loi du 22 mars 1841 n'est pas applicable aux travaux des mines, et que vous n'avez pas, dès lors, à vous occuper, en ce qui concerne ces travaux, des mesures d'exécution prescrites par ladite loi.

Je vous prie, monsieur le préfet, de m'accuser réception de la présente circulaire, dont j'adresse ampliation à MM. les ingénieurs des mines.

Recevez, monsieur le préfet, l'assurance de ma considération la plus distinguée.

Loi du 22 juin 1854 sur les livrets d'ouvriers.

NAPOLÉON, etc.,

Avons sanctionné et sanctionnons, promulgué et promulguons ce qui suit :

LOI.

(Extrait du procès-verbal du Corps législatif.)

Le Corps législatif a adopté le projet de loi dont la teneur suit :

ART. 1er. — Les ouvriers de l'un et de l'autre sexe, attachés aux manufactures, fabriques, usines, mines, minières, carrières, chantiers, ateliers et autres établissements industriels, ou travaillant chez eux pour un ou plusieurs patrons, sont tenus de se munir d'un livret.

ART. 2. — Les livrets sont délivrés par les maires.

Ils sont délivrés par le préfet de police à Paris et dans le ressort de sa préfecture, par le préfet du Rhône à Lyon et dans les autres communes dans lesquelles il remplit les fonctions qui lui sont attribuées par la loi du 19 juin 1851.

Il n'est perçu pour la délivrance des livrets que le prix de confection. Ce prix ne peut dépasser 25 centimes.

ART. 3. — Les chefs ou directeurs des établissements spécifiés en l'article 1er ne peuvent employer un ouvrier soumis à l'obligation prescrite par cet article, s'il n'est porteur d'un livret en règle.

ART. 4. — Si l'ouvrier est attaché à l'établissement, le chef ou directeur doit, au moment où il le reçoit, inscrire sur son livret la date de son entrée.

Il transcrit sur un registre non timbré, qu'il doit tenir à cet effet, les nom et prénoms de l'ouvrier, le nom et le domicile du chef de l'établissement qui l'aura employé précédemment, et le montant des avances dont l'ouvrier serait resté débiteur envers celui-ci.

Il inscrit sur le livret, à la sortie de l'ouvrier, la date de la sortie et l'acquit des engagements.

Il y ajoute, s'il y a lieu, le montant des avances dont l'ouvrier resterait débiteur envers lui, dans les limites fixées par la loi du 14 mai 1851 [1].

---

[1] Voir cette loi, *Annales des mines*, 4e série, t. XIX, p. 764.

ART. 5. — Si l'ouvrier travaille habituellement pour plusieurs patrons, chaque patron inscrit sur le livret le jour où il lui confie de l'ouvrage, et transcrit, sur le registre mentionné en l'article précédent, les nom et prénoms de l'ouvrier et son domicile.

Lorsqu'il cesse d'employer l'ouvrier, il inscrit sur le livret l'acquit des engagements, sans aucune autre énonciation.

ART. 6. — Le livret, après avoir reçu les mentions prescrites par les deux articles qui précèdent, est remis à l'ouvrier et reste entre ses mains.

ART. 7. — Lorsque le chef ou le directeur d'établissement ne peut remplir l'obligation déterminée au troisième paragraphe de l'article 4 et au deuxième paragraphe de l'article 5, le maire ou le commissaire de police, après avoir constaté la cause de l'empêchement, inscrit, sans frais, le congé d'acquit.

ART. 8. — Dans tous les cas, il n'est fait sur le livret aucune annotation favorable ou défavorable à l'ouvrier.

ART. 9. — Le livret, visé gratuitement par le maire de la commune où travaille l'ouvrier, à Paris et dans le ressort de la préfecture de police par le préfet de police, à Lyon et dans les communes spécifiées dans la loi du 19 juin 1851 par le préfet du Rhône, tient lieu de passe-port à l'intérieur, sous les conditions déterminées par les règlements administratifs.

ART. 10. — Des règlements d'administration publique déterminent tout ce qui concerne la forme, la délivrance, la tenue et le renouvellement des livrets.

Ils règlent la forme du registre prescrit par l'article 4, et les indications qu'il doit contenir.

ART. 11. — Les contraventions aux articles 1, 3, 4, 5 et 8 de la présente loi sont poursuivies devant le tribunal de simple police, et punies d'une amende de 1 à 15 francs, sans préjudice des dommages-intérêts, s'il y a lieu.

Il peut, de plus, être prononcé, suivant les circonstances, un emprisonnement d'un à cinq jours.

ART. 12. — Tout individu coupable d'avoir fabriqué un faux livret, ou falsifié un livret originairement véritable, ou fait sciemment usage d'un livret faux ou falsifié, est puni des peines portées en l'article 153 du Code pénal.

ART. 13. — Tout ouvrier coupable de s'être fait délivrer un livret, soit sous un faux nom, soit au moyen de fausses déclarations ou de faux certificats, ou d'avoir fait usage d'un livret qui ne lui appartient pas, est puni d'un emprisonnement de trois mois à un an.

ART. 14. — L'article 463 du Code pénal peut être appliqué dans tous les cas prévus par les articles 12 et 13 de la présente loi.

ART. 15. — Aucun ouvrier soumis à l'obligation du livret ne sera inscrit sur les listes électorales pour la formation des conseils de prud'hommes, s'il n'est pourvu d'un livret.

ART. 16. — La présente loi aura son effet à partir du 1er janvier 1855. Il n'est pas dérogé, par ses dispositions, à l'article 12 du décret du 26 mars 1852, relatif aux sociétés de secours mutuels.

Rapport à l'Empereur, du 6 janvier 1855, sur les concessions de mines en Algérie.

SIRE,

Les diverses concessions de mines instituées en Algérie, antérieurement à la loi du 16 juin 1851 (sur la propriété), qui y a rendu exécutoire la législation générale de France sur les mines, ont été faites conformément aux principes généraux de cette législation, mais avec certaines modifications qu'il avait été jugé nécessaire d'y apporter.

Ainsi la durée des concessions, au lieu d'être perpétuelle, aux termes de l'article 7 de la loi sur les mines, du 21 avril 1810, avait été limitée à quatre-vingt-dix-neuf ans, et, par dérogation au principe de la libre transmissibilité des concessions de mines posé par le même article, il avait été stipulé que la propriété des concessions ne pourrait être cédée, vendue ou transmise d'une manière quelconque par les concessionnaires sans l'autorisation du gouvernement.

Enfin, par des clauses exceptionnelles, l'exportation à l'étranger des minerais provenant des exploitations avait été interdite d'une manière générale, et les concessionnaires étaient astreints à traiter leurs minerais soit en Algérie, soit en France, au lieu d'être simplement soumis, en cela, aux lois de douane de la métropole.

A ces diverses dispositions, résultant uniquement des actes de concessions antérieurs à la loi du 16 juin 1851, est venue s'ajouter, mais par la voie réglementaire, une autre dérogation à la loi du 21 avril 1810 ; un arrêté du chef du pouvoir exécutif du 9 octobre 1848 a déclaré provisoirement inapplicables en Algérie l'article 3 et les articles 59 à 69 de cette loi, relatifs aux minerais de fer d'alluvion et aux mines de fer en filons ou en couches exploitables à ciel ouvert, et a rangé ces minerais et mines dans la classe des substances minérales énoncées en l'article 2 de ladite loi, et qui, conformément à l'article 5, ne peuvent être exploitées qu'en vertu d'une concession. La loi du 16 juin 1851 avait d'abord eu pour effet d'anéantir implicitement l'arrêté du 9 octobre 1848, mais il a été statué ultérieurement, par décret du 6 février 1852, que cet arrêté continuerait à sortir son plein et entier effet.

Dans cette situation, s'est élevée la question de savoir quelles doivent être les conséquences de la loi du 16 juin 1851 à l'égard des concessions antérieures, et cette question a été l'objet d'un examen approfondi de la part du département de la guerre, du département de l'agriculture, du commerce et des travaux publics, du comité consultatif de l'Algérie, et, en dernier lieu, du Conseil d'Etat, examen dont le résultat a été de constater la nécessité d'un règlement d'administration publique pour faire rentrer lesdites concessions sous l'application de la législation française, à l'exception toutefois de ce qui concerne les minerais de fer exploitables à ciel ouvert, lesquels sont et doivent rester régis par le décret du 6 février 1852.

En effet, à l'égard de la perpétuité des concessions, il existe un précédent qui doit servir de guide dans cette circonstance. Sous l'empire de la loi sur les mines du 28 juillet 1791, les concessions de mines en France étaient temporaires. La loi du 21 avril 1810, qui remplaça cette législation, étendit le bénéfice de la perpétuité à toutes celles de ces concessions dont le terme n'était pas expiré. On avait compris que, pour donner aux exploitations l'impulsion que réclamait l'intérêt public, il fallait en affermir la possession dans les mains des concessionnaires. Ce que la loi de 1810 a fait en France à l'égard des anciennes concessions de mines, il importe, par les mêmes motifs, de le faire aujourd'hui pour l'Algérie, où l'on ne saurait laisser subsister, sans de graves inconvénients, deux catégories distinctes de concessions, les unes temporaires, les autres perpétuelles.

Quant à la libre transmissibilité des concessions, elle dérive de droit de l'article 7 de la loi du 21 avril 1810 (portant que les concessions de mines sont perpétuelles et transmissibles comme tous autres biens), sauf certains cas dans lesquels l'autorisation du gouvernement est exigée, par exemple quand il y a vente par lots ou partage d'une concession de mine (art. 7 précité), ou lorsqu'il s'agit de la réunion, par vente, association, acquisition ou autrement, de plusieurs concessions de mines de même nature entre les mains d'une seule personne ou d'une société (décret du 23 octobre 1852 sur les réunions de mines).

Reste la clause qui obligeait les concessionnaires à traiter ou à faire traiter soit en Algérie, soit en France, les minerais provenant de leurs exploitations, et prohibant l'exportation à l'étranger. Or cette clause est devenue sans objet, en présence de la loi du 11 janvier 1851 sur le régime commercial de l'Algérie, dont l'article 9, notamment, a rendu facultative, par décret, l'exportation des minerais de cuivre.

Le projet de décret ci-joint, adopté par le Conseil d'Etat, consacre les principes ci-dessus énoncés; il reconnaît comme propriétaires incommutables, sauf les droits des tiers, les concessionnaires de mines en Algérie, dont le titre est antérieur à la promulgation de la loi du 16 juin 1851, et déclare que leurs concessions sont disponibles et transmissibles comme les autres biens, dans les termes de l'article 7 de la loi du 21 avril 1810, et sauf les restrictions résultant du décret du 23 octobre 1852.

Il abroge en même temps, dans les actes constitutifs de ces concessions, toutes clauses et conditions contraires à la législation de France sur les mines, ainsi qu'à la loi du 11 janvier

1851 sur le régime commercial de l'Algérie, et il donne, pour ainsi dire une nouvelle sanction au décret du 6 février 1852 sur les minerais de fer exploitables à ciel ouvert.

En un mot, ce décret, qui établit entre toutes les concessions de mines en Algérie une uniformité aussi juste que nécessaire, me paraît destiné à exercer une heureuse influence au point de vue non-seulement de cette importante industrie, mais aussi du développement de la colonisation qu'elle seconde puissamment ; et c'est dans cette confiance que j'ai l'honneur de le soumettre à l'approbation de Votre Majesté.

Décret du 6 janvier 1855 sur les concessions de mines en Algérie.

NAPOLÉON, etc.,

Sur le rapport de notre ministre secrétaire d'Etat au département de la guerre,

Vu l'article 5 de la loi du 16 juin 1851 [1] sur la constitution de la propriété en Algérie, portant : « Les mines et minières sont régies par la législation générale de la France ; »

Vu la loi du 21 avril 1810, concernant les mines, les minières et les carrières, et notamment l'article 7 relatif à la perpétuité et à la transmissibilité des concessions ;

Vu l'arrêté du président du Conseil chargé du pouvoir exécutif, du 9 octobre 1848 [2], qui assujettit au régime des concessions les minerais de fer d'alluvion et les mines de fer en filons ou en couches exploitables à ciel ouvert ;

Vu le décret du 6 février 1852 [3], portant que les dispositions de l'arrêté du 9 octobre 1848 continueront à ressortir

[1] *Annales des mines*, 4e série, t. XIX, p. 770.
[2] *Idem*, t. XIV, p. 565, et t. XV, p. 557.
[3] *Idem*, 5e série, t. 1 de la partie administrative, p. 27.

leur plein et entier effet, et que toutes dispositions contraires sont abrogées ;

Vu la loi du 11 janvier 1851 [1], relative au régime commercial de l'Algérie ;

Vu le décret du 23 octobre 1852 [2], qui fait défense à tout concessionnaire de mines de réunir sa ou ses concessions à d'autres concessions de même nature, sans l'autorisation du gouvernement ;

Vu les ordonnances, arrêtés et décrets antérieurs à la loi ci-dessus visée, du 16 juin 1851, portant concessions de mines en Algérie, et les cahiers de charges y annexés ;

Vu l'avis de notre ministre secrétaire d'Etat au département des travaux publics, en date du 5 juillet 1852 ;

Vu l'avis du Comité consultatif de l'Algérie, en date du 23 novembre 1852 ;

Notre Conseil d'Etat entendu,

Avons décrété et décrétons ce qui suit :

ART. 1er. — Les concessionnaires de mines en Algérie, dont le titre est antérieur à la promulgation de la loi du 16 juin 1851 sur la constitution de la propriété, en sont reconnus propriétaires incommutables, sauf les droits des tiers.

Leurs concessions sont disponibles et transmissibles, comme les autres biens, dans les termes de l'article 7 de la loi du 21 avril 1810 et sauf les restrictions résultant du décret du 23 octobre 1852.

ART. 2. — Sont considérées comme non avenues, dans les actes consécutifs des concessions mentionnées en l'article précédent, toutes clauses et conditions contraires à la législation générale de la France sur les mines, et à la loi du 11 janvier 1851 sur le régime commercial en Algérie.

Continueront, néanmoins, à recevoir leur pleine et entière application, l'arrêté du président du Conseil chargé du pouvoir exécutif, du 9 octobre 1848, et le décret du 6 février 1852, aux dispositions desquels il n'est en rien dérogé.

ART. 3. — Notre ministre secrétaire d'Etat au département

---

[1] *Annales des mines*, 4e série, t. XIX, p. 734.
[2] *Idem*, 5e série, t. I de la partie administrative, p. 213.

de la guerre est chargé de l'exécution du présent décret, qui sera inséré au *Bulletin des lois*, au *Moniteur universel*, au *Moniteur algérien* et au *Bulletin officiel des actes du gouvernement de l'Algérie*.

Décret du 30 avril 1855 sur les livrets d'ouvriers.

NAPOLÉON, etc.,

Sur le rapport de notre ministre secrétaire d'Etat au département de l'agriculture, du commerce et des travaux publics,

Vu la loi du 22 juin 1854 [1] sur les livrets d'ouvriers, notamment l'article 10 ainsi conçu :

« Des règlements d'administration publique déterminent tout ce qui concerne la forme, la délivrance, la tenue et le renouvellement des livrets.

« Ils règlent la forme du registre prescrit par l'article 4 et les indications qu'il doit contenir ; »

Vu l'arrêté du 9 frimaire an XII [2], la loi du 14 mai 1851 et les articles 153 et 463 du Code pénal ;

Notre Conseil d'Etat entendu,

Avons décrété et décrétons ce qui suit :

ART. 1er. — Le livret est en papier blanc, coté et parafé par les fonctionnaires désignés en l'article 2 de la loi du 22 juin 1854.

Il est revêtu de leur sceau.

Sur les premiers feuillets sont imprimés textuellement la loi précitée, le présent décret, la loi du 14 mai 1851 et les articles 153 et 463 du Code pénal.

Il énonce :

1° Le nom et les prénoms de l'ouvrier, son âge, le lieu de sa naissance, son signalement, sa profession ;

---

[1] *Suprà*, p. 467.
[2] *Bulletin des lois*, 3e série, Bull. 528, n° 3378.

2º Si l'ouvrier travaille habituellement pour plusieurs patrons, ou s'il est attaché à un seul établissement ;

3º Dans ce dernier cas, le nom et la demeure du chef d'établissement chez lequel il travaille ou a travaillé en dernier lieu ;

4º Les pièces, s'il en est produit, sur lesquelles le livret est délivré.

Les livrets sont imprimés d'après le modèle annexé au présent décret.

Art. 2. — Il est tenu dans chaque commune un registre sur lequel sont relatés, au moment de leur délivrance, les livrets et les visas de voyage mentionnés ci-après.

Ce registre porte la signature des impétrants ou la mention qu'ils ne savent ou ne peuvent signer.

Art. 3. — Le premier livret d'un ouvrier lui est délivré sur la constatation de son identité et de sa position.

A défaut de justifications suffisantes, l'autorité appelée à délivrer le livret peut exiger de l'ouvrier une déclaration souscrite sous la sanction de l'article 13 de la loi du 22 juin 1854, dont il lui est donné lecture.

Art. 4. — Le livret rempli ou hors d'état de servir est remplacé par un nouveau, sur lequel sont reportés : 1º la date et le lieu de la délivrance de l'ancien livret ; 2º le nom et la demeure du chef d'établissement chez lequel l'ouvrier travaille ou a travaillé en dernier lieu ; 3º le montant des avances dont l'ouvrier resterait débiteur.

Le remplacement est mentionné sur le livret hors d'usage, qui est laissé entre les mains de l'ouvrier.

Art. 5. — L'ouvrier qui a perdu son livret peut en obtenir un nouveau sous les garanties mentionnées en l'article 3.

Le nouveau livret reproduit les mentions indiquées en l'article 4.

Art. 6. — L'ouvrier est tenu de représenter son livret à toute réquisition des agents de l'autorité.

Art. 7. — L'ouvrier ne travaillant que pour un seul établissement doit, avant de le quitter et d'être admis dans un autre, faire inscrire sur son livret l'acquit des engagements.

L'ouvrier travaillant habituellement pour plusieurs patrons

peut, sans cet acquit, obtenir du travail d'un ou de plusieurs autres patrons.

ART. 8. — Le registre spécial que les chefs d'établissement doivent tenir, conformément aux articles 4 et 5 de la loi du 22 juin 1854, est dressé d'après le modèle annexé au présent décret.

Il est coté et parafé, sans frais, par les fonctionnaires chargés de la délivrance des livrets, et communiqué, sur leur demande, au maire et au commissaire de police.

ART. 9. — Le chef d'établissement indique, tant sur son registre que sur le livret, si l'ouvrier travaille pour un seul établissement ou pour plusieurs patrons.

A l'égard de l'ouvrier travaillant pour plusieurs patrons, le chef d'établissement n'est tenu de remplir les formalités du paragraphe précédent que lorsqu'il l'emploie pour la première fois.

ART. 10. — Si l'ouvrier est quitte envers le chef d'établissement, celui-ci, lorsqu'il cesse de l'employer, doit inscrire sur le livret l'acquit des engagements.

ART. 11. — Lorsque le livret, spécialement visé à cet effet, doit tenir lieu de passe-port à l'intérieur, le visa du départ indique toujours une destination fixe et ne vaut que pour cette destination.

Ce visa n'est accordé que sur la mention de l'acquit des engagements prescrite par les articles 4 et 5 de la loi du 22 juin 1854, et sous les conditions déterminées par les règlements administratifs, conformément à l'article 9 de la même loi.

ART. 12. — Le livret ne peut être visé pour servir de passe-port à l'intérieur, si l'ouvrier a interrompu l'exercice de sa profession, ou s'il s'est écoulé plus d'une année depuis le dernier certificat de sortie inscrit audit livret.

ART. 13. — Le présent règlement ne fait pas obstacle à ce que des dispositions spéciales aux livrets soient prises dans les limites de leur compétence en matière de police, par le préfet de police à Paris, et pour le ressort de la préfecture et dans les départements, par les autorités locales.

ART. 14. — Sont abrogées toutes les dispositions des règlements antérieurs contraires au présent décret.

Art. 15. — Notre ministre secrétaire d'Etat au département de l'agriculture, du commerce et des travaux publics, est chargé de l'exécution du présent décret, qui sera inséré au *Bulletin des lois* et publié au *Moniteur.*

I. Modèle du livret.

(Article 1er du décret du 30 avril 1855.)

Dimension du livret : hauteur, seize centimètres ; largeur, onze centimètres ; couverture cartonnée.

Les sept premières pages du livret contiennent au-dessous de ces mots : Livret d'ouvrier, 1o la loi du 22 juin 1854; 2o le décret du 30 avril 1855; 3o la loi du 14 mai 1851 ; 4o les articles 153 et 463 du Code pénal.

Ensuite et en regard sur deux pages :

DÉPARTEMENT d — **ARRONDISSEMENT** d d **MAIRIE** Série No Profession : , le 1855. Signalement : Age : ans. Taille : 1 m. c. Cheveux Né à Sourcils département Front d Yeux demeurant Nez à Bouche rue Barbe no Menton ayant justifié de Visage son identité et de Teint Signes particuliers :	*Premier feuillet.* sa position, a obtenu le présent livret contenant quatorze feuillets cotés et parafés par premier et dernier, sur (1) à la charge par de se conformer aux lois et règlements concernant les ouvriers. Le porteur (2) occupé en qualité d'ouvrier (3) Signature de l'ouvrier. *Le maire,* Sceau de la mairie. (1) Indiquer, s'il y a lieu, les pièces produites. (2) Est ou a été. (3) Attaché à un seul établissement chez le sieur. . . . . . . demeurant à. . . . . . rue. . . . . no. . . . . . ou travaillant pour plusieurs patrons.

Treize autres feuillets en blanc suivent et sont numérotés au recto. Mais le dernier feuillet porte en tête du verso : « Le présent livret, rempli et hors d'usage, a été remplacé par un nouveau, par nous, maire de la commune d , département d Le maire, »

Et au bas du même verso : « *Nota.* Le présent livret, rempli et hors d'usage, sera remplacé par un nouveau portant la date et le lieu de la délivrance du présent, le nom du chef de l'établissement chez lequel l'ouvrier a travaillé en dernier lieu, et le montant des avances dont il est resté débiteur. Ces mentions seront mises dans le blanc réservé pour la mention des pièces qui auraient pu être déposées. »

II. Modèle du registre a tenir par les chefs d'établissement.

(Art. 8 du décret du 30 avril 1855.)

NU-MÉROS d'ordre	DATE de l'entrée de l'ouvrier ou du jour où il lui a été confié de l'ouvrage	NOM et prénoms de l'ouvrier	DEMEURE (par rue et numéro)	INDICATION de la catégorie à laquelle appartient l'ouvrier. Mentionner s'il est attaché à un seul établissement ou s'il travaille en chambre pour plusieurs. (Art. 9 du décret.)	LIEU de la délivrance du livret. — 1° commune; 2° département.	DATE ET NUMÉRO de la délivrance du livret.		NOM ET DOMICILE du chef du dernier établissement où l'ouvrier a été employé.		INDI-CATION du montant des avances dues par l'ouvrier à son précédent patron.	DATE de la sortie de l'ouvrier ou du jour où il a cessé d'être employé.	Avances dues par l'ouvrier à sa sortie.	OBSERVATIONS.
						Date.	Numéro.	Nom.	Domicile.				

Annexé au décret du 30 avril 1855.

Le ministre secrétaire d'État de l'agriculture, du commerce et des travaux publics,

Signé : E. ROUHER.

Circulaire du 18 mai 1855 sur les livrets d'ouvriers.

Monsieur le préfet, un décret de l'Empereur, en date du 30 avril 1855 [1], vient, en exécution de la loi du 22 juin 1854 [2], relative aux livrets d'ouvriers, de déterminer la forme, la délivrance, la tenue et le renouvellement de ces livrets, ainsi que la forme du registre que les chefs d'établissement sont obligés de tenir.

Vous devez maintenant, monsieur le préfet, pourvoir sans retard à l'exécution des prescriptions légales. Votre premier soin sera de faire publier la loi et le décret dans toutes les communes de votre département. Vous ferez également insérer ces actes dans le recueil de votre préfecture.

Je crois utile de vous transmettre des explications sur les points qu'il importe le plus de porter à la connaissance des ouvriers, des chefs d'établissement et des autorités locales.

I

Les ouvriers de l'un ou de l'autre sexe, attachés aux manufactures, fabriques, usines, mines, minières, carrières, chantiers, ateliers et autres établissements industriels, ou travaillant chez eux pour un ou plusieurs patrons, sont tenus de se munir d'un livret. Il n'est admis d'exception à ce principe qu'en faveur des membres d'une société de secours mutuels pourvus d'un diplôme délivré par le bureau de cette société. D'après l'article 12 du décret du 26 mars 1852, auquel il n'est pas dérogé par la loi du 22 juin 1854, les diplômes dont il s'agit servent de passe-ports et de livrets, sous les conditions précisées par l'arrêté du ministre de l'intérieur en date du 5 janvier 1853.

Le livret d'ouvrier n'a, du reste, aucun rapport avec le livre

---

[1] Voir ce décret à sa date, *suprà*, p. 475.
[2] *Annales des mines*, 5e série, t. III de la partie administrative, p. 128.

d'acquit que prescrit la loi du 18 mars 1806, art. 20, comme moyen de constater les règlements de compte entre les marchands-fabricants de tissus et les chefs d'atelier ou ouvriers à façon qu'ils emploient. Ce livre conserve la destination pour laquelle il a été créé.

Le livret d'ouvrier proprement dit a pour objet de constater les obligations contractées par ce dernier envers son patron, de lui faciliter le moyen de se procurer du travail, et de mettre l'autorité à même de se rendre compte de la statistique des ouvriers dans les centres industriels.

Ce sont les maires, en règle générale, qui délivrent les livrets. En raison cependant des différences qui existent entre l'organisation municipale des grands centres de population et celle des autres communes, la loi confie ce soin : 1° au préfet de police, à Paris et dans le ressort de sa préfecture; 2° au préfet du Rhône, à Lyon et dans les autres communes dans lesquelles ce fonctionnaire remplit les fonctions qui lui sont attribuées par la loi du 19 juin 1851 ; et cette exception s'étend nécessairement aux chefs-lieux de départements dans lesquels des fonctions analogues viennent d'être attribuées aux préfets par l'article 50 de la loi du 5 mai 1855.

Le modèle annexé au décret précité, et qui est reproduit à la suite de cette circulaire, contient toutes les indications nécessaires pour faire établir le livret conformément au vœu de la loi. Il importe que ces indications soient scrupuleusement suivies, afin que les livrets soient uniformes. Pour la vente du livret, il ne doit être perçu que le prix de confection, sans que ce prix puisse dépasser 25 centimes. Les livrets doivent, d'ailleurs, être cartonnés, et il sera bon d'exiger que la couverture appliquée sur le carton soit en toile ou en parchemin, afin qu'un titre que l'ouvrier porte souvent sur lui ne soit pas susceptible de se détériorer trop vite.

Le premier livret est délivré sur la constatation de l'identité et de la position de l'impétrant. L'autorité compétente est juge des justifications qui doivent être produites, et qui sont sujettes à varier selon les circonstances. La loi ne rend ici obligatoire la production d'aucune pièce déterminée; mais si l'autorité estime que les justifications fournies ne sont pas suffisantes, elle peut exiger que l'ouvrier souscrive une déclaration dont la sanction se trouve dans l'article 13 de la loi du 22 juin 1854 ; il est essentiel alors qu'il soit préalablement donné lecture dudit article, ainsi conçu : « Tout ouvrier coupable de s'être fait délivrer un livret, soit sous un faux nom, soit au moyen de fausses déclarations ou de faux certificats, ou d'avoir fait usage d'un livret qui ne lui appartient pas, est puni d'un emprisonnement de trois mois à un an. »

Tout ouvrier qui entre dans un établissement industriel doit présenter un livret en règle, afin que le chef d'établissement y inscrive la date de son entrée. De même tout ouvrier qui travaille habituellement pour plusieurs patrons doit leur présenter son livret lorsqu'ils lui confient de l'ouvrage, afin que chacun d'eux inscrive précisément le jour où ce fait a lieu. Puis le livret est remis à l'ouvrier et reste entre ses mains ; mais il est tenu de le représenter à toute réquisition des agents de l'autorité.

En se retirant d'un établissement, l'ouvrier doit représenter son livret à son patron, afin que ce dernier puisse y inscrire la date de la sortie, l'acquit des engagements, et y ajouter, s'il y a lieu, le montant des avances dont l'ouvrier resterait débiteur envers lui, dans les limites fixées par la loi du 14 mai 1851[1], c'est-à-dire jusqu'à concurrence de 30 francs. L'ouvrier qui travaille habituellement pour plusieurs patrons n'a pas besoin de l'acquit des engagements pour obtenir du travail de nouveaux patrons, car le nombre de ceux pour lesquels il peut travailler en même temps est illimité.

Le rôle du livret a reçu, dans l'intérêt de l'ouvrier, une notable extension, par suite de la disposition de la loi qui autorise le porteur à s'en servir comme d'un passe-port à l'intérieur. Il suffit, pour jouir de cette faveur, de faire viser le livret par l'autorité chargée des attributions de la police. Le visa est gratuit.

II

Les chefs ou directeurs d'établissements industriels auxquels

---

[1] *Annales des mines*, 4ᵉ série, t. XIX, p. 764.

la loi du 22 juin 1854 est applicable ne peuvent employer un ouvrier s'il n'est porteur d'un livret en règle. Ils doivent tenir un registre dressé conformément au modèle annexé au décret, et reproduit à la fin de cette circulaire. Le patron qui reçoit dans son établissement un ouvrier travaillant pour lui seul est tenu d'inscrire sur le registre spécial : 1° les nom et prénoms de l'ouvrier, 2° le nom et le domicile du chef d'établissement qui l'a employé précédemment, 3° le montant des avances dont l'ouvrier serait resté débiteur envers celui-ci, et indiquer que l'ouvrier ne doit travailler que pour l'établissement dans lequel il entre. Si, au contraire, l'ouvrier travaille pour plusieurs patrons, chacun d'eux doit transcrire sur le registre spécial : 1° les nom et prénoms de l'ouvrier, 2° son domicile, et spécifier en outre que l'ouvrier travaille habituellement pour plusieurs patrons. Toutefois cette dernière indication n'est exigée que la première fois que le chef d'établissement emploie l'ouvrier.

Les registres, cotés et parafés sans frais par les fonctionnaires chargés de la délivrance des livrets, doivent être communiqués aux maires et commissaires de police toutes les fois que ces fonctionnaires en font la demande.

Un chef d'établissement ne saurait refuser à l'ouvrier qui le demande ou qu'il congédie l'acquit des engagements, à moins que cet ouvrier n'ait pas terminé et livré l'ouvrage qu'il s'était engagé à faire, ou qu'il n'ait pas travaillé pendant le temps convenu. Toute annotation favorable ou défavorable à un ouvrier demeure interdite.

III

Indépendamment des devoirs qui leur sont imposés pour la recherche et la constatation des infractions aux prescriptions de la loi, les autorités locales interviennent activement dans la délivrance des livrets. De plus, elles sont chargées de délivrer gratuitement les visas au moyen desquels les livrets peuvent tenir lieu de passe-port à l'intérieur. Vous recommanderez de suivre fidèlement sur ce point les prescriptions des articles 11 et 12 du décret.

Il doit encore être tenu dans les mairies, ou dans les préfectures, lorsque la délivrance des livrets appartiendra aux préfets, un registre sur lequel on relatera les mentions inscrites sur chaque livret délivré, ainsi que les visas du départ. (Voir le modèle à la fin de la présente circulaire.).

L'autorité locale pourrait aussi avoir à intervenir en ce qui concerne l'acquit des engagements. En effet, il peut arriver qu'un chef ou directeur d'établissement industriel ne puisse inscrire sur le livret la date de la sortie et l'acquit des engagements. Dans ce cas, le maire ou le commissaire de police sont chargés d'inscrire sans frais le congé d'acquit, après avoir constaté la cause de l'empêchement du patron. Si, contrairement à l'article 10 du décret, le congé était refusé par le chef ou directeur de l'établissement, il n'appartiendrait point, vous le savez, aux fonctionnaires susdésignés d'intervenir dans le différend ; ce seraient les conseils de prud'hommes, et, dans les lieux où il n'existe pas de tribunaux de ce genre, les juges de paix, qui seraient chargés de statuer. Ces tribunaux prononceraient, les parties présentes ou appelées par voie de simple avertissement, et la décision serait exécutoire sur minute et sans aucun délai. Le chef d'établissement qui aurait à tort refusé l'acquit pourrait être condamné à des dommages-intérêts envers l'ouvrier.

Les autorités chargées de dresser les listes électorales pour la formation des conseils de prud'hommes ont mission de s'assurer que les ouvriers électeurs sont munis d'un livret. L'absence du livret constitue une incapacité d'être électeur ou élu.

IV

OBSERVATIONS GÉNÉRALES.

Il ne suffit pas, monsieur le préfet, que les agents placés sous vos ordres connaissent exactement les prescriptions légales, il faut encore qu'ils en comprennent l'esprit. La loi du 22 juin 1854 est conçue dans une pensée de protection envers l'ouvrier. Voilà son premier caractère. Le décret du 30 avril 1855 l'a précisé avec la plus complète évidence. Certaines dispositions antérieures qui, mal interprétées, avaient pu susciter quelque défiance, et qui, au fond, n'étaient pas nécessaires

pour atteindre le but, ont disparu de la législation actuelle.
Ainsi, l'ouvrier n'est plus astreint à déposer son livret entre
les mains du patron. Ce dernier trouve un gage suffisant, pour
l'accomplissement des obligations contractées envers lui, dans
la nécessité imposée à l'ouvrier d'avoir sur son livret le certificat d'acquit. Le livret n'étant pas en règle sans ce certificat,
il ne peut être ainsi employé pour faire trouver du travail
ailleurs.

Il est à remarquer, en outre, que les formalités exigées lors
de la délivrance ou du remplacement du livret ont été simpli-
fiées. L'autorité peut même remettre un livret sur la seule
déclaration de l'ouvrier, souscrite comme il a été dit plus haut.
Enfin, en dispensant l'ouvrier, muni d'un livret revêtu du visa
de voyage, de l'obligation de passe-port, la loi nouvelle épargne
aux hommes de travail, dont le temps représente le pain, un
déplacement qui n'aboutissait qu'à un acte formant double
emploi. Elle les exonère, de cette façon, du droit annuel de
deux francs sur les passe-ports. Il ne saurait échapper à personne que cet acte s'ajoute à tant d'autres pour témoigner
hautement des intentions du gouvernement de l'Empereur en
faveur des classes ouvrières. En même temps qu'elle constitue
une garantie pour la société, l'intervention d'une autorité
bienveillante dans le régime du travail forme un patronage
éminemment avantageux pour ceux-là même qu'elle concerne
directement.

En prenant les mesures que je vous recommande pour la
stricte exécution de la loi, vous vous attacherez, monsieur le
préfet, à faire pénétrer ces idées dans toute la hiérarchie administrative.

Vous trouverez ci-joint, avec un modèle du livret, deux
modèles des registres mentionnés plus haut, et dans la dimension qu'il convient d'adopter[1].

Recevez, monsieur le préfet, l'assurance de ma considération très-distinguée.

---

[1] Ces modèles sont imprimés à la suite du décret du 30 avril, *suprà*, p. 475.

Décret du 30 juin 1860 sur les abonnements à la redevance proportionnelle des mines.

NAPOLÉON, etc.,

Sur le rapport de nos ministres secrétaires d'Etat au département de l'agriculture, du commerce et des travaux publics et des finances,

Vu la loi du 21 avril 1810 et le décret du 6 mai 1811,

Notre Conseil d'Etat entendu,

Avons décrété et décrétons ce qui suit :

ART. 1er. — A dater de l'année 1861, l'abonnement à la redevance proportionnelle des mines sera réglé, pour les exploitants qui le demanderont, en prenant pour base le produit net moyen des deux années antérieures.

Le taux de l'abonnement, fixé comme il est dit ci-dessus, sera maintenu sans modification pendant une durée de cinq ans.

ART. 2. — Nos ministres secrétaires d'Etat au département de l'agriculture, du commerce et des travaux publics et des finances sont chargés, chacun en ce qui le concerne, de l'exécution du présent décret.

Circulaire du 6 décembre 1860 sur les redevances proportionnelles des mines.

Monsieur le préfet, un décret impérial du 30 juin dernier dispose qu'à partir de l'année 1861 les abonnements seront réglés, pour les exploitants de mines qui le demanderont, d'après le produit net moyen des deux années antérieures, et que le taux ainsi fixé sera maintenu pendant une durée de cinq ans.

La pensée de ce décret, nettement expliquée par le rapport qui le précède, a été, en favorisant l'application du système de l'abonnement, de simplifier autant que possible le calcul de la redevance proportionnelle des mines, et de diminuer ainsi les difficultés qui s'élevaient fréquemment entre l'administration et les exploitants au sujet du chiffre de la redevance à laquelle ils étaient imposés.

A ce point de vue seul, le nouveau décret réalise déjà d'importantes améliorations, et il y a lieu de présumer que, dès l'année prochaine, un assez grand nombre d'exploitants s'empresseront d'en réclamer l'application. Je ne puis que vous prier, monsieur le préfet, de vous concerter avec M. l'ingénieur en chef des mines et avec M. le directeur des contributions directes de votre département, pour que toutes les demandes qui vous seront adressées soient inscrites et examinées le plus promptement possible pour recevoir les solutions prévues, suivant le chiffre de l'abonnement, par le décret du 6 mai 1811.

Ainsi que je l'ai rappelé ci-dessus, l'abonnement, d'après le décret du 30 juin 1860, doit se régler en prenant pour base le produit net moyen des deux années antérieures.

Les règles d'après lesquelles se calcule le produit net sont tracées par le décret du 6 mai 1811, et par des instructions administratives dont les principales remontent aux années 1849 et 1850. Bien que ces instructions aient, à quelques égards, apporté des adoucissements aux règles suivies à peu près sans modifications depuis le décret de 1811, elles étaient encore, sur un assez grand nombre de points, l'objet de réclamations incessantes de la part des exploitants des mines, qui se plaignaient de voir rejeter, des dépenses de l'exploitation, des frais auxquels en réalité ils ne pouvaient se soustraire.

L'administration avait annoncé, dans le rapport qui accompagne le décret du 30 juin, qu'elle était disposée à apporter dans le calcul du revenu net, par de nouvelles instructions concertées avec l'administration des finances, tous les tempéraments que le texte formel de la loi n'interdisait pas.

Je viens aujourd'hui, monsieur le préfet, d'accord avec M. le ministre des finances, vous indiquer d'après quelles règles devra être évalué désormais le revenu net des exploitations.

Trois points principaux ont soulevé les plaintes des exploitants.

En premier lieu, aux termes des instructions actuelles, le produit brut de l'exploitation s'établit d'après les quantités extraites pendant l'année ; les concessionnaires de mines ont demandé qu'à l'avenir ce fussent les quantités vendues qui servissent de base au calcul du produit brut.

En second lieu, la valeur de ce produit brut se calcule d'après le prix que les matières extraites ont sur le carreau de la mine, et non d'après les prix sur les lieux où les ventes se sont effectuées. Les exploitants ont exprimé le vœu que ce dernier mode fût adopté.

Ils ont enfin insisté pour que, dans l'évaluation du produit brut, on leur tînt compte de certaines dépenses que jusqu'ici l'on ne considérait pas comme des dépenses de l'exploitation, mais qui sont néanmoins obligatoires pour eux.

Ces diverses réclamations ont été, de la part de l'administration, l'objet du plus sérieux examen, et voici, pour chacune d'elles, la solution qui a paru devoir être adoptée.

Sur le premier point, il a été décidé qu'à l'avenir le revenu brut s'établirait non plus d'après les quantités extraites dans l'année, mais bien d'après les quantités vendues, sauf à considérer comme vendus les produits envoyés à de grandes distances ou dans des entrepôts, où il serait généralement impossible de les suivre.

Sur le second point, il a également été admis, conformément au vœu des exploitants, que l'on prendrait dorénavant, pour calculer le produit brut, non pas exclusivement les prix sur le carreau de la mine, mais les prix sur les lieux mêmes où les ventes se seront opérées, sauf, toutefois, le cas où il s'agirait de ventes à l'étranger ; comme, dans ce cas, il serait impossible de contrôler le prix de la vente, on devra nécessairement s'en référer aux prix sur le carreau.

Enfin, en ce qui regarde certains articles de dépenses que jusqu'à présent l'on refusait de compter parmi les dépenses de l'exploitation, il a été décidé que l'on comprendrait à l'avenir parmi les frais qui doivent être déduits du produit brut, pour déterminer le produit net imposable, les différentes dépenses ci-après, savoir :

L'établissement ou l'entretien par les concessionnaires des voies de communication propres à faciliter des débouchés aux exploitations, même lorsqu'elles ne feront pas partie intégrante de la mine ;

Les subventions pour les chemins vicinaux ;

Les frais de transport, d'entrepôt et de vente, encore bien que le lieu où s'opérera la vente ne soit pas relié à la mine par des voies qui en dépendent immédiatement ;

Les pertes de place, les frais de voyage ;

Les secours donnés aux ouvriers infirmes ou à leurs familles, soit qu'il s'agisse ou non de secours fournis à raison d'accidents arrivés dans les travaux ;

Les rémunérations accordées en certaines occasions aux mineurs ;

Les frais des écoles destinées aux enfants des ouvriers ;

Les indemnités tréfoncières, soit en argent, soit en nature, que les actes de concession obligent les concessionnaires à payer aux propriétaires de la surface, en vertu des articles 6 et 42 de la loi du 21 avril 1810.

Telles sont, monsieur le préfet, les dispositions nouvelles adoptées par le gouvernement, quant aux règles à suivre pour l'établissement du produit net de l'exploitation des mines ; combinées avec le système de l'abonnement, elles devront singulièrement faciliter le calcul de la redevance proportionnelle, et elles seront accueillies avec satisfaction par l'industrie minérale.

Veuillez, je vous prie, vous concerter immédiatement avec M. l'ingénieur en chef des mines et avec M. le directeur des contributions de votre département, pour qu'elles soient appliquées au travail des redevances de l'année 1861.

Je n'ai d'ailleurs pas besoin d'ajouter que, pour les exploitants qui demanderont l'abonnement à dater de cette même année 1861, le produit net moyen des deux années antérieures qui doit, aux termes du décret du 30 juin 1860, servir de base au taux de l'abonnement, c'est-à-dire, pour ce cas particulier, le produit net moyen des années 1859 et 1860, devra être calculé conformément aux nouvelles règles ci-dessus posées.

Je vous prie, monsieur le préfet, de m'accuser réception de la présente circulaire, dont je transmets des ampliations à MM. les ingénieurs.

Recevez, monsieur le préfet, l'assurance de ma considération la plus distinguée.

FIN DE L'ERRATA.

Paris. — Typographie HENNUYER, rne du Boulevard, 7.

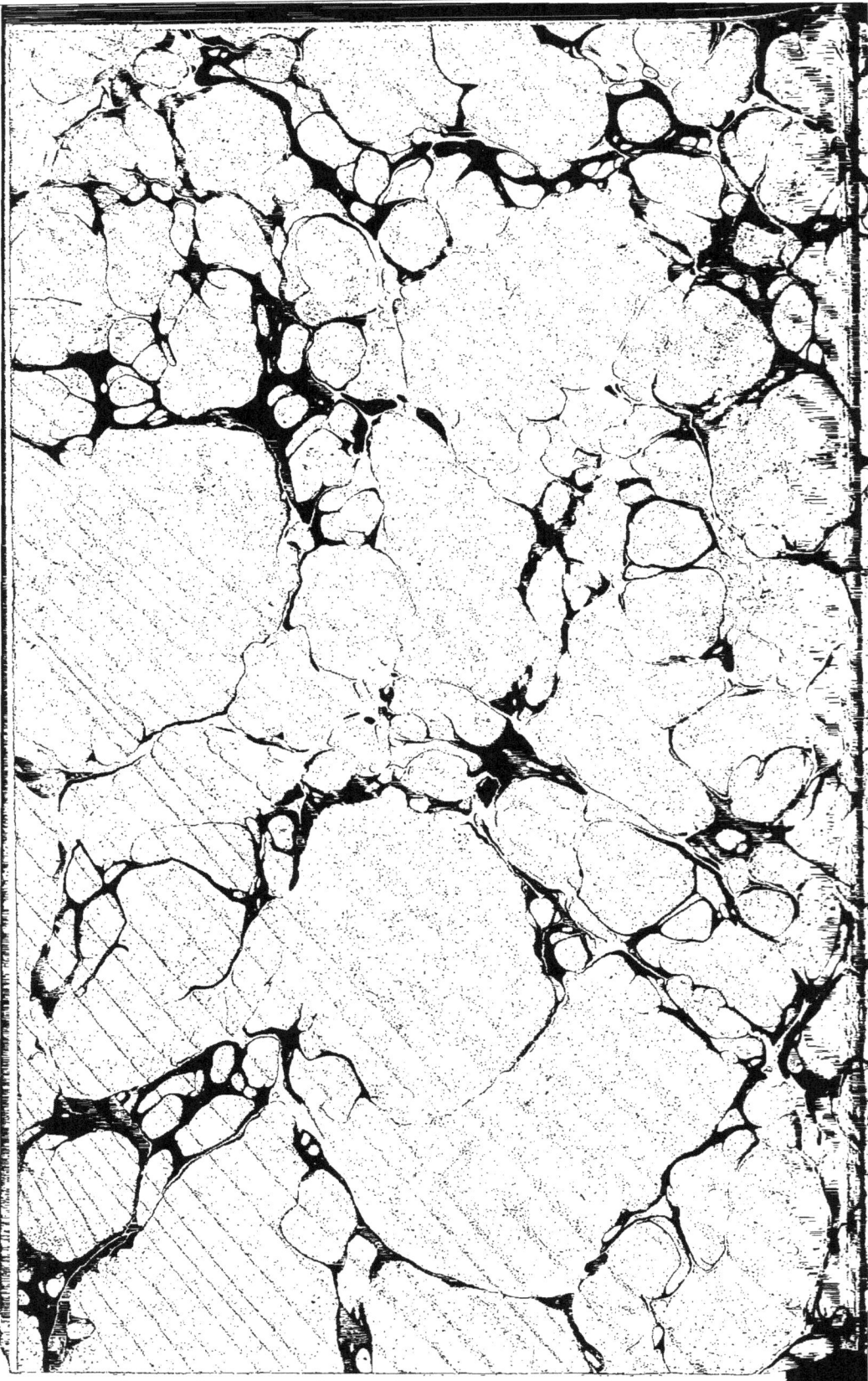

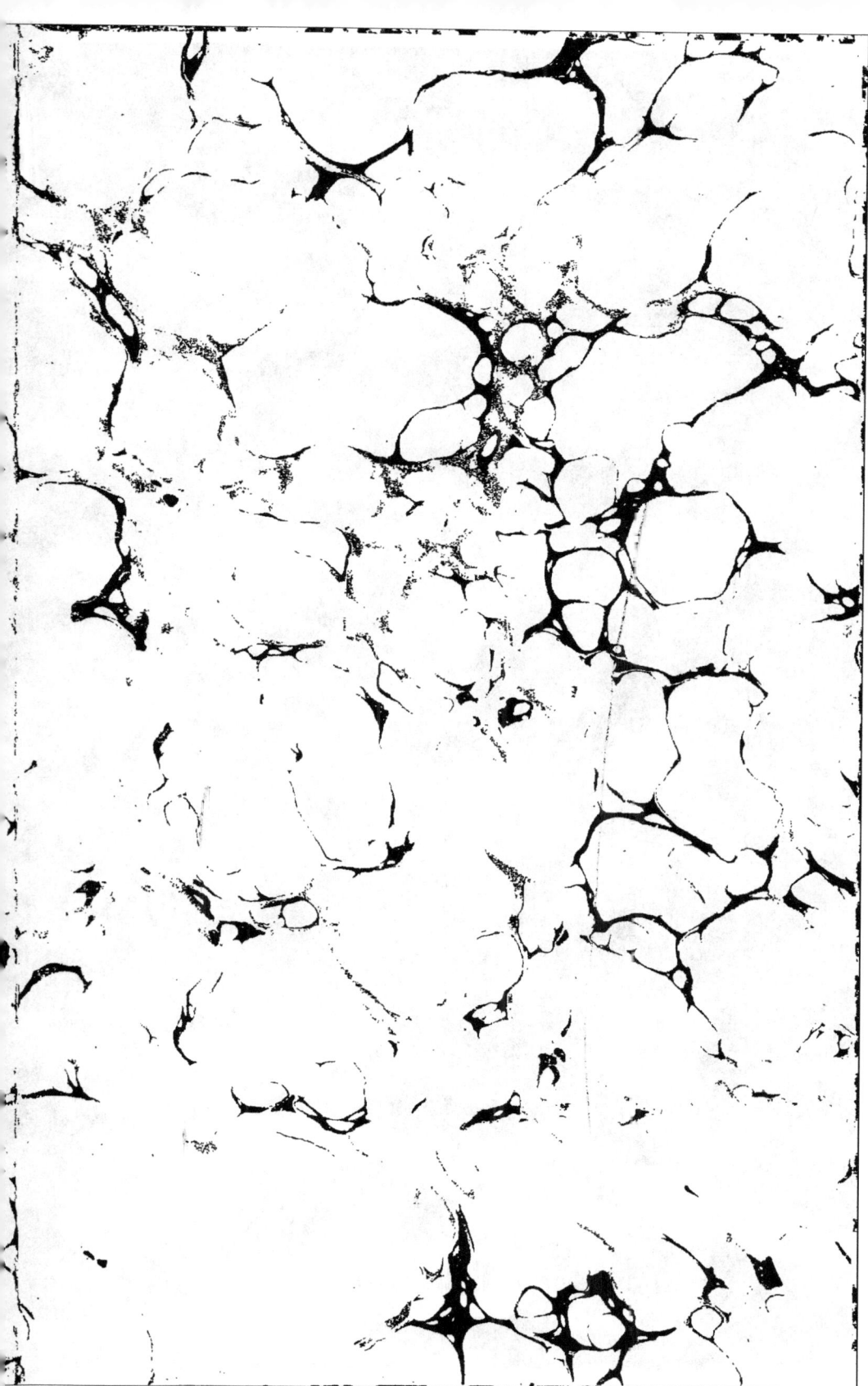

www.ingramcontent.com/pod-product-compliance
Lightning Source LLC
Chambersburg PA
CBHW031608210326
41599CB00021B/3098